Wenige Phänomene im Bereich der Lebenswissenschaften üben eine so starke Faszination aus wie das Gehirn und seine Funktionen. Michael Hagner, Wissenschaftler am Max-Planck-Institut für Wissenschaftsgeschichte in Berlin, führt in seinem Buch durch die kulturhistorische Entwicklung der Hirnforschung von Descartes bis in unsere Zeit. Bis ins späte 18. Jahrhundert galt das Gehirn als »Wohnsitz der Seele«, als »Seelenorgan«, als materielles Band zwischen Körper und Seele. Im 19. Jahrhundert waren dann die Hirn- und Schädellehre Franz Joseph Galls und die romantische Naturphilosophie wesentliche Eckpunkte auf dem Weg zur modernen Wissenschaft vom Hirn und zu einer Neubestimmung des Verhältnisses von Körper und Seele. Gall betrachtete das Gehirn als Organ, in dem »verschiedene Seelenfähigkeiten und Vorstellungen in verschiedenen Stellen ihren Platz haben«. Er ebnete damit den Weg zur naturkundlichen Erklärung der Hirnfunktionen.

Michael Hagners Zugriff auf die Hirnforschung zeigt die Geschichte des homo cerebralis, die bis zur aktuellen Diskussion über den Hirntod das Selbstverständnis des modernen Menschen bestimmt.

insel taschenbuch 2664
Michael Hagner
Homo cerebralis

Michael Hagner
Homo cerebralis

Der Wandel vom Seelenorgan
zum Gehirn

Insel Verlag

insel taschenbuch 2664
Erste Auflage 2000
Insel Verlag Frankfurt am Main und Leipzig
Lizenzausgabe mit freundlicher Genehmigung
der Berlin Verlag GmbH & Co. KG, Berlin
© 1997 Michael Hagner
Verlagsbeteiligungsgesellschaft mbH & Co KG, Berlin
Hinweise zu dieser Ausgabe am Schluß des Bandes
Vertrieb durch den Suhrkamp Taschenbuch Verlag
Umschlag: Michael Hagemann
Satz: Dörlemann Satz, Lemförde
Druck: Pustet, Regensburg
Printed in Germany

1 2 3 4 5 6 – 05 04 03 02 01 00

Michael Hagner
Homo cerebralis

Einleitung

Gottfried Benn hat an verschiedenen Stellen seines Werks auf die Wissenschaftsgeschichte zurückgegriffen, um historische Brüche und Veränderungen zu verdeutlichen, die er mit einem bemerkenswerten, wenn auch nicht untrüglichen Gespür diagnostizierte. 1910, gerade zum Arzt approbiert und dichterisch noch nicht in Erscheinung getreten, bringt Benn in einem kurzen Aufsatz die Dimension der modernen Hirnforschung in gedrängter Form auf den Punkt.

> »Was die Resultate in ihrer Gesamtheit bedeuteten, war mehr als eine völlig neue Erkenntnis von der Bedeutung der nervösen Organe; vielmehr handelte es sich um dies: man hatte an Geweben des Körpers experimentiert und hatte Reaktionen bekommen aus dem Gebiet des Seelischen; man hatte sich während der Arbeit mitten im Bereich der Physiologie dem Psychischen gegenübergesehen; man war an eine Stelle gekommen, da waren die beiden Lebensbereiche zusammengeknotet und man konnte von hier aus sich in das dunkle rätselhafte Reich des Psychischen tasten. Und damit stand man vor etwas unerhört Neuem in der Geschichte der Wissenschaften: das Psychische, das Pneuma, das Über- und Außerhalb der Dinge, das Unfaßbare schlechthin ward Fleisch und wohnte unter uns.«[1]

Wenige Phänomene im Bereich der Lebenswissenschaften üben eine so starke und anhaltende Faszination aus wie das Gehirn und seine Funktionen. Durch das Werk Benns zieht es sich wie ein roter Faden; immer wieder greift er die neuesten Ereignisse in der Hirnforschung auf. Und heute, am Ende des 20. Jahrhunderts, da wir uns in der »Dekade des Gehirns« befinden und die internationale Wissenschaftlergemeinschaft wieder einmal geballte Anstrengungen unternimmt, dem Geist im Gehirn auf die Spur zu kommen, zieren computererzeugte Hirnbilder die Hochglanzblätter. Es vergeht kaum eine Woche, in der nicht spektakuläre Befunde, Entdeckungen und Theorien berichtet werden, aus denen man schließen könnte, daß das Rätsel der Rätsel in den so genannten Neurowissenschaften in absehbarer Zeit lösbar wird. Im Zuge dieser Entwicklung haben Gehirn und Seele eine kulturelle Attraktivität entwickelt, die sich in historischen Ausstellungen mit reich ausgestatteten Katalogen niedergeschlagen hat.[2]

Die materielle Einschreibung und Differenzierung der psychischen Funktionen im Gehirn ist ein historisches Phänomen, dessen Ende nicht abzusehen ist. Hingegen läßt sich sein Anfangspunkt ziemlich genau eingrenzen: er liegt nicht einmal zweihundert Jahre zurück. Dabei handelte es sich jedoch zunächst einmal nicht um einen wissenschaftlichen Durchbruch, der gleichsam neue Fakten geschaffen hätte. Die Lokalisierung der geistigen Funktionen wurde noch lange, nachdem sie zuerst formuliert wurde, nicht allgemein als Tatsache akzeptiert; und doch übte sie von Anfang an eine solche Macht aus, daß alle dazu Stellung nehmen mußten.

Der Darwinismus und die Psychoanalyse gelten, wie Freud bemerkt hat, als große »Kränkungen« der Menschheit: im einen Fall wurde die göttliche Herkunft des Menschen und im anderen Fall die Herrschaft der Vernunft zu den Akten gelegt. Ob Kränkung oder nicht, diese Umwälzungen waren und sind für das moderne Verständnis des Menschen konstitutiv. Mir geht es darum zu zeigen, daß diesen beiden Ereignissen eine weitere Transformation zeitlich und epistemologisch vorangegangen ist, bei der die menschlichen Qualitäten ins Gehirn projiziert wurden. Dieser Wandel vom Seelenorgan zum Gehirn ist auf das engste verknüpft mit der Lokalisation der geistigen Funktionen im Gehirn, die einen Grundpfeiler der modernen Hirnforschung darstellt. Was ist das Seelenorgan, was das Gehirn?

Bis ins späte 18. Jahrhundert hinein ist, sobald es um das Gehirn geht, immer wieder die Rede vom Seelenorgan, vom Sensorium commune, vom Sitz der Seele, vom Ort oder Wohnsitz der Seele, von einem »commercium mentis et corporis«, von einer Bewegung in beide Richtungen. Solchen Formeln liegt die Prämisse zugrunde, daß die Interaktion von Seele und Körper räum-

lich und materiell fixierbar ist. Der gesuchte Ort bildet gewissermaßen das Scharnier zwischen beiden Substanzen, den Punkt,
wo psychische in physische Prozesse umschlagen und umgekehrt. Die Konzeption vom Seelenorgan hat demnach eine metaphysische und eine anatomisch-physiologische Komponente, die
aber historisch betrachtet oft nicht auseinanderzuhalten sind.
Man konnte sich über die genaue Lokalisation des Seelenorgans
streiten, ebenso über die Kriterien, die zu einem solchen Urteil
berechtigten; unbezweifelbar war dagegen die philosophische
Annahme der Unteilbarkeit des Denkens, die auf der materiellen
Seite ein entsprechend einheitliches Organ erforderte.

Für die Untersuchung des Gehirns hatte das Konsequenzen, indem es nämlich nicht von seiner ohnehin als mysteriös angesehenen Struktur her, sondern im Hinblick auf den Interaktionsort
oder auch Seelensitz und auf Sensorik und Motorik studiert
wurde. Das Seelenorgan an der Spitze, die Sinnesorgane und die
motorischen Organe an der Basis bildeten Anfangs- und Endpunkt für ein hierarchisch gegliedertes System von Nerven-
verbindungen, die als Vermittler zwischen der inneren und der
äußeren Welt fungieren. Lange vor La Mettries Formel vom
»homme machine« hatte es sich eingebürgert, das Gehirn als Maschine zu bezeichnen,[3] und zwar nicht bloß in mechanistischen
oder materialistischen Theorien, sondern auch bei denen, die an
die Unabhängigkeit der Seele glaubten. Maschine bedeutete
dann – ähnlich wie die Metapher Werkzeug, die man vor allem in
der zweiten Hälfte des 18. Jahrhunderts häufiger findet –, daß es
einer Instanz bedurfte, sie zu betreiben und in Gang zu halten.
Genau diese Instanz – die Seele oder die moralische Natur des
Menschen – war dafür verantwortlich, daß zwar in vielerlei Hinsicht vom Gehirn als Seelenorgan die Rede sein mochte, aber dieses Wissen gab nicht vor, mit dem Wissen vom Menschen identisch zu sein.

Die Konzeption des Seelenorgans hatte vom Auftreten Descartes' im ersten Drittel des 17. Jahrhunderts bis zum Ende des
18. Jahrhunderts, in den rund 150 Jahren zwischen der wissenschaftlichen Revolution und dem Ende der Aufklärung, Gültigkeit. Um 1800 hörte das Seelenorgan auf, organisierend tätig zu

sein. Die einschlägigen Formeln verschwanden aus der medizinischen und physiologischen Literatur, die Konstruktion des Seelenorgans wurde aufgegeben, es kam zu einer strukturellen Aufwertung des ganzen Gehirns und einer Neubestimmung des Verhältnisses von Seele und Körper. Die Entstehung und Wirkungsmächtigkeit dieser Umwälzungen, die hier beschrieben werden sollen, konkretisierten sich in der Hirn- und Schädellehre Franz Joseph Galls und fanden dort eine materielle Basis. Was waren die Symptome für diesen Transformationsprozeß, und wie reagierte man darauf? Was trat an die Stelle des Seelenorgans, und welche Auswirkungen hatte das auf Anthropologie und Anatomie, Physiologie und Pathologie? Georges Canguilhem hat die Veränderungen am Beispiel der phrenologischen Interpretation eines Porträts von Descartes verdeutlicht:

> »Der Phrenologe, ein Schüler Spurzheims, weist auf dem Descartes'-schen Kopf ›alle wahrnehmenden geistigen Fakultäten‹ nach: Individualität, Gestalt, Ausdehnung, Schwerkraft, Farbe, Ort, Zahlenrechnung, Ordnung, Möglichkeit, Zeit, Töne, Sprache. [...] Vor Entstehung der Phrenologie hielt man Descartes für einen Denker, einen für sein philosophisches System verantwortlichen Autor. Nach Darstellung der Phrenologie aber ist Descartes der Träger eines Gehirns, das unter dem Namen von René Descartes denkt. Weil Descartes identisch ist mit seinem Gehirn, das die ›Möglichkeit‹ enthält, nimmt er in seinem Innern das Cogito wahr.«[4]

Das Beispiel impliziert die These, daß der Schritt der Hirnforschung zur Wissenschaft vom Menschen im frühen 19. Jahrhundert im Angesicht der Lokalisation der geistigen Eigenschaften stattgefunden hat. Seitdem ist das Gehirn im Prinzip ein Organ wie alle anderen auch, es hat keinen geheimnisvoll-archimedischen Punkt mehr: aus dem Seelenorgan ist das moderne Gehirn geworden.

Der Diskurs über das Seelenorgan enthielt weiße Flecken, die nur kurze Zeit später selbstverständlich ausgefüllt wurden. Wo vorher von der Einheit des Ich die Rede war, wird nun von geistigen Eigenschaften, Qualitäten oder Funktionen geredet; wo vorher die materielle und epistemische Einheit des Seelenorgans den

Problemhorizont ausfüllte, zeichnet sich die cerebrale Lokalisierung ab; wo vorher eine hierarchische Gliederung des Gehirns angenommen wurde, die auf das Seelenorgan zugespitzt war, geht man nun von einer äquivalenten Differenzierung aus; was vorher von den Sinnen und der Wahrnehmung aus konzipiert war, wird nun als ein komplexes Interagieren von rezeptiven und aktiven Funktionen gedacht, die im Gehirn verankert sind; wo vorher das Seelenorgan unveränderlich war und keiner Zeitlichkeit unterworfen, wird die organische Entwicklung zu einem entscheidenden Merkmal.

Natürlich wäre es unsinnig zu behaupten, daß es in der Hirnforschung und überhaupt in der Biologie und Psychologie des 19. Jahrhunderts keine Hierarchisierung oder Klassifizierung mehr gab: ein bekanntes Beispiel ist Freuds Unterscheidung zwischen »Ich« und »Es«. Doch die Hierarchie ist hier in einem funktionalen Sinne als Verkettung von Systemen zu verstehen und nicht mehr im Hinblick auf den im 17. und 18. Jahrhundert gängigen »Quellmeister«, der Seele heißt. Auch in der Hierarchisierung corticaler und subcorticaler Funktionszentren in der Neurophysiologie des späten 19. Jahrhunderts geht es zwar um Kontrolle, Hemmung und Erregung; doch diese Zentren weisen – im Gegensatz zur alten Metapher von Handwerker und Werkzeug – keine kategorialen Unterschiede mehr auf und unterliegen der gleichen somatischen Disposition.

Diese Verschiebungen sind für die Entwicklung der Hirnforschung und das moderne Verständnis des Menschen konstitutiv. Sie entstehen jedoch erstens nicht alle zum selben Zeitpunkt, und zweitens – wichtiger noch – fügen sie sich nicht sogleich zu einem neuen funktionalen Muster zusammen. Auch die Geschichte des Wissens kennt Übergangsphasen, die Vorsicht geboten sein lassen, wenn man mit einem Begriff wie Paradigmenwechsel hantiert oder mit Foucault von einem radikalen epistemischen Bruch ausgeht.[5] Auch wenn es heute nur schwer vorstellbar erscheint, ein Kapitel aus der Geschichte der Humanwissenschaften ganz außerhalb des mächtigen Schattens Foucaults zu schreiben, ziehe ich eine bescheidenere Variante der Diskontinuitätsthese vor. Mit Begriffen wie Transformation, Inkonsistenz und Inkommensurabilität scheint es mir möglich, vorhandene Verbindungen zwischen dem Nachher und dem Vorher ✗ nicht abzuschneiden, aber auch nicht in die mutwillige These vom kontinuierlichen Anbau des Wissens zu verfallen. An einer solchen Engführung hat auch die ältere Wissenschaftsgeschichte mitgeschrieben, die eine Ideengeschichte als perlschnurartige Aneinanderreihung von Theorien oder experimentellen Resultaten auffaßte, die immer »richtiger« werden.[6] Ich möchte dagegen größere Episoden aus der Geschichte des Lokalisationsgedankens in ihren spezifischen historischen Verflechtungen nachzeichnen.[7] Dazu zählt auch die Suche nach historischen Schauplätzen und Nebenschauplätzen, auf denen die Umwälzungen sich ankündigen und verhandelt werden.

Die historischen Akteure haben für anstehende Veränderungen ein feines Gespür, auch wenn noch gar nichts Entscheidendes passiert ist. Eine solche Episode trägt sich im Berlin des späten 18. Jahrhunderts zu, und sie gibt vor aller systematischen Formulierung ein beredtes Zeugnis für die Verabschiedung des Seelenorgans und die damit verbundenen anthropologischen Implikationen, die sich in diesem Fall auf die Sprache als eine Fähigkeit der menschlichen Seele richten. Diese Annahme gehörte seit Descartes zu den sicheren Unterscheidungskriterien zwischen Mensch und Tier oder Maschine. Ein Mensch könne noch so einfältig sein, als Taubstummer auf die Welt gekommen sein, er sei doch in der Lage, eine Rede zu bilden oder adäquate Zeichen zu entwickeln, anhand deren er seine Gedanken verständlich macht.[8] Ein solcher Unterschied ist nicht graduell, sondern prinzipiell. Er beweist, nach Descartes, daß der Mensch Vernunft habe, das Tier und die Maschine jedoch nicht. Damit ist die Sprache, mittels physischer Werkzeuge wie Nerven und Muskeln durch den Körper transportiert, eine vernehmbare Tätigkeit der res cogitans. Die Seele benutzt die körperliche Maschine, um sich auszudrücken; und auch wenn einige Instrumente der Maschine versagen – das Gehör, der Kehlkopf, die Hand –, so vermag sie immer noch andere Instrumente dahingehend zu bestimmen, daß sie diese Ausdrucksfunktion übernehmen.

Im Jahre 1783 ist das Verhältnis zwischen Seele, Gehirn und

Sprache nicht mehr so einfach. In Karl Philipp Moritz' »Magazin zur Erfahrungsseelenkunde« berichtet der Berliner Oberkonsistorialrat Johann Joachim Spalding von eigentümlichen Erlebnissen. Nach vielfältigem Publikumsverkehr am Vormittag, der seine ganze Aufmerksamkeit beanspruchte, war noch eine Quittung wegen Zinsen für Kirchenarme zu schreiben. »Ich setzte mich nieder, schrieb die beiden ersten dazu erforderlichen Wörter; aber in dem Augenblicke war ich nicht weiter vermögend, weder die übrigen Wörter in meiner Vorstellungskraft zu finden, noch die dazu gehörigen Züge zu treffen. Ich strengte aufs äusserste meine Aufmerksamkeit an, suchte langsam einen Buchstab nach dem andern hinzumahlen, […] merkte aber doch und sagte es mir selbst, daß es nicht diejenigen Züge wurden, die ich haben wollte.«[9] Spalding bricht das Unternehmen ab, legt den Stift zur Seite und versucht sich zu sammeln, was aber nicht gelingen will. Statt dessen wird er Zeuge einer Schlacht, die sich in ihm selbst abspielt. Auf der einen Seite Unordnung in den Vorstellungen, die sich ohne sein Zutun aufdrängen; auf der anderen die ordnende Vernunft, die die verwirrenden Bilder abdrängen will. Auch jetzt noch ist Spalding ganz und gar Cartesianer, der um die Reinheit und Unantastbarkeit seiner Seele weiß. »Ich sagte mir selber mit der größten Deutlichkeit und Gewißheit: wenn ich, das eigentliche denkende Wesen, jetzt gleich, etwa durch eine Art von Tod, aus diesem in dem Gehirn erregten Getümmel, welches mir, nach meiner innersten Empfindung, immer etwas fremdes, ausser mir selbst vorgehendes blieb, herausgesetzt würde, so würde ich in der besten glücklichsten Ordnung und Ruhe fortdauren und fortdenken.«[10] Doch die Probleme mit der res extensa, dem Gehirn, geben ihm Anlaß zu den schlimmsten Befürchtungen: »Ich versuchte zu reden, gleichsam zur Übung […]; aber so sehr ich auch Aufmerksamkeit und Gedanken mit Gewalt zusammenzwang, […] so merkte ich doch bald, daß unförmliche und ganz andere Wörter erfolgten, als die ich wollte; meine Seele war jetzt eben so wenig Herr über die innerlichen Werkzeuge des Sprechens, als vorhin des Schreibens.«[11] Glücklicherweise legt sich die Turbulenz nach kurzer Zeit. Die klaren und deutlichen Gedanken erlangen wieder die Oberhand, das Spre-

chen muß noch ein wenig geübt werden, aber bald fühlt er sich
wieder ganz hergestellt. Er wirft einen Blick auf seine Quittung,
mit der alles angefangen hat. »Funfzig Thaler halbjährige Zinsen« hatte er schreiben wollen; »funfzig Thaler durch Heiligung
des Bra-« war dabei herausgekommen. »Dunkle unverständliche
Einflüsse« macht Spalding für den Wortsalat verantwortlich.

So ganz scheint er aber der vorgenommenen Trennung in das
klare und deutliche, berechenbare Ich und die dunkle, unberechenbare und unkontrollierbare Materie, das Gehirn, nicht zu
trauen, denn im Nachspann mißt er dem Gehirn eine größere Bedeutung zu. »Wenn die ganze Denkkraft von dem jedesmaligen
Zustande des Gehirns abhängt, oder eigentlich darin liegt, so
muß, in meinem Fall, der eine Theil meines Gehirns gesund, […]
der andere in unordentlicher, verwirrter Bewegung gewesen sein.
Und welcher von beiden sagte denn: ich? unterschied die durch
einander kreuzenden Vorstellungen von sich selber? urtheilete
von der Unrichtigkeit derselben? fühlte so innig sich selbst, als etwas ganz anderes und abgesondertes von jenen?«[12] Hierbei handelt es sich nun allerdings um einen völlig uncartesianischen Erklärungsversuch. Nicht mehr die Inkommensurabilität von Geist
und Materie und das hierarchische Verhältnis beider werden
vorausgesetzt, sondern eine gleichwertige Beziehung der einen
Hirnregion zur anderen. Das ist noch kein Vorgriff auf die später
so wichtige Asymmetrie der linken und rechten Hirnhälfte, aber
daß zwei Hirnteile gleichberechtigt miteinander kommunizie-
ren oder konkurrieren, markiert einen Riß im Gefüge, der allein
schon durch die Subjektivierung der vorher noch Werkzeug genannten Materie sichtbar wird: ein Hirnteil von beiden »sagt« etwas; unterscheidet Vorstellungen und beurteilt deren Richtigkeit;
unterscheidet zwischen Selbst und Nicht-Selbst. Immerhin: er
tut dies ohne oder gegen einen anderen. Sitzt das Ich, die unteilbare Seele zufällig in ihm? Dann gäbe es kein einheitliches Seelenorgan mehr, denn der andere Teil produziert schließlich auch
seelisches Erleben. Oder, die zweite Möglichkeit, das Ich-sagen-
Können ist eine bloße Funktion jenes Hirnteils, ohne daß die Annahme einer immateriellen Seele notwendig wäre. Beide Überlegungen haben Konsequenzen. Die letztere wäre materialistisch

im Sinne von La Mettrie;[13] die erstere weist auf eine potentielle Pluralität der Hirnorgane hin, die unter normalen Umständen zu einer einheitlichen Verhaltens- und Erlebnisweise konvergieren, unter bestimmten Bedingungen jedoch divergieren. Diese Position ist exakt diejenige von Franz Joseph Galls Organologie, nur wenige Jahre nach Spaldings Text entworfen. Es geht nicht darum, daß Spalding ein Vorläufer war. Sein Gedankenspiel ist harmlos gemeint, aber nicht so verstanden worden, zumindest nicht von Moses Mendelssohn, der im selben Jahrgang des Magazins auf Spalding antwortet.

Mendelssohn kommt sogleich zur Sache und erklärt jede willkürliche Handlung zu einer körperlichen Wirkung, deren Ursache geistig ist. Natürlich weiß er, daß es mit der Wirkung des Immateriellen auf das Materielle einige Schwierigkeiten gibt, aber er läßt das »vor der Hand dahingestellt seyn« und will sich an den Erfahrungen selbst orientieren. Mit zunehmender Wiederholung der Handlung spielt dieses Verhältnis sich ein, und ein klares Bewußtsein der Handlung ist nicht mehr unbedingt notwendig. Zum Beispiel das Lesen. Zu Beginn ein langsamer, bewußter Vorgang, doch mit zunehmender Fertigkeit können wir »ohne deutliches Bewußtseyn fortlesen«.[14] Aber die Seele vermag noch viel mehr, nämlich zur gleichen Zeit ganz verschiedene Dinge tun. Während der Musiker beispielsweise ohne deutliches Bewußtsein sein Instrument spielt – und dabei womöglich mit der einen Hand ganz andere Bewegungen ausführt als mit der anderen –, kann er zur gleichen Zeit gehen, reden und an etwas ganz anderes denken. Diese Polyphonie kann allerdings aus den Fugen geraten, und damit setzt die Erklärung der Unpäßlichkeiten des Oberkonsistorialrats Spalding ein. Überbeschäftigt und vielfältig abgelenkt, sei ihm die innere Ordnung durch allerhand Sprechen und Schreiben durcheinander geraten, so daß die Aufmerksamkeit zu oszillieren begann »und sich nicht mehr von dem Bewußtseyn des Vorsatzes lenken«[15] ließ. Das Schreiben der Quittung, meint Mendelssohn, habe das Faß zum Überlaufen gebracht: die fremde Idee überwältigt die zweckmäßige und unterbricht »die Folge der organischen Stöße«. Das Gedankengebiet bleibt wohl und in Ordnung, während bei den wirksamen Ideen alles durcheinander geht; aber es ist eine einfache und unteilbare Seele, die beides verrichtet, bloß daß sie in ihren willkürlichen Funktionen gehemmt werden kann.

Nun aber gibt Mendelssohn zu bedenken, daß Spalding in seiner Not einen Fehler begangen habe. Um einen Ruhepol zu finden, gab er sich religiösen Betrachtungen hin, was gefährliche Folgen hätte nach sich ziehen können. Er hätte seiner mißlichen Situation vielmehr direkt begegnen sollen: »Eine freie Aussicht in die offene Natur; ein ruhiger Blick auf das thätige Leben der Menschen und der Thiere; ein körperlicher Schmerz, oder jede andre äußere sinnliche Empfindung von einiger Kraft, etwas Speise oder ein kühlender Trunk, den er zu sich genommen hätte, würde wahrscheinlicher Weise heilsamer gewesen seyn.«[16] Wo die Seele den Lauten, Begriffen und Sätzen hilflos ausgesetzt ist, kann sie erst durch die Hinwendung nach außen, das Empfangen des von außen Einströmenden zu einer neuen Ordnung gelangen, indem sie den zufälligen, unwillkommenen Gedanken das »Bürgerrecht« gewährt. Nicht Rückzug auf sich selbst, sondern wohlkalkulierte Aufnahme des Störenden. Unmöglich ist es allerdings – und ein Zustand heilloser Anarchie, möchte man hinzufügen –, daß das Gehirn Spaldings sich in zwei Teile, einen ordentlichen und einen unordentlichen, geteilt habe. »Die Seele beherrscht diese verschiedenen Reihen [...]; wirkt hier selbst, und läßt dort andre nach ihrem Plane fortwirken. Alles dieses weis sie, wie die Bürger eines wohlgeordneten Staates der maßen in Harmonie zu bringen, gleichsam wie in eine einzige gruppirende Masse von Licht und Schatten zu verbinden, daß die Wirkung des Ganzen zu ihrem Hauptendzwecke übereinstimmt.«[17]

Das Gehirn untersteht der unumschränkten Herrschaft der Seele, die über ihr vornehmstes Instrument, das Seelenorgan, ihre Befehle an den übrigen Körper weiterleitet. Die Sprachwerkzeuge und Schreibwerkzeuge ihrerseits sind untergeordnete, nicht lokalisierte Instrumente oder Unterinstrumente im Gehirn, die üblicherweise den Befehl ausführen wie Hand oder Fuß, im Falle einer physiologischen Turbulenz allerdings außer Kontrolle geraten und den Dienst quittieren. Zwischen dem Ich als reiner Geistigkeit und diesen Instrumenten besteht – physiologisch gesehen – ein reines Zweckbündnis und keine gleichberechtigte Verwandtschaft. Wenn die Buchstaben sich nicht mehr in der üblichen Reihenfolge aneinanderfügen, wenn aus »halbjährigen Zinsen« die »Heiligung des Bra-« wird, wenn das ausgesprochene Wort ein anderes ist als das, welches man sagen wollte – dann hat das nichts mit der Seele zu tun, sondern nur mit der Widerspenstigkeit der untergeordneten Instrumente; oder – so Mendelssohns These – es handelt sich um eine lebensweltliche Unruhe, die aber gerade durch seelische Souveränität zu bändigen ist. Damit können die Prinzipien der Aufklärung in Form einer moralischen Praxis wirksam werden. »Le style, c'est l'homme« – Buffons berühmtes Diktum wird in der Studierstube des Berliner Seidenfabrikanten realisiert. Dennoch ist die Ordnung im späten 18. Jahrhundert bereits fragil, wie sich an den vielleicht unbeabsichtigten Zweifeln Johann Joachim Spaldings zeigt: wer von der seelischen Befindlichkeit reden will, muß vom Gehirn reden. Die »Beobachtende Vernunft«[18], die für die Entwicklung der Anthropologie und Erfahrungsseelenkunde im 18. Jahrhundert konstitutiv war, war gleichzeitig auch eine beobachtete Vernunft, die man an körperlichen Merkmalen festmachte.

Häufig wurde aus diesen Veränderungen geschlossen, daß der Lokalisationsgedanke Ausdruck eines Reduktionismus sei, gegen den sich immer wieder ein anti-lokalisatorischer Protest erhob.[19] Vier Kontroversen aus der Hirnforschung wurden dadurch in einen systematischen Zusammenhang gebracht: die Debatte über das Seelenorgan im 18. Jahrhundert; der Streit über unabhängige corticale Organe in der ersten Hälfte des 19. Jahrhunderts; die Auseinandersetzung um scharf begrenzte Regionen in der Hirnrinde im späten 19. Jahrhundert; und schließlich eine modifizierte Fortführung der letzteren Debatte im frühen 20. Jahrhundert, die eine neuerliche Konjunktur des Holismus mit sich brachte. Ihren Ursprung hat die historische Gegenüberstellung eines reduktionistischen Lokalisationismus und eines ganzheitlichen, dem Menschen gerechter werdenden Anti-Lokalisationismus in neurologischen Diskussionen gegen Ende der Weimarer Republik. Ihre Langlebigkeit verstellt den Blick für die Frage, ob die besagten Kontroversen – falls es überhaupt welche waren – in jedem Fall vergleichbar sind; als ob die Geschichte der Lehren vom Menschen seit Descartes oder seit Gall oder seit Darwin ausschließlich eine Geschichte des Reduktionismus und des verschieden artikulierten Protestes dagegen wäre.

Die Schwierigkeiten einer solchen Polarisierung möchte ich am Beispiel der These von der Naturalisierung des Geisteslebens verdeutlichen. Der mit Gall verbundene Umschwung ist so interpretiert worden, daß die psychologische Analyse bis zum späten 18. Jahrhundert von philosophischen Kategorien ausging und sich seitdem die Kategorien der physiologischen Analyse zu eigen gemacht hat.[20] Das ist nicht falsch, und doch ist man mit dem Begriff der Naturalisierung oft zu schnell bei der Hand.

Seit der Antike hat es naturalistische Erklärungen für weite Bereiche des Geisteslebens gegeben: man denke an die Affekte, die jahrhundertelang humoralphysiologisch erklärt worden sind; und es hat nicht bloß den cartesischen Dualismus, sondern auch die mechanistische Theorie eines Thomas Hobbes gegeben. Entsprechend waren die »philosophischen« Kategorien vor 1800 vielfach von physikalischen, chemischen und physiologischen Theorien gespeist; umgekehrt sind die »physiologischen« Kategorien nach 1800 alles andere als einheitlich und stehen einander teilweise diametral entgegen: die morphologische Betrachtungsweise der Anatomen und die biophysikalische Betrachtungsweise der Experimentalphysiologen um 1850 wäre dafür ein Beispiel. Die Frage müßte also lauten, von welcher Naturalisierung in welchem historischen Kontext die Rede ist. Wichtiger als die Naturalisierung oder die Materialisierung des Selbst oder des Ich erscheint außerdem die Fragmentierung des Geistes in einzelne Bestandteile, die im Verlauf des 19. Jahrhunderts immer wieder neu definiert werden und sich zunächst als Qualitäten, Eigenschaften, Talente und Neigungen und später als Funktionen artikulieren. Die Einheit des Seins und des Erlebens ist nicht mehr selbstverständlich, das Individuum muß im Wortsinn begründet werden, und diese Veranstaltung findet im biomedizinischen Raum statt. Vor langer Zeit hat Foucault bereits darauf hingewiesen, »daß in dieser Kultur der philosophische Status des Menschen wesentlich vom medizinischen Denken geprägt wird«.[21]

Daran hat sich bis auf den heutigen Tag nichts geändert – und doch greifen Begriffe wie Reduktionismus oder Naturalisierung hier nicht. Würde man beispielsweise Freud – mit Foucault – dem medizinischen Denken zuordnen oder – mit Habermas – dem Protest dagegen? Auch die Lokalisation steht historisch immer wieder im Verdacht des Materialismus, doch verschiedene Kerngedanken zur Lokalisation sind im frühen 19. Jahrhundert im Rahmen der romantischen Naturphilosophie erstmals formuliert worden, die für gewöhnlich gerade als Bastion gegen eine reduktionistische Sicht des Menschen verstanden wird; und eine bedeutende Version des Lokalisationismus um 1850 entwickelt sich in einem explizit anti-materialistischen Kontext. Es stimmt also etwas nicht mit historischen Begriffen wie Naturalisierung und Reduktionismus, wenn ihnen eine flächendeckende Erklärungsfunktion zugemutet wird. Das gleiche trifft für den Lokalisationismus zu.

Trotz aller berechtigten Suche nach Systemen der Gleichzeitigkeit gibt es historisch-kategoriale Unterschiede zwischen Lokalisationismus auf der einen und Darwinismus und Psychoanalyse auf der anderen Seite. Aus der Verschiebung der Kulissen hat sich der Lokalisationsgedanke zunächst nicht als eine eigenständige wissenschaftsfähige Doktrin herausgeschält, sondern er hat sich in verschiedene Räume des Wissens verzweigt. Diese Diffusion führte zu Veränderungen, ohne daß der Kerngedanke – die Verteilung verschiedener geistiger Funktionen auf mehrere Hirnareale – aufgegeben worden wäre. Die Lokalisation wurde nie als ein einheitliches Lehrgebäude angesehen und hat auch nie die historische Tiefenschärfe des Darwinismus oder der Psychoanalyse entwickelt. Wer sich heutzutage für Neuroimaging, für die hirngeschädigten Patienten von Oliver Sacks oder für die rechte – kreativere, aber durch Erziehung angeblich unterdrückte – Hirnhälfte interessiert, wird kaum Zusammenhänge zur Lokalisationsforschung des 19. Jahrhunderts herstellen. Lokalisation ist offenbar immer wieder neu definiert worden, und ihre kulturelle Relevanz wurde im wesentlichen aus Anlaß spektakulärer Ereignisse wie etwa der – ergebnislosen – Untersuchungen der Gehirne Lenins oder Einsteins betont. Ähnlich wie ihr Gegenstand ist die Lokalisation in mehrere Fragmente zerteilt. Um diese

Fragmente zu ordnen und ihre gemeinsamen Bezüge und Unterschiede zu rekonstruieren, untersuche ich die verschiedenen Wissensbereiche, in denen der Lokalisationsgedanke formuliert, praktisch erprobt und auch verworfen wurde. Dazu zählen physische Anthropologie, insbesondere Theorien zur Rassen- und zur Geschlechterdifferenz, Phrenologie, Psychiatrie, romantische Naturphilosophie und experimentelle Physiologie: zweifellos handelt es sich dabei um Gebiete, die auf den ersten Blick inkommensurabel erscheinen, etablierte wissenschaftliche Disziplinen auf der einen Seite, auf der anderen Bewegungen und Moden, die längst Makulatur geworden sind. Mag sein, doch das Mäandern der Lokalisation zwischen verschiedenen Räumen macht ihre epistemische Durchsetzung überhaupt erst verständlich.

Die physische Anthropologie schuf ein Raster für die cerebrale Verankerung geistiger Unterschiede, das in der Phrenologie ausgeweitet und verfeinert wurde. Die damit in Kauf genommene Determinierung des Menschen wurde in der romantischen Naturphilosophie aufgeweicht, während das Experiment zunächst wenig Produktives beizutragen hatte, dann aber den Lokalisationsgedanken endgültig in die Lebenswissenschaften integrierte. Dieser Prozeß reicht vom späten 18. bis zum späten 19. Jahrhundert. Es geht also durchaus um Entwicklungen, deren Ursachen ich jedoch nicht in einer scharfen Trennung zwischen Wissenschaft und Nicht-Wissenschaft festmache. Ich werde vielmehr die historischen Bedingungen für diejenigen Ressourcen, Techniken und Wissensquellen aus ganz verschiedenen Bereichen analysieren, die mit dem Lokalisationsgedanken verbunden sind.

Die Geschichte der Lokalisation im 19. Jahrhundert ist nicht zuletzt die Geschichte geradezu entgegengesetzter Kulturen und Techniken der Wissensproduktion innerhalb der Medizin. Klinisches Wissen basiert auf dem Erkennen und Einordnen von Symptomen oder Indizien. Der Arzt wird damit in gewisser Hinsicht zum Semiotiker oder Spurenleser.[22] Eine doppelte Unsicherheit prägt seine Arbeit: erstens werden die der unmittelbaren Beobachtung nicht zugänglichen Krankheiten anhand von Symptomen diagnostiziert; und zweitens ist das Symptom nicht stetig und eindeutig. Daß es bei scheinbar gleichen Bedingungen ganz unterschiedlich ausfallen kann, schafft ständig neue, vielleicht viel interessantere Indizien, sorgt aber auch für Verwirrung und hat im 19. Jahrhundert die Klinik nicht selten in Mißkredit gebracht.

Die Klinik geht qualifizierend vor, hat das Einzigartige in Phänomenen, Kasuistiken und Menschen zum Gegenstand und muß sich deswegen stets die Frage stellen, wie sie vom Besonderen ins Allgemeine kommt. Genau umgekehrt verhält es sich mit der experimentellen Wissenschaft. Sie geht quantifizierend vor, ist auf die Allgemeinheit der Phänomene und dementsprechend ihre Reproduzierbarkeit gerichtet. Ihre Ergebnisse haben deswegen einen viel höheren Grad an Sicherheit; sie muß sich allerdings fragen, welche Erklärung sie für einen individuellen Fall anzubieten hat.

In der Medizin des 19. Jahrhunderts kommt es immer wieder zu einem beziehungslosen Nebeneinander von Indizien- und experimenteller Wissenschaft. Die Lokalisationslehre der geistigen Eigenschaften ist ein vorzügliches Beispiel für diese Dynamik. Erst das Ineinanderfügen der unsicheren und üppigen individuellen Fallgeschichten mit der experimentellen Askese führt zu dem Erfolg einer Wissenschaft, die gegen Ende des 19. Jahrhunderts tatsächlich glaubt, sie könnte den Menschen vollständig erklären.

An diesem Punkt werde ich meine Untersuchung abbrechen. Nicht, daß die Geschichte der Lokalisation damit beendet wäre. Im Gegenteil. Sie tritt in eine zweite Phase, deren Zeugen wir nach wie vor sind. Ohne die Anfänge der Geschichte des homo cerebralis wäre der Umstand, daß der Mensch heute irgendwo zwischen Hirnbildern, Hirnjogging und Hirntod angesiedelt ist, gar nicht erst zu denken.

Zur Geschichte des Seelenorgans im 17. und 18. Jahrhundert

Der cartesische Dualismus und die Folgen

Die Geschichte des Seelenorgans reicht von der Mitte des 17. bis zum Ende des 18. Jahrhunderts. Am Anfang steht der philosophische Leib-Seele-Dualismus von Descartes, der trotz mannigfacher Anfechtungen der irreduzible Bezugsrahmen für den gesamten Zeitraum bleibt; am Ende steht eine eher vage, auf verschiedene Weisen gedeutete Konzeption des Seelenorgans, deren einzige Stärke noch darin liegt, einen gemeinsamen Bezugspunkt für Medizin und Philosophie abzugeben. Damit sollte verhindert werden, daß das Wissen vom Menschen auseinanderfiel. Eine solche Gefahr drohte durch die Entstehung der Wissenschaften vom Leben in der zweiten Hälfte des 18. Jahrhunderts, die auch vor dem Menschen nicht haltmachten. Das Ende des Seelenorgans hängt unmittelbar zusammen mit dem neuartigen Diskurs vom Menschen, in dem es nicht mehr um seine metaphysische und theologische Bestimmung ging, sondern um Gemeinsamkeiten und Besonderheiten im Verhältnis zu Tieren, zu außereuropäischen Menschen und um seine Stellung als Alltagswesen mit Verhaltensweisen, Leidenschaften und Gefühlen. Obwohl diese Bereiche sich ab 1800 zunehmend voneinander entfernten – der Mensch als Naturwesen auf der einen und als soziales Wesen auf der anderen Seite –, waren sie doch wenigstens für die letzten Dekaden des 18. Jahrhunderts nicht einer bestimmten Disziplin vorbehalten. Medizin und Anthropologie, Erfahrungsseelenkunde und Literatur, Philosophie und Geschichte beteiligten sich an dem Unternehmen, das geistige Leben des Menschen empirisch zu erforschen. Doch sosehr sich das Menschenbild der beobachtenden Vernunft dabei vom cartesischen

Ego entfernen mochte, blieb das Seelenorgan das materielle Substrat für das Zusammenwirken von Körper und Geist, das sogenannte *commercium mentis et corporis*. Um dieses Stichwort gruppierte sich das gemeinsame Interesse an der Erforschung des »ganzen Menschen«. Die Zusammenhänge, die für die Hirnforschung jener 150 Jahre konstitutiv waren, will ich kurz skizzieren.

Bereits in der Antike und im Mittelalter verfügte man über anatomische Kenntnisse des Gehirns, interpretierte die physiologischen Vorgänge im Gehirn als Fließen eines Pneumas oder Spiritus animalis und bezog diese geheimnisvolle Substanz auch in Überlegungen zum Verhältnis von seelischen Vermögen und Gehirn ein. Der Spiritus galt als materielles, wenn auch sehr feines und flüchtiges Medium, das sinnliche Eindrücke von den Sinnesorganen durch die Nerven zum Sensus communis transportierte.[1] Im Hinblick auf die geistigen Vermögen wie Wahrnehmung, Vernunft, Phantasie und Gedächtnis (sensus communis, ratio, imaginatio vel fantasia, memoria) herrschte bis in die Neuzeit hinein eine sogenannte Ventrikellehre, die davon ausging, daß die Vermögen in blasenartigen Hirnkammern (Ventrikeln) im Kopf lokalisiert seien. Man kann mit Sicherheit annehmen, daß die Hirnventrikel in der antiken Anatomie und im Mittelalter bekannt waren, doch folgt daraus nicht notwendig, daß die *Vermögens-Ventrikel* in der mittelalterlichen Tradition und die anatomischen Ventrikel stets für identisch gehalten wurden.[2] Während die Ventrikellehre den Vorteil hatte, verschiedene psychische Phänomene in ein einheitliches Erklärungsmodell zu integrieren, und bisweilen auch geistige Ausfallserscheinungen bei Hirnverletzungen erklären konnte,[3] förderte sie nicht unbedingt das Interesse an der Anatomie des Gehirns. Deswegen ist es kein Zufall, daß die Kritik an der Ventrikellehre in der späten Renaissance Hand in Hand geht mit den Anfängen der neuzeitlichen Anatomie des Gehirns.[4]

Darüber hinaus war die Lokalisierung der kognitiven geistigen Fähigkeiten und Eigenschaften (Emotionen und Affekte sind hier auszunehmen) in den Ventrikeln keineswegs identisch mit einer Lokalisierung der Seele als Lebensprinzip oder Hegemonikon, dessen Sitz in der aristotelischen Tradition im Herzen, in der platonischen Tradition im Gehirn angenommen wurde. Erst im 16. Jahrhundert begann sich die Vorstellung von einer Identität der Seele und ihrer Vermögen durchzusetzen.[5] Mit Descartes gelangt diese Entwicklung zu einem Höhepunkt, der gleichzeitig einen Neubeginn markiert; denn Descartes problematisiert das Leib-Seele-Verhältnis in einer bis dahin unbekannten Schärfe. Die philosophische Voraussetzung für diese Wendung ist bekanntlich die erkenntnistheoretische Unterscheidung zwischen einer immateriellen res cogitans (Seele) und einer materiellen res extensa (Körper), die als völlig eigenständig anzusehen sind und sich nur im Menschen miteinander vereinigen. Als zweite Voraussetzung bedarf es einer mechanistischen Theorie der Körperfunktion, in der Descartes davon ausgeht, daß die organischen Prozesse nach denselben Regeln ablaufen wie die anorganischen. Drittens schließlich nimmt Descartes eine Interaktion der beiden so verschiedenartigen Substanzen an, die – im Hinblick auf den Menschen – den Ausgangspunkt für seine Theorie der Hirnfunktion darstellt.[6]

Auf diesem Fundament entwickelt Descartes zwei für seine Psychophysiologie unabdingbare Maximen: zum einen soll ein notwendiger Zusammenhang zwischen Immaterialität und Unteilbarkeit der Seele angenommen werden; zum anderen – und hier dehnt er die Idee der Einheit der Seele auf die Materie aus – soll ein Interaktionsort gesucht werden, der im Gehirn nur ein einziges Mal vorhanden ist, das heißt, daß nur solche Strukturen in Frage kommen, die nicht in beiden Hirnhälften und somit zweimal angelegt sind. Descartes untermauert dieses Argument durch die Einheitlichkeit der Wahrnehmung, denn für die Sinnesphysiologie war es seit je ein Problem gewesen, wo und wie die Empfindungen aus zwei Augen bzw. Ohren zu einem Bild bzw. Geräusch verbunden werden. Die wichtigste Konsequenz aus Descartes' Annahmen besteht zunächst einmal darin, daß das ganze Gehirn als Organ der Seele nicht in Frage kommt, da es aus ungefähr identischen Hälften besteht.

An diesem Punkt wird zusätzlich ein anatomisch-physiologisches Argument relevant. Wie bereits Leonardo da Vinci, dessen Überlegungen jedoch der Nachwelt bis ins 18. Jahrhundert hinein verborgen blieben, hält Descartes den zentralen Sammelpunkt der afferenten (sensiblen) und efferenten (motorischen) Nervenbahnen für das Organ der Seele.[7] Die Annahme eines sensomotorischen Umschlagpunktes war eine Erklärungsmöglichkeit für die alltägliche Erfahrung, wonach auf einen Reiz eine Reaktion erfolgt und auf eine Wahrnehmung eine Handlung. Gewiß hatte Descartes mit seiner Theorie des Seelenorgans mehr im Sinn, als bloß eine anatomisch fundierte Antwort auf bestimmte sinnesphysiologische Probleme zu geben, doch indem er den sensomotorischen Umschlagpunkt als hauptsächlichen Interaktionsort von Körper und Seele identifizierte, war er vorsichtig genug, nicht von einem eigentlichen Sitz der Seele zu reden. Mit der Annahme ihrer Immaterialität war von vornherein festgelegt, daß es unmöglich sei, ihr einen morphologisch faßbaren Wohnort zuzuweisen. Konsequenterweise spricht Descartes von der Präsenz der Seele, die über den ganzen Körper verteilt sei, in der Zirbeldrüse (Epiphyse) allerdings als sensomotorischem Umschlagpunkt oder Sensus communis ihre hauptsächliche Wirksamkeit entfalte.

Das Konzept des Sensus communis erfährt somit eine entscheidende Wandlung. In der mittelalterlichen Ventrikellehre galt er als seelisches Vermögen neben anderen wie Gedächtnis, Einbildungskraft und Vernunft. Die epistemologische und physiologische Aufwertung des Sensus communis bei Descartes besteht darin, daß die übrigen seelischen Vermögen als eigenständige Einheiten, denen ein fixer Ort zugeschrieben wird, zugunsten der medialen Funktion des Sensoriums aufgegeben werden. Zwar bleiben Vermögen wie Vernunft und Einbildungskraft als seelische Eigenschaften erhalten, aber sie haben keinerlei psychophysische Bedeutung als Vermittler von Körper und Seele. Das Gedächtnis konzipiert Descartes etwas anders, indem er es aufteilt in eine immaterielle Erinnerungsfähigkeit der Seele und in eine materielle Eingravierung von Spuren, die in der Hirnsubstanz hinterlassen werden. Für seine Interaktionstheorie spielt das aber keine nennenswerte Rolle.

Die Uminterpretation des Sensus communis zu einem materiellen und funktionalen Gebilde, das das wesentliche Scharnier zwischen Körper und Seele bildet, war die Voraussetzung dafür, daß in der Folgezeit von einem Seelenorgan oder einem Sitz der Seele in einem physiologischen Kontext gesprochen werden konnte. Das war nicht unbedingt im Sinne von Descartes, der sich hütete, einen Ort des Denkens zu postulieren. Doch seine regulativen Vorgaben für die Bestimmung des Sensus communis waren Bestandteil des umfassenden mechanistischen Programms einer Erkundung des Körpers. Das wird auch daran deutlich, daß das Medium zwischen Körper und Seele von einer jahrhundertealten Unsichtbarkeit in die Sichtbarkeit versetzt wurde. Das Konzept des Spiritus animalis der Alten hatte den Vorteil, daß er zwar materiell, aber gleichzeitig so fein gedacht wurde, daß niemand ihn je zu sehen erwartete. Damit galt er einerseits als physiologisches Substrat, hatte andererseits aber auch die Aura einer göttlichen Substanz. Mit der Sichtbarkeit des Seelenorgans war der Boden für eine eventuelle Vergleichbarkeit von Seelenorganen bereitet, für ein Wägen und Messen und für eine anatomisch-physiologische Erforschung des Gehirns. Das Seelenorgan verlor somit seine göttliche Aura, erhielt dafür jedoch in der Hierarchie der cerebralen Strukturen den obersten Platz. Daß Descartes sich mit diesem Konzept auch erhebliche Schwierigkeiten einhandelte – beispielsweise in der Erklärung der Sinneswahrnehmungen –,[8] änderte nichts daran, daß man nun über einen methodischen Rahmen verfügte, an dem man sich in der Folgezeit orientieren konnte.

Die Tendenz, Descartes auf der Grundlage seiner eigenen methodischen Grundlagen zu kritisieren, wirkte sich besonders deutlich in der Anatomie aus. So wurde die Epiphysen-Theorie verworfen, und man suchte nach einer neuen, passenderen Struktur im Gehirn, ohne jedoch die cartesischen Vorgaben – nur einfach im Gehirn vorhanden und eine unmittelbare Nervenverbindung zu den Sinnesorganen – aufzugeben. Während Descartes in methodischer Hinsicht unangetastet blieb, verknüpfte sich die anatomische Kritik mit einer Revision seines Bildes vom Menschen als einer Maschine, in die Gott eine unsterbliche Seele implementiert hatte. Für Descartes fiel alles genuin Menschliche in den Bereich der res cogitans, doch ausgerechnet aus den Diskussionen um das Seelenorgan wurde klar, daß man dieser einfachen Unterscheidung zwischen Mensch und Tier nicht recht traute. So wurde der anatomische Vergleich von Mensch und Tier als ein weiteres Kernargument gegen die Epiphysen-Theorie angeführt, wenn beispielsweise Thomas Bartholinus feststellte, daß die Epiphyse mancher Tiere viel größer sei als die des Menschen, was bei einem Organ von so außerordentlicher Bedeutung unmöglich der Fall sein könne.[9] Damit wurden explizit die Quantität und die Struktur des Gehirns bzw. eines Teils desselben zum Indikator für die Bestimmung des Seelenorgans – ein Aspekt, der bei Descartes keine Rolle gespielt hatte. Darüber hinaus implizierte die Einführung dieses anatomischen Arguments, daß Fragen der psychophysischen Ähnlichkeiten und Unterschiede zwischen Mensch und Tier zwar ein Problem der Metaphysik blieben, jedoch allmählich mit schärferem Blick auf den Körper diskutiert wurden. Naheliegenderweise wurde der strikte Dualismus Descartes' dadurch zunehmend aufgeweicht, doch gab es eine Fülle von Strategien, die Ausnahmestellung des Menschen, seine Unsterblichkeit und die Unteilbarkeit der Seele zu bewahren.

Wie die anatomische ist auch die philosophische Kritik am cartesischen Dualismus etwa so alt wie dieser selbst. Im Unterschied zu den Philosophen vermochten die meisten Anatomen und Ärzte des 17. und 18. Jahrhunderts kaum je eine klare und eindeutige Antwort im Hinblick auf die epistemologischen und ontologischen Grundlagen des Verhältnisses von Körper und Seele zu geben. Aus diesem Grund erscheinen philosophiehistorische Kategorisierungen wie Okkasionalist, Spinozist, Hobbesianer oder Leibnizianer nur eingeschränkt tauglich, um die weitere Geschichte des Seelenorgans zu rekonstruieren. Als kleinster gemeinsamer Nenner für Philosophen und Mediziner läßt sich, abgesehen von Materialisten wie Hobbes oder La Mettrie, eine wie auch immer begründete ontologische Unabhängigkeit der Seele vom Körper ausmachen. Dieser Status sollte durch das Seelenorgan affirmiert werden, doch ergaben sich daraus Schwierigkeiten, die die weiteren Untersuchungen des Gehirns mehr bestimmten als die Zugehörigkeit zu einer bestimmten philosophischen Richtung. Der Versuch, die Existenz des Seelenorgans anatomisch nachzuweisen, mußte sich der Frage stellen, ob auch strukturelle Unterschiede der Gehirnsubstanz für die Theorie des Seelenorgans relevant sein könnten. Ebenso wurde der Verlauf der Hirnnerven im Hinblick darauf untersucht, ob ein gemeinsamer Ursprungsort zumindest der sensorischen Nerven identisch sei mit dem Sensorium commune.

Fragen und Probleme dieser Art kennzeichnen das Werk von Thomas Willis, der sich in der Auseinandersetzung mit Descartes an dessen Kritiker Pierre Gassendi orientierte. Gassendi definiert den Dualismus, indem er zwischen einer körperlichen Seele (dazu gehören Spiritus vitalis et animalis und die genitale Flüssigkeit), die auch Tiere besitzen, und einer immateriellen, unsterblichen Seele des Menschen (ausgestattet mit Vernunft, Denken, Wissen, Entscheidungsfähigkeit, freiem Willen) unterscheidet.[10] Über diese Trennung hinaus greift Willis bemerkenswerterweise die alte Einteilung aus der Ventrikellehre auf, verlegt jedoch die geistigen Vermögen nun in die Hirnsubstanz selbst: den Sensus communis ins Corpus striatum; die Imagination ins Corpus callosum (worunter das 17. Jahrhundert die gesamte weiße Substanz verstand); Instinkt, Leidenschaften und vegetative Funktionen ins Kleinhirn und das Gedächtnis in die Hirnrinde.[11]

Die Erweiterung der aus Antike und Mittelalter tradierten Vermögen um Emotion und Instinkt ist keine bloße Ergänzung, sondern Ausdruck eines andersartigen Verständnisses, das die psychischen Qualitäten im Gehirn verortet. Willis' Begründungsstrategie läuft darauf hinaus, eine direkte Korrelation von anatomischer Struktur und psychophysischer Funktion herzustellen.[12] Danach ist der Cortex Sitz des Gedächtnisses, weil der Mensch von allen Lebewesen über das beste Gedächtnis und über den größten Cortex verfügt. Das Kleinhirn hingegen ist Sitz der Leidenschaften und Instinkte, weil es bei Mensch und Tier nicht sonderlich verschieden ist. Solche Unterschiede können für Willis ein Problem jedoch nicht lösen. Die Differenz zwischen Menschen- und Hundehirn ist nämlich keineswegs so gravierend, daß daraus auf die fundamentalen seelischen Unterschiede zwischen Mensch und Hund zu schließen wäre. Die anatomische Aussagekraft gerät bei Willis genau an diesem Punkt an ihre

Grenzen; doch um die unleugbaren Unterschiede zu erklären, sieht er gar keine andere Möglichkeit, als eine immaterielle Seele des Menschen anzunehmen, wobei die vergleichende Betrachtung des menschlichen und tierischen Gehirns eine dominante Rolle spielt.

Die Ambivalenz einer solchen Denkfigur liegt auf der Hand. Einerseits wird die relativ ähnliche Hirnstruktur der Lebewesen zu einem bedeutungsvollen Kriterium, das gleich so beunruhigend erscheint, daß man der Relevanz der Anatomie Schranken setzt. Andererseits wird die unsterbliche Seele nun nicht mehr theologisch, sondern metaphysisch und anatomisch verteidigt. Das Resultat dieser Verbindung besteht bei Willis in der topographischen und epistemologischen Trennung von Sensus communis und Imagination. Damit bleibt er weitgehend allein, weil der mächtige Einfluß des Sensualismus die Sinneswahrnehmung als Grundlage von Denken, Vernunft und Imagination etabliert. Eine Trennung von Seelenorgan und Sensorium commune erscheint dadurch unmöglich. Gleichwohl läßt sich Willis' Zwei-Seelen-Theorie als frühe Formulierung des Spannungsverhältnisses zwischen den ausschließlich menschlichen Qualitäten und solchen, die der Mensch mit Tieren gemeinsam hat, und damit als eine erste Version der späteren Idee des *homo duplex* verstehen.

Die kurze Darstellung von Descartes und Willis als Repräsentanten einer Betrachtungsweise des Gehirns, die für das 18. Jahrhundert verbindlich war, ergibt folgenden Befund: Das Gehirn wird als Medium aufgefaßt, das zwischen der Seele bzw. dem Seelenorgan im Zentrum und den Sinnes- bzw. Ausführungsorganen an der Peripherie vermittelt. Die Untersuchung des Gehirns hat diese beiden Strukturen, das Seelenorgan und die Sinnesorgane, als Referenzpunkte. Die Sichtbarkeit des Seelenorgans als herausragende Struktur des Gehirns läßt Vergleichsmöglichkeiten zu, und so kann die vergleichende Anatomie zu einer weiteren Komponente der Erforschung des Gehirns werden. Dieser Prozeß erscheint im 18. Jahrhundert im Kontext einer zunehmenden Säkularisierung des Menschen, auf die ich noch genauer eingehen werde.

Die experimentelle Lokalisierung des Seelenorgans

Nachdem die Lokalisierung des Seelenorgans einmal zur Domäne der Anatomie geworden war, präparierten die Anatomen des 17. und 18. Jahrhunderts eine ganze Anzahl verschiedener Hirnstrukturen, von denen sie glaubten, daß sie die notwendigen Voraussetzungen erfüllten, um als Seelenorgan identifiziert zu werden. Die Hirnanatomie war zwar nicht völlig identisch mit der Suche nach dem Seelenorgan, doch galt die Beschäftigung der Anatomen mit den Gehirnstrukturen vornehmlich der Frage, welche dieser Strukturen als Ort des Seelenorgans in Betracht kamen und welche nicht.

Ein weiteres Kriterium für die empirische Bestimmung des Seelenorgans hängt mit der Etablierung der Vivisektion von Tieren zusammen. Während die Kritik am Tierversuch im 17. Jahrhundert oft damit begründet wurde, daß man vom Tier nicht ohne weiteres auf den Menschen schließen könne, war das in diesem Fall keine Schwierigkeit, weil niemand daran zweifelte, daß auch Tiere über ein Sensorium commune verfügen.[13] Für Descartes lag der Unterschied zwischen Mensch und Tier jenseits der Körperlichkeit; die Epiphyse hatte er selbst nur bei einem Schafshirn entdeckt, war dann allerdings ziemlich enttäuscht, daß man ihm bei der Sektion eines menschlichen Gehirns keine Epiphyse demonstrieren konnte. Bei Bartholinus und Willis spielten Größe und Ausgeprägtheit der jeweiligen Hirnstruktur bereits eine Rolle. Die Vivisektion des Gehirns galt der Auffindung derjenigen Region, deren Zerstörung den sofortigen Tod des Versuchstiers zur Folge hatte. Dieser Parameter war jedoch nur dann sinnvoll, wenn die Seele nicht mehr als denkende Seele im Sinne von Descartes, sondern als Einheit stiftendes Lebensprinzip, also gewissermaßen als das den Körper beseelende und damit physiologisch wirksame Prinzip verstanden wurde. Eine solche, insbesondere durch Georg Ernst Stahl vertretene vitalistische Seelenlehre wurde selbstverständlich auch auf den Menschen angewandt, und so konnte eine bestimmte Hirnregion, bei deren Verletzung ein Mensch gestorben war, als Kandidat für das Seelenorgan in Frage kommen.

In der Folgezeit bestand kein Konsens darüber, ob der Interaktionsort von Seele und Körper identisch sei mit dem Sitz der
Seele oder des Seelenorgans. Wer nach einem Sensorium commune und nach den Werkzeugen der Seele fragte, suchte nicht
notwendig nach dem Sitz der Seele als dem obersten Lebensprinzip. Es kam aber auch vor, daß die Identifizierung von Seele und
Lebenskraft zu einer Lokalisierung des Sensorium commune
in der Medulla oblongata (verlängertes Mark) führte, da man
schnell herausfand, wie lebenswichtig dieser Teil des Gehirns
war.[14]

Im späten 17. und 18. Jahrhundert wurden eine Fülle von Lokalisationsversuchen mit recht unterschiedlichen Resultaten unternommen. Die Ursache für diese Vielfalt lag darin, daß einzig
Descartes' Parameter des einmaligen Vorhandenseins im Gehirn
als Dogma angesehen wurde. Nicht einmal mit dem sensomotorischen Umschlagpunkt nahm man es in jedem Fall ganz genau.
Es reichte bisweilen aus, wenn bloß die sensorischen Hirnnerven
mit der in Frage kommenden Struktur einigermaßen in Zusammenhang zu bringen waren. Die experimentellen Kriterien waren
noch weniger verbindlich. Zusammenfassend bestand der Erfolg
all dieser Bemühungen darin, daß das Seelenorgan um so un-
schärfer definiert wurde, je weiter es in die Medizin rutschte,
ohne daß dabei seine philosophische Dignität als das Tor zur
Seele beeinträchtigt wurde.

Eine wichtige Stellung in der weiteren Geschichte des Seelenorgans nimmt Albrecht von Haller ein, weil er neue experimentelle Kriterien für die Bestimmung des Seelenorgans eingeführt
hat und damit zu ganz andersartigen Ergebnissen gelangte. Nun
ist Haller immer wieder indirekt der Vorwurf gemacht worden,
daß seine gegen eine spezifische Lokalisierung des Seelenorgans
gerichteten Ansichten die Lokalisationsforschung erheblich ver-
zögert hätten.[15] Tatsächlich ging Haller von einer funktionellen
Gleichwertigkeit der weißen Substanz des Gehirns aus und
schenkte der Hirnrinde, die er als Geflecht von Gefäßen ansah,
durch die der Spiritus animalis floß, keine weitere Aufmerksamkeit. Unbestreitbar ist, daß seine große Autorität zu Zweifeln an
den älteren Bemühungen führte, aber das hat keineswegs verhin-

dert, daß auch nach Haller Lokalisationsversuche unternommen wurden, das heißt, daß seine Kriterien keine ausschließliche Gültigkeit beanspruchen konnten und das Seelenorgan nicht in Frage stellten. Die Hirnrinde wiederum stand zu jener Zeit trotz der Ansichten von Willis überhaupt nicht auf der Agenda der Physiologen.[16] Das hing hauptsächlich damit zusammen, daß das Gehirn in der Perspektive von Zentrum und Peripherie, also von Seelenorgan und Sinnesorganen untersucht wurde.[17] Danach war die Hirnrinde selbst eine exzentrische Struktur, und es kam verstärkend hinzu, daß Experimente an der Hirnrinde nicht zum Tod des Versuchstiers führten und auch Ärzte immer wieder von Patienten berichteten, die Verletzungen der Hirnrinde erstaunlich gut überstanden.

Hallers Überzeugung, daß das Seelenorgan auf die gesamte weiße Substanz verteilt sei und die Hirnrinde keine Rolle spiele, hängt mit der zentralen Bedeutung zusammen, die der Begriff Empfindung oder Sensibilität in seiner Physiologie einnahm. Durch gezielte Reiz- bzw. Läsionsexperimente, die Hallers Schüler Johann Georg Zinn und Johann Georg Zimmermann durchgeführt hatten, stellte sich heraus, daß die Reizung nicht der Hirnrinde, sondern des Marks zu Schmerzempfindungen, Fluchtbewegungen und Krämpfen führt.[18] Haller nahm dies – ganz konventionell – als Beweis dafür, daß das Hirnmark der Umschaltplatz von der Empfindung zur Bewegung sei. Daraus folgte zwangsläufig, daß der Cortex nichts mit Sensorik und Motorik zu tun habe. Weiter läßt sich »der Wohnsitz der Seele« in der weißen Substanz nach Haller nicht eingrenzen, da die Marksubstanz überall gleich aussieht und weil der Ursprung aller Nerven, nicht bloß der sensorischen, als Region des Seelenorgans in Frage kommt.[19]

Hallers anatomische und physiologische Bestimmung des Seelenorgans erreichte ihre Wirkung nicht bloß durch die damals vollständig akzeptierte Experimentiertechnik, sondern auch dadurch, daß mit den Begriffen der Sensibilität und der Irritabilität Kriterien für ein Verständnis des Lebendigen an die Hand gegeben waren, das jenseits einer allzu mechanistischen Betrachtung des Körpers als Maschine und des Stahlschen Animismus angesiedelt war.[20] Entscheidend ist, daß Haller ungeachtet seiner Versuche keineswegs auf das Seelenorgan verzichtete. Die hierarchische Gliederung von Sinnesorganen, Sinnesnerven und Seelenorgan reicht bis zu dem Punkt, wo der Körper aufhört und die Seele anfängt: »Befindet sich im Gehirn ein Ort, wo alle Bewegung ihren Ursprung nimmt, alle Empfindung endet, wo mithin die Seele wohnt?«[21] – diese Frage blieb auch für Haller verbindlich. Zu streiten war bloß darüber, wo dieser Ort sich befand.

Von Max Neuburger stammt die bemerkenswerte These, daß die Chirurgie des 18. Jahrhunderts mehr zur Erweiterung des Wissens über das Gehirn beitrug als die Physiologie: »Die wahre Heimstätte fand die Localisationsidee resp. die rationell empirische Erforschung der Gehirnlocalisation bei den französischen Chirurgen, welche, den Spuren Lorry's folgend, nicht in philosophischen Begriffen, nicht in physiologischen Dogmen, sondern in der Klinik und pathologischen Anatomie Leitsterne suchten.«[22]

Als typisches Beispiel für diese Tradition kann François Pourfour du Petit gelten, der über Erfahrungen mit Hirnläsionen bei kriegsverletzten Soldaten verfügte und Tierexperimente anstellte, bei denen die Zerstörung von Rinde und Mark einer Hemisphäre zur Lähmung der kontralateralen Extremitäten führte. Seine wichtigste Schlußfolgerung aus diesem Befund lautete, daß eine Kreuzung der Nerven, die den Spiritus animalis zu den Muskeln transportieren, unterhalb des Pons (Brücke) stattfinde.[23] Aus heutiger Sicht mag man argumentieren, daß damit nicht bloß die Kreuzung der Pyramidenfasern, sondern auch die motorische Funktion des Cortex erkannt worden ist. Damit würde allerdings unterschlagen, daß Pourfour am Cortex nur insoweit interessiert war, als er dort den Produktionsort für den Spiritus animalis lokalisierte und dementsprechend annahm, daß Läsionen der corticalen Hirnstruktur zu einem Passagehindernis für den Spiritus führten. Damit befand er sich vollkommen in der Wissenstradition des späten 17. und frühen 18. Jahrhunderts, denn nach Marcello Malpighis Untersuchungen von 1666 gingen etliche Anatomen davon aus, daß die graue Substanz des Gehirns aus Drüsen bestehe, die den Spiritus animalis produzierten.[24] Nur in diesem Sinne ist es angebracht, von Lokalisation zu reden. Die Hirnstruktur als solche war vollkommen gleichgültig, so daß es historisch wenig sinnvoll erscheint, die Entdeckung der Hirnrinde als motorisches Zentrum ins frühe 18. Jahrhundert zu verlegen.

Pourfour du Petits »Lettres d'un médecin des hôpitaux à un autre médecin de ses amis« erschienen 1710 in einer Auflage von 200 Exemplaren. Ob das der Grund dafür war, daß seine Erkenntnisse zunächst wenig beachtet wurden, ist kaum zu rekonstruieren. In jedem Fall aber war das Problem des »contrecoup«, der kontralateralen Lähmung, 1760 so dringlich, daß die Pariser Akademie der Wissenschaften eine Preisfrage veranstaltete. In ihrem Gefolge wurden neue Untersuchungen durchgeführt, die Pourfours experimentelle Ergebnisse bestätigten, nicht aber seine anatomische Annahme einer Faserkreuzung unterhalb des Pons. Damit offenbarte sich das ganze Dilemma der Vertrauenswürdigkeit experimenteller Untersuchungen.

So postulierte Louis Sébastien Saucerotte, daß beim Hund der vordere Teil des Gehirns die hinteren, der hintere Teil des Gehirns die vorderen Extremitäten inneriviere, und übertrug dies auf andere Tiere und den Menschen. Auch wenn es vereinzelte Kritiker an Tierversuchen gab, die solche Übertragungen vom Tier auf den Menschen generell für unzulässig hielten, lag der Hauptgrund für die mangelnde Anerkennung der Ansichten Saucerottes darin, daß es genügend Beispiele von vergleichbaren Läsionen gab, bei denen die Symptomatik ganz anders war. Auch zur Erklärung der kontralateralen Lähmung wurde der anatomische Vorschlag Pourfours nicht akzeptiert. Haller führt gleich mehrere Dutzend Experimente und Krankheitsfälle aus der Literatur an, ohne die anatomische Erklärung für »die Lähmung der einen Seite« auch nur zu erwähnen.[25] Und auch der Göttinger Chirurg Justus Arnemann beklagt noch gegen Ende des Jahrhunderts, daß die von Pourfour postulierten kreuzenden Fasern von berühmten Anatomen wie Raphael Sabatier und Félix Vicq d'Azyr nicht gefunden worden seien.[26]

Mit anderen Worten gab es für die Experimente von Pourfour, Saucerotte und anderen kein plausibles Referenzsystem. Weder die Physiologie des Spiritus animalis, die eine Lokalisation geradezu ausschloß, noch die Anatomie und insbesondere die Anatomie der Hirnnerven, noch die klinischen Beobachtungen ließen sich zu einem Wissensgewebe zusammenfügen, das auch nur annähernd die oben zitierte emphatische These von Neuburger rechtfertigen würde. Im Gegenteil: Je mehr Experimente durchgeführt wurden, je mehr Fallgeschichten von Patienten (mit oder ohne hirnanatomische Sektion im Fall ihres Todes) bekannt wurden, desto größer wurde die Verwirrung.

Sosehr man sich auf der einen Seite darüber im klaren war, daß die Unversehrtheit des Gehirns die entscheidende Voraussetzung für geistige Gesundheit sei, so erstaunt war man auf der anderen Seite darüber, wie umfangreich Verletzungen sein können, ohne daß es zu geistigen Beeinträchtigungen kommt. So gelangte Arnemann zu dem ernüchternden Schluß: »Beynahe muß man sich wundern, wie es [...] noch möglich ist, daß Jemand erschossen werden könne, wenn die Kugel *nur* den Kopf trifft!«[27]

Auf die Frage des Seelenorgans hatten klinische Untersuchungen nur einen sehr begrenzten Einfluß. Ein gutes Beispiel hierfür bietet die Diskussion um den Balken (Corpus callosum), eine Hirnstruktur, die die beiden Hemisphären miteinander verbindet und dementsprechend als Seelensitz favorisiert wurde. Haller räumte ein, daß die Verletzung des Balkens tatsächlich zu Gedächtnisverlust, Schläfrigkeit, Bewußtlosigkeit bis hin zum Tod führe. Und noch erstaunlicher: »So fand sich in einer Wunde, welche bis zur Hirnschwiele [= Balken] durchgedrungen war, als man das Blut wegräumte, womit die Hirnschwiele belästiget war, so gleich die Kraft der Seele wieder ein.«[28] So vielversprechend die klinischen Berichte auch waren, in der entscheidenden Hinsicht erfüllte das Corpus callosum die Anforderungen an das Seelenorgan nicht, denn da der »Quell der Bewegung nicht von dem Sitze der Empfindung« zu trennen war, hätten auch motorische Ausfälle beobachtet werden müssen. Zudem ließen sich die zentralen Nervenenden nicht bis zum Balken verfolgen, und schließlich sollte man »der Seele keine Stelle zum Hoflager einräumen, die doch überhaupt den Vögeln, diesen gewiß nicht ungelehrigen Thieren, völlig mangelt«.[29]

Damit wird noch einmal deutlich, wie schwierig empirische Ansätze und die Anforderungen an das Seelenorgan miteinander zu vereinbaren waren. Unbestritten war das cartesische Argument der anatomischen Unteilbarkeit. In medizinischer Hinsicht galt ein Ort des Bewußtseins zwar als ernstzunehmender Parameter für eine Lokalisierung des Seelenorgans, aber der sensomotorische Umschlagpunkt zählte mehr. Von der Pathologie führte somit kein Weg zum Seelenorgan. Die vergleichende Anatomie kam dadurch ins Spiel, daß ein Hirnteil wie das Corpus callosum nicht zum Seelenorgan taugte, wenn es bei den Vögeln nicht vorhanden war. Morphologische Unterschiede wurden nicht im Hinblick auf physiologische Funktionen ins Feld geführt, wohl aber, um das Seelenorgan zu bestimmen. Das war auch schon bei Bartholinus deutlich geworden, der die Epiphyse verworfen hatte, weil sie bei einer bestimmten Tierart ausgeprägter war als beim Menschen. Daß trotz dieser vielfältigen Schwierigkeiten am Seelenorgan festgehalten wurde, ist ein weiteres Indiz dafür, daß es an der Schnittstelle von Philosophie und Anatomie bzw. Anthropologie, die dem Menschen, aber auch den anderen Tierarten, ihren Platz in der Kette der Lebewesen zuweist, angesiedelt war. Auf diesem Terrain ergaben sich die Fragen und schließlich auch die Verschiebungen, die zum Ende des Seelenorgans führten. Die Experimente und die pathologischen Fallberichte hatten daran nur einen geringen Anteil.

Unterwegs zum ›homo duplex‹: Menschenhirn und Affenhirn

Wie oben gezeigt, stellte sich die Frage nach dem Verhältnis von Kontinuität und Diskontinuität zwischen Mensch und Tier bereits für Thomas Willis. Im späten 17. und 18. Jahrhundert wurde dieses Verhältnis vorrangig aus der Perspektive der »großen Kette der Lebewesen« betrachtet, die keine Lücken und Unterbrechungen in der kontinuierlichen Stufenleiter der Lebewesen vorsah.[30] Während der Süßwasserpolyp *Hydra* als missing link zwischen Pflanze und Tier angesehen wurde, galt der Affe als Verbindungsglied zwischen Mensch und Tier. Ob noch Tier oder schon Mensch oder nur Halbmensch, das gehörte zu den großen Problemen des

18. Jahrhunderts und tangierte sowohl die naturhistorische Klassifikation als auch das Selbstverständnis des Menschen. Dazu zählten zunächst einmal geschlechtsneutral diskutierte Fragen wie die, ob Affen über Vernunft und Sprache verfügen; Geschlechtlichkeit kam da ins Spiel, wo Differenzen etwa an Menstruation, Existenz eines Hymens oder Krümmung der Vagina festgemacht wurden.[31] Eine geschlechtsspezifische Untersuchung des Gehirns stand vorerst noch nicht an.

In seiner grundlegenden Untersuchung »Anatomy of a Pygmy« von 1699 geht es Edward Tyson um den Beweis, daß der Pygmäe (nach heutigem Verständnis handelt es sich um einen Schimpansen) zu den Affen und nicht zur Gattung des Menschen gehört. Er vergleicht Organ um Organ und muß in der Endabrechnung einräumen, daß der »Pygmy« in 48 Eigenschaften dem Menschen und bloß in 34 dem Affen ähnlich sei.[32] Der womöglich desillusionierendste Befund betrifft das Gehirn:

> »Man hält das Gehirn für den unmittelbaren Sitz der Seele. Da der Unterschied zwischen der Seele des Menschen und derjenigen der Tiere so groß ist, möchte man annehmen, daß auch das Organ, in dem die Seele wohnt, sehr unterschiedlich sei. Doch beim Vergleich zwischen dem Gehirn unseres Pygmäen mit dem eines Menschen und einer genauesten Beobachtung jedes einzelnen Teils war ich sehr überrascht, daß ich eine Ähnlichkeit zwischen beiden vorfand, wie sie größer gar nicht hätte sein können.«[33]

Tysons Ausweg ist der gleiche wie bei Willis. Die spezifisch menschlichen Qualitäten der Seele »müssen auf einem höheren Prinzip beruhen; belebte Materie könnte diese [Qualitäten] niemals hervorrufen«.[34] Der hiermit ausgesprochene Dualismus entwickelt im 18. Jahrhundert eine Tradition – bei den englischen Physiko-Theologen wie John Ray oder John Edwards,[35] in Italien bei Pietro Moscati, der noch 1770 wesentliche körperliche Unterschiede zwischen Mensch und Tier bestreitet,[36] aber auch bei Georges Buffon, der Tysons Entdeckungen aufgreift[37] und daraus ein Prinzip ableitet: Physisch gehört der Mensch zu den Tieren, doch seine Sonderstellung ergibt sich durch seine andere, seelische Natur. An der Doppelnatur des Menschen als *homme phy-*

sique und *homme moral* erweist sich der kategoriale, unüberbrückbare Unterschied zum Tier.[38] Die Konzeption des *homo duplex* steht zum cartesischen Dualismus in einem recht ambivalenten Verhältnis. Auf der einen Seite wird die Differenz nicht mehr streng ontologisch nach verschiedenen Substanzen definiert, und auch die Ersetzung der Begriffe *âme* und *corps* durch *le moral* und *le physique* ist Ausdruck einer Transformation, die den Menschen nicht mehr bloß als denkendes Wesen ansieht, sondern Denken und Fühlen, Vernunft und Emotionen, Leidenschaften und das Streben nach Glückseligkeit einschließt.[39] Auf der anderen Seite jedoch bleiben die unterschiedliche Herkunft beider Naturen sowie die Diskontinuität und die invarianten Unterscheidungsmerkmale zwischen Mensch und Tier ganz im cartesischen Bezugsrahmen. Im Kapitel »homo duplex« des »Discours sur la nature des animaux« von 1753 heißt es:

> »Der innere Mensch ist doppelt angelegt. Er ist aus zwei ihrer Natur nach unterschiedlichen Prinzipien zusammengesetzt, die auch in ihren Handlungen einander entgegengesetzt sind. Die Seele, das geistige Prinzip, das Prinzip aller Erkenntnis, ist immer im Gegensatz zu dem anderen, tierischen und rein materiellen Prinzip. Das erstere ist ein reines Licht, das von Ruhe und Unbeschwertheit begleitet wird; es ist eine ersprießliche Quelle für Wissenschaft, Vernunft und Weisheit. Das andere ist ein falscher Schein, der nur durch Gewitter und in der Dunkelheit schimmert; ein unablässiger Strom, der in seinem Lauf die Leidenschaften und Irrtümer vor sich her treibt.«[40]

Buffon räumt ein, daß Affen aufgrund ihres differenzierten Gehirns möglicherweise über ausgeprägte Talente verfügen, doch fehlt es ihnen an Geist (»esprit«), dessen wichtigstes Merkmal die Sprache ist. Diese Unterscheidung geht auf Descartes zurück, und sie ist für Buffon so verbindlich, daß er den Mangel anatomisch-physiologischer Unterscheidungsmerkmale am Gehirn gar nicht als solchen empfindet.

Die Kritiker des *homo duplex* haben für die Diskussion um die geistigen Fähigkeiten des Orang-Utan nur Spott übrig. So macht sich Carl von Linné über Buffon geradezu lustig: »Die Naturkündiger haben noch bis itzo vergebens Merkmale gesucht, wodurch

sich die Affen von dem Menschen vermittels der äußerlichen Gestalt und des Baues des Körpers unterscheiden ließen, weil sich
kein Kennzeichen an dem Menschen finden läßt, das man nicht
auch bei einem Affen anträfe; dieserwegen haben die Naturforscher hier ihre eigenen in die Augen fallenden Gründe verlassen
und zu den unsichtbaren Kennzeichen der Philosophen ihre Zu-
flucht nehmen müssen.«[41] Linnés Polemik war insofern übertrieben, als er die von Tyson angegebenen Unterschiede arg herun-
terspielte oder sogar wegließ, doch im Hinblick auf das Gehirn
mußte die Verhöhnung der cartesischen Kennzeichen als Demü-
tigung des Menschen aufgefaßt werden. Zwar begründet Linné
die Sonderstellung des Menschen anthropozentrisch damit, daß
Gott die Natur zweckmäßig und zum Dienste des Menschen ein-
gerichtet habe, doch die naturhistorische Einordnung des Menschen in die Gruppe der Quadrupeden verkürzt die im Dualismus
geltende prinzipielle Differenz zum Tier auf einen graduellen
Abstand.

Natürlich war Linné kein Materialist, sondern stand in der Tradition der Physiko-Theologie.[42] Das Problem war vielmehr, daß
Linné den Menschen aus moralischer Sicht als ein von Gott bevorzugtes Wesen ansah. Doch das wurde »auf einem anderen Forum« verhandelt und ging über die Kompetenz des Naturhistori-
kers hinaus.[43] Genau diese scharfe Trennung zwischen Theologie
und Naturgeschichte, die den Dualismus so weit trieb, daß es sich
um zwei völlig unabhängige Wissensbereiche handelte, war für
Buffon inakzeptabel, denn die Vertreter des *homo duplex* beab-
sichtigten genau das Gegenteil: beide Bereiche zusammenzu-
bringen und damit auch dem Naturhistoriker die Kompetenz einzuräumen, über das geistige Leben des Menschen mitzureden.
Buffons Argumentation gegen Linné berief sich jedoch weder auf
einen solchen übertriebenen Dualismus noch – wie etwa Haller[44]
– auf mögliche materialistische Konsequenzen, sondern setzte an
der Linnéschen Klassifikationsmethode an, die überhaupt in
Frankreich nicht allzugut angesehen war und etwa auch von Materialisten wie Diderot und La Mettrie einer ätzenden Kritik unterzogen wurde.[45]

Unabhängig von Linné wurde der *homo duplex* auch vom Materialismus nicht gerade mit Zustimmung bedacht. Ansatzpunkt waren wiederum die vergleichend anatomischen Studien: Um die Ähnlichkeiten zwischen menschlichem und tierischem Gehirn hervorzuheben, beruft sich La Mettrie in »L' Homme machine« ausgerechnet auf Thomas Willis, der den Entwicklungsgrad des tierischen Gehirns als Argument für die unsterbliche Seele verwendete. La Mettrie dreht den Spieß um und hebt nicht die Ähnlichkeiten, sondern die Differenzen hervor und schließt aus Willis' Ergebnissen auf die unterschiedliche Gelehrigkeit von Tieren. Wie vorsichtig auch La Mettrie die Verwertbarkeit der Hirnbefunde beurteilt, zeigt sein Eingeständnis, daß die Hirnmasse allein nicht ausreiche, um Unterschiede zu erklären. Neben der Quantität müßten auch qualitative Aspekte berücksichtigt werden: beispielsweise sollen die festen und flüssigen Bestandteile des Gehirns im Gleichgewicht stehen. Man kann vermuten, daß La Mettrie als Arzt wohl wußte, daß die Gehirne von Schwachsinnigen oder Verrückten keine quantitativen Unterschiede zu anderen Gehirnen aufwiesen.[46] Sogar eine Sektion der Gehirne eines Descartes oder Newton hätte nach La Mettrie nur beweisen können, daß sie sich nicht vom Gehirn eines Bauern unterschieden. Damit war klar, daß auch die subtilste Anatomie minimale Differenzen, die im Leben gewaltige Unterschiede ausmachen konnten, nicht aufzuspüren vermochte. Insofern war die vergleichende Hirnschau als Argument für den Materialismus erst einmal an ihre Grenzen gestoßen, aber für grobe Unterscheidungen wie die zwischen Mensch und Tier oder zwischen verschiedenen Tierarten konnten Gehirne als erster Anhaltspunkt dienen.

Im Hinblick auf moralische Ursachen für die Konzeption des *homo duplex* ist ein weiterer Haupttext des französischen Materialismus, nämlich Holbachs »System der Natur«, wesentlich ergiebiger als La Mettrie. Holbach meint, der Mensch habe sich nur deshalb zu einem Doppelwesen erklärt, weil er sich selbst und seine Natur nicht hinreichend betrachtete und verstand. Die Unbegreiflichkeit verschiedener Phänomene führte zur Erfindung von Begriffen wie Spiritualität, Immaterialität und Unsterblichkeit. Obwohl somit der *homo duplex* für Holbach ein Kompensationskonstrukt ist, gesteht er zu, daß die meisten zeitgenössischen

Philosophen an dieser Unterscheidung festhalten.[47] Dagegen hält Holbach das Gehirn für den Ort der intellektuellen Fähigkeiten, wobei er dem Sensualismus Lockes und Condillacs folgt, wenn er die Empfindung für die grundlegende Fähigkeit des Menschen hält, aus der alle anderen abgeleitet sind. Unterschiede zwischen Mensch und Tier und zwischen den Menschen untereinander macht er von der Größe des Gehirns abhängig und beruft sich dabei, wie schon La Mettrie, auf Willis.[48]

Auch Diderot weist in den erst 1875 publizierten »Elementen der Physiologie« immer wieder darauf hin, daß geistige Äußerungen Hirnfunktionen seien und daß eine scheinbare Wirkung der Seele auf den Körper in Wahrheit die Wirkung eines Körperteils auf ein anderes sei.[49] An anderer Stelle werden Großhirn und Kleinhirn gemeinsam mit den Nerven für »ein empfindliches, zusammenhängendes und wirksames lebendes Ganzes« gehalten.[50]

Insbesondere die letzteren Andeutungen Diderots könnten zu der Annahme verleiten, daß bereits im französischen Materialismus das Seelenorgan den Platz für eine moderne Sichtweise des Gehirns geräumt hat. Davon kann trotz aller Modifikationen und trotz neuer Perspektiven keine Rede sein, denn alle drei Autoren halten wie selbstverständlich am Seelenorgan fest. La Mettrie lokalisiert es im Balken, Diderot in den Hirnhäuten.[51] Holbach favorisiert keinen bestimmten Ort, redet aber vom Seelenorgan als dem zentralen Punkt im Gehirn, wo alle Nervenfäden zusammenlaufen und alle körperlichen Vorgänge registriert werden. Nicht bloß, daß die Empfindungen der Sinne an einem Ort zur einheitlichen Wahrnehmung vereinigt werden; sondern dieses innere Organ ist »wie die Spinne, die wir in der Mitte ihres Netzes hängen sehen, [die] sofort von allen bemerkenswerten Veränderungen benachrichtigt« wird.[52] Die Spinnen-Metapher taucht auch bei Diderot auf, und La Mettrie – etwas mechanistischer – hält die Seele für das »Bewegungsprinzip oder eine empfindsame materielle Partie des Gehirns, die man ohne Zweifel als die hauptsächliche Triebfeder (ressort) der gesamten Maschine betrachten kann, indem sie einen sichtbaren Einfluß auf alle anderen hat«.[53]

Der quantitative Entwicklungsgrad des Gehirns als Voraussetzung für seine Leistungsfähigkeit und ein einheitlicher, zentraler Koordinationspunkt des psychophysischen Lebens sind die beiden zentralen Komponenten in La Mettries, Diderots und Holbachs hirnphysiologischem Materialismus. Damit sind sie gar nicht so weit von dezidiert antimaterialistischen Positionen entfernt, da beide Komponenten hier genauso auftauchen, während dann noch die immaterielle Seele hinzukommt. Ungeachtet der Streitigkeiten und der Polemiken bleibt der Blick auf die anatomische und physiologische Relevanz des Gehirns und des Seelenorgans weitgehend der gleiche. In dieser Hinsicht ist der Materialist des 18. Jahrhunderts seinem Zeitgenossen, der den *homo duplex* proklamiert, viel näher als dem Materialisten des 19. Jahrhunderts. Ein solcher gemeinsamer und übergreifender Wissensraum prägte weniger Gegensätze wie die zwischen einer »emanzipatorischen Erkenntnis […] des Menschen als Glied und Entwicklungsprodukt im Reich der Lebewesen« auf der einen Seite und einer »theologischen Reaktion, [die] Gottes Schöpfertat, Offenbarung und die unsterbliche Seele zu retten versuchte« auf der anderen;[34] vielmehr wurden etliche Anstrengungen unternommen, das Konzept des *homo duplex* weiterzuentwickeln.

In diesem Zusammenhang war die Physiologie Hallers von großem Nutzen, denn ein mit Sensibilität ausgestattetes Nervensystem bedeutete nicht bloß eine allgemeine Aufwertung des Physischen; es führte auch zu einer Dominanz des Nervensystems, die sich in anthropologischer Perspektive als Verschiebung vom *homme machine* zum *homme sensible* ausnimmt.[35] Wenn die Vorgaben darin bestanden, den Menschen entweder als das edelste und am weitesten entwickelte Wesen anzusehen, zugleich aber die Seele als eine Spielart des Lebens zu verstehen oder an der Unsterblichkeit und Unteilbarkeit der Seele festzuhalten, so zeigte sich eine Vermittlung etwa im Vitalismus der Schule von Montpellier. Dort wurde eine dynamische Eigenständigkeit des Organischen gegen die vermeintlich deterministischen Ansätze des Materialismus und des Sensualismus postuliert. Im Gegensatz zu einer Maschine oder Statue, aber auch in Abgrenzung von einem durch die Seele gesteuerten Körper hat der lebende Organismus etwa bei Théophile de Bordeu ein Eigenleben, das sich als Parlament voneinander unabhängiger Funktionen wie Sensibilität und Irritabilität beschreiben läßt.[56] Damit wurde Hallers berühmte physiologische Differenzierung in einen anthropologischen Kontext gestellt, der auch sensualistische Überlegungen zuließ. Beispielsweise konnte Condillacs berühmtes Gedankenexperiment einer menschengleichen Statue, die durch Hinzufügung eines Sinnessystems nach dem anderen von einer Tabula rasa zum vernünftigen Wesen wird,[57] unabhängig von Condillacs Intentionen als ein anschauliches Modell für die menschliche Entwicklung aufgefaßt werden, das jedoch in physiologischer Hinsicht unbefriedigend blieb, weil es den Körper ähnlich deterministisch und maschinenhaft faßte wie La Mettries *homme machine.* Somit ging es in der Folgezeit darum, die Maschine durch ein lebendiges und organisches Körpermodell zu ersetzen. Unter dieser Bedingung wurde der Sensualismus auch für die Vertreter des *homo duplex* akzeptabel, da sie trotz ihres Festhaltens an der Unsterblichkeit der Seele der Ansicht waren, daß die geistigen Qualitäten zum Gegenstand der Naturforschung gehören müßten. Und hier bot die Annahme, daß alle Erkenntnis aus der Sinneswahrnehmung abgeleitet werde, die aussichtsreiche Perspektive, die Hirnstruktur im Hinblick auf die Sinneswahrnehmung zu untersuchen. Dazu mußte man sich zunächst auf konzeptuelle Vorschläge beschränken; daß Aufmerksamkeit, Willkür oder Entscheidungsfähigkeit die Folge einer materiell faßbaren Kombination der Sinneswahrnehmungen im Gehirn sein könnten, wurde als Gedankenspiel erprobt und sollte mit dem *homo duplex* in Übereinstimmung gebracht werden.

Am weitesten ging hierbei Charles Bonnet, indem er das Gehirn als ein Konglomerat aus verschiedenen Organen auffaßte und für jeden einzelnen Sinneseindruck eine spezifische Hirnfaser annahm. Das Gehirn bestand letztlich aus unzähligen einzelnen Organen oder Fasern.[58] Wäre Bonnet bei dieser Form von sensualistischem Lokalisationismus stehengeblieben, so hätte er unweigerlich ein Ordnungsprinzip für seelische Fähigkeiten und Eigenschaften postuliert, das im Grunde gar keines sein konnte, weil sich alle menschlichen Qualitäten aus monadischen Sinneseindrücken zusammensetzten. Die endlose Diversifizierung des

Seelischen in zahllose Fasern stand in unversöhnlichem Kontrast zur seelischen Einheit, und auch Bonnet zweifelt keinen Moment an der Immaterialität der Seele, auf die er aus der einheitlichen Empfindung der seelischen Vorgänge schließt und die er trotz ihrer notwendigen Bindung an den Körper für unteilbar und unsterblich hält.[59]

Bonnets enge Anlehnung an Descartes zeigt sich insbesondere in seinen Ausführungen zum Seelenorgan, wenn er feststellt, daß die Seele nicht einen Platz im Gehirn einnehme, sondern dort präsent sei.[60] Damit vereinbar bleibt, daß die Anatomie ein Seelenorgan im Gehirn lokalisiert, das Bonnet – trotz der Einwände des mit ihm befreundeten Haller – mit dem Balken identifiziert. Die entscheidende Frage ist nun aber, wie weit die Mittel und Möglichkeiten der Anatomie reichen. Bonnet fährt fort: »Das Gehirn ist uns weitgehend unbekannt. Seine wichtigsten Teile sind so weich, so fein, so zusammengefaltet; unsere Instrumente sind so unvollkommen, unsere Kenntnisse so begrenzt, daß man davon ausgehen kann, daß wir das Geheimnis auf lange Zeit nicht lüften werden.«[61] So ähnlich hatte auch La Mettrie die Beschränkungen der Anatomie benannt, doch Bonnet scheint diesen Umstand außerordentlich beruhigend zu finden. Für ihn liegt die Ambivalenz der Anatomie darin, daß diese zwar den Menschen als natürliches Wesen aufzufassen vermag, daß sie dabei jedoch im Globalen bleibt und das dem Menschen eigene Geheimnis an den Grenzen von Seele und Körper nicht zu lüften vermag. Anatomie hilft, den Menschen besser zu verstehen; in ihrer Begrenzung wehrt sie aber auch die Zumutungen des Materialismus ab. Die Skepsis gegenüber der Naturforschung wird damit zur Verbündeten der seelischen Autonomie. Konsequenterweise sind Bonnets sensuelle Hirnfasern kein autonomes Funktionssystem, sondern bleiben stets auf die übergeordnete Seele bezogen. Das hierarchische Ordnungsmuster wird in keiner Weise angetastet.

Es handelt sich somit bei Bonnet weniger um einen Konflikt zwischen Descartes' Rationalismus und Lockes Sensualismus,[62] sondern um den wohlkalkulierten Versuch, kontroverse Positionen zu harmonisieren. Diese Haltung, die es letztlich allen recht machen möchte, hat einen enormen Einfluß auf die nun auch in Deutschland intensiver werdende Diskussion um Natur und Lebensformen des Menschen.

Anthropologie und Theorie des Seelenorgans

La Mettries Diagnose, daß die Anatomie zuständig sei für die Festlegung grober Differenzen beispielsweise zwischen Mensch und Tier, Feinheiten jedoch vorerst nicht herauszupräparieren vermöge, wird dadurch bestätigt, daß die Hirnanatomie nicht bloß für das Seelenorgan zuständig war, sondern ab der zweiten Hälfte des 18. Jahrhunderts eine zunehmende Bedeutung in der physischen Anthropologie erlangte. Die Lehre vom *homo duplex* war im Zusammenhang mit der vergeblichen Suche nach überzeugenden physischen Unterscheidungsmerkmalen entstanden. Der Rest Unwissenheit um die Vorgänge, die das *commercium mentis et corporis* zusammenhielten, bedeutete gleichzeitig eine Art Sicherheitszone, in der die Ausnahmestellung des Menschen nicht in Frage gestellt wurde. Es ist charakteristisch für die Zeit der Spätaufklärung, daß das auch so blieb, als sich die Diskussionen um graduelle Unterschiede mit Vehemenz ausbreiteten und nicht mehr bloß auf den Vergleich zwischen Mensch und Tier beschränkt blieben. Das Hauptaugenmerk galt zunehmend dem Verhältnis von Europäern und sogenannten Wilden, was zur Klassifizierung von Rassen und damit zu einer Fülle von Kriterien führte, um diese plausibel zu machen. Untersuchungen zur Hautfarbe, vergleichende Studien zu Albinismus, Physiognomie, Haarfarbe und Schädelform sowie geschlechtsgebundene Merkmale wie der Bartwuchs waren die bevorzugten Felder für die Kennzeichnung von Unterschieden zwischen Arten und Rassen.[63]

Auch das Gehirn wurde im Hinblick auf die Suche nach Größenunterschieden inspiziert. Das war nicht neu. Schon Tyson hatte über das Gehirn seines Schimpansen berichtet, daß es größer sei als das anderer Affen und in allen Teilen exakt so geformt wie das menschliche Gehirn.[64] Auch um die Mitte des 18. Jahrhunderts war die Hirngröße als Parameter für die Plazierung in

der Kette der Lebewesen allgemein akzeptiert. So hieß es beispielsweise 1751 in der »Encyclopédie«: »Der Mensch, das klügste
Lebewesen, hat das größte Gehirn.«[65] Diese Formel mußte aufgegeben werden, als man entdeckte, daß Elefant und Wal ein größeres Gehirn haben als der Mensch. Nun setzte man die für das
Gehirn ermittelten Werte zu Körpergröße und -gewicht in Relation. Aber auch da erwies sich, daß verschiedene kleine Vögel ein
größeres Gehirn hatten als der Mensch und daß das relative Hirngewicht beim Kleinkind größer war als beim Erwachsenen. Dieser Umstand war immerhin so bedeutsam, daß in der »Encyclopédie« noch ein zweiter Artikel über das Gehirn nachgereicht
wurde, in dem die neuen Befunde zur Sprache kamen. Wie un-
bequem sie waren, geht daraus hervor, daß der Autor sie zwar
nicht bestreitet, doch zu bedenken gibt, daß der Mensch dicker
sei als Tiere. Dieses überschüssige Fett könne jedoch nicht zu den
festen Bestandteilen des Körpers gerechnet werden und verfäl-
sche somit das Ergebnis. Bei einem abgemagerten Menschen sei
die Relation zwischen Hirn- und Körpergewicht gewiß hervorra-
gend.[66] Zwar fand diese Überlegung nicht allzuviel Zustimmung,
doch wurde die Suche nach geeigneten Differenzierungsmerk-
malen intensiviert.

Ein weiterer Versuch galt der Verknüpfung von Gehirn und
Gesichtsschädel: je ausgeprägter insbesondere der Kieferknochen,
desto geringer die Intelligenz. Dieser Versuch mußte ähnlich wie
die Messung der Halslänge aufgegeben werden, da etliche der
berühmtesten Gelehrten des 18. Jahrhunderts (Leibniz, Haller,
Franklin u.a.) über einen enormen Kiefer verfügten. Die einzige
Korrelation, die nicht sogleich durch Gegenbeispiele entwertet
wurde, war die zwischen Gehirn und Durchmesser der Nerven.[67]
Der gemeinsame Bezugspunkt all dieser Untersuchungen liegt
darin, daß die Größenentwicklung oder allgemeiner: die quantitative Ausprägung als Ideal angesehen wurde. Antagonistische
Schemata wie größer/kleiner, intelligenter/dümmer oder zivili-
sierter/wilder entsprachen genau dem groben Raster der anato-
misch-anthropologischen Methode. Das beharrliche Festhalten
an der Hirngröße zeigt, daß der Quantitätsaspekt für die Bestimmung von Unterschieden ausreichte, selbst wenn die genaueren

Zusammenhänge verborgen blieben. Das Quantitätsargument hatte seinen klar abgegrenzten Geltungsbereich, und der umfaßte artenspezifische, rassische und – wie das Beispiel Soemmerrings zeigen wird – auch moralische Hierarchisierungen; man war in der Lage, Differenzen festzustellen und zu etablieren. Was darüber hinausging, geriet aus dem Blickfeld. Insbesondere die Frage nach dem Zusammenwirken von Seele und Gehirn erforderte andere Wissenszugänge.

Deutlich wird das bei Alexander Monro secundus, der mit Sorgfalt ins Deutsche übersetzt und sowohl von seinem anonymen Übersetzer wie von Soemmerring in Fußnoten kommentiert und modifiziert wurde. Im Zusammenhang mit der Hirngröße heißt es: »Man muß daher das Gehirn als ein Mittel- oder Verbindungswerkzeug (Medium) zwischen der Seele und dem übrigen Theil des thierischen Körpers betrachten, welches vermittelst seines künstlichen Baues auf die Verstandeskräfte einen Einfluß, jedoch auf eine solche Weise, hat, die wir weder jezt einsehen, noch auch wahrscheinlich irgend werden einsehen lernen.«[68] Es waren nicht allzu viele Vorschläge zur Hand, mit denen dieser Skepsis begegnet werden konnte. Eine mögliche Antwort bestand in der qualitativen Angleichung zwischen Seelenorgan und Seele: Die »organische Materie« des Seelenorgans wird »bis zur vollkommensten Homogeneität, Reinheit, Thätigkeit und Dauerhaftigkeit hinaufgeläutert [...], um sie so mit der geistigen Seelensubstanz in eine harmonische Wechselwirkung zu bringen«.[69] Im Gegensatz zur Stahlschen Tradition, in der der Körper bloß als leeres Gehäuse verstanden wird, das erst durch die Seele Belebung erfährt, liegt die Aufwertung oder Veredelung des Organismus ganz auf der Linie Hallers und Bordeus.

Spezifiziert werden solche Überlegungen bei der Betrachtung psychologischer Phänomene wie Denken, Ideenbildung, Lernfähigkeit oder Gedächtnis. Für die Behandlung des Problems, welche Bedeutung dabei der Materie zugemessen werden soll, ist die grobe Anatomie letztlich nicht zuständig, doch wiederum wird sie herangezogen, um Differenzen zu begründen. Auf die Frage, warum sich nicht jede Idee in jedem Menschen entwickele, da das Gehirn im gesunden Zustand bei allen weitgehend gleich ausgebildet sei, gibt der Anatom Johann Christoph Andreas Mayer die Antwort, daß sich jede Seele ihre eigene Wohnung baue. Der weiterführende Vergleich Mayers offenbart dann eine Verquikkung aus dualistischen und sensualistischen Momenten mit Vorstellungen zur Klassifikation, wie sie auch für die Naturalienkabinette und Warenmagazine des 18. Jahrhunderts typisch ist. Er vermutet, »daß die Seele ihre Ideen in einzelnen Fächern des Gehirns anordnet, sie aus diesem ihren Vorrathshause wieder hervorruft, und ihre verschiedenen Wirkungen in besondern Gegenden des Gehirns verrichtet«. Wie bei Bonnet ist dieser Lokalisationismus auf die einzelnen Hirnfasern bezogen: »[Die Seele] ordnet jede Empfindung, auf welche sie Aufmerksamkeit richtet, in ein einzelnes Fach an, und macht jede dazu nöthige Hirnfaser der Hirnsubstanzen desto beweglicher und gewandter, je öfterer sie dieselbe gebrauchte.«[70]

Solche Vergleiche finden keineswegs in einem rein spekulativen Raum statt. Das dualistische Bekenntnis dieser Sätze geht vielmehr Hand in Hand mit einer spezifischen Deutung von Alltagserfahrungen und anatomisch-pathologischen Beobachtungen. Kinder beispielsweise sind im Gegensatz zu alten Menschen oder Schwachsinnigen besonders lernfähig, und das wird damit erklärt, daß ihr Gehirn weich und für Eindrücke besonders empfänglich sei – im Gegensatz zu den harten, trockenen und unbeweglichen Gehirnen der Alten.[71] Damit wird die Bedeutung der Materie so hoch eingeschätzt, daß nicht nur der seelische Einfluß die Ideenbildung ermöglichen soll, sondern auch die Beweglichkeit, Empfänglichkeit und letztlich Formbarkeit des Gehirns. Diese Topoi sind zwar spätestens seit Descartes' These, daß sich sensible Vorstellungen ins Gehirn eindrücken wie das Siegel ins Wachs, in Umlauf, doch erlangen sie erst im 18. Jahrhundert eine enorme Relevanz, indem sie zum Beispiel als notwendige Voraussetzung für die Lernfähigkeit der Seele und damit die Erziehung des Kindes betrachtet werden. Sind die Spuren im Gehirn einmal angelegt, sind die Fächer einmal gefüllt, so kann es im beschränkten Rahmen noch Umverteilungen geben, aber keine radikalen Veränderungen mehr. Georg Forster sieht diese Verfestigung als einen notwendigen Reifungsprozeß an, indem »erst in der Periode des Stillstands die Lebenskräfte des Hirns ihre höchste Regsamkeit äussern, und durch die von solchen Äusserungen unzertrennliche Reaktion die Klarheit des Bewußtseins erhöhen«.[72]

Eine derart besonnene Interpretation ist nicht unbedingt die Regel. Ähnlich wie das Quantitätsargument wird die qualitative Beschaffenheit des Gehirns in den Dienst der Begründung von rassischen und geschlechtlichen Differenzen gestellt. Dabei reicht die Unterscheidung zwischen »hart« und »weich« noch nicht aus, denn, so Ernst Platner in seiner »Anthropologie für Aerzte und Weltweise«, ein hartes Gehirn haben »unempfindliche Menschen, Greise, nördliche und südliche, harte und rohe Völker, abgehärtete Menschen überhaupt, im höhern Grade stupide, vernunftlose Narren«. Die Schwierigkeit für Platner ist nun, daß ein weiches Gehirn nicht nur bei kleinen Kindern, sondern auch bei Wasserköpfen und »den meisten Weibern und weibischen Jünglingen und Männern« vorkommt.[73] Deswegen sieht er sich genötigt, deren Gehirn gleichzeitig als »reizlos« anzusehen. Dagegen haben ein »weiches und zugleich reizbares Gehirn [...] meistentheils alle Menschen von einer allgemeinen weichen, reizbaren und empfindlichen Lebensbeschaffenheit, Knaben, Jünglinge und Menschen von mittlerem Alter [...], Nationen, deren Körper weder durch den Himmelsstrich, noch durch eine rohe Lebensart sehr gehärtet wird«.[74] Solche Überlegungen tauchen in dem Kapitel »Beytrag des Körpers zum Genie« auf, und sie machen nicht bloß deutlich, daß zum Genie Natur und Erziehung gehören, sondern auch, wer von Natur aus Genie werden kann und wer nicht.[75] In den gleichen Kontext gehört Bonnets Gedankenspiel von einer Verpflanzung der Seele eines Huronen in das Gehirn Montesquieus: »Si l'Ame d'un Huron eut pû hériter du Cerveau de MONTESQUIEU, MONTESQUIEU créeroit encore.«[76]

Keineswegs wurden ausgedehnte Vergleiche durchgeführt, etwa zwischen kindlichen Gehirnen und solchen von Greisen, die möglicherweise von tumorösen Verhärtungen, geronnenem Blut und Kalkablagerungen durchzogen waren. Im Wissensraum des 18. Jahrhunderts gibt man sich mit wenigen Informationen und Nachrichten zufrieden, die zwar um so höher bewertet werden,

wenn sie durch eigene Untersuchungen bestätigt werden können; das ist jedoch nicht unbedingt notwendig. Die Vorstellung
von einer optimalen Materie für das Funktionieren des geistigen
Lebens, die Idee von einer formbaren Weichheit und einer starren
Härte, die zudem eine geschlechtsgebundene und rassische Polarisierung erfährt, die Prägung des Gehirns nach bestimmten Ord-
nungsprinzipien, wozu auch die intellektuelle Entwicklung eines
Menschen gehört – dieses Ensemble von Ansichten ist zentraler
Bestandteil der Wissenschaft vom Menschen; anatomische und
klinische Beobachtungen fügen sich in diesen Zusammenhang
ein.

Aufgrund der wenigen Beispiele dürfte klar geworden sein,
daß es im Rahmen des *commercium mentis et corporis* zu einer
Anatomisierung und Physiologisierung der geistigen Fähigkeiten kam, die aber gerade durch das Festhalten am Seelenorgan
unter Kontrolle gehalten wurde. Dadurch öffnete sich ein Spielraum für den Einfluß des Körpers auf die Seele, ohne daß Überlegungen in dieser Richtung aus der hierarchischen Ordnung
ausbrachen. Konkret bedeutete das, einen Blick auf das Gehirn zu
finden, der sich nicht mit Größe und Gewicht zufriedengab, sondern dem edlen Charakter des materiellen Seelenorgans Rechnung trug. Diese Suche führte, nicht ganz unerwartet im späten
18. Jahrhundert, zur Ästhetisierung des Gehirns.

»… das Hirn, dies zarte ätherische Himmelsgewächs«

Dreh- und Angelpunkt für das Miteinander von *homme physique*
und *homme moral,* für die Ermunterung zu vergleichend anatomischen und anthropologischen Untersuchungen bei gleichzeitigem Glauben an die unsterbliche Seele sowie für eine anthropo-
morphe Betrachtung der Tierwelt bei gleichzeitigem Beharren
auf einer Diskontinuität zwischen Tier und Mensch ist Johann
Gottfried Herder, dessen »Ideen zur Philosophie der Geschichte
der Menschheit« im späten 18. Jahrhundert eine enorme Bedeutung auch für das anatomisch-physiologische Denken erlangen.[77]
Herder überrascht weniger mit völlig neuartigen Überlegungen

und Gesichtspunkten als vielmehr mit einer breitangelegten Zusammenfassung und Verknüpfung der verschiedenen Fäden, die
die Wissenschaften vom Menschen bis dahin gesponnen hatten;
mit diesem Anliegen knüpft er an Bonnet an.[78]

Beim Vergleich von Affe und Mensch beruft sich Herder auf
Tyson und konstatiert eine Reihe von Gemeinsamkeiten, die so
weit gehen, daß die »Denkungskraft« eines Orang-Utans »dicht
am Rande der Vernunft« stehe. Er »will sich vervollkommnen.
Aber er kann nicht; die Thür ist zugeschlossen, die Verknüpfung
fremder Ideen zu den seinen und gleichsam die Besitznehmung
des Nachgeahmten ist seinem Gehirn unmöglich.«[79] Auf der einen Seite ist Herders anthropomorpher Blick auf den Affen typisch für die Entwicklung vom frühen zum späten 18. Jahrhundert. Die Annahme eines prinzipiellen Zusammenhangs von
anatomischer Entwicklung und der Ausprägung von Fähigkeiten
und Talenten, mit der Herder die Schwelle zu einer *histoire naturelle de l'âme* beinahe berührt, wird gestützt durch immer neue
Nachrichten über Lebensumstände und Verhaltensweisen der Affen, die den menschlichen sehr nahe kamen. Ohne so weit zu gehen wie Rousseau, der verschiedene Affenarten für Menschen im
ursprünglichen Naturzustand hält,[80] akzeptiert Herder etliche
menschenähnliche soziale Verhaltensweisen der Affen.[81]

Auf der anderen Seite aber wird die Unmöglichkeit eines
Sprungs vom Affen zum Menschen am Gehirn verdeutlicht.
Doch worin liegen die Ursachen für die Diskontinuität, wenn die
grobe Hirnstruktur keine nennenswerten Differenzen zutage för-
dert? Hierzu rekurriert Herder ebenfalls auf die Zartheit, die
Weichheit und den Feuchtigkeitsgrad des Gehirns. Aber auch das
reicht noch nicht aus. Um den Bau des Gehirns zu verstehen, betrachtet Herder es nicht mehr mit den Augen des Anatomen, sondern beschreibt es so, als ob er es mit einer antiken Plastik zu tun
hätte. Die Vollkommenheit der Gestalt und die proportionale
Gliederung halten Einzug in die Anatomie des Gehirns: »die voll-
kommenere Ausarbeitung seiner Theile und Säfte«, »die schö-
nere Lage und Proportion desselben zur Empfängniß geistiger
Empfindungen und Ideen«, »die feinsten Blätter, die [die Natur]
je geschrieben, die Gehirntafeln selbst«, »die Organisation des

Geschöpfs […] aufs Künstlichste vollendet«, »die mehrere Ausarbeitung seiner Flügel in den edlern Theilen auf mehr als eine
Weise«, »die schönste Proportion der sinnlichen Kräfte des Gehirns«, »das Hirn, dies zarte ätherische Himmelsgewächs« – mit
solchen Worten beschreibt Herder die Vollkommenheit des
menschlichen Gehirns, welches sich im Zuge der organischen
Gestaltwerdung »zur schönsten Krone einer feinern Gedanken-
bildung« erhebt.[82] Der Blick auf das Ganze ist nicht bloß ein typisches Merkmal der Herderschen Naturauffassung, im Hinblick
auf das Gehirn scheint er zumindest die Möglichkeit anzubah-
nen, einen dritten Zugang zwischen der reinen Quantifizierung
und dem Seelenorgan freizulegen, der eventuell sogar als Bindeglied fungieren kann.

Die Eröffnung neuer Perspektiven bedeutet jedoch kein prinzipielles Ausscheren aus dem Denkraum des 18. Jahrhunderts.
Die Grenzziehung im Hinblick auf die Unteilbarkeit der Seele
besteht für Herder darin, daß Vernunft, Gedächtnis und Vorstellungskraft verschiedene Ausdrucksformen einer einzigen und
einheitlichen Seele sind. Solche Feststellungen finden sich in etlichen Texten, aber in einem Punkt weicht Herder von der üblichen Argumentation der Mediziner und Anthropologen ab. Zwar
stellt er mit Genugtuung fest, daß sämtliche Erfahrungen, gesammelt von Haller, dem »gelehrtesten Physiolog aller Nationen«, keinerlei Zusammenhang zwischen dem unteilbaren Denken und bestimmten Arealen im Gehirn ergeben hätten, fügt
dann jedoch unmißverständlich hinzu, daß auch ohne diese wissenschaftliche Absicherung die »Beschaffenheit der Ideenbildung
selbst« den Gedanken an eine Diversifikation verbiete.[83] Die Unteilbarkeit der Seele und dementsprechend auch die Einheit ihres
materiellen Pendants im Gehirn stehen unabhängig von der Anatomie und Physiologie fest. Das ist für Herder keine ontologische, sondern eine methodologische Feststellung, die er – wie
schon Bonnet – als Bezugspunkt für das weitgehende Sich-Ein-
lassen auf die Materie benötigt.

Ist dieser Referenzpunkt einmal akzeptiert, kann Herder in wenigen Absätzen alle Inkompatibilitäten, alle Schwierigkeiten, die
sich zwischen quantitativ bestimmbarer Natur und seelischer Ei-

genständigkeit, zwischen physischer Anthropologie und Theologie aufgebaut hatten, zumindest konzeptuell auflösen, indem er eine Verfeinerung der Beobachtungsebenen behauptet. Für die grobe Einteilung reichen Quantitätsmerkmale wie Größe und Gewicht, für die feinere Einteilung sind ästhetische Gesichtspunkte wie Bau, Lage, Proportion und Zartheit notwendig; und wenn es schließlich um »die heilige Werkstätte der Ideen«, das Sensorium commune geht, sind anatomische, physiologische und auch ästhetische Kategorien zwar nicht außer Kraft gesetzt, doch die Gewißheit der Unteilbarkeit des Denkens verschafft sich das selbstreflexive Individuum auch unabhängig davon.

Mit der Selbsterkenntnis greift Herder einen Aspekt auf, den er bereits in einer früheren Schrift »Vom Erkennen und Empfinden der menschlichen Seele« thematisiert hatte. Darin stellt er die Möglichkeit des Menschen, »sich selbst zu zeichnen, ganz wie er sich kennet und fühlet« – und zwar unter Einbeziehung von »Lieb und Haß, Ekel und Abscheu, Verdruß und Wollust«[84] –, ins Zentrum einer empirischen Psychologie, die mehr leisten soll als die mangelhaften »metaphysischen Begriffe und Wörter« der zeitgenössischen Philosophie. Herder erweist sich als Meister der synthetischen Fähigkeit, scheinbar disparate Dinge zusammenzufügen, wenn er schreibt, daß der »Stoff zur wahren Seelenlehre« in »Lebensbeschreibungen: Bemerkungen der Aerzte und Freunde: Weissagungen der Dichter« liegt und gleichzeitig methodische Anforderungen an die Seelenkunde stellt, indem er ihr die Physiologie als Maßstab vorhält: »Hallers physiologisches Werk zur Psychologie erhoben und wie Pygmalions Statue mit Geist belebt – alsdann können wir etwas übers Denken und Empfinden sagen.«[85] Mit seiner Forderung, daß die Psychologie empirisch werde, reiht sich Herder in die stattliche Gruppe deutscher Spätaufklärer von Sulzer und Platner bis Tiedemann und Abel ein, die sich dem Seelenleben des Menschen vom Körper (Anatomie, Physiologie und Pathologie) und von der Beobachtung (Introspektion, ärztliche Beobachtung) her annäherten.[86]

Dieser Ansatz wurde für die Erfahrungsseelenkunde der achtziger Jahre, insbesondere den Berliner Kreis um Karl Philipp Moritz, Marcus Herz, Salomon Maimon und das »Magazin zur Erfahrungsseelenkunde«, zum verbindlichen Ausgangspunkt, und sie war Bestandteil einer bürgerlichen Selbsterfahrung, in der die eigene seelische Gefährdung und die krankhafte Abweichung im Mittelpunkt standen.[87] Entscheidend ist, daß im späten 18. Jahrhundert für eine kurze Zeit Lebensbeschreibung und Selbsterfahrung den gleichen Stellenwert, die gleiche Aussagekraft hatten wie anatomische oder physiologische Untersuchungen. Beide Wissensbereiche standen gleichberechtigt nebeneinander, und das hieß auch, daß die historisch-biographische Verflechtung des Menschen und seine biologische Natur nicht als Widerspruch aufgefaßt wurden. Deswegen konnte Herder die Selbstschau ohne Schwierigkeiten für die Erkenntnis der »heiligen Werkstätte der Ideen« mobilisieren. Es gab mithin ein gemeinsames, fächerübergreifendes Interesse an der inneren Natur des Menschen. Dazu zählten anatomische und anthropologische Untersuchungen des Körpers und insbesondere des Gehirns ebenso wie ärztliche Beobachtungen, erfahrungsseelenkundliche Fallgeschichten, Autobiographien und Romane.[88]

Die Stärke von Herders Stufenmodell lag darin, daß es den verschiedenen Wissensbereichen eine klar definierte, an der Physiologie orientierte methodische Kompetenz zuwies und daß sie zu einem einheitlichen Wissenskorpus zusammengefaßt wurden. Die Frage war nun, ob und wie dieser Ansatz auf spezifische wissenschaftliche Unternehmungen zurückwirkte und beispielsweise für die Hirnforschung umgesetzt werden konnte. Natürlich stieß Herder mit seinem fächerübergreifenden Denken auf Kritik, insbesondere weil man meinte, daß er seine Quellen nicht immer kritisch zu würdigen imstande sei.[89] Doch hat Herder die Wichtigkeit des Gehirns noch einmal von einer ganz anderen Seite hervorgehoben, und auch wenn seine ganzheitliche Perspektive für anatomische Untersuchungen im engeren Sinne nicht unbedingt wegweisend war, so übte sein programmatischer Versuch, den ganzen Menschen in seiner moralischen und naturhaften Doppelexistenz zu erfassen, auf die Zeitgenossen eine große Faszination aus.

Das Seelenorgan im späten 18. Jahrhundert

Die Konzeption des *homo duplex* war Ausdruck des Bestrebens, der moralischen Natur des Menschen gerecht zu werden, ohne in theologischen Dogmatismus zu verfallen und ohne eine metaphysische Weltweisheitslehre zu vertreten. Vor diesem Hintergrund wurden Postulate wie die menschliche Freiheit und die Unteilbarkeit der Seele in die Physiologie, Anatomie und Anthropologie integriert. Diese Postulate bestimmten die Diskussion um das Seelenorgan im späten 18. Jahrhundert. Platner ging sogar so weit, daß er beim Menschen ein doppeltes, nämlich tierisches und geistiges Seelenorgan als »erweisliche, [...] begreifliche Wahrheit« behauptete. Ersteres »ist das unwesentlichere und unedlere«, das in der Seele »aus einer zahlenlosen Vielheit undeutlicher Gefühle zusammengesetzte Vorstellungen« vom Körper auslöst; letzteres erweckt in der Seele »Weltvorstellungen [...], die sich unmittelbar beziehen auf den geistigen Trieb nach Gedankenbeschäftigung, und also auf das eigentliche geistige Leben und Daseyn der Seele«.[90] Noch weiter differenzierend, verlegte Platner den Sitz der Seele in denjenigen »Theil des Seelenorgans, welcher der Seele wesentlich nöthig ist, um überhaupt theils leidentlicher, theils selbstthätiger Veränderungen fähig zu seyn. Das wäre jener ätherische Körper, von dem Leibniz mit Wahrscheinlichkeit behauptet, daß er die Seele vom Anfang der Schöpfung umkleide, und in alle Ewigkeit von ihr unzertrennlich bleibe.«[91]

Während man im frühen 18. Jahrhundert auf der Suche nach Parallelen, Ähnlichkeiten oder sogar Identitäten war und sich im übrigen mit der unsterblichen Seele beruhigte, begann man nach 1750, Unterschiede in der physischen Konstitution zu suchen. Dazu gehörten Kriterien wie aufrechter Gang, Hautfarbe und Schädelform, und in der Hirnforschung entwickelte man Regeln zu Größe und Gewicht, die jedoch immer wieder modifiziert werden mußten, weil ein Gegenbeispiel zur Hand war. Trotz solcher Quantifizierungen existierte – wie das Beispiel Platners zeigt – ein gemeinsamer Bezugsrahmen, der alle Schattierungen zwischen Materialismus und Dualismus im 18. Jahrhundert vereinte, das Seelenorgan. Zwar herrschte Einigkeit darüber, daß es stets als der nur einmal vorhandene Nervensammelpunkt im Gehirn definiert wurde, der die Einheit der Wahrnehmung und des Denkens garantiert. Doch darüber hinaus erwiesen sich alle Definitionen als unscharf. Man unterschied nicht allzu genau zwischen Ort, Wohnsitz und Organ der Seele, redete mal vom Sensorium commune und mal vom edelsten Werkzeug der Seele. Dementsprechend war es nicht mehr unbedingt ersichtlich, ob von einem Einfluß der Seele auf den Körper, dem umgekehrten Fall oder von einem harmonischen Miteinander der beiden die Rede war. Durch diese Unschärfe öffnete sich ein Spielraum, der es erlaubte, zwischen Materialismus und Dualismus zu agieren. Ein solcher Ansatz wurde vielfach als beliebig empfunden und warf die Frage auf, welcher Stellenwert der Seele überhaupt noch zukomme. So beschreibt Lichtenberg in seinem »Verzeichnis einer Sammlung von Gerätschaften« eine kleine Maschine, die das *commercium animae et corporis* erklären soll.

> »Die Walze, welche alles in Bewegung setzt, hat drei verschiedene Stellungen für die drei bekannten Systeme; eine für den physischen Einfluß, eine für die gelegenheitlichen Ursachen, und eine für die vorherbestimmte Harmonie. Doch hat die Walze noch Raum für zwei bis drei andere; nur müssen sie einen Leib und eine Seele statuieren, doch könnte im Fall der Not die Seele auch heraus genommen werden. Der Leib an diesem kostbaren Werke ist von viel mehr als halbdurchsichtigem Horn gearbeitet, und etwa vier bis fünf Zoll lang. Die Seele aber, nicht größer als eine große Ameise, ist ganz, Flügelchen und alles, von Elfenbein, nur ist ihr linkes Bein etwas schadhaft.«[92]

Die Austauschbarkeit der Systeme deutet darauf hin, daß eine Erklärung so gut wie die andere ist und je nach Bedarf zur Anwendung kommt; daß die Seele, ohnehin viel kleiner als der Körper, dabei nicht ganz ohne Schaden bleibt, kann als Hinweis darauf verstanden werden, daß die Lehre vom *commercium* in eine unweigerliche Dominanz des Körpers mündet.

Von schwankenden Kategorien waren auch die medizinischen Beiträge zum Seelenorgan bestimmt. Vergleichende Anatomie, pathologische Beobachtungen und experimentelle Untersuchungen lieferten hauptsächlich die Ausschlußkriterien für die jeweiligen in Frage kommenden Hirnstrukturen. Nur selten galten sie als ausschlaggebend für eine positive Bestimmung des Seelenorgans. Daneben fanden sich verschiedene Parameter, die vom Verlust der Sinne über Bewußtlosigkeit bis hin zum Verlust des Lebens reichten. All das war Ausdruck für die Unsicherheit darüber, ob es sich bei der Seele um die denkende Seele oder um das Einheit stiftende Lebensprinzip handelte. Sogar fehlgebildete Kinder, die ohne Gehirn zur Welt kamen und nach der Geburt noch einige Minuten lebten, vermochten längst nicht alle zu überzeugen, daß das Lebensprinzip seinen Sitz nicht im Gehirn habe. Zwar hatte Willis eine Trennung seelischer Vermögen klar vorgegeben und auch räumlich im Gehirn lokalisiert, doch dieser Einteilung mochten nur wenige folgen, weil dadurch die Einheit des Seelischen und die Korrespondenz zwischen dieser und der körperlichen Einheit in Frage gestellt war. Ausdrücklich stellt Platner noch 1790 fest: »Jeder einzelnen Fähigkeit der Seele, eine besondere Stelle im Gehirn anweisen, ist kein philosophischer Gedanke.«[93] Das Seelenorgan war ein zwitterhaftes Konstrukt zwischen Medizin und Philosophie. Auch wenn die medizinischen Kriterien mehr und mehr in den Vordergrund rückten, Anatomie und Physiologie auch für die philosophischen Erwägungen unhintergehbar waren, und auch wenn die Vorstellungen von dem, was der Mensch sei, im 18. Jahrhundert weiter gefaßt waren als beim cartesischen Ego und auch die Materie eine andere war als eine mechanisch funktionierende res extensa – die Grenzen des Diskurses wurden doch durch die cartesischen Vorgaben gezogen. Aus diesem Grund konnte das Seelenorgan kein probates Medium sein, um Krankheiten, Verletzungen, Lähmungen, psychische Alterationen und die Komplexität der seelischen Erscheinungen, insbesondere das Feld der Emotionen, Leidenschaften und Träume, genauer zu erklären. Das war zunächst auch gar nicht beabsichtigt gewesen, und als man begann, darin einen Mangel zu erblicken, standen das Quantitätsargument, die Physiologie des Spiritus animalis und die sensualistische Fiberntheorie zur Verfügung, um das Seelenorgan zu entlasten. Umgekehrt war keines dieser Konzepte für sich genommen tragfähig, sondern hatte seine Absicherung im Bezugspunkt Seelenorgan. Das auf diese Weise hergestellte Gleichgewicht erhielt seine Stabilität hauptsächlich dadurch, daß die herausgehobene Stellung des Menschen in der Kette der Lebewesen begründet werden mußte. Es war dies ein Problem, das die Naturgeschichte nicht lösen konnte. In der hierarchisch gegliederten Ordnung der Dinge diente das Seelenorgan als ein Grenzkonzept, das das *commercium mentis et corporis* physiologisch und philosophisch verfügbar machte.

Ihren Kulminationspunkt fand diese Entwicklung bei Herder. Sein Idealentwurf sah vor, daß die einzelnen Wissensbereiche wie Medizin, Philosophie, Anatomie und Anthropologie sich nahtlos ineinanderfügten. Dadurch sollte die im Verhältnis von Seelenorgan, Quantität, Proportion und Sensualismus sich abzeichnende Turbulenz, die durch das Interesse an der seelischen Gefährdung und der krankhaften Abweichung verstärkt wurde, beruhigt werden. Mit diesem Versuch hat Herder wohl die Hoffnungen mancher Zeitgenossen auf den Begriff gebracht. Doch nur für kurze Zeit, denn in dem Geflecht der verschiedenen Wissensobjekte und -bereiche bereitete sich ein nachhaltiger Bruch in der Beschäftigung mit dem Gehirn vor. Bevor es dazu kam, wurde ein letzter, großangelegter Versuch unternommen, die Bestandteile eines Bildes, das von Descartes entworfen und in der Folgezeit stets verfeinert, aber nie eigentlich übermalt worden war, vor dem Auseinanderfallen zu bewahren.

Soemmerring und das Ende des Seelenorgans

Hirnanatomie und Anthropologie

Am Ende des 18. Jahrhunderts verschwindet das Seelenorgan aus der Hirnforschung, nachdem es über 150 Jahre hinweg das wichtigste Paradigma in der wissenschaftlichen Beschäftigung mit dem Gehirn gewesen ist. Die komplexen Veränderungen in der Spätaufklärung, die im letzten Kapitel skizziert wurden, führten zu einer neuen Sichtweise auf den Menschen, die zunächst einmal ein fächerübergreifendes Unternehmen war. Doch trotz verschiedener Syntheseleistungen, in denen das Seelenorgan eine zentrale Rolle spielte, blieben die Schwierigkeiten einer Wissenschaft vom ganzen Menschen kaum verborgen.

So war die Frage, *welcher* Mensch überhaupt unter das Messer des Anatomen, in die Vermessung des Anthropologen und unter die Beobachtung des Erfahrungsseelenkundlers gerät, im späten 18. Jahrhundert immer schwieriger zu beantworten. Die Suche nach dem Seelenorgan oder dem Sitz der Seele orientierte sich am selbstbewußten und unteilbaren Seelenleben, durch das die Einheit des Ich garantiert werden sollte; die Anthropologie suchte Parameter für eine natürliche Verschiedenheit der Menschen; und die Erfahrungsseelenkunde analysierte den Menschen als ein historisch und biographisch geprägtes Wesen mit Gemüt, Denken und Phantasie, also ganz unterschiedlichen Eigenschaften, Neigungen und Talenten.[1] Sicherlich war allen drei Bereichen eine empirische Orientierung gemeinsam, doch die Differenzen begannen an dem Punkt, wo etwa die Erfahrungsseelenkunde nicht daran interessiert war, für ihre Beobachtungen ein physisches Korrelat zu finden; ebenso hatte die Vorstellung eines Seelenorgans zu einer lebensweltlich orientierten Auffassung vom Menschen wenig beizutragen; und die Erklärung des menschlichen So-Seins nach physischen Merkmalen hatte mit Erklärungen, die auf Lebensbeschreibungen basierten, nicht viel gemein – von größeren Traditionszusammenhängen einmal abgesehen. In diesem Spannungsfeld bewegte und veränderte sich die Hirnforschung um 1800. Der Kristallisationspunkt dieses Transformationsprozesses läßt sich exemplarisch darstellen an einem letzten, aufsehenerregenden Versuch, das Seelenorgan im Grenzbereich von Neuroanatomie, Physiologie und Philosophie zu etablieren und gleichzeitig die sozial relevanten Unterschiede der Menschen quantitativ und qualitativ zu erklären. Unternommen wird dieser Versuch von Samuel Thomas Soemmerring in seiner Abhandlung »Ueber das Organ der Seele«. Dieser Text hat bei Wissenschaftshistorikern immer wieder zu Irritationen geführt, weil man davon ausging, daß das Problem einer Lokalisierung des Seelenorgans um die Mitte des 18. Jahrhunderts erledigt gewesen sei und Soemmerring hier einen anachronistischen Wiederbelebungsversuch angestellt habe.[2] Soemmerring jedoch versuchte eine Weiterführung und Einlösung von Herders ästhetischem und synthetischem Anspruch, den er mit dem Instrumentarium der Hirnforschung plausibel machen wollte.

Am 15. Januar 1785 schreibt Soemmerring an Herder, wohl nachdem er den ein Jahr zuvor erschienenen ersten Band der »Ideen« gelesen hat: »Es war immer mein großer Lieblingssatz, daß der Mensch nur ein Mittelgeschöpf in Ansehung seiner Organe bis aufs Gehirn wo er als der Erste erscheint, sein könne.«[3] Der Einklang mit Herders Loblied auf das Gehirn war genau das, was die gebildeten und kultivierten Zeitgenossen, mit denen Soemmerring freundschaftlich verkehrte, von ihm erwarteten. So heißt es in einem Brief der Fürstin Adelheid Amalie von Gallitzin: »Wenn ein Camper und Sömmerring die Anatomie bearbeiten, darf man hoffen, daß sie zum Behuf ihrer ältern Schwester, der Psychologie, etwas mehreres leisten wird, als sie in dieser Absicht sonst geleistet hat – denn um in dieser wichtigen Absicht zu arbeiten, muß direkt mir der Anatomist, Philosoph und Psycholog sein, es muß ihm dieses Ziel so einleuchten wie Ihnen.«[4]

Ein Jahr, nachdem dieser Brief geschrieben worden war, publizierte Soemmerring, der seit Studienzeiten mit der Anatomie des Gehirns befaßt war, eine kontrovers diskutierte Schrift »Ueber die körperliche Verschiedenheit des Mohren vom Europäer«, in der er dem Gehirn eine besondere Bedeutung für die unterschiedlichen geistigen Fähigkeiten des Menschen zuschrieb. Auch wenn es sich um einen Privatdruck handelte: Soemmerring mischte sich hier zum ersten Mal in die Diskussionen um die Standortbestimmung des Menschen ein. Die kurze Schrift ist Soemmerrings wohl wichtigster Beitrag zu einer anatomischen Begründung von Rassenunterschieden. Nach der Sektion einiger Gehirne – allesamt von Verstorbenen aus dem Umfeld des Kasseler Hofes, wo Soemmerring für einige Jahre als Anatom gewirkt hatte –[5] vermeldet er deutliche physische Unterschiede zwischen Schwarzen und Weißen, indem er bei den Schwarzen kleinere Hirnventrikel und überhaupt kleinere Gehirne zu bemerken meint.[6] Er führt andere Beobachtungen an, nach denen die Hirnsubstanz der Schwarzen »fast von einer solchen Zähigkeit war, wie man bey einigen Verrückten beobachtet«.[7] Aus solchen Befunden leitet er ihre »Wildheit, Unbändigkeit und etwas mindere Fähigkeit zur feineren Kultur«[8] ab und definiert ihren Ort in der Kette der Lebewesen näher am Affen als am Europäer. Der Topos von der Zähigkeit des Gehirns als Merkmal eines mangelnden geistigen Entwicklungsgrades war bereits von Platner her bekannt. Insofern ist Soemmerrings Vorgehensweise, aus anatomischen Untersuchungen psychologische oder kulturelle Schlußfolgerungen zu ziehen, nicht unbedingt neu. Aber Soemmerring ist zu dem Zeitpunkt bereits mit der Autorität eines erfahrenen Anatomen ausgestattet, so daß seine Beobachtungen nicht ohne weiteres in Zweifel zu ziehen sind. Das gibt seinen Aussagen einen ganz anderen Stellenwert, als wenn sie etwa bei Platner bloß im Nebensatz auftauchen. Darüber hinaus kann Soemmerring seine Aussagen über »Negergehirne« in den Kontext eines Problems stellen, das seine Zeitgenossen in hohem Maße beschäftigte.

Wie schon erwähnt, bemühte sich die Hirnanatomie in immer neuen Anläufen darum, den Unterschied zwischen Tier und Mensch materiell festzulegen. Soemmerring gelingt es, eine Gesetzmäßigkeit aufzustellen, die nicht sogleich durch Beispiele aus der vergleichenden Anatomie widerlegt oder zumindest stark relativiert wird: »Daß der Mensch beym größesten Gehirn die kleinsten Nerven habe, oder daß man nur in Rücksicht der Vergleichung des Gehirns mit seinen Nerven sagen könne; der Mensch hat das größte Gehirn.«[9] Mit dieser Formel ist aber nicht bloß der Unterschied zwischen menschlichen und tierischen Gehirnen quantitativ ausgedrückt. Auch bei den Schwarzen meint Soemmerring größere Hirnnerven zu finden als bei den Europäern. Aufschlußreich ist dieser Antagonismus von Nerv und Gehirn insofern, als gut ausgeprägte motorische, sensorische und instinktive Fähigkeiten der Tiere (und in Soemmerrings Konzept auch der Schwarzen) sowie angenommene höhere geistige und kulturelle Fähigkeiten der Europäer somatisch determiniert und dem anatomischen Seziermesser zugänglich sind.

Scheinbar paradox werden die Gegensätze Natur und Geist hier durch Nerv und Gehirn repräsentiert; tatsächlich handelt es sich erneut um einen geläufigen Topos, den Soemmerring in die Hirnforschung überträgt. Diderot beispielsweise polarisiert in ähnlicher Weise: »Der Mensch der Natur ist dazu geschaffen, wenig zu denken und viel zu handeln; der Mensch der Wissenschaft dagegen denkt viel und regt sich wenig.«[10] Während Diderot jedoch seine Abgrenzung zwischen Natur und Geist bewußt allgemein hält, wird ein ähnlich motivierter Differenzierungsversuch eines Anatomen gleich zur anatomisch-physiologischen Gesetzmäßigkeit erhoben und erlangt dadurch ein ganz anderes Gewicht.

Auch ohne näher auf die anthropologische Dimension in Soemmerrings Werk einzugehen,[11] dürfte es offensichtlich sein, daß die physische Natur des Menschen mit seiner moralischen und geistigen zusammengebracht wird; und dies geschieht auf dem Feld der Hirnanatomie, die damit selbst einem Wandlungsprozeß unterliegt. Die Aufgabe des Anatomen ist es zwar nicht, »die moralischen Ursachen einer so auffallenden That-Sache [der Unterschiede zwischen den Menschen] auszuforschen«, wohl aber muß er sich der Frage stellen, »ob im Bau und in der Einrichtung des Körpers sich etwan Verschiedenheiten, sichere, bestimmte, merkliche, nicht bloß zufällige Unterschiede finden, die dem Mohren eine niedrigere Staffel an dem Thron der Menschheit anweisen«.[12] Dieses Urteil wird mit der Kompetenz eines Wissenschaftlers gefällt, der für sich in Anspruch nimmt, keinerlei spezifische Interessen zu verfolgen. Denn in einer nur ein Jahr später veröffentlichten, völlig veränderten Neuausgabe seiner Schrift heißt es: »Es war mir am Ende gleichgültig, dies eben so gut von den weissen als von den schwarzen Menschen zu behaupten [nämlich wer den Affen näher stehe], nur hätte ich Gründe dafür finden müssen; allein je mehr ich diese Untersuchung kaltblütig fortsetzte, desto mehr ward ich gewahr, daß dies sichtlich vom Neger gelte.«[13]

Nicht grundlos weist Soemmerring auf die Absichtslosigkeit seiner wissenschaftlichen Untersuchungen und Schlußfolgerungen hin, denn es waren schwere Vorwürfe erhoben worden. Deswegen sah er sich auch genötigt, den Eindruck zu vermeiden, seine Ergebnisse könnten als Legitimation für eine unmenschliche Behandlung der Schwarzen und die Sklaverei aufgefaßt werden: »Um allen gehäßigen Schlüssen und Mißbrauche vorzubeugen, wiederhole ich nochmals, die Negern sind wahre Menschen, so gut wie wir.«[14] Doch auch wenn Soemmerring sich zur Abstammung aller Menschen von einem Ur-Menschen bekennt, seien sie gleichwohl »zum Europäer veredelt, oder zum Neger ausgeartet«.[15]

Während Soemmerring seine Überlegungen mit dem Hinweis auf anatomisch überprüfbare Fakten absichert, wird ihm die Beschränkung seines argumentativen Rüstzeugs auf die Anatomie zum Vorwurf gemacht. Das geht aus der kritischen Reaktion des Göttinger Anthropologen Johann Friedrich Blumenbach hervor. Unter Berücksichtigung von Anatomie, Physiologie, Anthropologie, Naturgeschichte und kulturellen Gegebenheiten im weitesten Sinne definiert Blumenbach die verschiedenen Rassen als gleichwertige Varietäten oder »Spielarten der Norm«[16] und nicht im Sinne einer hierarchischen Stufenfolge. Blumenbach äußert seine Bedenken in einem Brief an den befreundeten Soemmerring eher behutsam, wendet sich jedoch zu verschiedensten Gelegenheiten mit Polemik und Verve gegen die Behauptung, daß Schwarze in ihrem Körperbau von anderen Menschenrassen verschieden seien.[17] Dementsprechend gibt es nach Blumenbach auch keine intellektuellen und moralischen Wesensunterschiede. Zur Untermauerung dieser Position sieht er sich genötigt, eine ganze Reihe von eigenen Erlebnissen und Zeugnissen anderer zu bemühen, aus denen hervorgeht, daß Schwarze prinzipiell in keiner Weise, also weder in Kunst und Handwerk, Musik und Literatur, noch in Wissenschaft und Medizin den Weißen nachstehen.[18]

Ein solcher Standpunkt, in ähnlicher Form auch von Lichtenberg und einigen anderen vertreten,[19] gehörte zu den liberalsten in der Spätaufklärung. Danach sind prinzipiell alle Menschen zu den gleichen Leistungen fähig, doch den zugrundegelegten Maßstab bilden die kulturellen und sozialen Errungenschaften der abendländischen Zivilisation.[20] Von einem solchen Ethno- und Eurozentrismus, der die Nicht-Europäer grundsätzlich auf einen europäischen Standard verpflichtete, war Soemmerring weit entfernt, auch wenn er die Unterschiede etwa zu Blumenbach verschiedentlich herunterzuschrauben versuchte.[21]

Der hauptsächliche Widerspruch bestand darin, daß Soemmerring Menschenrassen als reale Hierarchien auffaßte. Für Blumenbach verkörperten sie verschiedene Entwicklungen auf einer gleichberechtigten Stufe. Dementsprechend ließ er zur Erklärung dieser Unterschiede die anatomisch-physiologischen Erkenntnisse über den Menschen mit kulturellen und sozialen Erkenntnissen gleichberechtigt ineinandergreifen. Ein solches Gegeneinanderabwägen fand bei Soemmerring nicht statt. In einem anderen Zusammenhang beispielsweise schreibt er: »Die Geschichte der Menschheit geht allemal von der Wirkung des Klimas, der damit genau verbundenen Kultur des Landes, der Lebensweise, etc. aus. Alle Veränderungen, welche in diesem Grunde der Bildung vorgingen, äusserten unausbleibliche Folgen in allen Theilen des Ganzen.«[22] Ähnliche Ansichten werden von Blumenbach, Forster und etlichen weiteren Zeitgenossen vertreten, die daraus auch entsprechende Schlußfolgerungen für den Geltungsbereich der physischen Anthropologie und der Hirnanatomie gezogen haben. Anders Soemmerring, der einmal die Umweltbedingungen hervorhebt, um die Geschichte der Menschheit zu erklären, dann aber wieder die Hirnanatomie – zunächst neben und später vor der physischen Anthropologie – zum entscheidenden Instrument der Standortbestimmung des Menschen macht. Dieses eklektische Sowohl-Als-auch ist ein typischer Versuch, in einer Periode der Transformation des Wissens heterogene Wissensbestandteile beisammenzuhalten und sie in ein synthetisches Bild zu fügen.

Während sich Natur und Kultur im vorliegenden Beispiel schroff gegenüberstehen, unternimmt Soemmerring in seiner Konzeption des Seelenorgans große Anstrengungen, eine Synthese von Anatomie und Metaphysik zu erreichen. Das Problem einer Harmonisierung der im *homo duplex* zum Ausdruck kommenden, letztlich cartesischen Dichotomie von Körper und Seele beschäftigt Soemmerring in verschiedenen Arbeiten ab 1790. Dabei stellt er gleich zwei Versionen einer Theorie des Seelenorgans vor, wobei die erste eher traditionell ist, die zweite den Anschluß an die neuesten Tendenzen in der Physiologie finden will und gleichzeitig die Metaphysik mit empirischen Untersuchungen zu verbinden sucht. Mit dieser Theorie des Seelenorgans sollte das definitive Konstrukt gebildet werden, um den Menschen sowohl als metaphysisches wie als soziales und schließlich als naturbedingtes Wesen zu deuten. Soemmerring war sich wohl darüber im klaren, daß sein methodischer Spagat von empirischer Anatomie und transzendentaler Physiologie, seine Verklammerung von biologischer und metaphysischer Natur Risiken barg.

In seinem anatomischen Handbuch von 1791 kommt es Soemmerring darauf an, seine Überlegungen zur quantitativen Festlegung geistiger Fähigkeiten mit der traditionellen Ansicht über das Seelenorgan in Einklang zu bringen. Eine Differenzierung zwischen »Sitz der Empfindung und Spannkraft oder des Gemeinschaftlichen Sensoriums, oder mit einem Worte: der Sitz der Seele«[23] ist für ihn irrelevant. Das ist typisch für die Veränderungen, die der Cartesianismus bis zum hirnanatomischen Diskurs des späten 18. Jahrhunderts durchgemacht hat. Es war nicht allzu bedeutend, ob die Seele als res cogitans oder als res extensa aufgefaßt wurde; und auch Descartes' Hinweis, daß einem immateriellen Ding eigentlich kein Ort zuzuweisen sei und man besser von einer Präsenz der Seele im ganzen Körper ausgehe, obwohl es einen Hauptinteraktionsort mit dem Körper geben müsse – auch diese Differenzierung war gleichgültig. Soemmerring vertritt keinen Dualismus im Sinne Descartes', läßt sich aber auch nicht auf einen Materialismus im Sinne La Mettries oder Holbachs festlegen. Entscheidend ist, daß sich die anatomisch-physiologischen Kriterien, nach denen er das Seelenorgan konstruiert, im Spektrum der cartesischen Prinzipien bewegen. Dazu gehören der Ursprung der Hirnnerven, die Unteilbarkeit des Seelenorgans und die hirnpathologischen Befunde.[24]

Daneben stellt Soemmerring einige zusätzliche Überlegungen an, die über Descartes hinausreichen. Was sich allerdings aus genügendem historischen Abstand anhört wie ein modernes Forschungsprogramm, ist in Wirklichkeit nicht mehr als ein Indiz für den langsamen Auflösungsprozeß der Theorie des Seelenorgans. »Sollte nicht jeder Theil des Hirns seinen besondern ihm eigenen Nutzen haben«,[25] fragt Soemmerring und gibt gleich die Antwort, daß »sorgfältig beobachtete Krankheiten des Geistes verbunden mit genauer Untersuchung des Hirns […] hier fast allein Licht verschaffen.«[26] Diese Fragestellung geht über das ursprüngliche Verständnis des Seelenorgans hinaus. Dort nämlich diente die Pathologie ausschließlich der Frage, ob die Verletzung des als Seelenorgan gedachten Hirnteils zu Bewußtlosigkeit oder gar zum Tod führe. Daß unterschiedliche Geisteskrankheiten mit einer Lokalisierung im Gehirn und nicht mehr unbedingt mit Fließhindernissen für den Spiritus animalis oder mit Erkrankungen anderer Organe in Verbindung gebracht werden, ist ein (noch) versteckter und schüchterner Hinweis auf einen grundlegenden Transformationsprozeß, der nur wenige Jahre später bei Gall mit erheblichen Konsequenzen vollzogen werden sollte. Soemmerring verfolgt diesen Gedanken ebensowenig weiter wie die Frage, ob »Uebung und Anstrengung der Geistesfähigkeiten […] den materiellen Bau des Gehirns« verändern.[27] Daß schließlich »die angebohrne Verschiedenheit des Hirns auf die Verschiedenheit der Individuen in Ansehung der Neigungen, Anlagen zu Geistesfähigkeiten und Sitten Einfluß« nehme,[28] hält er ebenso für möglich wie die Annahme, daß »vorzügliche Geisteskräfte« mit der Entwicklung bestimmter Teile im Gehirn korrelieren.[29]

70

Es wäre verfehlt, in solchen locker aneinandergereihten Überlegungen so etwas wie eine programmatische Grundlage für ein Modell der Gehirnfunktion zu erblicken. Die vom eigenen Erfahrungsstand oder der Belesenheit des Autors abhängende Zusammenstellung des Materials – hier ein paar klinische Beobachtungen, dort ein Analogieschluß zur Alltagserfahrung oder auch die Ergebnisse einiger Hirnsektionen – will auf nicht mehr hinaus als die globale Feststellung: Das Gehirn hat in seiner art- und rassenspezifischen sowie in seiner individuellen Variationsbreite mit den unterschiedlichen Ausprägungen der geistigen Fähigkeiten zu tun.[30] Differenzierende Untersuchungen sind daraus nicht notwendig abzuleiten. Für eine anatomische Autorität wie Soemmerring ist es sicherlich standesgemäß, mannigfaltige Aspekte zur Sprache zu bringen und reichlich aus der Literatur zu zitieren. Nicht, daß sich Soemmerring damit unter dem Standard seiner Zeit bewegen würde, im Gegenteil: Er befindet sich genau im Rahmen des Wissens, das für die beanspruchte hierarchische Klassifikation als notwendig angesehen wurde. Soemmerrings Text ist allerdings auch nicht zu entnehmen, daß Fragen nach einer differenzierten Hirnfunktion wie die von ihm aufgeworfenen im Zentrum des Forschungsinteresses stünden. Dieser Problembereich scheint weder für Soemmerring noch für seine Zeitgenossen in dem Sinne relevant zu sein, daß Experimente durchgeführt worden wären. Justus Arnemanns »Versuche über das Gehirn und Rückenmark« von 1787 bilden hier eine Ausnahme. Im Kontrast dazu stehen die unzähligen, auch von Soemmerring durchgeführten Experimente zur tierischen Elektrizität, die im Anschluß an Galvani und Volta erfolgten.[31] Das Gehirn spielt als epistemisches Objekt experimenteller Manipulationen eine vergleichsweise geringe Rolle.

»Ueber das Organ der Seele«

In Soemmerrings Œuvre sind bis 1796 verschiedene Spuren gelegt, die einander zwar nicht widersprechen, aber in unterschiedliche Richtungen hätten führen können. Daß kurze Zeit später ausgerechnet die Gehirnventrikel, denen er zunächst nur eine geringe Bedeutung beimißt, zum Hauptdarsteller avancieren, indem die Flüssigkeit in den Ventrikeln als Sitz der Seele gelten soll, durfte als gründliche Überraschung aufgefaßt werden. Wie konnte es dazu kommen? Nur scheinbar hat Soemmerring sich weit von seinem ursprünglichen Leitthema entfernt. In Wirklichkeit jedoch geht es ihm um die Kombination einer quantitativen Einordnung der geistigen Eigenschaften mit der transzendentalen Seele. Um diesem doppelten Anspruch gerecht zu werden, versucht Soemmerring in zwei verschiedene Richtungen zu argumentieren. Im ersten, anatomischen Teil nimmt er mit Descartes an, daß der Ort des Zusammentreffens von afferenten und efferenten Nervensignalen identisch mit dem Seelenorgan sei, daß dort also die Interaktion zwischen Körper und Seele stattfinden müsse. Wenn nun die Endigungen der Hirnnerven sowie der Rückenmarksnerven bis zu den Wänden der Ventrikel verfolgt werden könnten, dann sei es ziemlich sicher, daß die Flüssigkeit als das Sensorium commune, und das bedeutet: als das Organ der Seele anzusehen sei.[32]

In einem zweiten, transzendentalen Ansatz, der ausdrücklich über die Empirie hinausgehen sollte, sucht er die Belebtheit und den besonderen Charakter der Flüssigkeit in den Ventrikeln wahrscheinlich zu machen, womit er sich im Prinzip noch auf dem Boden der Physiologie befindet, auch wenn er ihn als Metaphysik mißversteht. Erst sein Versuch, die damals intensiv geführte Diskussion um die Belebtheit der Materie und um die organischen Körper für seinen Ansatz zu instrumentalisieren, ließ Soemmerrings Unternehmen in den Augen seiner Zeitgenossen fragwürdig erscheinen; verschärfend kam noch hinzu, daß er psychische Fähigkeiten aus materiellen Konstellationen der Hirnhöhlen und ihrer Flüssigkeit abzuleiten versuchte.

Für das anatomische Argument ist die Identifikation des Treffpunkts der afferenten und efferenten Nervenleitungen mit dem psychophysischen Interaktionsort wohl die Voraussetzung, reicht jedoch nicht mehr aus. Zunächst hatte Soemmerring sich mit spezifischen anatomischen Problemen auseinanderzusetzen, etwa mit der Frage, ob die Hirnventrikel überhaupt echte Höhlen seien und ob sich in ihnen Flüssigkeit befinde. Diese Frage wurde durchaus kontrovers diskutiert. Haller beispielsweise argumentierte, daß die Ventrikelwände sich bei lebenden Tieren berührten und erst nach dem Tod mit Flüssigkeit gefüllt würden.[33] Soemmerring hält seine eigenen anatomischen Erfahrungen dagegen. Allerdings geht er über den für Haller so wichtigen Unterschied zwischen dem lebendigen und dem toten Tier einfach hinweg. Er erwägt gar nicht erst die Möglichkeit einer Flüssigkeitsansammlung post mortem, sondern schließt auf den lebenden Organismus, ohne – was für die damalige Physiologie üblich gewesen wäre – Vivisektionen vorzunehmen.[34] Es sei ein Irrtum Hallers, die Hirnhöhlen mit dem Herzbeutel oder der Brusthöhle gleichzusetzen und daraus den Schluß zu ziehen, daß die Benetzung an den Wänden nur dazu diene, ein Aneinanderreiben oder Verkleben zu verhindern. Mit dieser Grundannahme, so Soemmerring, habe Haller gar nicht auf die Idee kommen können, daß die Ventrikelflüssigkeit eine andere als eben diese präventive Funktion habe. Das anatomisch fundierte Argument besteht für Soemmerring demnach in der nicht vergleichbaren Gestalt von Hirnhöhlen und anderen Körperhöhlen.[35]

Dieser vergleichsweise nebensächliche Punkt deutet bereits auf Soemmerrings argumentative Vorgehensweise hin, indem er suggeriert: eine korrekte anatomische Aussage (nämlich die Ventrikelhöhlen aufgrund ihrer unterschiedlichen Gestalt und Struktur nicht mit anderen Körperhöhlen zu vergleichen) führt notwendig zu einer korrekten physiologischen Schlußfolgerung (nämlich daß die Funktion der Flüssigkeit über die Aufblähung der Ventrikel hinausgeht). Nun ist es bemerkenswert, daß Soemmerring in dieser speziellen Frage seinen Standpunkt bei gleichen anatomischen Kenntnissen in nur fünf Jahren geändert hat, wie aus einem Vergleich mit seiner »Hirn- und Nervenlehre« hervorgeht. Dort hatte er bereits eine konstante Feuchtigkeit in den Ventrikeln angenommen, den Nutzen jedoch nicht sehr hoch eingeschätzt und dementsprechend darauf verzichtet, irgendeine mögliche Funktion vorzuschlagen.[36] Soemmerrings Logik ist also keineswegs zwingend, zumindest nicht in dem Sinne, daß seine physiologischen Vorstellungen – wie er glauben machen will –

das Resultat anatomischer Evidenz sind. Seine Physiologie ist vielmehr das Produkt seiner Konzeption des Seelenorgans.

Eine vergleichbare Strategie bestimmt auch seine Analyse der topographischen Anatomie der Hirnnerven. Die detaillierte Diskussion der einzelnen Hirnnervenverläufe zeigt, daß er ihre Ursprünge nur in einigen Fällen bis zu den Ventrikelwänden verfolgen kann. Zur Rechtfertigung seiner Annahme weist er auf technische Schwierigkeiten bei der Sektion hin, die ihm verwehren, das Gesuchte zu finden.[37] Dennoch zeigt er sich überzeugt, daß alle Hirnnerven direkten Kontakt zur Ventrikelflüssigkeit haben, auch wenn er im Moment nur vier Hirnnerven vorweisen könne, die seine Annahme stützen.[38]

An diesem Punkt besinnt sich Soemmerring auf seine anthropologischen Überlegungen zum Verhältnis von Quantität und Funktion. Bei der Anatomie des Riechnervs sieht er sich mit dem Problem konfrontiert, daß er eine direkte Verbindung zwischen den »Bulbi olfactorii« und den Seitenventrikeln nur bei Säugetieren und bei Embryos, nicht aber beim erwachsenen Menschen nachweisen kann. Diese Differenz erklärt er folgendermaßen: »Lehrt aber nicht die Naturgeschichte, daß einige Thiere weit mehr als der Mensch, durch den Sinn des Geruchs geleitet werden? weil nämlich bei ihnen die große eigene Höhle des Riechnervens einen ansehnlichen Theil der Flüssigkeit der Hirnhöhlen, somit einen beträchtlichen Theil ihres Sensoriums, aufnimmt.«[39] Zum Erwachsenwerden des zivilisierten Europäers gehört es also, daß sein Riechorgan degeneriert. Daneben spielt Soemmerring – wie bereits in seiner Unterscheidung zwischen Schwarzen und Europäern[40] – auf den Zusammenhang von Größe und Funktion an. Ein materieller Grund für die angeborene Verschiedenheit der geistigen Fähigkeiten kann beispielsweise in der unterschiedlichen Ausdehnung der Ventrikel begründet liegen. Auch die vergleichende Anatomie führt in diese Richtung: »Ich kenne kein Thier, welches nur einigermaßen, ich will nicht sagen: so geräumige, sondern selbst so geformte Hirnhöhlen, als der Mensch, hätte.«[41] Damit wird noch ein weiteres meßbares Kriterium für die Überlegenheit des Menschen über die anderen Lebewesen eingeführt, was von um so größerer Bedeutung ist, als der Hirnanatomie angesichts der oben geschilderten Schwierigkeiten jeder Hinweis auf prinzipielle Unterschiede zwischen menschlichen und Säugetiergehirnen willkommen sein mußte. Die Suche nach dem Seelenorgan ist also mit Soemmerrings früheren Überlegungen verklammert. Ältere Kriterien für die Bestimmbarkeit des Seelenorgans wie unpaarige Anlage im Gehirn, sensomotorischer Umschlagpunkt, Bewußtlosigkeit oder Tod bei Verletzung sind zwar nicht obsolet geworden, werden jedoch durch den Aspekt der Quantität in den Hintergrund gedrängt.

Soemmerrings zweites, theoretisches Argument gilt vordergründig der Interaktion zwischen Hirnnerven und Hirnflüssigkeit. Das Problem spitzt sich zunächst einmal auf die Frage zu, wie die Transmission der Vorgänge vom Nerv in die Flüssigkeit vonstatten gehe. Descartes hatte sich ein hydraulisches Modell mit Ventilen und Röhrchen überlegt, das zwar bald verworfen wurde, dem aber keine auf Dauer befriedigenden Lösungsvorschläge folgten.[42] Die Nervenfunktion blieb vielmehr das physiologische *missing link* in der Theorie des Seelenorgans, und zwar unabhängig von der Frage, welche Hirnstruktur für das Seelenorgan ausersehen war. Soemmerring versucht mit dieser Schwierigkeit auf zwei Weisen fertig zu werden. Zunächst einmal hält er sämtlichen bisherigen Vorschlägen zur Lokalisation des Seelenorgans in einem soliden Teil des Gehirns entgegen, außer acht gelassen zu haben, daß die Wahrnehmung selbst ein vom Nervenimpuls grundlegend verschiedener Vorgang ist. Der qualitative Unterschied, der sich im Übergang vom physischen zum psychischen Prozeß manifestiert, entspricht dem Umstand, daß der Impuls im Hirnnerv sich in der Flüssigkeit fortsetzt (und vice versa) und eine qualitative Veränderung erleidet.[43] Soemmerring will sich nicht zum Materialisten machen, der seelische Empfindungen für mechanische Prozesse hält. Er will auch keine Kausalverhältnisse statuieren: Es wird weder klar, »Was eigentlich geschieht, noch die Art, Wie es geschieht«.[44] Soemmerring ist vielmehr darauf aus zu zeigen, daß vermeintliche Schwachpunkte der bisherigen Lokalisationsversuche durch seine Flüssigkeitshypothese behoben werden. Doch bleibt immer noch die Frage, was die Flüssigkeit vor der festen Hirnstruktur auszeichnen soll. Dazu rekurriert Soemmerring in einem zweiten Schritt auf die zeitgenössische Physiologie der Lebensentstehung, in der Kriterien für die Belebtheit, die Entwicklung und die Organisation der Materie diskutiert wurden, und verbindet diese mit alten metaphysischen und theologischen Vorstellungen. Dieses Unternehmen siedelt er selbst in »der transcendentalsten, bis in die fernsten Gefilde der Metaphysik führenden Physiologie«[45] an, um sich dann unter Berufung auf Kant selbst zu korrigieren, »daß die Aufgabe eigentlich nicht physiologisch sondern transcendental«[46] sei.

Mit dem Anspruch einer Vereinigung zweier großer Wissensgebiete, die zumindest in ihrer theoretischen Orientierung auseinanderzulaufen beginnen, handelt Soemmerring sich scharfe Kritik ein, was nicht zuletzt auf seine argumentative Durchführung zurückzuführen ist. Das Belebtsein der Flüssigkeit versucht er damit zu begründen, daß es »zu den Erscheinungen des Lebens selbst nothwendig« sei, indem »Urleben, Urbewegung oder Anfang einer Bewegung bei stäten, in Ansehung ihrer Form unveränderlichen, Wesen nicht einmal denkbar ist«.[47] Der für die Zeitgenossen kaum verständliche Analogieschluß Soemmerrings besteht darin, daß er vom Belebtsein sogleich auf das Sensorium commune schließt und postuliert, daß dieses die Flüssigkeit benötige, um »Wirkungen aufzunehmen, und Wirkungen zu erzeugen«,[48] denn in einem soliden Teil des Gehirns könne das Sensorium keine Bewegung aufnehmen. Der Begriff der Bewegung ist dabei ganz mechanistisch zu verstehen: Die Wirkung der Flüssigkeit auf das Sensorium commune geht nach einer »mechanischen Nothwendigkeit« vonstatten, und die Interaktion zwischen Flüssigkeit und Nerv ist als ein »Impulsus« aufzufassen.[49]

Vor dem Hintergrund der damaligen, vor allem von Blumenbach, Kielmeyer und Reil unternommenen Anstrengungen, eine theoretische Begründung für eine vitale Kraft oder Energie zu finden, die nur in der Materie wirksam werden kann, jedoch nicht ausschließlich mit den physikalischen Eigenschaften der Materie zu erklären ist, könnte man Soemmerrings Position als »vital materialism«[50] charakterisieren. Allerdings ist Soemmerring auf den theoretischen Kontext dieser Diskussion nicht eingegangen. Blumenbach etwa faßte die körperlichen Vorgänge als eine Interaktion der verschiedenen festen und flüssigen Bestandteile und der Lebenskräfte auf, womit das Prozeßhafte unabhängig von der jeweiligen anatomischen Struktur in den Vordergrund rückte.[51] Wenn Soemmerring von der Organisation der »sogenannten Weiße in einem unzerstörten Vogeleye«[52] oder eines Polyps auf eine mögliche Organisation der Ventrikelflüssigkeit schließt, so verwendet er den Begriff der Organisation nur analogisch und ohne Berücksichtigung der von Blumenbach und vor allem von Kant in seiner »Kritik der Urteilskraft« aufgestellten Definition, wonach die Bestandteile eines organisierten Körpers nur im Hinblick auf das Ganze zu verstehen seien und nur durch gegenseitiges Hervorbringen zu einem Ganzen vereint würden.[53]

Bei Blumenbach bezieht sich diese Diskussion auf die Entwicklungsgeschichte, genauer: auf die theoretische Begründung der Epigenesis. Soemmerring hingegen stellt den Zusammenhang mit der Lehre vom Sensorium commune durch die von ihm aufgestellten Prämissen her – nämlich die eben genannten Analogien und den Hinweis auf die »erste Zusammensetzung unserer selbst […] in den ersten Stunden […] nach der Empfängniß«[54]. Danach ermöglicht die besondere Zusammensetzung der Flüssigkeit spezifische physiologische Prozesse, die sich von denen im Gehirn und in den Nerven unterscheiden. Die qualitative Veränderung des Impulses bedeutet also, daß die Ventrikelflüssigkeit nicht nur in topographischer, sondern auch in funktionaler Hinsicht als das »medium uniens« aufzufassen ist.[55]

Soemmerrings Überlegungen lehnen sich nur scheinbar an das alte Konzept des Spiritus animalis an. Während dieser nämlich als Transportmedium für sensorische und motorische Vorgänge angesehen wurde, ist Soemmerrings »medium uniens« für den spezifischen Charakter eines bestimmten Prozesses verantwortlich, eben weil die »Zusammensetzung unserer selbst« individuell unterschiedlich ist und »unser Geist – und die ganze Kraft unsers schon wirklich gewordenen Individuums – unsers Ichs – in den ersten Stunden, ja vielleicht in den ersten Tagen nach der Empfängniß, in einem Tröpfchen zarter Flüssigkeit wirklich und wahrhaf-

tig enthalten ist«.[56] Wenn es einen Moment so scheinen mag, daß
Soemmerring zu mechanistischen und materialistischen Vorstellungen tendiert, macht er doch rasch klar, daß die Beseelung
der Materie »einer sich über die Gränzen möglicher Erfahrung
hinauswagenden Vernunft«[57] anheimgestellt sei, und seine Ge-
währsleute sind in diesem Punkt nicht bloß Kant, Herder und
zeitgenössische Naturforscher, sondern auch die jüdische und
christliche Tradition und die vorsokratische Naturphilosophie.
Damit äußert sich die Hoffnung auf eine alle Aspekte umgrei-
fende Lehre, und genau an diesem Punkt trifft Soemmerring sich
mit den Absichten Herders. Doch mit dem wie selbstverständlich
vollzogenen Schritt von der Organisation der Flüssigkeit zum Sitz
der menschlichen Seele begeht Soemmerring einen methodischen Fehler, der von seinen Zeitgenossen sogleich bemerkt wird
und einer der Gründe für das Scheitern seines Unternehmens ist.

Die trügerische Hoffnung auf den Beistand der Philosophie

Was hat Soemmerring bewogen, seine hirnanatomischen Untersuchungen mit einer transzendentalen Physiologie zu verbinden?
Er hatte schon zuvor weitreichende anthropologische und neuroanatomische Lehrsätze über den Menschen aufgestellt, aber Herders Anspruch, die Einheit des naturhaften und des metaphysischen Menschen zu realisieren, war ihm bis dahin nicht gelungen.
In »Ueber das Organ der Seele« denkt Soemmerring sich diese
Synthese als eine Kopplung von Anatomie und Metaphysik, wobei die transzendentale Physiologie als Verbindungsstück dienen
soll. Über dem Traum einer philosophischen Anatomie scheint er
sämtliche – auch die von ihm selbst benannten – Gründe für eine
differenzierende Analyse des Gehirns vergessen zu haben; und er
geht sogar so weit, daß er sich von philosophischer Seite Unter-
stützung für sein Vorhaben erhofft und ausgerechnet Kant um
ein Nachwort für seine Schrift bittet. Wäre es Soemmerring bloß
um eine Anatomie des Seelenorgans gegangen, hätte er wohl
eher bei einem materialistisch orientierten Philosophen ange-
fragt. Doch die Idee, Kant und nicht etwa Herder um ein Nach-

wort für »Ueber das Organ der Seele« zu bitten, spekuliert auf dessen Autorität, die den philosophischen Implikationen zu Hilfe kommen soll. Im Text selbst unterstreicht Soemmerring diese Erwartung durch den Hinweis auf Kant bei der Begründung der transzendentalen Physiologie. Seine stolze Ankündigung dieses Nachworts jedoch, von dem er zu allem Überfluß behauptet, es bestätige seinen Ansatz in schönster Weise, wird von der scharfen Argumentation Kants völlig konterkariert.[58]

Kant nimmt seine Aufgabe außerordentlich ernst, was aus den verschiedenen Vorstufen und Revisionen zu dem bloß sechsseitigen Nachwort hervorgeht.[59] Es geht ihm hier offenbar um grundsätzliche Probleme. Der zentrale Vorwurf Kants an die Adresse Soemmerrings lautet, nicht durchgängig und genau zwischen dem Sitz der Seele und dem Sitz des Seelenorgans unterschieden zu haben. Damit stellt er die provokative Frage, wer überhaupt die Kompetenz besitze, zu der einen oder anderen Frage Stellung zu beziehen. Kants Antwort lautet – überraschend für alle philosophischen Ärzte, die es mit dem ganzen Menschen zu tun haben, und folgenreich für die weitere Diskussion –, daß in dieser Frage die medizinische Fakultät (Anatomie und Physiologie) und die philosophische miteinander in Streit geraten. Erstere gewinne ihre Erkenntnisse empirisch, letztere gehe von a priori gewonnenen Erkenntnissen aus. Nach Kant schließen beide Ansätze einander vollständig aus. Sein erkenntnistheoretisches Argument läuft darauf hinaus, daß die Seele nur Objekt des inneren Sinnes sein könne, der aber keine räumliche Zuordnung vorzunehmen vermag. Die Suche nach einem Ort, also eine konkrete Festlegung im Physischen, würde eine Wahrnehmung mit demselben Sinn bedeuten, der auch die äußere Umwelt wahrnimmt. Das ist für Kant unmöglich: »Nun kann die Seele sich nur durch den inneren Sinn, den Körper aber (es sey inwendig oder äußerlich) nur durch äußere Sinne wahrnehmen, mithin sich selbst keinen Ort bestimmen, weil sie sich zu diesem Behuf zum Gegenstand ihrer äußeren Anschauung machen und sich außer sich selbst versetzen müßte, welches sich widerspricht.«[60]

Für Kenner des Kantschen Werkes konnte diese Argumentation nicht ganz neu sein. Bereits in den »Träumen eines Geister-

sehers, erläutert durch die Träume der Metaphysik« von 1766 sah
Kant in der Frage nach dem Ort der Seele im Körper »etwas Ver-
fängliches« und argumentierte im Sinne von Descartes, daß die
»Seele ganz im ganzen Körper und ganz in jedem seiner Teile«
sei.[61] Da Kant die Seele für immateriell hält, folgert er, daß sie »einen Raum einnehme (d.i. unmittelbar in ihm tätig sein könne),
ohne ihn zu erfüllen (d. i. materiellen Substanzen darin Widerstand zu leisten)«.[62] Auch wenn Kant hier auf die Bestimmung eines Sensorium commune verzichtet, bewegt er sich noch ganz im
cartesischen Bezugsrahmen. Erst in der »Kritik der reinen Vernunft« taucht die dann im Nachwort wiederkehrende Differenzierung auf: »Ich, als denkend, bin ein Gegenstand des innern
Sinnes, und heiße Seele. Dasjenige, was ein Gegenstand äußerer
Sinne ist, heißt Körper. Demnach bedeutet der Ausdruck Ich, als
ein denkend Wesen, schon den Gegenstand der Psychologie, welche die rationale Seelenlehre heißen kann, wenn ich von der
Seele nichts weiter zu wissen verlange, als was unabhängig von
aller Erfahrung […] aus diesem Begriffe Ich, so fern er bei allem
Denken vorkommt, geschlossen werden kann.«[63] Die Verengung
der rationalen Psychologie auf das »Ich denke« schließt alle anderen Wahrnehmungen des inneren Zustands wie beispielsweise
Lust oder Unlust aus. Diese scharfe Trennung von innerem und
äußerem Sinn entspricht der Trennung von transzendentaler und
empirischer Analyse.

Kant ist sich darüber im klaren, daß sein Ansatz der psycho-
physiologisch orientierten Anthropologie völlig entgegengesetzt
ist. Darum ist er zunächst nicht wenig in Verlegenheit, als Soemmerring ihn mit einem Text konfrontiert, der offensichtlich das
Programm der Gegenseite vertritt. Indem er die Aufgabe akzeptiert, gibt er nicht bloß einen Vorgeschmack auf seine kurz darauf
erscheinende »Anthropologie in pragmatischer Hinsicht«; zugleich kann er seine präzisen Grenzziehungen einem größeren
medizinischen Publikum vorführen, dessen Mitglieder sich erstens nur zu häufig einer Verwechslung von Seele und Seelenorgan schuldig machten; weiterhin kann er davon ausgehen, daß
dieses Publikum seine »Kritik der reinen Vernunft« kaum zur
Kenntnis nahm und im übrigen nach wie vor dem Traum von

einer philosophischen Medizin nachhing. Der Preis für seine Abgrenzungsstrategie besteht darin, daß Kant nun einen methodologischen Dualismus postuliert, bei dem sich die beiden Fakultäten, oder besser: die beiden Ansätze, fremd und unvereinbar gegenüberstehen. Wenn die philosophische Analyse sich der Seele widmet, die Physiologie es hingegen unternimmt, die Hirnfunktion zu untersuchen, hat Kant das Wissensgebiet, dessen vollständige Eroberung nicht zuletzt auch Soemmerrings Traum gewesen war, gespalten.

So ist es nur folgerichtig, daß Kant auch Soemmerrings »transzendentale Physiologie« mit dem Argument vom Tisch wischt, daß hier eine wissenschaftliche Hypothese fälschlich für Metaphysik gehalten werde. Die beiden zentralen Begriffe sind in diesem Zusammenhang das Belebtsein und die Organisation der Materie und der Flüssigkeit. Kant definiert folgendermaßen: »Flüssig ist eine stetige Materie, deren jeder Theil innerhalb dem Raum, den diese einnimmt, durch die kleinste Kraft aus ihrer Stelle bewegt werden kann. Diese Eigenschaft scheint aber dem Begriff einer organisirten Materie zu widersprechen, welche man sich als Maschine, mithin als starre, dem Verrükken ihrer Theile (mithin auch der Änderung ihrer inneren Configuration) mit einer gewissen Kraft widerstehende Materie denkt.«[64] Die Schwierigkeit liegt nun darin, daß die Flüssigkeit nicht als organisirt zu denken sei, »gleichwohl aber ohne Organisation, d. i. ohne zweckmäßige und in ihrer Form beharrliche Anordnung der Theile, keine Materie sich zum unmittelbaren Seelenorgan schickt«.[65]

Da es sich für Kant verbietet, Soemmerrings anatomische Ergebnisse anzuzweifeln und die Ventrikelflüssigkeit als Kandidaten für das Seelenorgan auszuschließen, versucht er dieses Dilemma aufzulösen, indem er die mechanische Organisation durch eine dynamische ersetzt, das heißt die Idee der Bewegung als Interaktionsmodus zwischen Flüssigkeit und Nerven in ein chemisches Konzept anstelle eines mechanischen integriert. Voraussetzung dafür ist die aus der Chemie kommende Erkenntnis, daß Wasser kein chemisches Element ist, sondern sich in Unterstoffe weiter zersetzen läßt. Den Vorgang im Gehirn stellt Kant sich dann so vor, daß den »Nerven [ein Vermögen] unterlegt sey, nach ihrer Verschiedenheit das Wasser der Gehirnhöhle in jene Urstoffe zu zersetzen, und so, durch Entbindung des einen oder des andern derselben, verschiedene Empfindungen spielen zu lassen«.[66] Kant folgt Soemmerring also in zweifacher Hinsicht. Erstens nimmt er die Aussage ernst, daß die Empfindung etwas qualitativ anderes sei als der Nervenimpuls. Deswegen zieht er die Lokalisierung des Seelenorgans in der Ventrikelflüssigkeit überhaupt in Erwägung. Zweitens untermauert er sein Argument ebenso wie Soemmerring mit einer Analogie. Im Gegensatz zu diesem beruft er sich allerdings nicht auf die Mechanik oder die epigenetische Theorie der Lebensentstehung, sondern auf die Chemie. Es ist eine Sache, daß sein Vorschlag den Zeitgenossen ebenso unplausibel erschienen sein dürfte wie derjenige Soemmerrings. Eine andere Sache jedoch ist es, daß sich Kants Zugriff auf die Chemie in einem entscheidenden Punkt von Soemmerrings unterscheidet. Kant bezeichnet seine Überlegung ausdrücklich als Hypothese, und das bedeutet, daß er nicht als Metaphysiker spricht, sondern als ein »in der Naturkunde nicht ganz Unbewanderter«, der die Grenzziehungen einzuhalten weiß. Seine begriffliche Bestimmung eines organisierten Wesens ist die methodische Voraussetzung für eine Erforschung des Organismus.[67] Er weiß ebensogut wie Soemmerring, daß sich kein mechanisches und auch kein chemisches Modell der Ventrikelflüssigkeit alsbald empirisch umsetzen lassen wird, aber allein die begriffliche Klarheit kann die Grenzen der Wissenschaft und der Philosophie klar abstecken. Darum ist Soemmerrings Idee der transzendentalen Physiologie ein Mißgriff, wodurch sich ein Forscher »unvermerkt von dem fruchtbaren Boden der Naturforschung in die Wüste der Metaphysik verirre«.[68]

Für das weitere Schicksal des Seelenorgans bilden Kants Überlegungen die Grundlage. Unabhängig davon, ob sein Ansatz akzeptiert wurde oder nicht, war es unumstritten, daß es kein Zurück mehr gab zum ontologischen Dualismus, der durch ein einheitliches Wissengebiet, die Anatomie und Physiologie des Seelenorgans, aufrechterhalten worden war. Es ist fraglich, ob Kant die Konsequenzen seines Schrittes vorausgesehen hat. Immerhin bezweifelt er die Möglichkeit einer Erforschung des *com-*

mercium mentis et corporis grundsätzlich; dagegen stellt er die Legitimität des Konzepts vom Seelenorgan als Sensorium commune, das seinen Sitz in der Ventrikelflüssigkeit hat, nicht in Frage – dazu hätte er Soemmerrings anatomische Grundannahmen und damit dessen Autorität als Anatom anzweifeln müssen.

Kant selbst verschließt sich physiologischen Fragestellungen keineswegs. In einer Passage, die nur in einem Brief an Soemmerring, nicht aber im Nachwort enthalten ist und die Soemmerring in seinen eigenen Text einfließen läßt, formuliert Kant die Frage an die Physiologie, ob sie eine Erklärung habe für das subjektiv erfahrbare Phänomen, »heterogene aber der Zeit nach aneinander gereihte Eindrücke zu associiren«. Er selbst schlägt vor, daß »das Wasser der Hirnhöhlen den Einfluß des einen Nerven auf den andern vermitteln, und durch Rückwirkung des letzteren, die Vorstellung, die diesen correspondirt, in ein Bewußtseyn zu verknüpfen [vermöge], ohne daß sich diese Eindrücke vermischen, so wenig wie die Töne in einem vielstimmigen Conzert vermischt durch die Luft fortgepflanzt werden«.[69] Offensichtlich nimmt Kant hier Bezug auf eines der ältesten Motive für die Annahme des Sensorium commune, nämlich die Einheit der Wahrnehmung. Im späten 18. Jahrhundert reicht dieses Argument längst nicht aus, um das Seelenorgan zu erhalten. Indem Kant den anatomischen und physiologischen Untersuchungen jede philosophische Relevanz abspricht, hat er das Ende des Seelenorgans vorbereitet. Danach bleibt der Hirnforschung nur, diesen Verlust hinzunehmen und sich auf das zu beschränken, was man glaubt, empirisch eingrenzen zu können; oder aber für sich in Anspruch zu nehmen, selbst philosophisch zu sein und damit die kantische Spaltung aufzuheben. Beide Standpunkte werden im frühen 19. Jahrhundert bezogen.

Der Abschied vom Seelenorgan

Soemmerring durfte gewiß sein, daß keineswegs bloß Anatomen, Physiologen oder Ärzte sich angesprochen fühlten, sondern die gesamte gelehrte Gemeinschaft. Die Reaktion war außerordentlich. Doch während sich Soemmerring über Kants Nachwort – zumindest öffentlich – nicht beunruhigte,[70] mußte er schnell erkennen, daß die Aufnahme des Buches für ihn auf ein Desaster hinauslief. Unter seinen Kritikern befanden sich Goethe, Wilhelm von Humboldt, Lichtenberg und Blumenbach. Goethe beispielsweise zeigte sich einverstanden mit dem anatomischen Teil, meinte jedoch, daß Soemmerring es besser dabei belassen und die Seele ganz aus dem Spiel gelassen hätte.[71] Humboldt schrieb an Schiller, daß er Kants Nachwort als »sehr gute Zurechtweisung über die Sonderbarkeit, einen Sitz der Seele zu suchen«,[72] empfinde. Blumenbach und Lichtenberg zogen es vor zu schweigen. Allerdings stellt Lichtenberg in den »Sudelbüchern« ein Gedankenexperiment an, das einen Schlüssel zu der Frage enthält, warum es zum Ende des Seelenorgans kommt:

> »Ist es nicht sonderbar, daß, wenn man z.B. in Sömmerrings vortrefflicher Schrift über das Organ der Seele liest, es einem nicht bekannter aussieht, als in einer über die Absichten des Rings des Saturns, und doch ist jenes, wenn man ja hier von Ort reden kann, und darf, das was uns am *nächsten* liegt. Aber die Nähe hilft uns nichts, denn das Ding dem wir uns nähern *können* ist nicht das dem wir uns nähern *wollen*. Wenn ich bei Betrachtung der untergehenden Sonne einen Schritt gegen sie tue, so nähere ich mich ihr, so wenig es auch ist. Bei dem Organ der Seele ist es ganz anders. Ja es wäre möglich, daß man sich durch allzugroße Näherung, etwa mit dem Mikroskop wieder *selbst* von dem entfernte, dem man sich nähern kann.«[73]

Mit dem Hinweis auf die Aporien des übergenauen Blicks bringt Lichtenberg die Aussichtslosigkeit von Soemmerrings Unternehmen auf den Punkt. Das Konzept des Seelenorgans enthielt trotz Descartes' Vorgaben verschiedene Unschärfen, was den praktischen Vorteil hatte, daß die Lehre vom ganzen Menschen sich auf ein hirnanatomisches Korrelat stützen konnte. Soemmerring faßte diese Unschärfen als Schwäche auf und versuchte ihr durch eine neue, präzisere Konturierung des Seelenorgans abzuhelfen. Gegen seine Intentionen führte das dazu, daß man die anatomischen Resultate zwar ernst nahm, sich jedoch von dem Versuch abgrenzte, die Konzeption des Seelenorgans am Schnittpunkt von Anatomie, Physiologie und Metaphysik zu retten. Anders gesagt, konnte die Rede vom *commercium mentis et corporis* sich nicht mehr auf ein hirnanatomisches Substrat stützen, und das machte die Notwendigkeit einer grundsätzlichen Neuorientierung in der Verhältnisbestimmung von Gehirn und Geist augenfällig. Auch Soemmerring ist dieser Bruch nicht verborgen geblieben, der für ihn erhebliche Konsequenzen hatte.

Im Jahr 1800 gibt Soemmerring die zweite Auflage seines Werks »Vom Baue des menschlichen Körpers« heraus, in dem er seine These zum Seelenorgan zwar nicht explizit zurückzieht, aber auch keinerlei Gründe für ihre Beibehaltung sucht. Vielmehr lassen sich an verschiedenen Stellen Hinweise auf eine Revision finden. Hat er den Nutzen der Hirnhöhlen in der ersten Auflage des Werks »nicht so groß [eingeschätzt], als ihn verschiedene ansehen«,[74] so findet er ihn in der neuen Auflage »vielleicht größer, als ihn verschiedene Physiologen ansehen«,[75] doch sagt er wieder nicht, worin ihr Nutzen bestehen soll. Dazu paßt es, daß er sich in der Beantwortung der entscheidenden Frage, nämlich ob die Seele auf einen besonderen Teil des Gehirns beschränkt sei, weitgehend zurückhält. Nach wie vor kennt er keinen starren Teil des Hirns, »der nicht zuweilen lädiert wäre«. Daraus folgt, daß »das gemeinschaftliche Sensorium auch auf einen kleineren starren Theil des Hirns nicht eingeschränkt zu seyn [scheint]«.[76]

Man könnte es für eine kleine Boshaftigkeit ansehen, daß Soemmerring die nicht in Kants Nachwort enthaltene, sondern von ihm selbst im Haupttext zitierte Briefpassage noch einmal hervorholt, um für die Lokalisation des Sensorium commune in der Ventrikelflüssigkeit zu werben. Dagegen steht, daß er seine beiden eigenen Hauptargumente nicht mehr berücksichtigt, sondern sich hinter der zwar wichtigen, aber für seine eigene Konzeption eher marginalen Frage nach der einheitlichen Wahrnehmung trotz der heterogenen Reize durch die fünf Sinne verschanzt.[77] Überhaupt bleibt er außerordentlich sparsam mit Verweisen auf seine Schrift »Ueber das Organ der Seele«; daß auch seine Rezensenten und Kritiker mit keinem Wort erwähnt werden, scheint ein Hinweis darauf zu sein, daß er an einer weiteren Diskussion über das Seelenorgan nicht mehr interessiert ist.

Indem Soemmerring die Geisteskräfte des Menschen nicht mehr auf die Ventrikelgröße zurückführt, sondern darauf, daß er »vorzüglich in Rücksicht seiner Nerven das allergrößte Hirn«[78] besitzt, ist er wieder bei seiner alten, bewährten Formel angelangt. Auch die Frage nach möglichen funktionellen Lokalisationen im Gehirn kehrt wieder, doch gegenüber der früheren Auflage weiß Soemmerring keinerlei neue eigene oder fremde Ergebnisse mitzuteilen.[79] Dann aber heißt es in einer Fußnote: »Von H. Gall zu Wien, erwarten wir vortreffliche Beobachtungen über die Beurtheilung der Geistesanlagen, nach der verschiedenen Form der Theile des Hirnes, welche sich durch die Form der Hirnschale verräth.«[80] Soemmerring nimmt neue Ansätze also durchaus zur Kenntnis, äußert seine Meinung sogar öffentlich als Rezensent in den »Göttingischen gelehrten Anzeigen«, doch für seine eigenen Arbeiten hat das keine Konsequenzen mehr, denn nach 1800 beschäftigt er sich zunehmend mit anderen Dingen. Mit der Herausgabe der zweiten Auflage seiner Anatomie zieht er sich aus der Hirnanatomie und aus der Diskussion um das Seelenorgan weitgehend zurück.

Die Bedeutung Soemmerrings liegt hauptsächlich darin, daß er das Gehirn im späten 18. Jahrhundert in den Mittelpunkt der Wissenschaften vom Menschen gerückt hat. Damit wurde es zum Schauplatz für ein ganzes Ensemble von Fragestellungen, in denen die philosophische Medizin als Lehre vom ganzen Menschen, das Verhältnis von Physiologie und Anatomie des Seelenorgans, die physische Anthropologie, Herders Philosophie und schließlich methodologische Probleme verhandelt wurden. Daß die Beschäftigung mit dem Gehirn in diesem fächerübergreifenden Diskurs über den Menschen ihre Kompetenz und Autorität zunehmend vergrößerte, führte dazu, daß sie in ihrer herkömmlichen Form bald an ihre Grenzen gelangte.

Der Anspruch, den Soemmerring sich am nachdrücklichsten auf die Fahnen geschrieben hatte, löste eine Lawine aus, von der Kants Kritik nur den – wenn auch in seiner Wichtigkeit kaum zu überschätzenden – Anfang darstellte. Diese Lawine hätte es wohl kaum gegeben, wenn es sich bloß um die Kritik eines berühmten Philosophen an einem ebenfalls berühmten Anatomen gehandelt hätte. Dahinter steckte vielmehr die Ahnung und dann die Gewißheit, daß eine bestimmte Epoche endete und eine neue begann. Angesichts der Überschneidungen mit anderen Konzepten und Praktiken, die sich für die entstehende moderne Hirnforschung in den Jahren um 1800 ergaben und die nicht bloß bei Soemmerring, sondern auch in der Reaktion auf seine Überlegungen zu einer gewissen Unübersichtlichkeit führten, vollzog sich der eigentliche Bruch als eine Differenzierung in verschiedene Wissens- und Arbeitsgebiete; der Anfang dieses Prozesses war eigentlich ein Ende, nämlich das Ende des Seelenorgans.

Franz Joseph Galls Unternehmung:
»… die ganze menschliche Natur zu erforschen«

Aus der Narrheit der Menschen [in] Bedlam müßte sich mehr schließen lassen, was der Mensch ist, als man bisher gethan hat.

G. C. Lichtenberg, »Noctes«

Seelenorgan und Hirnorgane

Fast zur gleichen Zeit wie Soemmerring veröffentlicht Franz
Joseph Gall einen kurzen Aufsatz in Wielands »Teutschem Mer-
kur«, in dem er ein ganzes Forschungsprogramm auf der Annahme aufbaut, daß die Hirnrinde verschiedene, unabhängig
voneinander existierende, aber funktionell zusammenhängende
Organe bzw. Fakultäten enthalte.[1] Wegen dieser Einsicht ist Gall
vielfach als Vorläufer oder auch als Begründer der Lokalisationstheorie der modernen Hirnforschung bezeichnet worden.[2]
Daß sein Ruhm dennoch lange Zeit eher zweifelhaft blieb, hängt
mit dem Teil seines Programms zusammen, in dem er aus der
Konfiguration der Schädelwölbungen auf die jeweilige Ausprägung des Gehirns und somit auf die menschlichen Eigenschaften, Neigungen und Fähigkeiten schloß. Diese unter dem Stichwort Phrenologie[3] bekannt und berüchtigt gewordene Lehre
löste sich bald aus dem Gesamtkorpus der Gallschen Doktrin
und führte dazu, daß seine Lokalisationslehre als Scharlatanerie,
Pseudowissenschaft oder zumindest als reine Spekulation stig-
matisiert wurde. Die gezielte Ausgrenzung Galls aus der offiziellen medizinischen Wissenschaft konnte nur deswegen nicht
vollständig gelingen, weil er unbestreitbar ein geschickter und
innovativer Neuroanatom war. Indes wird die Unterteilung des
Ansatzes in *spekulative* Organologie und *wissenschaftliche* Anatomie der historischen Bedeutung, die Gall im ersten Viertel
des 19. Jahrhunderts in der Hirnforschung zukommt, in keiner

Weise gerecht. Trotz aller Vorbehalte und Zweifel wurde seine Lehre als bedenkenswerter, aber auch bedenklicher Beitrag diskutiert. Als man aufgrund von bestimmten experimentalphysiologischen Untersuchungen meinte, Galls Lehre nicht mehr als wissenschaftswürdig bezeichnen zu müssen, waren einige seiner Grundannahmen längst zum Bestandteil der Hirnforschung geworden.

Zweifellos war, ohne daß es recht ausgesprochen wurde, unmittelbar nach dem Ende des Seelenorgans ein Vakuum entstanden, das die Organologie sogleich ausfüllte. Da Galls Lokalisationslehre hier zum Beleg eines Bruchs in der Hirnforschung und in den Wissenschaften vom Menschen in Anspruch genommen wird, muß zunächst sein Verhältnis zum Bestehenden, und das heißt zur Medizin der Spätaufklärung, der er sich zugehörig fühlte, geklärt werden. Das Erscheinen von Soemmerrings Buch zum Seelenorgan und Galls erster Entwurf einer cerebralen Lokalisationstheorie liegen nur zwei Jahre auseinander. Dieser Umstand hat gemeinsam mit der Annahme, daß sich die Hirnforschung im späten 18. und frühen 19. Jahrhundert in der Dynamik einer Rivalität zwischen sogenannten Lokalisationisten und Äquipotentialisten abgespielt habe, dazu geführt, daß Gall als konsequente Fortführung von Soemmerring aufgefaßt wird, bloß daß er nicht mehr ein, sondern mehrere Seelenorgane lokalisierte.[4] Diese Verwandtschaft besteht nur oberflächlich. Plausibel scheint ein Zusammenhang nur in einer einzigen – allerdings nicht zu unterschätzenden – Hinsicht. Soemmerring wie Gall trafen weitreichende Aussagen zur Wissenschaft vom Menschen, indem sie dessen Natur über quantitativ bestimmbare Daten erschließen wollten; und beide begriffen, daß, obwohl dieses Anliegen nicht primär anatomisch orientiert war, die Anatomie das notwendige Vehikel für ihr Vorhaben darstellte. Damit jedoch sind die strukturellen Gemeinsamkeiten beendet. Soemmerrings klassifikatorischer Anspruch war in das Koordinatensystem aufgeklärter Standortbestimmungen des Menschen als *homo duplex* eingezeichnet. Gall dagegen suchte die individuelle Vielfalt der menschlichen Verhaltensweisen, wie sie auch die Erfahrungsseelenkunde interessierte und in Fallstudien und (Auto-)Biographien zur Sprache kam, durch eine funktionelle Differenzierung, die ihre materielle Grundlage im Gehirn hatte, auf die Spur zu kommen. Dieser Wandel setzte kein ganz neues Menschenbild voraus; aber es waren andere Aspekte, die jetzt am Menschen interessierten.

Auch im Hinblick auf die methodische Gewichtung der anatomischen Untersuchungen gingen Soemmerring und Gall in unterschiedliche Richtungen. Zwar nahmen beide eine positive Korrelation zwischen Struktur und Funktion an, doch die prinzipielle Übereinkunft in diesem Punkt findet kaum noch praktische Entsprechungen. Soemmerrings Gesetz der Proportionalität von Hirngröße und Nervengröße, die den Menschen an die Spitze der Naturwesen stellte, findet Galls Zustimmung nur vor seiner hirnanatomischen Periode.[5] Später distanziert er sich davon ebenso wie von der für Soemmerring gleichfalls wichtigen Beziehung zwischen der Hirngröße und der Stärke des Rückenmarks;[6] in den gleichen Zusammenhang gehört seine schroffe Beurteilung des Camperschen Kieferwinkels.[7] Man könnte sich auf den Hinweis beschränken, daß Gall, nachdem er sich hinreichend in die vergleichende Anatomie eingearbeitet hatte, überzeugende Gegenbeispiele fand, um solche Gesetzmäßigkeiten zu verwerfen. Der tiefere Grund für die Ablehnung scheint aber darin gelegen zu haben, daß jenes grobe quantitative Raster nicht mehr für seine Argumentationsführung taugte, denn Gall war weniger an Kriterien für eine art- oder rassenspezifische Klassifikation im Sinne der Stufenleiter des Lebens interessiert als an der individuellen Ausprägung von Eigenschaften, Neigungen und Talenten. Diese beiden Interessen standen zwar nicht im Widerspruch miteinander, doch kam Gall schnell zu der Überzeugung, daß für seine Interessen weder das Gehirn-Nerven-Verhältnis noch der Kieferwinkel ein adäquates Kriterium bildeten, sondern Gesetzmäßigkeiten der Organisation des Gehirns, die über Gewicht und Größe hinausgingen.

In einer weiteren Hinsicht sind die Positionen von Soemmerring und Gall vollständig inkommensurabel: während Soemmerring die metaphysische Dimension des Selbst in seiner philosophischen Anatomie unbedingt aufgehoben wissen will, erklärt Gall sich als Naturforscher für das unteilbare Selbst nicht mehr zuständig. Die Suche nach dem Seelenorgan hing mit dem Glauben an die metaphysische Dimension des Ich und der daran geknüpften scheinbar paradoxen Vorstellung zusammen, dieses sich selbst verstehende Ich könne irgendwo zwischen Naturgeschichte, Anthropologie, Hirnanatomie und transzendentaler Physiologie bewahrt werden. Aus diesem Glauben heraus fühlte sich ein Anatom berechtigt, die Seele in die Hirnflüssigkeit zu legen. Kant macht die Unmöglichkeit dieses Unternehmens zwar klar, doch damit ist die für das Selbstverständnis des Menschen so wichtige Problematik keineswegs erledigt. Das beste Beispiel hierfür ist Gall: Er will den Menschen nicht mehr als metaphysische Größe fassen, sondern als den Alltagsmenschen mit verschiedenen Verhaltensfacetten, Neigungen, Leidenschaften und Talenten. Diese Absicht war mit der bestehenden empirischen Psychologie vereinbar, nicht aber mit dem Organ der Seele im Sinne des 18. Jahrhunderts. Gall unterscheidet sich jedoch in dem Punkt von der Erfahrungsseelenkunde, daß er nicht bloß psychologisch argumentiert, sondern seine Thesen am Gehirn festmacht und damit das Wissensgebiet beansprucht, auf dem bereits die Anatomen und Physiologen, die das Seelenorgan postulieren, ihre Autorität festigen. Darum ist es eine kalkulierte Provokation, wenn Gall sich über die Theorie des Sensorium commune und die Einheit der Seele mit dem Hinweis lustig macht, daß anatomisches und physiologisches Wissen sich bis dato fast ausschließlich auf dem Niveau des philosophischen Wissens bewegt hätten. Solange man davon ausgegangen sei, daß es bloß Sinneswahrnehmung, Intelligenz und Willkürbewegung gebe, habe man nach anderen menschlichen Qualitäten erst gar nicht suchen können.[8]

Wo also sind die Quellen und Bezugspunkte im 18. Jahrhundert zu suchen, auf die Gall sich berief? Für die von ihm selbst immer wieder hervorgehobene empirische Ausrichtung ist die Prägung durch die sogenannte 1. Wiener Medizinische Schule insofern relevant, als Gall sich hiermit auf eine mächtige Strömung der damaligen Medizin berufen konnte, wenn ihm eine spekulative Vorgehensweise vorgeworfen wurde und insbesondere wenn er sich nach 1800 von naturphilosophischen Orientierungen abgrenzte. Während es sich hierbei jedoch mehr um formale als inhaltliche Gesichtspunkte handelt, die Gall strategisch wohl zu dosieren wußte, bilden Bonnets Sensualismus und Herders Philosophie[9] den allgemeinen Rahmen für seine biologische Erklärung aller organischen Erscheinungen von den Pflanzen bis hin zu geistigen und moralischen Äußerungen des Menschen. Dabei war es für Gall in seiner Berufung auf Herder vollkommen gleichgültig, wenn dieser metaphysische Argumente gegen eine Lokalisation der geistigen Fähigkeiten anführte.[10] Die Einheit des Denkens spielt bei Gall keinerlei Rolle mehr. Entscheidend sind nicht die theoretischen Vorgaben als solche, sondern die Art und Weise, wie Gall sie in sein System implementiert und damit verändert.

Ähnlich ambivalent ist Galls Verhältnis zum Sensualismus.[11] Sein Ansatz verbot es geradezu, den Menschen als auf die Welt kommende Tabula rasa anzusehen und sämtliche geistigen Qualitäten auf die Sinneserscheinungen zurückzuführen. Zwar spielt die Erziehung bei Gall durchaus eine Rolle, aber seine Idee vom neugeborenen Menschen war gewiß nicht die eines leeren Gefäßes, das beliebig aufzufüllen sei. Condillacs Statue beispielsweise konnte man so auffassen, daß die einzelnen Sinnessysteme als Grundelemente für den Aufbau eines Wesens fungierten, das irgendwann, wenn es hinreichend aufgefüllt war, dem Menschen entsprach. Wenn in diesem Repräsentationsraum vom Gehirn die Rede war, dann im Sinne Bonnets, der für jede einzelne Sinneswahrnehmung oder Gedächtniseinheit eine separate materielle Spur im Gehirn annahm und damit einen hoffnungslos unübersichtlichen Lokalisationismus propagierte. Erst die Verabschiedung des *homme sensible* in Galls Ansatz macht den Platz für eine Cerebralisierung frei. Die Sinnesqualitäten spielen bei Gall nicht mehr die notwendigerweise dominierende Rolle bei der psychischen Formierung des Menschen. Damit wird das wissenschaftliche Interesse an der Funktion der Sinnesorgane – ursprünglich durch den Sensualismus erheblich befördert – zwar nicht eingeschränkt, erhält jedoch durch den unabhängigen Blick auf das Gehirn ein Komplement, das als Vehikel für die Neuordnung des Wissens vom Menschen dient. Das Gehirn ist jetzt zum ersten

Mal nicht mehr bloß das Medium zwischen Seele und Sinnesorganen, sondern ein Organ, das aus unterschiedlichen und gleichwertigen Elementen besteht.

Gall in Wien:
Ärztliche Praxis und menschliche Natur

Die Konstituierung der Organologie gewinnt ihre historische Kontur erst in der Verbindung von Galls Interesse an der menschlichen Natur und seiner Arbeit als praktischer Arzt in Wien. Seine Abkehr von traditionellen seelischen Qualitäten wie Wille, Vernunft, Gedächtnis, Einbildungskraft zugunsten von Kategorien wie Ortssinn, Wortsinn, Zahlensinn oder Tapferkeit beispielsweise ist nur aus dem Bedürfnis heraus zu erklären, die Bandbreite der alltäglichen Verhaltensweisen verstehen und dann auch für bürgerliche Erziehung, Psychiatrie, Gesundheitspolitik und Justiz nutzen zu können. Darin folgte er zunächst einmal der Erfahrungsseelenkunde, auch wenn er sich später von ihr entfernte, indem er diese Kategorien im Gehirn verankern wollte. Der erfahrungsseelenkundliche Ansatz verknüpfte sich bei Gall mit seiner Tätigkeit als niedergelassener Arzt, zu der auch Untersuchungen von Geisteskranken gehörten, die im Wiener Narrenturm untergebracht waren. Da Galls Aufenthalt und Tätigkeit in Wien zwischen 1781 und 1805 äußerst spärlich dokumentiert sind, lassen sich für seine praktische Orientierung nur Zeugnisse aus späterer Zeit anführen. Seinen Briefen an Andreas und Nanette Streicher, die gewissermaßen als Galls Statthalter in Wien blieben, nachdem er der Stadt den Rücken gekehrt hatte, ist zu entnehmen, daß er ein eigenes Krankenhaus in Wien plante, das »ein Muster der wohlthätigsten Anstalt«[12] werden sollte. Etwas später fragt er: »Wie wär's, wenn ich aus meinem Haus ein Tollhaus machte? Die Wiener würden das für mich und ich für die leidende Menschheit ganz anpassend finden.«[13] Die Einheitlichkeit seines Wissensgebäudes wird augenfällig durch den Hinweis auf »die Geistes- und Gemüthskranckheiten, mit deren Heilung ich außerordentlich glücklich bin. Dies ist wahrhaft ein schöner Lohn

für meine Untersuchungen übers Gehirn.«[14] Gewiß spielen em-
phatischer Übermut und Selbstüberschätzung hier eine Rolle,
doch abgesehen davon hat Gall Psychiatrie und anatomische
Hirnforschung als zwei Seiten einer Medaille angesehen und
auch in diesem Sinne gearbeitet. So machte er 1807 auf der
Grundlage seiner Überzeugung, daß Geisteskrankheiten Gehirn-
krankheiten seien, Vorschläge zur Reform des Irrenwesens in
Baden, die allerdings ohne Konsequenzen blieben.[15]

Trotz der Asymmetrie zwischen dem ambitionierten Programm und seiner Realisierung ist die neue Dimension erkenn-
bar. Während soeben noch von einer Naturgeschichte der Seele
die Rede war, die den Menschen losgelöst von seiner Lebenswelt
und am ehesten noch im Abstand zum Affen und zum außereuropäischen Menschen verstand, zielt Gall explizit auf »eine Naturgeschichte des Menschen als Verbrecher in Hinsicht auf Straf-
und Verbesserungsanstalten«,[16] die den Menschen in seine Umwelt hineinversetzt. Ebensogut hätte von einer Naturgeschichte
des Irren oder des Genies die Rede sein können. Diese Forderung
gehörte zum Repertoire der Spätaufklärung, doch mit seiner
Fokussierung auf das Gehirn und den Schädel legte Gall den
Menschen auf seine somatische Disposition fest und entwickelte
in diesem Zusammenhang Visualisierungstechniken, die in der
(Kriminal-)Anthropologie und in der anatomisch-physiologischen
Fundierung der Geschlechtsunterschiede in der zweiten Hälfte
des 19. Jahrhunderts zum Tragen kamen. Damit wird Gall nicht
zum Vorläufer späterer Entwicklungen; was ihn am Menschen interessierte, war bereits in der Erfahrungsseelenkunde skizziert
worden; doch die Konzentration auf das Gehirn und die Techniken und Instrumente, die Gall zur Entschlüsselung des Menschen
an die Hand gab, hatten mehr mit der Moderne nach ihm zu tun
als mit der Spätaufklärung.[17]

Für die Hirnanatomie und -physiologie waren praktisch-medi-
zinische Belange als Forschungsmotiv bis ins späte 18. Jahrhundert hinein zwar nicht völlig unbekannt, hatten jedoch zumeist
nur eine marginale Funktion. Daß ein solcher Zusammenhang
bei Gall von Anfang an präsent ist, geht auch aus seinem ersten,
lange unbeachtet gebliebenen Werk »Philosophisch-Medicinische

Untersuchungen über Natur und Kunst im kranken und gesunden Zustande des Menschen« von 1791 hervor, wo die Vorrede beklagt, »daß durch die mannigfaltigen Zerrüttungen der menschlichen Natur, durch die Folgen der Weichlichkeit und des zunehmenden Sittenverderbnisses, durch die Ausbreitung und unsichtbare Fortpflanzung zerstöhrender Gifte nicht allein die Erkenntnis der Krankheiten, sondern jede arzneywissenschaftliche Erfahrung unendlich erschwert wird. Die Krankheiten erscheinen, besonders in großen Städten, nur selten mehr in ihrer einfachen Gestalt.«[18] Begriffe wie Weichlichkeit, Sittenverderbnis, Krankheiten in großen Städten entfalteten ihre Wirksamkeit zwar erst in der zweiten Hälfte des 19. Jahrhunderts, doch bereits im späten 18. Jahrhundert wurden sie als Bestandteil einer oft auf Rousseau gegründeten Zivilisationskritik ausprobiert. In der Medizin führte dies zu moralisch-diätetischen Überlegungen und – gerade unter hygienischen Gesichtspunkten – zur Skepsis gegenüber dem Stadtleben.[19]

Bei Gall blieb die Einbeziehung gesellschaftlicher Prozesse 1791 und auch später eher Absichtserklärung, als daß sie sein Programm geprägt hätte. Auch eine Neuorientierung der gesamten Medizin blieb ein Versprechen. Hingegen war der wechselseitige Zusammenhang von physischen Prozessen und individueller Lebensentwicklung das Raster für seine weiteren Untersuchungen. Dementsprechend spielen empirische Fallgeschichten für Gall eine zentrale Rolle. Auch wenn er sich zahlreicher Beschreibungen aus der bestehenden medizinischen Literatur bedient, so kritisiert er gerade im Hinblick auf die Geisteskrankheiten die Ungenauigkeit vieler Aufzeichnungen und plädiert für »eine genauere, pünktliche Beobachtung auf die Art des Irreseyns«.[20] Gall hebt hervor, daß eine solche Kritik an der Ungenauigkeit der Ärzte von Philosophen artikuliert wurde, geht aber nicht darauf ein, daß gerade Karl Philipp Moritz' »Magazin zur Erfahrungsseelenkunde« diesem Mißstand abhalf. Es gibt keinen direkten Hinweis in Galls Frühwerk, daß er das »Magazin« kannte, doch er verfolgte dasselbe Programm. Einige seiner eigenen Fallgeschichten hätten ebenso im »Magazin« erscheinen können: So berichtet er ausführlich und sorgfältig von einem Studienkollegen und Freund, der während einer Geisteskrankheit subjektiv meinte, planvoll und willkürlich zu handeln und erst später begriff, daß er vollständig unter dem Diktat der Krankheit stand. Eine andere Geschichte handelt von einem Mann, der an der Vorstellung verzweifelte, nicht sterben zu können.[21] Beide Fälle nimmt Gall als Beispiele für den Einfluß des Körpers auf die Seele und folgert daraus, daß eine »medizinische Psychologie« den Weg der Beobachtung und der »richtigen Begriffe […] von der Natur des Menschen« gehen müsse.[22]

In seiner Frühzeit ist Gall also ganz auf der Linie der Erfahrungsseelenkundler und der philosophischen Ärzte, solange es um den Wert der Empirie geht. Doch im Gegensatz zu den meisten Zeitgenossen insistiert er darauf, daß eine solche Orientierung sich mit der Idee des Seelenorgans nur schlecht verträgt. Seine Polemik gegen das Seelenorgan beruft sich nicht – wie die von Kant – auf erkenntnistheoretische Argumente, sondern pragmatischer auf die Unbrauchbarkeit für eine wahre Erkenntnis des Menschen und, damit verbunden, für eine erfolgreiche Krankheitslehre: »Einfach, selbstständig, geistig, und wesentlich unzertrennlich mit einem materiellen Prinzip verbunden, wodurch erst Thätigkeit bewirkt werden kann; – Seinen Sitz in dem Gehirn haben, und wesentlich mit dem Seelenorgan, welches in der Hülle der Nerven den ganzen Körper durchdringt […], verbunden seyn; Alles dieses ist schlechterdings unvereinbar.«[23]

Mit dieser Attacke gegen »schwankende und willkürliche Hypothesen« befindet Gall sich auf dem Weg zu einer Verabschiedung der Seele aus dem Untersuchungsgebiet der Anthropologie bzw. medizinischen Psychologie, auch wenn er noch nicht so weit geht, die Verstandesfähigkeiten unter jene Gesetze zu subsumieren, die Mensch und Tier sonst gleichermaßen determinieren. Doch ist die Richtung für die Suche nach der Wahrheit »in den Dingen selbst« klar angegeben: »Ein Vergleich des Menschen mit dem unvernünftigen Thiere, sowohl im gesunden als kranken Zustande wird uns weit richtiger zu einem ächten Begriffe von der menschlichen Natur führen.«[24] Nachdem Gall etliche Beispiele von Lebensäußerungen in der Tier- und Menschenwelt aufgezählt hat, die in früheren Zeiten auf die Seele, nun jedoch auf die Organisation des Körpers zurückgeführt werden, geht er schließlich auf die spezifisch menschlichen Phänomene ein: »Wenn man endlich behaupten könnte, daß jede Art von Gefühl und Empfindung, so, wie das Denken, wesentlich nichts als verschiedene Arten von Bewußtseyn seyen; und folglich das Bewußtseyn, jenes unbegreifliche Gefühl des lebendigen Körpers, aus Eigenschaften einfacher oder zusammengesetzter Körper erklärt werden könnte – was aber ewig allen Weltweisen der Stein des Anstosses bleiben wird: – so wäre dadurch allen Streitigkeiten dieser Art ein Ende gemacht.«[25]

Später hat Gall ein so deutliches Bekenntnis zum Materialismus nicht mehr abgelegt. Im Gegenteil hat er sich immer wieder davon abgegrenzt, weniger aus Überzeugung als aus taktischen Überlegungen, weil es nicht nur für die Weisen, sondern auch für die damals Mächtigen ein Stein des Anstoßes war, was Gall denn auch mehrfach zu spüren bekommen sollte. Seine Tendenz zum Materialismus ist jedoch weder zufällig noch unabhängig von der Lokalisierung der geistigen Fähigkeiten.[26] Die Abkehr von philosophischen Implikationen des Seelenorgans und die Hinwendung zu einer medizinisch-physiologischen Denkweise zeigt sich allein schon daran, daß Gall die Lokalisation im Zusammenhang mit der Phänomenologie der Geisteskrankheiten diskutiert. Die Materialisierung der geistigen Qualitäten geht also einher mit einer Veränderung der Sicht auf den Kranken, der Ausbildung des klinischen Blicks. Damit wird die Möglichkeit für »ein Wissen vom Individuum« bereitgestellt, das sich der »Sprache der Rationalität« bedienen kann. Wenn dann noch die materielle Fundierung solcher Erkenntnisraster durch die (pathologische) Anatomie und die Experimentalphysiologie hinzutritt, kann man »endlich über das Individuum einen Diskurs von wissenschaftlicher Struktur halten«.[27]

Die Verklammerung von Blick und Sprache wird augenfällig in Galls Forderung nach einer gründlicheren Diagnostik und Beurteilung und genaueren Begriffen als etwa »der Kranke sprach irre, rasete usw.«[28] Das führt ihn zu der Erkenntnis, daß differenzierbare, aber nicht ganz unähnliche geistige Ausfälle auf verschiedene Zerrüttungen bestimmter Areale des Gehirns zurückzuführen sind. Er schließt: »Die meisten Weltweisen finden zwar die Meinung lächerlich, daß die verschiedenen Seelenfähigkeiten und Vorstellungen in verschiedenen Stellen des Gehirns ihren Sitz haben. Wenn dieses aber lächerlich ist, so ist es auch lächerlich, daß die verschiedenen Sinne an verschiedenen Stellen des Körpers angebracht sind.«[29] Zum Beleg folgen eine ganze Reihe von Analogien wie beispielsweise die Ermüdung nur bestimmter seelischer Fähigkeiten oder deren unterschiedliche Entwicklung.

Ein entscheidender Aspekt fehlt in diesem ersten Anlauf, nämlich die Anatomie. Die Gründe dafür liegen auf der Hand. Gall kam es im wesentlichen auf eine Propädeutik für seine Arzneikunde an und nicht auf ein ausgefeiltes anthropologisches Programm. Darum bestand noch kein Anlaß, sich auf das Verhältnis von Hirnstruktur und geistigen Qualitäten genauer einzulassen. Das innovative Potential der verschiedenen Ansatzpunkte zeigt sich nur wenige Jahre später, als Galls Anliegen sich in einigen Punkten erheblich verändert und auch seine methodischen Vorstellungen sich nun zu einem klar umrissenen Ziel verschränken.

Die Innenseite des Geistes
und die Außenseite des Schädels

Auf nur wenige Texte des 18. und 19. Jahrhunderts trifft der Begriff des Forschungsprogramms im eigentlichen Sinn so zu wie auf Galls kurzen Aufsatz »Über die Verrichtungen des Gehirns der Menschen und der Thiere« von 1798, in dem so gut wie alle bis zu seinem 1825 erschienenen letzten Werk entwickelten Gedanken angelegt sind. Das Ziel seiner Unternehmung kann er in einem einzigen Satz umreißen: »die Verrichtungen des Hirns überhaupt, und seiner Bestandtheile insbesondere zu bestimmen; dass man in der That mehrere Fähigkeiten und Neigungen aus Erhabenheiten und Vertiefungen am Kopfe oder Schedel erkennen kann, und die wichtigsten Wahrheiten und Folgerungen, welche sich hieraus für die Arzneywissenschaft, für die Sittenlehre, Erziehung, Gesetzgebung u. s. w. und überhaupt für die nähere Menschenkenntniss ergeben, einleuchtend vorzutragen.«[30]

Mit diesem ersten Satz war ein anhaltender Skandal im Grunde vorprogrammiert. Vor allem die Verbindung von Anatomie, Physiologie und Cranioskopie zu einem Korpus, das vorgibt, Wissen für entscheidende Belange des Staates und der Gesellschaft bereitzustellen, zeigt einen selbstbewußten Ton, den man bis dahin aus anatomischen Büchern, Theatern und Naturalienkabinetten noch nicht vernommen hatte.

Kam der Begriff der Seele 1791 noch vor – wenn auch in ambivalenter Weise behandelt –, so scheint er wenige Jahre später überflüssig geworden. Der entscheidende Bruch offenbart sich in der Charakterisierung der elementaren Seelenverrichtungen: in den »Untersuchungen« waren es noch – ganz in der zweitausendjährigen Tradition – Gedächtnis, Einbildungskraft, Verstand, Wille, Leidenschaften, äußerer und innerer Sinn und willkürliche Bewegung.[31] In seinem Programm hält Gall diese Phänomene für zusammengesetzt und nachgeordnet. Als elementare Seelenverrichtungen werden nun verschiedene Eigenschaften, Neigungen und Talente verstanden, die Sitz und Ursache in unterschiedlichen und unabhängigen Organen im Gehirn haben.

Ganz allgemein geht Gall davon aus, daß der zunehmende Grad von Komplexität der geistigen Phänomene sich proportional verhalte zur zunehmenden Größe des Gehirns in Relation zur Masse des Körpers und vor allem der Hirnnerven. Es handelt sich hierbei um einen bekannten Topos aus dem 18. Jahrhundert. Gall allerdings sieht darin nur noch einen Parameter, um Unterschiede zwischen Mensch und Tier zu erklären. Für seine eigentliche Absicht, eine individuell anwendbare Topographie der Hirnrinde zu erstellen, ist die Korrelation von Gehirn und Nerven viel zu grob.

Ungleich wichtiger ist Galls Unterscheidung zwischen Fähigkeiten und Neigungen, die beide nochmals in voneinander unabhängige Untergruppen aufgeteilt werden. Daraus folgt, daß sämtliche elementaren Funktionen »ihren Sitz in verschiedenen und unabhängigen Theilen des Hirns« haben,[32] daß sie also über ihre eigenen Organe verfügen und daß diese sich entsprechend der Anlage mehr oder weniger ausprägen. Gall ahnt bereits an dieser Stelle, daß man ihn mit der Frage nach der »geistigen Natur« und nach der »Unsterblichkeit der Seele« konfrontieren könnte, und er zieht sich mit zwei Argumenten aus der Affäre. Zum einen sei der Naturforscher mit den Gesetzen der Körperwelt befaßt, über die geistige könne er keine Entscheidungen treffen: »Er sieht nur und lehrt, dass in diesem Leben der Geist an die körperliche Einrichtung gefesselt ist.«[33] Und zum zweiten seien die Hirnorgane nur die Werkzeuge und nicht das wirkende Wesen selbst. Die Seele bediene sich ebenso des Organs der Gutmütigkeit oder der Tapferkeit wie der Augen und Ohren. Wenn jemand besser oder schlechter höre, schließe daraus niemand auf die Sterblichkeit der Seele. Warum, so Gall weiter, solle das dann für die anderen Elementareigenschaften zutreffen? Hatte man bis dahin in der Konzeption des Seelenorgans auf die Unteilbarkeit und die Unsterblichkeit der Seele Rücksicht genommen, so werden nun beide Bereiche für inkommensurabel erklärt, was Gall dadurch gelingt, daß er sämtliche beobachtbaren menschlichen Verhaltensweisen gleichrangig behandelt. Religiös besetzte Verhaltensweisen wie »gläubige Andacht« werden nicht anders behandelt als sinnliche Wahrnehmungen. Damit wird von vornherein der Eindruck erweckt, daß es zwar noch etwas über die anatomisch und psychologisch erforschbare Welt Hinausgehendes gibt – Unsterblichkeit, Freiheit und Selbstbestimmung –, daß es jedoch in keinem kategorial eigenständigen Geltungsbereich mehr erscheint und damit einer weitgehenden Entwertung ausgesetzt ist.

Galls System von Korrelationen zwischen geistigem und anatomisch-physiologischem Entwicklungsgrad erlaubt Differenzierungen zwischen verschiedenen Spezies, verschiedenen Individuen einer Spezies, vor allem aber, und darauf kommt es ihm besonders an, ermöglicht es die Differenzierung von unterschiedlichen Entwicklungsstadien in verschiedenen Teilen des Gehirns bei einem Individuum. Faßt man die vier zentralen Begriffe von Galls System zusammen – menschliche Verhaltensweise, angeborene Fakultät, corticales Organ und Schädelwölbung –, so sind bloß Verhalten und Schädel der unmittelbaren Erfahrung mit lebenden Menschen zugänglich. Der angeborene Instinkt – in Galls Worten: »die Fakultät« – wird durch den Entwicklungsgrad des jeweiligen corticalen Organs bedingt, kann aber zunächst nur aus dem menschlichen oder tierischen Verhalten geschlossen werden. Ihre Dignität erlangen Verhaltensbeobachtung und Cranioskopie aber erst auf dem Boden eines fundierten anatomischen und physiologischen Wissens, und deswegen konzentriert Gall seine Anatomie der corticalen Organe darauf, makroskopisch sichtbare Differenzen zu entdecken. Auch wenn Struktur, Funktion und beobachtbares Verhalten drei Aspekte einer einheitlichen Lehre ausmachen, will Gall nicht als Erfahrungsseelenkundler, Physiognom oder Craniologe mißverstanden werden. Sein Anspruch geht dahin, als Arzt und Hirnforscher akzeptiert zu werden und die geistige Natur des Menschen auf physische Prozesse zurückzuführen: »Der Gegenstand meiner Untersuchung ist das Hirn«,[34] heißt es klar und unmißverständlich. Galls Unternehmen und seine vielfältige, aufgeschreckte Rezeption durch die Zeitgenossen erschließt sich nur vor diesem komplexen Hintergrund; eine reine Schädellehre wäre ebenso schnell erledigt gewesen wie die Physiognomik. Daß es dazu nicht kam, liegt daran, daß Gall sich nicht primär auf äußerliche Zeichen, auf eine Semiotik des Gesichts verließ, sondern in Aussicht stellte, den Menschen anhand von damals akzeptierten Methoden zu erforschen.[35] Auch wenn die spezifischen Inhalte der Gallschen Doktrin vielfach bezweifelt und für eine gewisse Zeit auch vollständig desavouiert wurden, schufen (vergleichende) Hirnanatomie, Klinik und empirische Psychologie ein neues Diskursfeld für das Wissen über den Menschen, wobei das Gehirn zum zentralen Untersuchungsgegenstand aufrückte.

In ähnlich unmißverständlicher Weise hat Gall seinen wissenschaftsmethodischen Standpunkt vertreten. Man sollte annehmen, daß ihm Kants Trennung von Wissenschaft und Metaphysik außerordentlich entgegenkam, weil er dadurch den empirischen Charakter seiner Arbeit beglaubigen konnte. Doch entspricht es dem neuen Ton, daß Gall ohne Verweis auf Kant so tut, als hätten metaphysische oder spekulative Ansätze seit jeher den empirischen Ansatz behindert und als überwinde er selbst diese Blockaden. Aprioristische Philosophie wird polemisch als von der Erfahrung beliebig zu korrigierendes »Vernünfteln« abgekanzelt.[36] Damit war niemand anderes als Kant gemeint. Unabhängig davon, ob Gall die verschiedenen Dimensionen der Kantschen Philosophie verstanden hat oder nicht, reklamiert er die Gültigkeit der empirischen Methode explizit gegen die zeitgenössische Philosophie. Während Soemmerring sich noch philosophischen Beistand erhoffte, schafft Gall sich seine Philosophie selbst – allerdings eine, die aus den anatomisch-physiologischen Grundannahmen geschöpft ist und weder in theoretischer noch in fakultativer Hinsicht einen Platz in der Philosophie beanspruchen kann oder will. Gall war – überspitzt formuliert – der erste *Kantianer* in der Hirnforschung, der sich nicht im Garten der Metaphysik zu verirren gedachte.

Gall gab Kant in diesem imaginären Dialog zu verstehen, daß es mit der Trennung von Metaphysik und Empirie seine Richtigkeit habe, daß er auf diese Erkenntnis aber auch allein gekommen sei. Kants Antwort – von Gall beharrlich ignoriert – ließ nicht auf sich warten. In der »Anthropologie in pragmatischer Hinsicht« von 1798 macht Kant sich darüber lustig, daß es bei der physiologischen Anthropologie aufgrund der Unkenntnis der Funktionsweise des Gehirns zu kaum mehr reiche als zu »theoretischem Vernünfteln«, was Kant als Verlustgeschäft abschreibt und sich deswegen mit der pragmatischen Anthropologie zufriedengibt.[37]

Die dem damaligen Wissensstand bzw. den Möglichkeiten der Hirnforschung entgegengebrachte Skepsis, die von nicht wenigen Anatomen und Physiologen geteilt wurde, konnte ohne weiteres auch gegen Gall gewendet werden. Das brachte ihn jedoch zunächst nicht sonderlich in Bedrängnis, weil seine prinzipiellen und methodischen Schwächen sich kaum von anderen Schwachstellen der damaligen Physiologie unterschieden. Nur auf der Grundlage eines radikalen Skeptizismus, wie er etwa von Karl Asmund Rudolphi vorgebracht werden sollte, konnte dieses methodische Argument ins Feld geführt werden. Das geschah allerdings um den Preis, daß fast gar nichts mehr gesagt werden konnte. Das weitere Schicksal von Galls Lehre ist deswegen auch kaum in den Koordinaten wissenschaftlicher Methodologie zu beschreiben, sondern ist von praktischen und weltanschaulichen

Gesichtspunkten geprägt, wobei die Debatten und Flügelkämpfe nichts an der fortlaufenden Cerebralisierung des Menschen änderten.

Die Organologie als Wissenschaft vom Menschen

Galls psychologisches Anliegen besteht darin, die menschlichen Verhaltensweisen zu erklären. Diese Unternehmung gelingt ihm jedoch so vollständig und radikal, daß für das Ich, die unteilbare und freie Seele des Menschen, kein Platz mehr bleibt. Galls Eingeständnis, die Seele sei nicht Gegenstand der Naturforschung, wird dadurch entwertet, daß sein Anspruch kein geringerer ist, als die Natur des Menschen vollständig zu erklären. »Vollständig« heißt aber, daß nichts mehr zu erklären übrigbleibt, schon gar nicht für eine metaphysische Begründung. Bei Gall entsteht eine Psychologie, in der Qualitäten oder Verhaltensweisen, die zuvor als unvereinbare Gegensätze gegolten hatten, wie Vernunft, Altruismus, Wahnsinn oder Verbrechen, eine materielle Basis im Gehirn erhalten und so weit decodiert werden können, daß sie miteinander vergleichbar werden. Diesen Anspruch hatte im Prinzip bereits Karl Philipp Moritz vertreten, ohne ihn jedoch in der Praxis durchhalten zu können. Gall war der erste, der in großem Umfang die Entwicklung der cerebralen Struktur eines Menschen mit seiner persönlichen Entwicklung in Zusammenhang gebracht hat. Das geschieht nicht in der Weise, wie Gall es noch 1791 vertrat, daß Gesundheit, Krankheit und auch die Gebrauchsmöglichkeiten des Verstandes weitgehend auf das geographische und soziale Milieu zurückgeführt werden, sondern umgekehrt: Verhalten ist in der Natur begründet, und dementsprechend kann man sich in der Aufstellung und Begründung von sozialen Verhaltensregeln auf die Wissenschaft vom Gehirn stützen.

Wie oben gezeigt, wurden bereits im 18. Jahrhundert physiologisch-anatomische Unterschiede zur Erklärung der weiblichen »Macht des Gefühls« und der männlichen »kalten Vernunft« herangezogen. Gall konkretisiert solche Differenzierungen in seiner Hirnanatomie. Demnach ist das Kleinhirn bei der Frau weniger ausgeprägt als beim Mann, was für Gall naheliegt, weil er dort den Geschlechtstrieb lokalisiert. Wesentlich langlebiger und einflußreicher war Galls Überzeugung, daß bei der Frau die corticalen Hinterlappen im Verhältnis zum gesamten Cortex stärker entwickelt seien, so daß dort die Organe für die Gemütseigenschaften liegen.[38] Überhaupt gilt für die meisten seelischen Qualitäten, daß sie bei den Geschlechtern verschieden ausgeprägt sind, und auch hierin sieht Gall eine Bestätigung für die Richtigkeit seiner Lehre.[39]

Auch wenn die »Ordnung der Geschlechter« hier nicht zum engeren Themenspektrum gehört, bleibt hervorzuheben, daß die Organologie sich nicht bloß zur gleichen Zeit entwickelt wie die biologische und psychophysiologische Differenzierung zwischen Mann und Frau, sondern daß sie gewichtige Argumente an die Hand gibt, die schließlich das gesamte 19. Jahrhundert durchziehen. Neu ist nicht die Polarisierung der Geschlechter und auch nicht eine geschlechtsspezifische Zuordnung von Attributen wie Verstand und Gemüt. Doch die Annahme eines geschlechtsspezifischen Seelenorgans war für das 18. Jahrhundert undenkbar. Erst eine cerebrale Differenzierung, die mehr anzubieten hat als die Weichheit des Gehirns oder als bloße psychologische Zuordnungen, trägt dazu bei, eine wissenschaftlich legitimierte geistige und intellektuelle Differenz von Mann und Frau im 19. Jahrhundert festzuschreiben.

Solche Zuordnungen waren bereits um 1800 willkommen; nur wollte man den Preis einer vollständigen Erklärung des menschlichen Geisteslebens vorerst nicht entrichten. Deswegen wurde Gall seit einem kaiserlichen Vorlesungsverbot aus dem Jahre 1801,[40] das letztlich zu seinem Rückzug aus Wien führte, von unterschiedlichen Positionen aus immer wieder der Vorwurf des Materialismus gemacht, gegen den er sich ebenso beharrlich zur Wehr setzte. Es blieb ihm auch gar nichts anderes übrig, denn »der Vorwurf materialistischer Gesinnung war zu jener Zeit der gefährlichste, den man gegen einen Intellektuellen erheben konnte.«[41] Der Grund dafür waren Angst und Abscheu vor der französischen Revolution, vor dem Jakobinertum. Nach dem Weggang aus Wien und einer mehrjährigen Demonstrationsreise durch die deutschen Länder ließ Gall sich 1807 in Paris nieder. Dort bestand für ihn persönlich keinerlei Gefahr, doch die restaurative Entwicklung unter Napoleon führte zu einer Isolierung der bis dahin einflußreichen materialistischen Tendenzen.[42]

Gall mußte sich also aus taktischen Gründen gegen den Vorwurf des Materialismus verteidigen. Trotz vielfacher Bekundungen, nichts über die Natur der Seele oder über das Verhältnis von Leib und Seele aussagen zu wollen, weil das nicht die Aufgabe des Naturforschers sei, träumte Gall davon, auf empirischem Weg die gesamte menschliche Natur im Gehirn entschlüsseln zu können. Wiederum: mit der Theorie des Seelenorgans war dieser Traum, der die Hirnforschung seitdem und im Grunde bis auf den heutigen Tag nicht losgelassen hat, schlechterdings unvereinbar. Gall konnte es sich dagegen zugute halten, daß er das ganze Gehirn zum Forschungsobjekt gemacht hatte: »Dieses Eingeweide wird von nun an nicht mehr als bloßes Überbleibsel erscheinen; man wird in ihm allenthalben die Einrichtung für einen bestimmten Zweck erkennen […]. All die alten Formen und ihre mechanischen Verbindungen verwandeln sich heute in eine wundervolle Sammlung materieller Vorrichtungen für die seelischen Vermögen.«[43] Auch wenn das reichlich übertrieben war, wurde hier der Anspruch einer Erfassung des Gehirns als Bedeutungsträger angemeldet. Es ging nicht mehr um ein Seelenorgan, umgeben von verschiedenen mehr oder weniger marginalen Bestandteilen, sondern um die Funktion des gesamten Gehirns, Resultat einer Konjunktion seiner einzelnen, gleichwertigen Bestandteile. Diesen Punkt untermauert Gall durch eine seiner wichtigsten anatomischen Entdeckungen, die Differenzierung von zwei Fasersystemen, der Kommissurfasern (»fibreuses transversales, rentrante ou convergente«), die die korrespondierenden Systeme oder Organe der beiden Hemisphären miteinander verbinden; und der auseinanderfahrenden Fasern (»branches communiquantes« oder »filets nerveux sortans ou divergens«), die die verschiedenen Bestandteile von Gehirn, Kleinhirn und Rückenmark untereinander und mit den benachbarten Systemen oder Organen verbinden.[44]

Eine der Leitideen Galls besteht darin, daß mit der Aufwertung des Gehirns auch eine Aufwertung der Autorität des Mediziners und gleichzeitig eine Marginalisierung der Philosophie verbunden sei. Den Anatomen und Physiologen eines einheitlichen Seelenorgans wirft er vor, sich die Regeln der Metaphysiker zu eigen gemacht zu haben. Für diese sei jedoch nur die Einheit des Ich wichtig gewesen. »Die Metaphysiker halten an der Einfachheit des Denkens und infolgedessen an einem einfachen Seelenorgan fest. Demnach ist es unmöglich, sich mit den Funktionen jedes einzelnen Abschnitts des Gehirns oder mit den Organen der verschiedenen seelischen Vermögen zu befassen. Die Metaphysiker sind den Anatomen und Physiologen Beweise schuldig, die ihre Annahmen unterstützen; […] Beispiele wie Idiotie und Kretinismus, Imbezilie und Hydrocephalie, Veränderungen im allgemeinen und Hirnläsionen vermögen diese Philosophen mitnichten aus ihrem Irrtum zu reißen.«[45]

Daß erhabene seelische Vermögen wie Vernunft, Einbildungskraft, Aufmerksamkeit, Gedächtnis durch Eigenschaften und Neigungen ersetzt wurden, entzog den Menschen der philosophischen Kompetenz. Untermauert wurde dieser Anspruch mit der Verankerung dieser Eigenschaften und Neigungen im Gehirn. Gall orientiert sich an den Extremen: das Außergewöhnliche an den Gehirnen und Schädeln von Kretins, Wahnsinnigen und Verbrechern am einen und von Genies am anderen Ende, soll Aufschluß geben über die Norm. Bei beiden handelt es sich nicht um Abartigkeiten, sondern um die besonders gut sichtbare Übersteigerung einer natürlichen Anlage, die allen Menschen eigen ist. Der Unterschied zwischen Debilität und Genialität ist demnach kein göttlich gegebener oder prinzipieller. Das hatten bereits Galls Vorgänger wie Lichtenberg, Lavater, Moritz oder Herder erkannt, und es war ein verbreiteter Topos, daß man aus der »Narrheit« etwas über den Menschen lernen könne. Doch Gall gab sich nicht damit zufrieden, daß solche Unterschiede mit der Physiognomik oder dem Kieferwinkel korrespondieren oder auf Größe und Gewicht des ganzen Gehirns beruhen. Vielmehr setzt er darauf, daß sie einzig und allein auf dem unterschiedlichen Entwicklungsgrad der einzelnen cerebralen Organe, unabhängig vom absoluten Hirngewicht, beruhen.[46]

Man konnte es zwar als humanistische oder aufklärerische Ambition auffassen, wenn Gall die Verhaltensweisen von Geisteskranken, geistig Minderbemittelten und Verbrechern mit dem Hinweis auf ihre so geartete Natur entschuldigte.[47] Die Kehrseite der Medaille war, daß auch anderes Ausnahmeverhalten, also das Schaffen des Künstlers oder Wissenschaftlers determiniert wurde. Was hier geschah, war eine Grenzverschiebung zwischen Normal und Anomal, ein Abschied von den Klassifikationen, mit denen der aufgeklärte Europäer sich über sich selbst beruhigte. Spätestens an diesem Punkt mußte die Kritik durch eine intellektuelle Gemeinschaft einsetzen, die im romantischen Genie ihr Ideal sah und über die Eigenverantwortlichkeit des Individuums meditierte. Auch wenn es zum beliebten Gesellschaftsspiel wurde, sich die Schädel gegenseitig nach Höckern abzutasten, waren doch die Implikationen zu ernst, um auf dieser Ebene zu verharren. Die Organologie reduzierte den Menschen »auf seine einfachen Mechanismen, auf die drängendsten Determinationen seines Körpers«.[48] Die berühmte Frage, inwieweit der Mensch perfektibel sei, beantwortete Gall mit einer Absage an den Optimismus der Aufklärer und verwies auf die Grenzen, die durch den Entwicklungsgrad und die Aktivität des Gehirns vorgegeben seien. Dementsprechend war der Fortschrittsgedanke für Gall eine Illusion, denn nach dem Jahrhundert der Aufklärung sei die Menschheit wieder in Ignoranz und Barbarei versunken.[49] Die Stärke dieser pessimistischen Anthropologie lag darin, daß Gall behauptete, über eine Palette von Methoden zur Einlösung seines organologischen Forschungsprogramms zu verfügen, die sämtlich zum seriösen Kanon damaliger Wissenschaft zählten.[50] Dazu gehörte die Forderung nach genauer Beobachtung pathologischer Veränderungen des Gehirns, die in Beziehung zu setzen war zum Ausfall einzelner seelischer Qualitäten, zu abnormen Verhaltensweisen und zur jeweiligen Schädelform; die Untersuchung unterschiedlicher Areale des Gehirns in Beziehung zu individuellen Neigungen und Eigenschaften; die seelische Entwicklung des Kindes im Verhältnis zur Hirnentwicklung; und nicht zuletzt Studien zur vergleichenden Anatomie.

Natürlich will Gall von Anfang an mehr als eine Anatomie des

Gehirns, aber seine Vorgehensweise ist von anatomischen Überlegungen, Beobachtungen und Erkenntnissen erheblich mitgeprägt. Zwar konnten all diese Forderungen nicht im entferntesten so eingelöst werden, wie Gall es sich gewünscht hätte und wie es dann in der zweiten Hälfte des 19. Jahrhunderts im großen Umfang geschah. Doch es war gerade die Verknüpfung provokativer psychologischer Annahmen mit der anatomischen Methode, die die Wissenschaftler der Zeit auf den Plan rief, für oder gegen Gall Stellung zu beziehen. Und seine Kritiker konzentrierten sich auf die – auch in Galls Augen – schwierige und entscheidende Frage, inwieweit die anatomische Methode das eigentliche Programm tragen würde. Als Karl Asmund Rudolphi Gall in Wien besuchte, stellte dieser die Anatomie geradezu heraus: »Er [Gall] sagte mir auch selbst, ich solle immer gegen ihn schreiben, wenn ich nicht für seine Lehre gewonnen würde, nur möchte ich als Anatom auftreten, und nicht bloß mit philosophischen Waffen kämpfen.«[51] Die Anatomie jedoch war nur das Terrain, auf dem der Streit ausgetragen wurde, die Hintergründe lagen dort, wo man meinte, die Wahrheit über den Menschen herausfinden zu können. Und dabei ging es nach wie vor um die alten Fragen der menschlichen Seele und der Einheit des Denkens. Ob Gall aber die Existenz einer unabhängigen Seele anzweifelte oder nicht, in jedem Fall versetzte er sie in den entlegensten Trakt seines allgemeinen Weltanschauungsgebäudes. Sämtliche repräsentativen Räume – Anthropologie, Medizin, Psychiatrie, Erziehung, Justiz – werden durch diejenige Methode ausgefüllt, die auf materiellen und funktionalen Gegebenheiten, also auf den anatomischen und physiologischen Grundlagen des Gehirns basiert.

Im frühen 19. Jahrhundert war dieser Ansatz für weite Kreise inakzeptabel. Besonders deutlich geht das aus den Reaktionen auf Gall in Wien und Paris hervor. Kants akademischer »Streit der Fakultäten« nahm unvermittelt die Dimension eines Streits um die politisch-soziale Kompetenz von Wissenschaft an. Man meinte sich des Problems zu entledigen, indem man Galls System als pseudowissenschaftlich und spekulativ denunzierte. Tatsächlich lag der Grund für eine Kritik vielfach nicht in der methodischen Unvollständigkeit der Organologie, sondern in deren exklusivem

Anspruch, den Menschen analysieren zu können, was eine Kompetenzbeschneidung so ziemlich aller anderen Wissensbereiche und methodischen Ansätze bedeutete. An der Definition der Willensfreiheit wird das besonders deutlich: »Die moralische Freiheit ist nichts anderes, als durch Motive bestimmt zu werden und sich selbst zu bestimmen.«[52] Damit gibt sich Gall aber noch keineswegs zufrieden, denn erst aus dieser Konstellation heraus erschließt sich der Sinn sozialer Interventionen: »Da man heutzutage weiß, daß der Mensch nicht nur das Vermögen besitzt, sich durch innere und äußere Motive bestimmen zu lassen, sondern auch das Vermögen hat, sich selbst aufgrund von Prüfung und Beurteilung der Motive selbst zu bestimmen, sieht man die Nützlichkeit der sozialen Institutionen. All das zeigt, daß Erziehung, Moral, Gesetz und Religion unverzichtbare Hilfen sind, um die Glückseligkeit des Menschen sicherzustellen.«[53]

Mit dieser »utilitaristischen Interpretation der sozialen Institutionen«[54] waren Erziehung, Gesetzgebung oder Strafvollzug nur dann sinnvoll, wenn sie auf dem naturalistischen Boden der Organologie standen. Damit wird es verständlich, daß die Organologie ein Ereignis darstellte, das weit über die engere anatomisch-physiologische Fragestellung hinausreichte, das aber seine Relevanz gerade aus seinem wissenschaftlichen Potential entwickelte. Wer sich mit Gall auseinandersetzen wollte, mußte sich auf das Feld der wissenschaftlichen Methodologie begeben. Dabei reichte es nicht aus, ihm die eine oder andere irrtümliche Zuordnung von menschlicher Eigenschaft und Schädelhöcker nachzuweisen. Das geschah oft genug. Die Kritik konzentrierte sich darum auf den Zusammenhang von Struktur und Funktion und damit zusammenhängend auf die Frage der Aussagekraft der Anatomie für die psychologische Entwicklung. Genau an diesem Punkt liefen die Frontlinien von wissenschaftlicher Methodologie und soziokulturellen Interessen im frühen 19. Jahrhundert zusammen. Während sich in der Auseinandersetzung in Deutschland ein naturphilosophischer und ein anatomisch-methodologischer Standpunkt differenzieren läßt – wobei philosophische, theologische und pädagogische Aspekte nur mit Mühe auseinanderzuhalten sind –, lagen der Diskussion in Frankreich andere Prämissen zugrunde.[55]

Gall in Frankreich:
Idéologie, Académie des Sciences und experimentelle Physiologie

Der Sensualismus und die Philosophie der *Idéologues* hatten als führende Denkrichtungen die Jahre um und nach der Französischen Revolution bestimmt. Mit Napoleon, insbesondere nach der von ihm selbst vorgenommenen Krönung zum Kaiser, kam es zu einer Wiedererstarkung des Katholizismus in Frankreich. Zwar spielte die Philosophie der Gruppe um Cabanis und Destutt de Tracy eine wichtige Rolle bei der Entwicklung der Experimentalphysiologie und der Reform der klinischen Medizin,[56] doch der erhebliche Einfluß ihrer materialistischen Philosophie führte 1802 zu einer weitgehenden Kaltstellung der Gruppe durch Napoleon.[57] Parallel dazu erneuerte man altbekannte Formeln wie die von der Freiheit und Unteilbarkeit des Ich und wendete sich gegen eine Reduktion der geistigen Erscheinungen auf reine Gehirnvorgänge. Galls Lehre wurde in Paris im Kontext dieser Kontroverse diskutiert, und er wurde auf die Seite des Sensualismus und der *Idéologues* geschlagen, was auf den Vorwurf des Materialismus hinauslief.

Gall selbst betont zwar gegenüber dem Sensualismus die Unabhängigkeit der Neigungen, Talente und Eigenschaften von den Sinneswahrnehmungen, stellt sich selbst aber in diese Tradition. Die empirische Haltung der *Idéologues* teilt er ebenso wie Cabanis' programmatische Definition der Wissenschaft vom Menschen, wonach Physiologie, *Idéologie* und Moralphilosophie nur verschiedene Zweige ein und derselben Wissenschaft seien.[58] Auch Cabanis' These, wonach die physiologische Kenntnis des Menschen die Grundlage einer »philosophie rationelle« der menschlichen Natur und der praktischen Philosophie bilden müsse, war mit Gall vollständig kompatibel. Wenn Cabanis schließlich mit Blick auf Condillac und Bonnet emphatisch schreibt: »Es ist ein würdiges Unternehmen der Philosophie des 18. Jahrhunderts gewesen, den menschlichen Geist zu zerlegen und seine Operationen auf eine kleine Anzahl elementarer Abschnitte zurückzuführen«[59] – so ist das eine einseitige Interpretation der beiden Sensualisten, beweist jedoch, daß auch Cabanis das Gehirn für den spezifischen Genius loci der Psychophysiologie hält. Er redet sogar vom »système cérébral«, in dem alle Funktionen miteinander verbunden sind und gewissermaßen einen Kreislauf bilden, der keine Unterbrechung duldet, ohne daß das System grundlegend verändert wird. »Es ist überall anwesend; es regiert überall; es fühlt, handelt und bestimmt die lebendigen Teile [des Körpers] und regeneriert sie bisweilen auch.«[60] Der Unterschied zu Gall liegt darin, daß Cabanis trotz eines solchen Differenzierungsgedankens an der Trennung von Zentrum und Peripherie festhält. Das Ich bleibt auf einen bestimmten Punkt bezogen: »das Ich residiert im gemeinsamen Zentrum.«[61] Cabanis ist bestimmt kein Vertreter des Seelenorgans mehr, und eine Prägung durch Descartes schimmert nur an einigen Stellen durch. In diesem Punkt jedoch ist Gall radikal: das Ich residiert nirgendwo im Gehirn.

Als Gall und Spurzheim 1808 ein »Mémoire« an das Institut de France einreichen, formiert sich der Widerstand gegen die Organologie und wird in einem offiziellen Bericht niedergelegt, den eine Gruppe von Akademiemitgliedern unter der Federführung des einflußreichen Georges Cuvier erstellt.[62] Mit dem Argument, daß alle bisherigen Anstrengungen keinerlei Aufschlüsse über das Verhältnis von Hirnstruktur und Funktion ergeben hätten, wird insbesondere Galls Anspruch abgewiesen, eine brauchbare Forschungsmethode gefunden zu haben.[63] Das führt zu einer uneinheitlichen Beurteilung seines wissenschaftlichen Werks: während die anatomischen Ergebnisse weitgehend positiv beurteilt werden, streitet man deren Relevanz für die Organologie vollständig ab.[64] Genau an dieser Stelle schien man den entscheidenden Schlag gegen Gall führen zu wollen, denn daß er diesen Zusammenhang behauptet hatte, wurde ihm als Unwissenschaftlichkeit ausgelegt. Nur ein Eingeständnis der eigenen Unwissenheit und eine offene Unterscheidung zwischen bekannten und unbekannten Dingen mache den wahren Wissenschaftler aus.[65]

Mit diesem skeptizistischen Appell sollten die Akten über Gall geschlossen werden, doch mußte man schnell einsehen, daß das nicht ohne weiteres möglich war. Zunächst einmal war der metaphysische Hintergrund für die Argumentation der Akademiemitglieder offensichtlich, denn mit dem Bekenntnis, daß die augenscheinliche Zusammenarbeit von Gehirn und Geist, von teilbarer Materie und unteilbarem Ich auf ewig unverständlich bleiben werde,[66] war der Vorwurf verbunden, daß die Differenzierung der geistigen Eigenschaften einer Materialisierung der Seele Vorschub leiste. Noch deutlicher wurde der Arzt Jacques-Louis Moreau de la Sarthe. Er warf der Organologie vor, daß sie mit ihrem Determinismus die Moral untergrabe: »Ehebrecherinnen, Betrüger, Diebe und sogar Mörder könnten sich unter Bezugnahme auf die Dominanz ihrer Hirnorgane […] herausreden, indem sie die Natur selbst anklagen.«[67]

Der zweite Punkt, die Ablehnung des Zusammenhangs von Anatomie und Physiologie, endete für die Akademiemitglieder mit einer gründlichen Blamage. Die Schwierigkeit, in der Forschungspraxis eine Verbindung zwischen Körperstruktur und -funktion herzustellen, bestand zu Beginn des 19. Jahrhunderts für alle Physiologen und Anatomen. Dennoch konnte Gall mit Recht darauf verweisen, daß solche Zusammenhänge immer wieder postuliert worden seien und daß es auch keine Alternative dazu gebe: »Was ist die Anatomie ohne physiologische Ansichten, und was die Physiologie ohne anatomische Basis?«[68] Gall ließ es sich nicht nehmen, darauf hinzuweisen, daß neben berühmten Hirnanatomen wie Willis, Vicq-d'Azyr und Soemmerring auch die Gutachter der Akademie ihre hirnanatomischen Überlegungen mit pathologischen und physiologischen Beobachtungen untermauert hätten.[69] Damit war es für Gall kein Problem mehr einzuräumen, nichts Genaues über die Physiologie des Gehirns zu wissen; wenn die anderen Anatomen und Physiologen jedoch ebenfalls Aussagen über die Hirnfunktion trafen – beispielsweise über das Seelenorgan –, wich er mit seinen Grundannahmen nicht vom Standard ab.[70]

Durch methodologische und skeptizistische Einwände allein war Galls System demnach nicht aus den Angeln zu heben. Natürlich waren vielerlei Argumente gegen ihn in Umlauf, aber weder einzeln noch zusammengenommen wurde die kritische Marke überschritten, die die Organologie in ihren Grundfesten erschüttert hätte. Trotz offensichtlicher politisch-gesellschaft-

licher Interessen war die methodische Unsicherheit und Unübersichtlichkeit in den Wissenschaften vom Leben so groß, daß sich
ein strenges Urteil, selbst wenn es im Namen des Institut de
France gefällt wurde, kaum durchzusetzen vermochte. Wenn die
späteren abfälligen Urteile über Gall weitgehend vom jeweiligen Wissensstand aus gefällt wurden, wurde nicht gefragt, wie
sich die Organologie in die Wissenschaftswirklichkeit des frühen
19. Jahrhunderts einfügte.

Bis 1824 hatte das physiologische Experiment in den Debatten
um Gall keine nennenswerte Rolle gespielt. Das änderte sich
schlagartig mit einer Veröffentlichung von Pierre Flourens, die
vielfach als ein definitiver wissenschaftlicher Angriff auf Gall
angesehen wurde. Es scheint, daß die Gegner Galls in Paris (und
anderswo) nur auf den Moment gewartet hatten, um der Lokalisationslehre mittels einer methodisch einwandfreien wissenschaftlichen Vorgehensweise den Boden zu entziehen.

Flourens war zunächst ein Anhänger Galls, geriet aber in Paris
unter den Einfluß Cuviers. Vor diesem Hintergrund sind die Ab-
lations- und Stimulations-Experimente der Hirnrinde zu verstehen, die für die Entwicklung des physiologischen Experiments
von außerordentlicher Bedeutung waren, zumal Flourens seine
Vorgehensweise detailliert mitteilte und der Methodik höchstes
Gewicht beimaß. Die standardisierte Vorgehensweise bestand
darin, daß Flourens nach breiter Öffnung des Schädels die Rindensubstanz schichtweise abtrug. Die Experimente ergaben, daß –
egal von welcher Seite aus die Lädierung begonnen wurde –
sämtliche intellektuellen und sensitiven Funktionen zunächst gar
nicht, dann sukzessive nachließen, je mehr Hirnsubstanz entfernt
wurde, bis die Tiere schließlich in Agonie fielen.[71]

Flourens erlangte seine Autorität vor allem durch seine spektakuläre Experimentiertechnik, die auch bei anderen Experimentatoren zu den gleichen Resultaten führte. Dabei war er keineswegs
ein Vertreter der Äquipotenztheorie Hallers, nach der das Hirnmark überall die gleiche Funktion hatte; vielmehr stellte er heraus,
daß das Großhirn der Sitz von Intelligenz, Willkür, Wahrnehmung
und Instinkten sei, die Medulla oblongata der Sitz für die unwillkürliche Bewegungsauslösung, das Kleinhirn schließlich der Sitz

der Koordinierung der Körperbewegungen.[72] Mit dieser Einteilung der Hirnfunktionen vertrat Flourens die Theorie einer *action propre*, doch darüber hinaus meinte er, daß diese Subfunktionen zu einer übergeordneten Gesamtfunktion des Gehirns beitrügen, indem alle Teile auf alle anderen einwirken könnten. Somit könne die Einschränkung oder Läsion nur einer umschriebenen Hirnregion zur Einschränkung der Energien des gesamten zentralen Nervensystems führen.[73] Mit diesem Postulat einer *action commune* des Gehirns versuchte Flourens die verschiedenen Funktionen zu einem einheitlichen System zu verbinden. Damit erfüllte und bestätigte er die Voraussetzungen einer neocartesianischen Metaphysik, wie sie im Paris des frühen 19. Jahrhunderts von Cuvier und anderen Wissenschaftlern vertreten wurde. In einer späteren Schrift, die Flourens dem Andenken Descartes' widmete, gab er unumwunden zu, daß es ihm darum gegangen sei und immer noch gehe, eine schlechte Philosophie (den Materialismus) zu bekämpfen und eine gute (den Dualismus) zu vertreten; im Gegensatz zu Gall, Cabanis und Broussais vertrete er die Einheit des Selbst und die moralische Freiheit.[74] Damit hat Flourens die philosophische Dimension der Auseinandersetzung mit Galls Lehre seit den Zeiten Cuviers und Napoleons auf den Punkt gebracht.

Sieht man einmal davon ab, daß Flourens' Intervention metaphysisch motiviert war, so bleibt bestehen, daß die experimentelle Methode zu Ergebnissen führte, deren Interpretation später als falsch und fortschrittshemmend angesehen wurde, und daß sie jene methodisch zweifelhafte Lehre, die ab 1860 nach und nach in einigen wesentlichen Punkten revitalisiert wurde, ausstechen konnte. Es handelte sich also nicht bloß um einen (vorläufigen) Sieg des Cartesianismus im katholisch-restaurativen Gewand gegen den Materialismus, sondern auch der Experimentalphysiologie gegen die Verbindung von Anatomie und Psychologie. Diese beiden Aspekte gehören zusammen, denn auch wenn die experimentalphysiologische Methode seit Magendie, Flourens und anderen in kürzester Zeit eine Reihe von aufsehenerregenden Ergebnissen zutage förderte, war damit ihre Autorität innerhalb der Physiologie keineswegs automatisch etabliert. Im Gegenteil schien die ausschließliche Ausrichtung auf die Experimentalphysiologie noch in den zwanziger Jahren des 19. Jahrhunderts für die akademische Karriere eine Sackgasse zu sein, da die französischen Physiologie-Lehrstühle von Wissenschaftlern besetzt wurden, die hauptsächlich an der Anatomie und an klinischen Fragen interessiert waren.[75]

Die Autorität der experimentellen Methode beschränkte sich auf bestimmte Problemstellungen. Eine davon war die Lokalisation der geistigen Qualitäten. Infolgedessen spielten mögliche methodische Einwände gegen die Hirnexperimente keine nennenswerte Rolle mehr. Insbesondere Gall hatte darunter zu leiden. Aus naheliegenden Gründen hatte er ein lebhaftes Interesse an einer kritischen Auseinandersetzung mit Flourens, die er auch in ausführlichen Einwänden formulierte.[76] Aus praktischer Sicht kritisierte er, daß das anatomische Wissen für die Ablationsexperimente nicht hinreiche, da niemand die exakte anatomische Ausdehnung eines bestimmten Organs kenne, und daß die chirurgische Technik zu unausgereift für diese Art Operationen sei.[77] Seine theoretischen Einwände liefen darauf hinaus, daß die chirurgische Ablation eines Hirnteils notwendigerweise eine Verletzung des gesamten Gehirns nach sich ziehe, da alle Hirnteile miteinander verbunden seien. Er verwies darauf, daß die Ergebnisse von Flourens und Luigi Rolando, einem bedeutenden italienischen Physiologen, in wichtigen Punkten widersprüchlich waren.[78] In ähnlicher Weise argumentierte er aber auch gegen die Verwertbarkeit von Befunden krankheits- bzw. verletzungsbedingter Hirnläsionen, da deren Ausdehnung kaum exakt bestimmt werden könne.[79]

Entscheidend war für Gall die Frage nach dem Wert tierphysiologischer Untersuchungen, wenn sie nicht mit Beobachtungen am Menschen verglichen werden könnten. Es sei absurd, argumentierte er, aus Experimenten mit Hühnern, Tauben und Kaninchen auf die moralischen und intellektuellen Funktionen des Menschen zu schließen.[80] Dagegen habe er in seinen Forschungen rein menschliche Gesichtspunkte wie Erziehung, Kunst und Gesellschaft berücksichtigt. Physiologen wie Flourens würden das ignorieren bzw. verfügten über keine Antwort darauf. Die Argumente gegen Flourens werfen noch einmal ein neues Licht auf Gall. Zunächst wird deutlich, daß er durchaus zu einer fundierten methodischen Kritik fähig war. Zwar hat er eine solche Kritik nicht gegen seine eigenen Ergebnisse gerichtet, doch sagt das nichts über die Berechtigung seiner Einwände aus. Darüber hinaus war Gall aber auch Vertreter einer Forschungskultur, die sich von der Experimentalphysiologie erheblich unterschied. Dazu zählte auch eine moralisch begründete Kritik am Tierversuch: »Diese grausamen und unproduktiven Verstümmelungen durch unsere jungen Physiologen«[81] – schreibt Gall mit Blick auf Flourens und bringt damit zum Ausdruck, daß für ihn methodische und moralische Bedenken am Tierversuch Hand in Hand gehen – eine nicht selten vertretene Position in den ersten Jahrzehnten des 19. Jahrhunderts. Zwar waren Gall und viele seiner Zeitgenossen und Nachfolger an einer wissenschaftlichen Bestimmung von Normalität und Anomalie interessiert, doch sollte der Bezugsrahmen in den natürlichen Lebensbedingungen von Mensch und Tier und nicht in der artifiziellen und isolierten Situation des Experiments liegen. Damit reihte Gall sich in den großen Chor derer ein, die ihre Vorbehalte gegen die experimentelle Methode mit ethischen und erkenntnistheoretischen Argumenten legitimierten. Der Wert anatomischer Untersuchungen blieb davon unberührt, da Galls Naturalismus eine – vorerst gescheiterte – Topographie der Hirnrinde geradezu nahelegte. Deren funktionale Differenzierung war für Gall aber letztlich nur vor dem Hintergrund der menschlichen Verhaltensweisen interessant, die mit der Hirnfunktion korrespondieren sollten. Daß umgekehrt Flourens' Experimente Beifall fanden, daß sie vielfach wiederholt und bestätigt wurden, zeigt jedoch, daß es im Diskurs über das Gehirn noch keine Kohärenz gab. Während Gall die Cerebralisierung des Menschen propagierte wie kaum ein anderer, wollte er von der Experimentalisierung nichts wissen. Daß ausgerechnet letztere als Speerspitze gegen das Bestreben diente, die menschlichen Qualitäten zu einem psychophysiologischen oder medizinischen Forschungsprojekt im großen Stil zu machen, ist ein erstaunliches und erklärungsbedürftiges Phänomen. Die beiden entscheidenden Eckpfeiler für die Entwicklung der Hirnforschung – Cerebralisierung des Menschen und Experimentalisierung – tauchten gemeinsam auf und schienen sich zunächst gegenseitig zu neutralisieren. Sie waren implementiert in ein weitreichendes Geflecht von politischen, sozialen und ideologischen Interessen, von wissenschaftlichen Methoden und deren Durchsetzungsfähigkeit. Durch diese Faktoren war die Diskussion um die Organologie in Frankreich bestimmt. Es kam zu unausgesprochenen, bisweilen sonderbaren Allianzen zwischen konservativen Kräften, der Experimentalphysiologie und Vertretern einer philosophischen Psychologie, die einen Zusammenhang zwischen Gehirn und geistigen Qualitäten schlicht leugnete.[82] Dagegen setzten vor allem reformorientierte Ärzte, die sich in der 1831 gegründeten Société phrénologique vereinten, auf das politische Potential der Gallschen Lehre und votierten für Neuorientierungen in der Pädagogik und eine gerechtere Aufteilung der Arbeit, die die unterschiedlichen Begabungen der Menschen berücksichtigte.[83] Politische Reformer fuhren in Frankreich ebenso wie in Großbritannien und in den USA zeitweise unter dem Segel der Phrenologie, während der Lokalisationsgedanke in der experimentellen Hirnforschung mehr oder weniger tabuisiert war.

Seele und Gehirn zwischen methodischem Pluralismus und empirischem Skeptizismus

Frühe Reaktionen auf Gall

Es wäre übertrieben zu behaupten, die Konstituierung der Hirnforschung in Deutschland habe einen einzigen Fluchtpunkt gehabt, der sich in die Frage *Wie hältst du es mit Gall?* kleiden läßt. Doch die Entwicklung nach Soemmerring vollzog sich in Auseinandersetzung mit Gall, und das bedeutete Zustimmung, Ablehnung oder Modifizierung seiner Thesen. Neben der unmittelbaren Reaktion ist noch ein weiterer Aspekt zu berücksichtigen. Gall beschränkte sein Interesse auf die angeborenen Energien der einzelnen Hirnorgane und ignorierte die Phänomene, die mit den galvanischen Experimenten in der Physiologie und mit dem animalischen Magnetismus im Zusammenhang standen.[1] Zwar wurde die Möglichkeit einer Bio-Elektrizität bzw. der magnetischen Ströme nach 1800 unter Physiologen und Anatomen nur für relativ kurze Zeit ernsthaft erwogen, doch Gall schüttete in gewisser Hinsicht das Kind mit dem Bade aus, weil der dynamische oder energetische Aspekt den Prozeß der Cerebralisierung von Anfang an begleitete, auch wenn er nicht so dominant war wie die Lokalisierung.[2] Dieser blinde Fleck hat mit Galls Abneigung gegen experimentelle Untersuchungen zu tun und wirft die Frage nach den Grenzen seines Entwurfs auf. Verschiedene Rezeptionsweisen der Gallschen Lehre beschreiten unabhängig von prinzipieller Zustimmung oder Ablehnung nicht selten andere Wege, um das an die Stelle des Seelenorgans getretene Gehirn zum Sprechen zu bringen.

Bevor Gall überhaupt sein erstes großes Werk veröffentlicht hatte, stand er im Mittelpunkt kontroverser Diskussionen. Das lag nicht zuletzt daran, daß er seine Lehre zum öffentlichen Ereignis machte. Anstatt ein Buch zu veröffentlichen, hielt Gall Vorlesungen in Wien, die neben Studenten und Ärzten auch den Adel und das gebildete Bürgertum, und zwar Männer und Frauen ansprachen. Das Vorlesungsverbot und die Demonstrationsreise durch Deutschland zwischen 1805 und 1807, die unter anderem nach Berlin, Göttingen, Jena, Halle und Heidelberg führte, taten ein übriges.[3] Die Vorlesungen, für die Eintritt verlangt wurde, waren ein Spektakel, bei dem Gall Gehirne sezierte, Schädelknochen und Wachsmodelle von Gehirnen vorführte und die Köpfe anwesender Zuschauer abtastete. Das Gehirn wurde damit zum öffentlich diskutierten Gegenstand, der nicht mehr ausschließlich im Medium Buch oder hinter verschlossenen Türen einer Akademie oder eines Universitätshörsaales verhandelt wurde. Damit verstieß Gall gezielt gegen die Spielregeln der Wissenschaftlergemeinde. Wenn er explizit wünschte, daß Frauen an seinen Vorlesungen teilnehmen sollten, weil »[Mütter] in den ersten Jahren den wichtigsten Einfluß auf die Erziehung haben, und meine Lehrsätze diesen Gegenstand sehr anschaulich berichtigen« und weil Frauen »ganz angenehm« das Auditorium beleben, so wird deutlich, daß Gall es auf die Zustimmung der Fachleute und eine breite, den akademischen Bereich überschreitende Wirksamkeit absah.[4]

Genau das wurde ihm von manchen Gelehrten so übel genommen, daß sie seine Vertrauenswürdigkeit als Forscher in Zweifel zogen. So bemerkte Stephan August Winkelmann nach Galls Aufenthalt in Braunschweig, daß ihm die zur Naturforschung notwendige Unbefangenheit fehle, weil er »seine Hypothesen zu einem Erwerbszweige gemacht« habe.[5] Ähnlich schrieb der Göttinger Altphilologe Christian Gottlob Heyne im August 1805 an Soemmerring: »Daß er [Gall] als Charlatan herumzieht, Unwissenden predigt um Geld von ihnen zu ziehen, ist zu bedauern. Eine wissenschaftliche Reise, zu wissenschaftlichen Gelehrten, würde ihm Ehre und der Wissenschaft Vorteil gebracht haben.«[6] Nachdem Heyne dann Gall in Göttingen erlebt hatte, verschärfte er sein Urteil: »Gall hat hier gewonnen und verloren. Den freien scharfsinnigen combinirenden Observator hat man erkannt; aber man vermißt ganz den Wahrheitssinn, Liebe für wahren Ruhm und für die Wissenschaft selbst.«[7] Für Heyne ging es also nicht um die Lehre selbst, sondern um ihre Präsentation. Nicht Scharfsinn und Beobachtungsgabe, sondern die moralische Haltung stand zur Debatte.

Obwohl Heyne seine Kritik privat äußerte und damit keineswegs das gesamte Meinungsspektrum repräsentierte, war die Frage, ob derart provokative Thesen über Wissenschaftlerkreise hinaus bekanntgemacht werden sollten und ob Gall als Außenseiter anzusehen sei oder nicht, in der Frühphase seiner Rezeption unterschwellig vorhanden.[8] Apologeten und Kritiker Galls lassen sich an vier spezifischen Punkten festmachen. Wohlwollende Beobachter ordneten Gall trotz aller Neuheit und Originalität in die Tradition von Descartes bis Soemmerring ein, nahmen ihn gegen den Vorwurf des Materialismus in Schutz, stellten die Hirnlehre gegenüber der Cranioskopie in den Vordergrund und begrüßten seine dezidiert antiphilosophische Haltung.[9] Gall selbst ist auf diese Punkte in seinen späteren Schriften mehrfach zurückgekommen, polemisierte gegen die Spekulationen der Metaphysik und verteidigte sich gegen den Vorwurf, mit der Tradition gebrochen zu haben, eine materialistische Seelenlehre zu vertreten und eine Craniologie oder sogar Physiognomik anzubieten, die mit der Hirnlehre nichts oder nur wenig zu tun habe. Die Zielrichtungen solcher Vorwürfe liegen auf der Hand. Wer mit der Tradition bricht, schließt sich selbst aus dem Kreis der anerkannten Wissenschaftler aus; wer Materialismus lehrt, hat eine verdächtige politische Einstellung; Craniologie oder Cranioskopie schließlich ist ein Verfahren, das zwar nicht von vornherein verworfen wird, aber nicht das Ansehen hirnanatomischer Untersuchungen genießt. Der Vorwurf der unphilosophischen, rohen Empirie wird zwar vor allem seitens der romantischen Naturphilosophen erhoben, doch kommen in der Auseinandersetzung mit Gall alle vier Punkte in unterschiedlicher Kombination immer wieder zur Sprache.

Ein erheblicher Teil der kritischen Stimmen rekrutierte sich aus dem Umkreis der Anhänger des Seelenorgans, allen voran Soemmerring selbst, der zunächst allerdings große Erwartungen in die Organologie setzte. Ab 1802 rezensierte er regelmäßig Schriften über Galls Lehre in den »Göttingischen gelehrten Anzeigen«, begrüßte die hirnanatomischen Untersuchungen, sprach von »herrlichen Entdeckungen des Hrn. Dr. Gall« und nahm ihn gegen den Vorwurf des Materialismus in Schutz.[10] Eine Wende trat dann 1807 ein, als die beiden sich anläßlich von Galls Aufenthalt in München kennenlernten. Soemmerring hat die Treffen in seinem Tagebuch minutiös festgehalten. Danach war er – ähnlich wie Heyne – über Galls Auftreten zutiefst verstimmt. Er fühlte sich von Gall herablassend behandelt, seine eigene Arbeit zu wenig gewürdigt und mokierte sich mehrfach darüber, daß Gall für Gegenargumente wenig empfänglich sei. Im Hinblick auf die Organologie ist Soemmerring in seinem Urteil zögerlich, schwankt zwischen Zustimmung und Ablehnung. Als hätte Gall ihm die Freude an der Hirnforschung endgültig verdorben, notiert er trotzig, daß er Gall gesagt habe, er suche keinen Streit und werde auch nicht gegen ihn schreiben: »Mir sey meine Ruhe zu lieb. Ich würde nie anfangen, mehr mit Ihm über die Sachen zu sprechen.«[11]

Tatsächlich war Soemmerring an einer öffentlichen Diskussion über die funktionelle Bedeutung des Gehirns nicht mehr interessiert. In dem bereits erwähnten kurzen Aufsatz über Gall, der während dessen Aufenthalt in München entstand und erst nach Galls Tod veröffentlicht wurde, bestreitet Soemmerring einen Zusammenhang zwischen der Anatomie des Schädels und den corticalen Organen, indem er die cranioskopischen Beobachtungen Galls weitgehend bestätigt, ohne sich darauf einzulassen, ob die »einem solchen Hügel der Hirnschale entsprechende Stelle der Hirnmasse die materielle Ursache dieses Triebes enthalte«.[12] Dementsprechend weigert er sich, die Hirnwindungen als »Organe«, also als funktionell eigenständige Strukturen, zu bezeichnen. Darin drückt sich möglicherweise Soemmerrings Mißbehagen gegen eine Transformation vom Seelenorgan zu den Hirnorganen aus, doch waren ihm die Zeichenhaftigkeit des Schädels und die Quantifizierung der geistigen Fähigkeiten viel zu vertraut, um Galls Ansichten gänzlich zu verwerfen. Immerhin faßte er den Schädel einer griechischen Statue als reales Maß für Schönheit und Perfektion auf und hatte damit eine Verbindung zwischen Ästhetik, Anthropologie und Hirnanatomie hergestellt. Bei Gall jedoch ist erstens die Ästhetik für die Untersuchung des Gehirns von marginaler Bedeutung, und zweitens spielt der für die Physiognomik so wichtige Gesamtausdruck eines Gesichts oder eines Schädels keine entscheidende Rolle.

Diese Differenzen mögen Soemmerrings Ablehnung der Schädellehre beeinflußt haben. Hingegen ist seine vernichtende Kritik der Gallschen Sektionsmethode recht sonderbar und ein weiterer rätselhafter Punkt in Soemmerrings wissenschaftlichem Leben. Er streitet nämlich prinzipiell ab, daß Galls Entfaltung der Hirnwindungen mittels stumpfer Präparation »zur näheren Kenntniß des Gehirns auch nur das mindeste beytrage«.[13] So scharf beurteilte kaum ein anderer Zeitgenosse Galls anatomische Vorgehensweise. Neben der persönlichen Idiosynkrasie bleibt als mögliches Motiv, daß Soemmerring nach den eigenen schmerzlichen Erfahrungen mit dem Seelenorgan einen grundlegend defensiven Standpunkt bezog. Damit wäre er 1807 wohl auf Verständnis gestoßen; 1829 war Soemmerrings Position bloß noch anachronistisch, und das nicht nur, weil die gemeinsam mit Gall vorgenommenen Sektionen lange zurücklagen, sondern auch, weil die großen Veröffentlichungen Galls etliche anatomische Beschreibungen enthielten, die auf völlige Zustimmung anderer Neuroanatomen stießen.

Soemmerring selbst unternahm also nicht den Versuch, die Lehre vom Seelenorgan noch einmal gegen die Organologie in Stellung zu bringen. Um 1800 allerdings gab es einige Autoren, die für ihn votierten, aber auch sie verfügten über keinen allzu sicheren Halt mehr. Das zeigt sich insbesondere an den mehr vermittelnden Positionen. So wollte Johann Daniel Metzger Gall immerhin als eine bemerkenswerte Episode gelten lassen. In seinen Reflexionen über Gall sind alle Themen präsent, die im späten 18. Jahrhundert verhandelt wurden: Herders Organismusvorstellung, das Gehirn als Medium zwischen Seele und Körper, eine Apologie des Camperschen Gesichtswinkels und der Soemmerringschen These über das Seelenorgan. Dementsprechend wird die Organologie mit Berufung auf Herders Diktum von der Unteilbarkeit der Ideenbildung in ihre Grenzen verwiesen.

Für einen klassischen Autor war es offensichtlich das wichtigste, diesen Punkt geklärt zu wissen. Nur unter der Bedingung, daß Galls Lehre in der heiklen Frage der menschlichen Freiheit entschärft würde, konnte auch Metzger anerkennen, daß die Organologie erhebliche praktische Konsequenzen mit sich brächte: »Ich will es andern überlassen, den Einfluss der neuen Theorie auf Sittenlehre, Erziehung und Gesetzgebung zu zeigen; für mich wird es genug seyn, als Arzt und als gerichtlicher Arzt, das Licht, das die Hirn- und Schädellehre über die Materie von Geistesverirrungen, sowohl in praktischer als in gerichtlich medicinischer Rücksicht verbreitet und in der Folge verbreiten möchte, gewürdiget zu haben.«[14] In Sätzen wie diesen wird ein tiefer Zwiespalt offenbar. Das semiotische Potential der Organologie verspricht die Kompetenz des forensischen Arztes endlich zu verbessern, aber dafür ist ein Preis zu entrichten. Metzgers Ambiguität zeigt, daß ein kohärenter Rahmen für das Wissen vom Menschen zerbrochen ist. Der alltägliche und insbesondere der geistig verwirrte Mensch soll Gegenstand der Organologie sein, der freie und unsterbliche Mensch Gegenstand der Lehre des Seelenorgans.

Metzger ist durchaus nicht der einzige Apologet des 18. Jahrhunderts. So äußert der Physiologe Georg Friedrich Hildebrandt die Überzeugung, daß »gewisse Einwürfe gegen Sömmerrings Meinung wegfallen, wenn man annimmt, daß die Flüssigkeit in den Hirnhöhlen im lebendigen Zustande ein Gas sey (das pneuma der Alten), mit welchem das in einem krankhaften Zustande erzeugte Liquidum (Hirnwasser) nicht verwechselt werden muß«.[15] Und getreu der Doppelstrategie des 18. Jahrhunderts fügt Hildebrandt gleich im nächsten Satz an, daß der Mensch im Verhältnis zur Größe der Nerven das größte Gehirn habe. Solche beharrlichen Verteidigungen der klassischen Position zeigen, daß das Seelenorgan für einige Jahre hier und da noch eine gewisse Rolle spielte. Dafür mußte Hildebrandt aber die antike Pneumalehre bemühen, während er sonst durchaus die neuen Tendenzen in den Lebenswissenschaften zur Kenntnis nahm. In der zitierten Auflage seines »Lehrbuchs der Physiologie« befindet sich ein ganzes Kapitel über den Galvanismus, in dem Hildebrandt den

Forschungsstand gründlich zusammenfaßt und eigene Experimente anführt. Es war für einen Arzt um 1800 nichts Außergewöhnliches, galvanische Experimente durchzuführen. Doch während im einen Fall (beim Galvanismus) das Forschungsfeld kritisch sondiert wird, findet ein solches Abwägen im anderen Fall (beim Seelenorgan) nicht statt. Das deutet darauf hin, daß die materielle Lokalisierung geistiger Funktionen – zumindest für Hildebrandt – in einem anderen Kontext verankert und diskutiert wird als der dynamische Aspekt der Nerven- und Muskelfunktion. In gewisser Hinsicht handelt es sich dabei um eine Verlängerung der Standpunkte des 18. Jahrhunderts. Bereits dort liefen die Theorien des Seelenorgans und des Spiritus animalis nebeneinander her, ohne sich gegenseitig zu befördern oder zu behindern.

Andere Positionen versuchen eine Anknüpfung des materiellen oder dynamischen Aspekts an physiologische Konzepte um 1800 herzustellen. Das trifft in erster Linie für Johann Christian Reil und die naturphilosophische Physiologie zu, zeigt sich aber auch schon bei Jakob Fidelis Ackermann, einem der bedeutendsten Schüler Soemmerrings. Auch Ackermann hielt am Seelenorgan fest und mobilisierte dafür die Begrifflichkeit der dynamischen Physiologie, indem er von einem chemisch zusammengesetzten »Lebensäther« ausging, der nichts anderes als eine weitere begriffliche Variante für die stoffliche Substanz war, die die organischen Prozesse steuerte. Ähnlich wie bei Reils Konzept von der Lebenskraft[16] ist auch hier die Zuordnung zum Vitalismus ein wenig irreführend, da Ackermann sich den Äther chemisch zusammengesetzt denkt. Anklänge an Kants Vorschlag einer chemischen Hypothese sind unüberhörbar, auch wenn Ackermann die Hirnventrikel aus dem Spiel läßt und die Hirnfunktionen damit erklärt, daß der angesammelte Lebensäther den Markfasern des Gehirns anhängt.[17] Der Tenor von Ackermanns Ausführungen ist ebensowenig strikt dualistisch wie bei Soemmerring und den anderen zitierten Autoren auch. Zwar bleibt der dualistische Grundsatz implizit unangetastet, indem der Äther als materieller Vermittler zwischen der physischen Empfindung oder Bewegung und der seelischen Wahrnehmung oder Willkür fungiert. Doch offenbart sich auch hier die für das ausgehende 18. Jahrhundert so charakteristische doppelte Buchführung, wenn etwa Einbildungskraft, Vernunft und Gedächtnis als »Hirnkräfte« bezeichnet werden, die mit dem materiellen Entwicklungsgrad zu tun haben.[18] Solche Überlegungen sind dem Sensualismus verpflichtet; sie können materialistisch gedeutet werden, doch legt sich Ackermann nirgendwo auf eine dezidierte Position fest.

Gall hat den Ernstfall herbeigeführt, und als wäre Ackermann aus einem Schlummer unsanft geweckt worden, holt er mit einem drastischen Pamphlet gegen Galls Lehre aus, ohne auch nur einen Moment daran zu denken, daß seine nur wenige Jahre zurückliegenden Ausführungen eben jener Materialisierung und Physiologisierung der geistigen Qualitäten den Weg geebnet haben. Der Text beginnt und endet mit einem Zitat aus Lichtenbergs Anti-Physiognomik, und nicht nur aus diesem Umstand möchte man schließen, daß Ackermann im Hinblick auf Gall gern die Rolle gespielt hätte, die Lichtenberg in seiner schneidenden und wirkungsvollen Polemik gegen Lavater eingenommen hatte. Zwei Fragen schließen sich hieran an: Warum hegte er solche Aversionen, und warum war er nicht erfolgreich?

Die erste Frage berührt sowohl das Problem der menschlichen Freiheit als auch das Prestige eines Anatomen aus der Schule Soemmerrings. Während dieser Galls anatomische Sektionsmethode hinter vorgehaltener Hand ablehnte, sagt Ackermann in aller Deutlichkeit, daß Gall als Anatom unfähig sei. Bedenkt man, daß Soemmerrings Hirnanatomie als der Gipfel des damaligen Könnens und Wissens galt, so wird die harsche Kritik nachvollziehbar. Es handelte sich um einen gerade bekannt gewordenen, von sich selbst überzeugten Arzt aus Wien, ohne profunde anatomische Ausbildung und bis dahin auch nicht als Anatom hervorgetreten, der in seiner Hirnlehre gleich mehrere Fundamente von Soemmerrings Lehre in Frage stellte oder korrigierte. Für jemanden wie Ackermann war das nicht bloß eine inhaltliche Frage, sondern es untergrub auch seine Autorität und Kompetenz als Soemmerrings Schüler und als Anatomieprofessor.

Ackermanns anatomischer Angriff richtet sich gegen die Lokalisierung der Organe im Cortex. Die Aufwertung der Hirnrinde bedeutet für ihn eine Degradierung des von ihm und den übrigen Traditionalisten favorisierten Hirnmarks.[19] Er setzt dagegen, daß die Rinde bloß ein »Mittelkörper [sei], durch welchen das Gefäßsystem in das Nervensystem übergeht«.[20] Mit dieser Charakterisierung der corticalen Funktionen ist der Lokalisationsgedanke dennoch nicht ganz hinfällig. Tatsächlich spezifiziert Ackermann seine früheren materialistischen Anklänge und bezeichnet die Sinneshügel als »niedere Seelenorgane«, in denen die sinnlichen Eindrücke abgelagert und gespeichert werden;[21] die »Zentralkräfte des Gehirns«, für die Entwicklung von Verstand, Urteilskraft und Willensvermögen zuständig, lokalisiert er in den Markmassen der Hemisphären des Groß- und Kleinhirns.[22] Worauf es ankommt, ist seine hartnäckige Verteidigung der durch Gall verworfenen Hierarchisierung des Seelenorgans. Um das Sensorium commune zu verteidigen, beruft Ackermann sich ausgerechnet auf Soemmerrings zweifelhafte Anatomie der Hirnnerven. Er räumt ein, daß nicht die Flüssigkeit das »medium uniens« sei, sondern ähnlich wie Hildebrandt denkt er an einen die Höhlen ausfüllenden »thierischen Dunst«,[23] womit zwar noch einmal ein anderes Wort für den Lebensäther gefunden ist, aber kein Argument, das Gall in Bedrängnis bringen könnte.

Die wahren Ursachen für die Verteidigung des Seelenorgans liegen woanders. Da Gall beispielsweise den Geschlechtstrieb im Kleinhirn lokalisiert, empört Ackermann sich über die Anmaßung, »die feinste Organisation des edelsten thierischen Seelenorgans seye ganz allein zur Befriedigung eines niedrigen thierischen Triebes bestimmt«.[24] Dagegen setzt er, daß der Geschlechtstrieb und andere Leidenschaften gar nichts mit dem Gehirn zu tun hätten, sondern mit dem vegetativen Nervensystem.

Der Anatom in der Tradition des 18. Jahrhunderts hatte es mit einem edlen Organ zu tun. Es gab ein Ordnungssystem, das die Physiologisierung der Seele und die materialistischen Anklänge in Schach hielt und akzeptabel machte. Es gab ein Zentrum und eine Peripherie: das Seelenorgan, geschützt gelegen in der Mitte und Tiefe des Gehirns, umgeben von weniger edlem Gewebe. Es gab ein Oben und ein Unten: die höheren und die niederen Seelenkräfte, die einen an das Gehirn gebunden, die anderen an das vegetative Nervensystem.

Dieses hierarchische Ordnungssystem wurde von Gall zerstört und durch ein neues ersetzt, das keine Aufteilung in Zentrum und Peripherie oder Oben und Unten kannte, sondern funktionelle Differenzen, die sogleich in eine neue Hierarchie gebracht wurden. Das hatte zur Folge, daß das Gehirn erheblich an Bedeutung gewann, an Wert jedoch verlor – und zwar aus dem Grunde, weil nun zumindest virtuell alles am Gehirn festgemacht werden konnte, auch die Instinkte, Triebe und Affekte, die bis dahin vom Seelenorgan ferngehalten worden waren. Vor diesem Hintergrund bekommt Ackermanns Rekurs auf Lichtenberg noch einmal einen ganz anderen Sinn, wenn er den berühmten Satz zitiert: »Was der Mensch könnte geworden seyn, will ich nicht wissen, was hätte nicht jeder werden können? sondern ich will wissen, was er ist.«[25] Physiognomik und Cranioskopie konnten durch diese Forderung abgewehrt werden, nicht aber die Lokalisationslehre, die den Schlüssel für die anthropologische Durchleuchtung des Menschen zu bieten schien. Das 18. Jahrhundert hatte diesen Schritt angebahnt, ohne sich der Konsequenzen so recht bewußt zu werden – singuläre Gestalten wie Lichtenberg ausgenommen. Das Erschrecken war groß, als der Schritt einmal vollzogen und nicht mehr rückgängig zu machen war. Die Verunsicherung führt bei Ackermann, aber auch in den ähnlich ablehnenden Schriften von Christian H. E. Bischoff und Johann Gottlob Walter[26] dazu, daß sich verschiedene, scheinbar unvereinbare Positionen wie Anti-Physiognomik, Antimaterialismus, die Lehre vom Seelenorgan, animalischer Magnetismus und Sensualismus die Hand geben. Solche Überlappungen sind das wichtigste Anzeichen für die Verwirrung, die durch Galls Lehre ausgelöst wurde. Aus dieser Richtung kommende Attacken gegen Gall verfehlten ihre Wirkung nicht zuletzt wegen ihrer mangelnden Kohärenz. Die Hoffnung trog, daß Gall, wie etwa Lavater, nach einer laut genug vorgebrachten Kritik sogleich desavouiert sein würde.[27] Seine Zeitgenossen überschätzten die eigene methodische Zuverlässigkeit und übersahen dabei, daß Galls methodische Schwächen sich nicht so fundamental von den eigenen unterschieden, daß man ihn problemlos hätte ausgrenzen können. Darüber hinaus wurden seine Argumente und Entdeckungen, die eine Reihe von älteren Lehrmeinungen in Frage stellten, von nicht wenigen Zeitgenossen begrüßt. Der Kredit, den man ihm einräumte, galt auch der Unabgeschlossenheit seiner Lehre und den vielfältigen Perspektiven, die sie anzubieten schien.

Möglichkeiten und Grenzen der Anatomie

An Soemmerrings und Ackermanns Argumentation hat sich bereits angedeutet, daß die Anatomie ein bevorzugtes Forum für die Diskussion der Organologie darstellte. Tatsächlich konzentrierten sich nun eine Reihe von Anatomen auf eine genauere Untersuchung des Gehirns. *Genauer* hieß aber, über Soemmerrings methodischen Ansatz hinauszugehen. Es genügte nicht mehr, sich auf eine makroskopische Analyse des Erwachsenengehirns und dessen Vergleich mit tierischen Gehirnen zu beschränken, wenn man die Schwierigkeiten mit der Cerebralisierung der geistigen Qualitäten und den Hirnfunktionen im allgemeinen bewältigen wollte.

Eine Erweiterung bzw. Neuorientierung der anatomischen Untersuchungsmethoden war unauflöslich verbunden mit dem Versuch, den Standort der Anatomie als Wissenschaft genauer zu bestimmen, insbesondere ihren Beitrag zur Erklärung der Körperfunktionen. Dabei ging man zunächst einmal von Hallers Prinzip der *anatomia animata* aus, das darauf basierte, von der Struktur auf die Funktion zu schließen und eine Hierarchie der Untersuchungsschritte zu entwickeln, bei der die anatomische Beobachtung am Anfang stand. Dann folgte der Versuch, ähnliche Beobachtungen unter pathologischen Bedingungen zu machen; erst an dritter Stelle kam die Vivisektion, und das auch nur als Bestätigung der anatomischen Beobachtung.

Im Falle der Hirnfunktionen und ihrer Lokalisation stellten sich ganz besondere Schwierigkeiten ein, und zwar aus mehreren Gründen. So bestand keine Einigkeit darüber, ob das für die inneren Organe angenommene Verhältnis von Struktur und Funktion auch auf das Gehirn zutreffe. Bereits bei der Frage, ob es sich bei den Hirnhöhlen um »besondere« Höhlen handle und ob deren Flüssigkeit sich grundlegend von anderen unterscheide, wurde eine Unsicherheit deutlich, ein Oszillieren zwischen einer gleichwertigen Beurteilung sämtlicher Körperteile und einer strukturellen Singularität des Gehirns. Dazu kam das Problem der weitgehend homogenen Struktur des Gehirns. Daß etwa Leber und Milz unterschiedliche Funktionen verrichten, war für einen Anatomen leicht einsichtig; daß Hirnrinde und Hirnmark sich hinsichtlich der Sensibilität unterschiedlich verhielten, war seit Hallers und Zinns Experimenten bekannt, aber eine weitere Spezifizierung der Funktionen war aus der makroskopischen Anatomie nur so weit zu entnehmen, wie die Verläufe von Sinnesnerven mit den zur Verfügung stehenden Mitteln verfolgt werden konnten. Das hatte immerhin zum Ende des Seelenorgans beigetragen, führte aber kaum weiter. Deswegen wurde ein geräumiges Bezugssystem verschiedener Wissensräume wie vergleichende und pathologische Anatomie, klinische Beobachtung, physische Anthropologie und Entwicklungsgeschichte bereitgestellt. Der Nachteil bestand bloß darin, daß kein einzelner in der Lage gewesen wäre, in allen zur Verfügung stehenden Wissensräumen gleichzeitig zu operieren, zumal ihnen eine ganz unterschiedliche Dignität zugesprochen wurde.

Niemand vermochte zu sagen, wie diese unterschiedlichen Wissenssegmente zu einem kohärenten System zusammengefügt werden könnten. So fand die Forderung nach einer Einbeziehung des pathologischen Wissens in die Anatomie im Hinblick auf die Läsionen und Krankheiten des Gehirns breite Zustimmung, doch der Nutzen der konkreten Fallbeschreibung war vielfach dadurch beschränkt, daß Läsionsort und -art und Symptomatik keinen inneren Zusammenhang erkennen ließen. Um so mehr Zweifel mußten aufkommen, wenn solche unsicheren Befunde im Hinblick auf Sitz und Ursache der seelischen Qualitäten interpretiert wurden. Ähnliche Unsicherheiten betrafen das physiologische Experiment, zumindest in der Zeit vor Flourens. Es waren jedoch nicht ausschließlich Zweifel an einem angemessenen empirischen Zugang, die eine systematische Nutzung der pathologischen Befunde für die Hirnforschung so schwierig machten. Das zeigt der Vergleich unterschiedlicher Zugangsweisen in Frankreich, England und Deutschland.

In Frankreich entwickelte sich die experimentelle Physiologie nach 1800 schneller als in Deutschland,[28] doch was die experimentelle Hirnforschung betrifft, gab es vor den Experimenten von Flourens nur vereinzelte, kaum ins Gewicht fallende Untersuchungen. Angesichts der großen Anzahl der Reizversuche mit elektrischem Strom waren die Resultate außerordentlich dürftig. Immerhin hatte Luigi Rolando aufgrund von galvanischen Experimenten mit einer Voltasäule herausgefunden, daß die Reizung verschiedener Teile des Großhirns zu einer lebhaften Muskelbewegung führte.[29] Er schloß aus diesen Ergebnissen zwar nicht auf die Existenz bestimmter Gruppen von Hirnfasern, die für spezifische Bewegungen verantwortlich seien, brachte diese Möglichkeit aber immerhin zur Sprache.[30] Es war Flourens, der sich, nachdem er einmal eine antilokalisatorische Position bezogen hatte, gegen Rolandos Untersuchungen wandte und ihnen seine eigenen Experimente entgegenhielt, bei denen sich keine durch das Gehirn oder Kleinhirn ausgelösten Muskelkontraktionen gezeigt hatten. Dem fügte er das damals einleuchtende Argument hinzu, daß das Gehirn, ohne selbst elektrische Aktivität zu entfalten, den galvanischen Fluß zu den erregbaren Teilen, also den Muskeln leite.[31] Die Kombination technischer Unzulänglichkeiten und metaphysischer Bedenken führte also dazu, daß die Erregbarkeit des Gehirns bzw. die Lokalisierung der Hirnfunktionen außerhalb des Problemhorizonts der Experimentalphysiologen blieb.

Eine andere Perspektive experimenteller Lokalisierung schien Charles Bells epochemachende Entdeckung einer unterschiedlichen Funktion der Rückenmarkswurzeln zu bieten. Danach waren die vorderen Wurzeln der Motorik, die hinteren der Sensibilität vorbehalten.[32] Ohne ins Detail der legendären, 1811 als Privatdruck erschienenen Schrift »Idea of a new Anatomy of the Brain« zu gehen, die zunächst nur eine Handvoll von Freunden Bells zu Gesicht bekam, kann man zwei Dinge herausheben. Erstens haben diese Untersuchungen, nachdem sie öffentlich bekannt und auch reproduzierbar wurden, eine große Bedeutung für die Entwicklung der Reflexlehre gehabt, auch für die Lehre von der Nervenfunktion, keinesfalls aber für die Lokalisierung im Gehirn.[33] Weil die Bedeutung für die experimentelle Neurophysiologie so groß war, ist zweitens allzuoft übersehen worden, daß Bell mit seiner Entdeckung etwas ganz anderes bezweckte, nämlich einen Beweis dafür, »daß das große und kleine Gehirn verschiedene Funktionen besitzen«.[34]

Nicht die Experimentalphysiologie, sondern die Anatomie wollte Bell befördern.[35] Ähnlich wie Gall, den Bell 1811 vermutlich nicht kannte, ging es ihm darum, aus der Struktur des Gehirns auf die Funktion zu schließen; die Gemeinsamkeiten reichen sogar so weit, daß auch Bell die Lehre vom Sensus communis als Zentralstelle im Gehirn nur so lange plausibel fand, »bis wir anfangen, den Bau des Gehirns und den Verlauf der Nerven anatomisch zu untersuchen – dann ist alles Verwirrung«.[36] Indem er das Sensorium commune verwirft und den Sitz der Verstandestätigkeiten (»operations of the mind«) vom Sitz der Empfindung trennt, stößt er unweigerlich auf den Lokalisationsgedanken. In diesem Kontext interessiert sich Bell für den Faserverlauf im Rückenmark, und ohne Genaueres über die Art seiner Experimente mitzuteilen, kommt er zu dem Ergebnis, daß sich die Schenkel des Großhirns (»crura of the cerebrum«) in das vordere Bündel des Rückenmarks, die Schenkel des Kleinhirns in das hintere Bündel verfolgen lassen.[37] Verletzungen der vorderen Wurzel ergeben Zuckungen, der hinteren Wurzel nicht. Daraus folgert Bell, daß Groß- und Kleinhirn unterschiedliche Funktionen haben. Das Großhirn ist der Sitz der willkürlichen Bewegung, über das Kleinhirn verliert Bell kein weiteres Wort, außer daß es einfach in seiner Form sei und auch bei Tieren ohne Großhirn vorkomme. Seine größere Komplexität macht das Großhirn zu dem Organ, »durch das der Verstand mit dem Körper verbunden ist«.[38]

Bells »Idee einer neuen Hirnanatomie« ist nicht mehr und nicht weniger als ein weiterer Versuch, eine Lokalisationstheorie nach dem Ende des Seelenorgans zu entwickeln. Die Übereinstimmung mit Gall reicht so weit, daß auch Bell die Hirnrinde

(»surfaces of the hemispheres«) für die höchsten intellektuellen Funktionen reserviert.[39] Dafür hat er ein Argument zur Hand, das die experimentelle Physiologie geradezu düpiert. In einer Umkehrung der Lehren Hallers hält er diejenigen Teile des Gehirns für die distinguiertesten und edelsten, die über keine Sensibilität verfügen. Bell ist sich darüber im klaren, daß er hier einen ehemals wichtigen Lehrsatz der Physiologie verabschiedet: »Zunächst ist es schwierig zu begreifen, wie derjenige Teil, zu dem alle Sinneseindrücke weitergeleitet werden und durch den wir uns dieser Sinneseindrücke bewußt werden, selbst unempfindlich sein kann.«[40] Diese Verteilung findet Bell jedoch nicht problematischer oder unverständlicher als die unterschiedliche Lokalisierung des Intellekts und der Sinnesempfindungen.

Bell führt noch ein weiteres Argument für seine Lokalisationslehre ins Feld, nämlich die Pathologie: »Ich habe verschiedene Male alle inneren Teile des Gehirns krank gefunden, ohne daß es zu einer Beeinträchtigung des Verstandes kam. Doch ich habe niemals eine allgemeine Erkrankung auf der Oberfläche der Hemisphären gesehen, ohne daß der Patient an einer Einschränkung oder einem Verlust seiner geistigen Fähigkeiten litt.«[41] So klar und bestimmt wollte sich kaum ein Zeitgenosse über das Verhältnis von Hirnerkrankung und psychischer Alteration äußern. Ganz im Gegenteil. Zwar fand man seit der zweiten Hälfte des 18. Jahrhunderts Gefallen daran, die Ursachen für die Geisteskrankheiten im Gehirn zu suchen, aber was bedeutete das konkret? Im einen Fall fand man das Gehirn zu weich, im anderen zu hart; es gab umschriebene Erweichungen oder Verhärtungen; man achtete auf zuviel Flüssigkeit oder zuwenig. Spezifische krankhafte Veränderungen mochten gefunden werden oder nicht, sie konnten prinzipiell an jedem Ort des Gehirns lokalisiert sein. Für die Lokalisationslehre war das alles viel weniger bedeutungsvoll, als man aus Bells Äußerung schließen könnte. Kaum ein Anatom verbarg seine Enttäuschung über die diffusen und widersprüchlichen Befunde.

Die Gebrüder Wenzel etwa beklagen, daß sie zwar in vielen Fällen von Hemiplegie (halbseitiger Lähmung) pathologische Veränderungen der Corpora striata (Streifenkörper) auf der entgegengesetzten Seite gefunden hätten, in anderen Fällen seien jedoch andere Strukturen lädiert gewesen, in noch anderen Fällen fand sich überhaupt keine sichtbare Hirnläsion.[42] Karl Asmund Rudolphi hält es beinahe für eine Selbstverständlichkeit, daß Hirnfunktionen gestört sein können, ohne daß man irgendeine Ursache entdeckt, daß umgekehrt erhebliche Veränderungen bei solchen Leuten gefunden werden, die bis zuletzt im vollen Besitz ihrer Geisteskräfte waren.[43] Auch Johann Friedrich Meckel, der nicht wenig von der pathologischen Anatomie hält, mag sich im Hinblick auf die Lokalisation nicht auf sie verlassen. Kurz gesagt, die Pathologie war vorerst nicht mehr als ein Versprechen, das allerdings durch einzelne Fallgeschichten stets virulent blieb. Daraus ergab sich eine Beschränkung der anatomischen Ansprüche hinsichtlich der Lokalisation der geistigen Funktionen, was jedoch etlichen Protagonisten durchaus recht war; und das hatte tiefergehende Gründe als bloß die Artikulation wissenschaftlicher Bescheidenheit.

Es ist immer wieder behauptet worden, daß die Anatomen des frühen 19. Jahrhunderts sich den anatomischen Teil von Galls Lehre herausgegriffen und den organologischen beiseite gelassen hätten. Damit wird unterschlagen, daß es ganz unterschiedliche – metaphysische, religiöse, anthropologische, forschungspraktische, politische, vom sozialen Prestige des Wissenschaftlers geprägte – Aspekte waren, die das Verhältnis zu Gall bestimmten. Das schloß, wie das Beispiel Soemmerrings und Ackermanns gezeigt hat, die Wertung der Anatomie mit ein. Der Punkt ist, daß die Anatomie ganz entscheidend zur Formierung der Wissenschaften vom Menschen beitrug, obwohl sie vielfach kein positives Wissen vorweisen konnte. Nicht einmal der von seiner Lehre so überzeugte Gall hat ernsthaft behauptet, über hinreichend sichere empirische Kenntnisse zu verfügen, die seine Lehre hätten unantastbar machen können. Die Autorität der Anatomie beruhte keineswegs auf einem allgemeinen Konsens über Einzelergebnisse. Als Anatom zu sprechen bedeutete, eine bestimmte Sprache zu sprechen und eine bestimmte Forschungspraxis zu verfolgen, aber nicht, bestimmte Ergebnisse vorzulegen.

Für einen Nicht-Anatomen wie Kant war anatomisches Wissen

verbindlich, solange er nicht selbst das Seziermesser in die Hand nahm. Niemand hätte ihn ernst genommen, wenn er Soemmerrings topographische Angaben in Zweifel gezogen hätte. Umgekehrt mußte ein Anatom nicht unbedingt zum Messer greifen, um die Sprache der Anatomie in Zweifel zu ziehen. An dieser klaren Kompetenzverteilung hatte Kant selbst mitgewirkt. Innerhalb der Anatomie wurden unterschiedliche Wege ausprobiert, Wissensgebiete wie vergleichende und pathologische Anatomie, klinische Befunde und Embryologie miteinander zu kombinieren. Solche Versuche waren nicht unabhängig von methodischen Überlegungen, anhand derer die Relevanz von Theorie, Beobachtung, Experiment und Hypothese diskutiert wurde. Dennoch kam es häufiger vor, daß beispielsweise zwei Anatomen in methodischer Hinsicht vollkommen übereinstimmten, aufgrund unterschiedlicher Präferenzen für bestimmte Wissensgebiete jedoch zu entgegengesetzten oder zumindest weit auseinanderliegenden Schlußfolgerungen gelangten. Solche Differenzen waren weniger ein Zeichen von Schwäche als ein Ausdruck unterschiedlicher Forschungskulturen, in denen Wissenschaftler oder Wissenschaftlergruppen ihren eigenen Standort abgrenzten und von dem aus sie ihr Tätigkeitsfeld organisierten. Dabei fanden methodische und kritische Fragen nur bedingt eine äquivalente Forschungspraxis. Das wurde beklagt, führte vielfach aber auch zu einer rein deskriptiven Anatomie, die innerhalb bestimmter Grenzen einen hohen Erkenntniswert hatte, sich allerdings dem neuen Diskurs über das Gehirn weitgehend verweigerte.

Deskriptive Anatomie des Gehirns

Die Gebrüder Karl und Joseph Wenzel erlernten zwischen 1786 und 1791 das anatomische Handwerk bei Soemmerring und arbeiteten später auch mit Ackermann zusammen.[44] An die 15 Jahre analysierten sie das Gehirn, bevor sie mit einem »Prodromus« an die Öffentlichkeit traten. Das eigentliche Werk ließ dann noch einmal sechs Jahre auf sich warten. Der ursprüngliche Anspruch war recht hoch gewesen: das Gehirn »von dem unreifen Kinde bis ins höchste Alter« zu untersuchen gehörte ebenso dazu wie der Vergleich mit tierischen Gehirnen und die »Krankheiten dieses Organs durch seine Struktur zu erläutern«.[45] Das Ergebnis jedoch reichte über eine Fülle detaillierter Beschreibungen einzelner Hirnabschnitte nicht hinaus. Von einer systematischen Hirnlehre oder von einem Konzept für die Einordnung der Befunde war keine Rede, insbesondere die vergleichende Hirnentwicklung und die Hirnfunktionen wurden ausgespart.[46] Etwas präziser als Ackermann vermuten sie, daß »die grauen Theile im Innern des Hirns [gemeint sind Corpora striata, Thalami optici und Corpora quadrigemina] die unmittelbaren organischen Vorrichtungen zu den verschiedenen Kräften, welche durch das ganze des Hirnes ausgeübt werden«,[47] darstellen, doch mehr haben sie zur Lokalisierung der Hirnfunktionen nicht zu sagen.

Um so eigenartiger erscheint es, daß die Gebrüder Wenzel Soemmerrings Thesen bezüglich des Seelenorgans noch einmal erwägen. Bereits im »Prodromus« korrigieren sie dessen Hirnnervenanatomie dahingehend, daß sämtliche Hirnnerven mittelbar, das heißt durch ihre Ursprungsgebiete mit den Hirnhöhlen in Kontakt stehen.[48] Dieser Gedanke wird im späteren Werk aufgegriffen, und auch die Dunst-Theorie von Hildebrandt und Ackermann taucht noch einmal auf.[49] Solche Ansichten wurden im frühen 19. Jahrhundert nicht von vornherein als absurd abgetan. Dazu war die Vielfalt der öffentlich vertretbaren Positionen zu groß. Trotzdem wurde die Sprache des Seelenorgans, der die Anhänger Soemmerrings folgten, kurze Zeit später von niemandem mehr gesprochen, und das hing keineswegs bloß mit einer weiter entwickelten Hirnanatomie zusammen.

Den Anatomen nach Soemmerring, Kant und Gall stellte sich die zwingende Frage, wie kompetent die Anatomie sei, Probleme wie die Lokalisierung von Hirnfunktionen oder das Leib-Seele-Verhältnis zu behandeln. Die Wenzels gaben eine einfache Antwort, indem sie sich weitgehend auf Beschreibungen zurückzogen. Damit konnte man sich recht und schlecht aus der Affäre ziehen, aber es gab auch andere Stimmen, die die Herausforderung durch Gall annahmen. In der Anatomie Neuland zu betreten, in der Physiologie aber ganz im späten 18. Jahrhundert zu verharren fand kaum noch Zustimmung, weil das Verhältnis zwischen Anatomie und Physiologie innerhalb kürzester Zeit außerordentlich heikel geworden war. Das Gefühl, die Makroanatomie zu einem Höhepunkt geführt zu haben; die Fragen der Hirnfunktion; die zahlreichen galvanischen Experimente; physiologische Theorien, die sich an epigenetischen und naturphilosophischen Theoremen oder am animalischen Magnetismus orientierten – all diese Umstände trugen dazu bei, daß die Frage, welchen Wert die Anatomie für die Physiologie habe und inwiefern letztere eine Unabhängigkeit beanspruchen könne, gleichbedeutend war mit einer Hinwendung der Anatomie zu neuen Forschungsgebieten und ihrer Abwendung von Wissensgebieten, die nicht zu einer Neuorientierung paßten. Somit waren die Behandlung methodischer Probleme, die Systematisierung des Wissens und die Erschließung neuer Wissensbereiche vor allem durch die Notwendigkeit bestimmt, den traditionsreichen Platz im Fächerkanon der Medizin gegen verschiedene Anfechtungen und Aporien zu behaupten. Das Gehirn, um 1800 so sehr ins Gerede gekommen, bildete geradezu paradigmatisch das Organ, neue Maßstäbe, Vorstellungen und Orientierungen auszuprobieren. Ob das Gehirn etwas lehren könne oder nicht, war eine Frage, die fest an eine Standortbestimmung der Anatomie und der Anatomen geknüpft war.

Der empirische Skeptizismus in der Anatomie

Die Frage nach der Kompetenz der Anatomie hatte die Pariser Akademie-Kommission um Cuvier beschäftigt, und eine ihrer Antworten bestand darin, daß es der Wissenschaft nichts nütze, eine neue Lehre ohne hinreichende Beweise zu entwickeln, und daß man sein Nichtwissen lieber eingestehen solle. Ein solches Eingeständnis sei schmerzlich, doch nur in dieser Form bleibe man ein wahrer und ernstzunehmender Forscher. Die Verknüpfung politischer Interessen und methodologischer Grenzziehungen, die in dieser Forderung zum Ausdruck kam, war im napoleonischen Frankreich insofern brisant, als sie zwar in erster Linie auf Gall zielte, aber daneben auch den Materialismus der *Idéologues* im Blick hatte. Letztere hatten jedoch selbst ähnliche Maximen aufgestellt, um die neue anthropologische Medizin von Scharlatanen, Quacksalbern und der antiquierten Lehrbuchmedizin abzugrenzen.[50]

Die wissenschaftstheoretischen Überlegungen der *Idéologues*, insbesondere von Cabanis und Destutt de Tracy, sind als »empirischer Skeptizismus«[51] treffend charakterisiert worden. Zu den Regeln des Skeptizismus gehörte es, »aus genauer Beobachtung von Tatsachen nur die sichersten Schlüsse [zu] ziehen, niemals reinen Hypothesen den Wert von Tatsachen [zu]zuweisen und das Eingeständnis absoluten Nichtwissens gegenüber jeder Behauptung vor[zu]ziehen, welche sich nur auf Wahrscheinlichkeit gründet.«[52]

Die Übertragung des Begriffs »empirischer Skeptizismus« auf die Situation in Deutschland ist nicht ganz unproblematisch.[53] Der wichtigste Unterschied dürfte darin liegen, daß der empirische Skeptizismus in Frankreich Teil eines umfänglichen philosophischen und gesellschaftlichen, antiklerikal und zeitweise antimonarchistisch orientierten Programms war und auch entsprechend ausformuliert wurde. Unter deutschen Autoren gab es dagegen weder eine Gruppe noch ein Programm, vielmehr artikulierte sich der Skeptizismus im wesentlichen bei methodologischen Problemen und wissenschaftlichen Fragestellungen, wobei auch politische und kulturelle Gesichtspunkte eine Rolle spielten.

Das Beispiel der Anatomen Karl Asmund Rudolphi und Johann Friedrich Meckel illustriert den Zusammenhang von empirischem Skeptizismus und Hirnforschung. Als Professoren an den Universitäten Berlin bzw. Halle hatten beide großen Einfluß auf die Anatomie und Physiologie im ersten Drittel des 19. Jahrhunderts. Als strikte Advokaten einer empirischen Wissenschaftsauffassung hielten sie es nicht für grundsätzlich unmöglich, daß die Anatomie Fragen der cerebralen Lokalisierung beantworten könne; sie behaupteten jedoch, daß der vorhandene Wissensstand keine Aussagen zulasse. Weiterhin rekurrierte keiner von ihnen auf Hallers Konzept der Äquipotenz, was nur ein weiteres Indiz dafür ist, daß die Bedeutung Hallers um 1800 eher marginal war. Trotz methodischer Übereinstimmungen kamen Rudolphi und Meckel zu völlig unterschiedlichen Schlußfolgerungen in bezug auf die Hirnforschung.

Rudolphi nutzte die Theorie über das Seelenorgan und die Organologie, um prinzipielle Fragen der wissenschaftlichen Methode zur Sprache zu bringen. Eine entscheidende Rolle spielt dabei der Begriff der Hypothese. Seit Albrecht von Haller ging man unproblematisch und pragmatisch davon aus, daß Hypothesen Fragen aufwerfen, »deren Beantwortung von der Erfahrung gefodert wird, und die ohne Hypothesen uns nicht eingefallen wären«.[54] Haller rekurrierte damit auf das klassische Baconsche Zusammenspiel von Fragen, die durch das Experiment beantwortet werden. Rudolphi dagegen faßt den Spielraum der Hypothesen wesentlich enger: »Ich nehme gern eine Hypothese an, sobald ich keine andere besser oder eben so gut finde; sind zwey Hypothesen gleich annehmbar, halte ich beyde für willkürlich, überlasse jedem gern ihre Annahme, allein er muß nicht vergessen, daß es eine Hypothese ist, und daß alles, was er daraus folgert, ebenfalls hypothetisch angenommen wird.«[55] Wie kommt es zu der unüberwindlichen Kluft, die hier zwischen Hypothese und Empirie angenommen wird? In erster Linie wird hier vor verschiedenen Bestrebungen innerhalb der romantischen Naturphilosophie gewarnt, wahre Naturwissenschaft als Kombination aus theoretischen Annahmen und Empirie aufzufassen. Nicht der Glaube an Autoritäten, Hypothesen, Theorien oder ein universelles Prinzip stehe am Beginn der Naturwissenschaft, sondern der Zweifel – so schreibt es Rudolphi den »Jünglingen« ins Stammbuch, nachdem er 1810 zum Professor der Anatomie in Berlin berufen worden war.[56]

Für Rudolphi ist das Prinzip des Zweifels von Anfang an das Motiv seiner Arbeit, so auch für seine Auseinandersetzung mit Soemmerring.[57] Schon dabei taucht die Frage auf, welche Problemstellungen der empirischen Naturforschung zugänglich sind und welche nicht. Wenn Rudolphi relativ schnell zu dem Ergebnis gelangt, daß die Bestimmung der Seele sowie die ihrer Interaktion mit dem Körper zur Metaphysik gehört, erscheint das ganz im Sinne Kants; nur begründet Rudolphi dies nicht auf epistemologischem Wege, sondern über die Anatomie.

Gewiß war Rudolphi nicht der einzige Anatom, der sich mit Soemmerrings Hirnnervenanatomie so detailliert auseinandersetzte, daß er die mitgeteilten Befunde mit eigenen Untersuchungen verglich. Seine Analyse jedes einzelnen Hirnnervs führt ihn auch nicht zu einer offenen Widerlegung von Soemmerrings Angaben, doch er gibt ihnen eine andere Akzentuierung. Soemmerrings Optimismus, die gesuchten Verbindungen zwischen Hirnnerven und Seelenorgan in Zukunft nachweisen zu können, wird ins Gegenteil verkehrt: Die Anatomie der Hirnnerven liefert keineswegs Beweise für die Lokalisation des Seelenorgans in den Hirnventrikeln, eben weil verschiedene Nerven keine Beziehung zu den Ventrikelwänden hätten.[58] Noch deutlicher wird Rudolphis Skeptizismus in seiner Beurteilung der transzendentalen Physiologie. Belebtheit und Organisation der Materie sind für ihn nicht mehr als heuristisch anwendbare Begriffe für unbekannte Lebensprozesse. Belebt sind nach Rudolphi diejenigen Körperteile, die auf sich selbst oder auf andere Teile eine Wirkung ausüben können. Dazu gehören solide Strukturen wie Nerven, Muskeln oder innere Organe, aber nicht die Flüssigkeiten.[59] Damit begibt sich Rudolphi scheinbar in die Nähe zu Kant. Doch während Kants teleologische Definition der Organisation als ein regulatives Prinzip angelegt ist, das die belebte Natur überhaupt erst verstehbar macht, spielt der Begriff der Zweckbestimmung bei Rudolphi keine Rolle. Im Ergebnis allerdings laufen beide Positionen auf das gleiche hinaus, nämlich auf eine Begrenzung des Geltungsbereichs der Naturforschung. Über die Hirnfunktionen mag die Physiologie früher oder später noch manches zutage fördern. Doch für Kant wie für Rudolphi werden Fragen zur Seele oder psychophysischen Interaktion dadurch nicht tangiert. Für den Naturforscher bleibt »das Wie einer Verbindung zwischen Geist und Körper [...] immer gleich dunkel«, ebenso wie die Beschränkung auf die bloße Materie.[60]

Wenn Rudolphi den Dualismus und den Materialismus verwirft, verbirgt sich dahinter noch ein weiteres Motiv. Deutlich wird das an der Auseinandersetzung mit Gall. Rudolphi besuchte Gall in Wien bereits kurz nach 1800, aufmerksam geworden durch die ersten Veröffentlichungen, die Galls Lehre enthusiastisch priesen. Zunächst einmal standen sich beide in methodologischer Hinsicht nicht allzu fern. Beide betrachteten sich als gute Empiriker, die sich mit transzendentalen Fragen nicht aufhielten. Ihre Kontroverse entzündete sich an der Legitimität der Verknüpfung von physischer Natur und sittlichen Verhaltensweisen des Menschen. Rudolphi lehnt es ab, Kategorien für Eigenschaften wie »Stolz« oder »Eitelkeit« zu bilden, da das menschliche Verhalten im Laufe des Lebens ständigen Wandlungen unterworfen sei. Das ist für Rudolphi nicht mit statischen Hirnarealen vereinbar, in denen diese Eigenschaften Sitz und Ursache haben sollen. Überhaupt sind Aussagen über die charakterlichen Eigenschaften eines Menschen in einem wissenschaftlichen Rahmen zumeist unzuverlässig, da das Urteil über ihn immer auf eigenen Interessen, Sympathien und Antipathien beruht.[61] Deswegen kann der Mensch als moralisches Wesen gerade nicht der jeweils gültigen wissenschaftlichen Theorie und Praxis unterworfen werden. Rudolphi stößt sich aber nicht bloß an einer sozusagen übermächtigen Komplexität des Untersuchungsgegenstandes; vielmehr ist sein Beharren auf einer eigenständigen Lebenswelt als Weigerung zu verstehen, den Menschen durch Definitionen und Kategorien in anatomisch-physiologischer und in psychologischer Hinsicht festzulegen.

Im Zusammenhang von Freiheit und Determinismus führt Rudolphi ein Argument ins Feld, das nicht gerade aus dem Repertoire der Anatomie stammt: Wenn bestimmte Eigenschaften oder Talente eines Menschen entwickelter seien als andere, so hänge das vor allem mit der Erziehung zusammen und nicht mit den angeborenen Gegebenheiten der Hirnorgane.[62] Während seiner Bildungsreise zwischen 1800 und 1801 besuchte Rudolphi nicht nur Gall in Wien, sondern auch Johann Heinrich Pestalozzi und dessen Schule im schweizerischen Burgdorf. Rudolphis Porträt ist nicht bloß eine liebevolle Beschreibung, sondern zeigt seinen ganzen Enthusiasmus für die Möglichkeiten der Erziehung.[63] An Pestalozzi bewundert er vor allem, daß Erziehung hier neben der intellektuellen auch die moralische Entwicklung und die Ausbildung von praktischen Fähigkeiten umfaßt. Nur die Harmonisierung aller drei Aspekte trägt zur »Bildung des Menschlichen« bei.

»Er erzieht die Knaben nur zu Menschen; hier wird nicht der Baron, nicht der künftige Gelehrte, der Künstler u. s. w. gebildet; sondern der Mensch.«[64] Auch in Rudolphis Beschreibung tauchen die »Anlagen« des Menschen auf, doch sind diese weder materiell im Gehirn fixiert noch durch irgend etwas anderes zu entdecken und zu entwickeln als durch Erziehung. Nun hat Gall die Möglichkeiten der Erziehung überhaupt nicht bestritten. Für Rudolphi geht es denn auch darum, daß Bedeutung und Anwendung des Begriffs »Anlage« ausschließlich auf den lebensweltlichen Bereich beschränkt bleiben, wohingegen Gall den Begriff in die naturwissenschaftliche Kompetenz transponiert. Er ist der Überzeugung, daß die Möglichkeiten der Erziehung im wesentlichen auf der Kenntnis der angeborenen Hirnfunktionen basieren; Rudolphi argumentiert genau umgekehrt, daß die Erziehung von Geist, Körper und Gemüt auf dem Glauben an einen selbstbewußten und unabhängigen Menschen beruhen und daß seine Leistungsfähigkeit durch Lernwilligkeit und Fleiß bestimmt sei.[65]

Noch deutlicher wird die Gegenüberstellung einer kulturellen Bestimmung des Menschen und eines somatischen Determinismus in der Frage des Geschlechterverhältnisses. Im frühen 19. Jahrhundert, da die Ausbildung einer »spezifisch weiblichen Psycho-Physiologie«[66] auch in der Hirnanatomie bereits in Gang gekommen war, scheint Rudolphis Position eher die Ausnahme darzustellen. In einer nur wenig bekannt gewordenen Rede über das Schönheitsverhältnis bei den Geschlechtern definiert er die Ausbildung der Verstandeskräfte als kulturelles Geschehen: »Es ist keine Frage, dass nicht das wohlorganisirte Weib jedes Talent des Mannes sich zu eigen machen könnte; aber was würde es ihm, was würde es uns helfen? Wir hätten ein Weib weniger, einen Mann mehr.«[67] Es war gewiß nicht Rudolphis Absicht, an der sozialen Ordnung der Geschlechter zu rütteln. Doch die intellektuelle und moralische Gleichheit der Geschlechter unterscheide den Menschen vom Tier, wo das männliche Geschlecht zumeist dominant und »mehr begünstigt« sei.

Eine solche Determinierung durch körperliche Bedingungen durchzieht auch noch Rudolphis vergleichende Anthropologie. Die vermeintliche Kulturlosigkeit der Afrikaner und Südameri-

kaner führt er auf geringere Geisteskräfte zurück.[68] Erst wenn es
um die kulturelle Entwicklung in Europa geht, weicht Rudolphi
von seinem Determinismus ab und bewegt sich ganz auf der Linie von Kants pragmatischer Anthropologie, wonach die Verbesserung des Menschen durch Menschenkenntnis und nicht durch
Kenntnis des Nervensystems erfolgt. Rudolphi beruft sich an keiner Stelle explizit auf Kant; gleichwohl ist seine Kritik an der Organologie Ausdruck eines Unbehagens an der Verbindung von
Hirnentwicklung und menschlichen Fähigkeiten und Eigenschaften. Die Tatsache, daß eine solche Position nicht nur von Pädago-
gen, Philosophen und Theologen vertreten wurde, sondern auch
von einem Anatomen, blieb nicht ohne Auswirkungen auf die
Anatomie selbst und die Entwicklung der Hirnforschung. Insbesondere in der Konfrontation mit Gall hatte der empirische Skeptizismus in Gestalt einer Methodendiskussion die Funktion eines
schützenden Regulativs. Daher spielten – genau wie in Frankreich, nur mit anderen Schwerpunkten – auch sozial und kulturell verankerte Kategorien eine Rolle – wie übrigens auch bei anderen Kritikern Galls wie Ackermann, Hildebrandt, Walter oder
Metzger. Sie haben daraus jedoch andere Konsequenzen gezogen, indem sie zurück in die Arme des 18. Jahrhunderts kehren
wollten. Anders Rudolphi; mit dem definitiven Ausspruch: »Das
Gehirn hat uns also nichts gelehrt«[69] verabschiedet er sich weitgehend vom Gehirn und wendet sich anderen Forschungsgebieten zu.

Eine ähnlich skeptische Einschätzung des Erkenntnisgewinns
der Organologie findet sich auch bei Johann Friedrich Meckel,
dessen Beitrag zur Hirnforschung sich auf eine umfangreiche Arbeit über die Entwicklungsgeschichte des Gehirns beschränkt.[70]
Dabei war Meckel als ein direkter Schüler Johann Christian Reils,
dem neben Gall bedeutendsten Hirnanatomen des frühen 19. Jahrhunderts, intensiv mit der Anatomie des Gehirns in Berührung
gekommen. Reil hatte 1808 sogar öffentlich darauf hingewiesen,
daß er die menschliche Anatomie des Kleinhirns und Meckel die
vergleichende bzw. die Bildungsgeschichte desselben übernehmen-
men wolle.[71] Von Reils naturphilosophischen Überlegungen zur
Hirnfunktion finden sich bei Meckel keinerlei Spuren. Im Ge-

genteil ist er sich mit Rudolphi in einer kritischen Einschätzung der Naturphilosophie einig. Als Meckel nach Reils Tod die Herausgabe des »Archivs für die Physiologie« übernimmt, hebt er in einem kurzen Vorwort zum ersten Band hervor, daß die Zeitschrift ausschließlich der Mitteilung von Beobachtung und Versuch vorbehalten sei, da nur auf diesem Weg die Wissenschaft bereichert werde. Eine solche Ansicht könne man, so Meckel, endlich wieder »offen« vertreten, »ohne Gefahr zu laufen, für einen Obscuranten zu gelten«.[72] Man muß nur einen Blick in die vorangegangenen Bände der Zeitschrift werfen, um zu sehen, gegen wen solche deutlichen Worte gerichtet sind. Seit 1805 nämlich hatte Reil das Archiv verstärkt für Arbeiten geöffnet, die sich mit dem animalischen Magnetismus befaßten. Während Reil sich davon ebenso wie von der Naturphilosophie Innovationen für die Physiologie erhoffte, standen Meckel und Rudolphi dem Mesmerismus ausgesprochen feindlich gegenüber.[73]

Aus der prinzipiellen Übereinstimmung mit Rudolphi über Möglichkeiten und Grenzen der Anatomie und Physiologie folgte jedoch keine inhaltliche Übereinstimmung. Im Gegensatz zu Rudolphi plädierte Meckel nämlich für eine Lokalisierung der Hirnfunktionen. Das geschah vor dem Hintergrund der perspektivischen Verschiebung, durch die das Seelenorgan hinfällig geworden war. Während dieser Bruch bei Rudolphi zu einer konzeptuellen Resignation führt, wägt Meckel verschiedene Aspekte der cerebralen Lokalisation gegeneinander ab. Dabei geht er wie Soemmerring von der Frage der inneren Endigungen der Hirnnerven aus. Da er nicht nach einem einheitlichen Seelenorgan sucht, braucht er sich auch nicht darauf festzulegen, ob die Ursprünge der Hirnnerven in der grauen oder in der weißen Substanz endigen und ob sie untereinander verbunden sind. Er vermutet zwar die graue Substanz als Ursprungsort, zieht daraus jedoch keine funktionellen Rückschlüsse.[74] Wichtiger als die Topographie ist für Meckel die Funktion der Hirnnerven, und er legt besonderen Wert darauf, daß gewisse Hirnnerven einen gemeinsamen Ursprung und auch gemischte sensorische und motorische Funktionen haben und somit als Einheit zu betrachten seien.[75] Mit dieser Einheit argumentiert er gegen Gall, nach dem die Organe für Willkürbewegung und Sinneswahrnehmung in unterschiedlichen Regionen des Gehirns beheimatet sind. Damit wird Meckels Methode deutlich. Ohne Rückgriff auf das Sensorium commune und ohne psychologisches Raisonnement argumentiert er mit der Anatomie der Hirnnerven und schließt daraus auf eine cerebrale Lokalisation von Wahrnehmung und Bewegung.

Damit ist das Thema jedoch nicht erledigt. Meckels Strategie in wichtigen Fragen besteht darin, daß er Argumente pro und contra aufzählt und abwägt. Für eine gleichwertige Funktion des gesamten Gehirns sprechen vor allem folgende Punkte: daß eine Verletzung großer Teile des Gehirns nicht notwendig zu geistigen Beeinträchtigungen führt; daß die Verletzung eines bestimmten Gehirnteils bei unterschiedlichen Individuen nicht notwendig zu denselben geistigen Beeinträchtigungen führt; und daß schließlich die Zunahme der geistigen Fähigkeiten nicht notwendig mit zunehmender Größe und Gewicht des Gehirns korreliert. Gerade an diesem letzten Punkt zeigt sich jedoch, daß die anatomische Perspektive im Wandel begriffen war, denn gegen rein quantitative Parameter wie Größe und Gewicht führt Meckel ins Feld, daß die Komplexität der geistigen Fähigkeiten mit der zunehmend differenzierten Struktur des Gehirns parallel geht. Und ebenso spricht für eine Lokalisierung, daß die höhere Entwicklung bestimmter geistiger Eigenschaften korreliert ist mit der höheren Entwicklung bestimmter Gehirnteile. Unter dem Strich deuten pathologische Erscheinungen und quantitativ-anatomische Hinweise mehr in eine antilokalisatorische Richtung, während eine auf die Komplexität der Strukturen achtende, vergleichende Anatomie und die Entwicklungsgeschichte eher für die Lokalisation sprechen.

Meckel war einer der führenden Vertreter einer entwicklungsgeschichtlich orientierten Anatomie. Er versprach sich von ihr eine Erneuerung der Anatomie als Wissenschaft. Das prädestinierte ihn zwar noch nicht zum Verfechter der Lokalisationstheorie, führte aber doch dazu, daß er Argumente aus der Entwicklungsgeschichte bevorzugte, und die deuteten in Richtung Lokalisation. Mit seiner dann nicht mehr weiter hinterfragten Schlußfolgerung, wonach »verschiedene Seelenkräfte zu verschiedenen Organen des Gehirns korrespondieren«,[76] steht Meckel in der Nähe Galls. In gleicher Manier stellt er – wiederum mit Blick auf vergleichende Anatomie und Entwicklungsgeschichte – fest, daß die niederen Seelenkräfte ihren Sitz in den unteren und hinteren, die höheren in den oberen Teilen des Gehirns haben. Doch hütet sich Meckel, eine weitere Spezifizierung vorzunehmen. Er vertritt somit eine risikolose Lokalisierung ohne Organologie, ohne ein komplexes Zuordnungsmodell von menschlichen Fähigkeiten und Talenten und ohne einen Erklärungsversuch der angeborenen Unterschiede zwischen den einzelnen Menschen.

Diese Position ist in doppelter Hinsicht bedeutsam. Der Lokalisationismus ist, ohne daß entscheidende Argumente vorgebracht werden, auch bei einem skeptischen Vertreter wie Meckel bis zu einem gewissen Grad hoffähig geworden. Dessen Zurückhaltung führt aber kaum zu irgendwelchen Forschungsperspektiven – was ihn wieder in die Nähe Rudolphis bringt. Im »Archiv für die Physiologie« beispielsweise wird die Lokalisation kaum thematisiert. Und wenn Meckel einmal eine Arbeit über Hirnfunktionen erscheinen läßt, beschränkt sie sich auf die geläufige und wenig ergiebige Feststellung, daß die Verrichtungen der verschiedenen Teile des Gehirns am besten durch Verletzungen und Experimente aufgeklärt werden. Was dann folgt, ist eine deskriptive Mitteilung verschiedener Krankheitsfälle, ohne daß daraus Rückschlüsse auf eine Lokalisierung gezogen werden.[77] Meckel vertraut in diesem Punkt der Pathologie ebensowenig wie seine Zeitgenossen. Schon deswegen wäre es verfehlt, ihn als Vorläufer der anatomisch fundierten Lokalisationstheorie anzusehen. Die Lokalisationsthematik ist bei Meckel präsent und verbleibt gleichzeitig an der Peripherie des Forschungsinteresses. Er behandelt sie innerhalb seines anatomischen Horizonts. Anthropologische, psychologische und psychiatrische Fragestellungen, die für Gall, Reil und andere mit der medizinischen Praxis konfrontierte Hirnforscher der Ausgangspunkt ihres Interesses am Gehirn waren, sind für Meckel irrelevant. Als Anatom kann er sich von solchen verwickelten und widersprüchlichen psychophysiologischen Zusammenhängen fernhalten.

Dieser fest verankerte Blickwinkel wird auch an dem relativ neuen Problem der Asymmetrie der beiden Hirnhälften deutlich, das für die Hirnforschung in der zweiten Hälfte des 19. Jahrhunderts bedeutsam wurde. Um 1800 wurde die exakte Abgrenzung von Normalität und Anomalität in Struktur und Funktion zum zentralen Paradigma der pathologischen Anatomie. Während zuvor Asymmetrie stets als regelwidrig angesehen wurde, konnte sie nun auch – beispielsweise in der Physiologie Xavier Bichats – als Zeichen von Normalität interpretiert werden.

Meckels Abhandlung war mit 200 Seiten eine der ausführlichsten, aber längst nicht die einzige Untersuchung zum Thema.[78] Das Gehirn spielt hier fast überhaupt keine Rolle. Seit Descartes waren die beiden Hirnhälften als identisch betrachtet worden, was immerhin dazu führte, daß das Seelenorgan als »medium uniens« nicht in einer der beiden Hälften gesucht werden konnte. Auch Gall war von der Symmetrie der Hirnhälften ausgegangen und nahm sämtliche Organe in doppelter Ausfertigung an, was er nicht zuletzt damit begründete, daß eine Verletzung auf einer Seite des Gehirns durch die Tätigkeit des Organs auf der anderen Seite kompensiert werden konnte. Meckel schloß sich dieser Auffassung an und vermutete sogar, daß auch einander nicht korrespondierende Teile der beiden Hirnhälften eine kompensatorische Funktion erfüllen könnten.[79] In dieser Perspektive störte eine mögliche Asymmetrie. Genau sie wurde aber in der Hirnanatomie angenommen. Meckel stimmt Beobachtungen von Félix Vicq d'Azyr und den Gebrüdern Wenzel zu, die eine Asymmetrie zwischen beiden Hirnhälften insbesondere beim Menschen betont hatten. Er hebt hervor, »daß das Gehirn des Menschen [...] asymmetrischer angeordnet ist als das thierische«.[80] Nur wenige Jahre später wurde daraus von anderen der Schluß gezogen, daß dies ein Hinweis für die Höherentwicklung des Menschen gegenüber den Tieren sei, doch Meckel bewahrt in diesem Punkt Schweigen. Dabei war es ihm in der Entwicklungsgeschichte selbstverständlich, anatomische Differenzen zwischen Mensch und Tier im Hinblick auf funktionelle und Entwicklungsunterschiede zu interpretieren. Seine Zurückhaltung ist am ehesten damit zu erklären, daß die Funktion des Gehirns nicht das Forschungsfeld ist, auf das Meckel sich begeben möchte. Er beläßt es bei ganz allgemeinen Überlegungen und kommt gar nicht erst in Versuchung, die menschliche Natur auf dem Wege der Hirnforschung vollständig zu erklären. Wie gut Meckel die Kunst der Zurückhaltung beherrscht, zeigt sich an einer Randbemerkung, die auf einen psychophysischen Parallelismus hinausläuft: das Nervensystem dient der »Production der Processe, welche mit der geistigen Thätigkeit parallel laufen«.[81] So lakonisch hätte sich kein Anatom des 18. Jahrhunderts aus der Affäre zu ziehen gewagt. Doch nun vertreten auch andere zeitgenössische Anatomen eine ähnliche Position. Meckels spezifische Strategie besteht darin, verschiedene Elemente der vorangegangenen Diskussion in seinen Ausführungen implizit vorauszusetzen. Dazu gehört Gall ebenso wie Rudolphi, mit dem er darüber einig ist, daß die Hirnforschung sich nach dem Ende des Seelenorgans erst einmal ihrer methodischen Möglichkeiten versichern sollte.

Doch selbst bei Skeptikern wie Rudolphi und Meckel besteht keine Einigkeit. Aus diesem Grunde wäre es irreführend, die Neuorientierung in der Hirnforschung um 1800 als einen Gegensatz zwischen (skeptizistischer) Wissenschaftlichkeit und (organologischer oder romantischer) Schwärmerei zu verstehen. Eben weil der Skeptizismus, der die methodische Sicherheit der Anatomie gegenüber der Unsicherheit der Physiologie und Psychologie ins Feld führt und gleichzeitig bestimmte Wertvorstellungen verteidigt, sich als eine spezifische Zugangsform zum Gehirn erweist, ist es unergiebig, ihm aus der historischen Distanz den Status der Wissenschaftlichkeit zuzusprechen und den anderen Zugangsformen nicht. Die Ausgestaltung des Problemhorizonts der Lokalisation der geistigen Fähigkeiten im frühen 19. Jahrhundert ist keine Frage von richtiger oder falscher Wissenschaft, sondern ein Ausprobieren und Abgrenzen verschiedener Positionen, in denen kulturelle, ideologische und methodologische Aspekte miteinander verknüpft sind. Rudolphis apodiktischer Satz »Das Gehirn hat uns nichts gelehrt« steht im krassen Gegensatz zu Reil und Gall, nicht bloß als skeptisches Eingeständnis von Nichtwissen, sondern als Ausdruck der Überzeugung, daß der Weg zum Wissen vom Menschen nicht über das Gehirn führt. Eine solche Position wäre für die Anthropologen und philosophischen Ärzte des 18. Jahrhunderts undenkbar gewesen; erst nach 1800 kann sie mit der Ablehnung jedes psychophysischen Ansatzes als Protest gegen die Ansprüche der Hirnforschung formuliert werden. Anders als die Apologeten des Seelenorgans, die auf das Ereignis Gall nur mit Verunsicherung zu reagieren wußten, hatten die skeptischen Anatomen mit dem Seelenorgan wirklich abgeschlossen. Die Frage, was danach kommen sollte, mochten sie allerdings nicht beantworten.

Die organische Seele und das willkürliche Gehirn in der romantischen Naturphilosophie

Die Einheit von Geist und Materie

»Ach, die Naturphilosophie, die in manchen Regionen des Wissens, namentlich in den eigentlichen Naturwissenschaften, die herrlichsten Früchte hervorgebracht, hat in anderen Regionen das verderblichste Unkraut erzeugt.«[1] Als Heinrich Heine 1834 diese Sätze niederschrieb, gehörte die naturphilosophische Phase der Naturwissenschaft und Medizin bereits der Vergangenheit an, doch hatte sie noch nicht den schlechten Ruf, der ihr ab der Mitte des 19. Jahrhunderts für mehr als hundert Jahre anhing. Man konzentrierte sich auf das Unkraut und ließ die Früchte unbeachtet. Begriffe wie Romantik und Naturphilosophie wurden polemisch auf alle möglichen Strömungen, Konzepte und Überzeugungen gemünzt. Die wissenschaftlichen Anstöße der Naturphilosophie, von denen Heine, der gewiß kein Freund der Romantik war, noch wußte, wurden vergessen. Bisweilen hob man mit bedauerndem Wohlwollen hervor, daß die Romantiker auf »die andere Seite« des Lebens geschaut, sich dabei jedoch in Illusionen, Irrationalität und Spekulation verirrt hätten. »Die andere Seite« bedeutete Träume und Somnambulismus, das Unbewußte und Geisteszerrüttung, Phänomene also, für die sich teilweise bereits die Erfahrungsseelenkundler der Spätaufklärung interessiert hatten, weil sie in ihnen eine potentielle Gefährdung des bürgerlichen Individuums sahen. Daran knüpften Ärzte nach 1800 nahtlos an, doch darüber hinaus entwickelte sich die Faszination für die dunklen Seiten des Seelenlebens in einer Weise, die nicht mehr auf bloß therapeutische oder aufklärerische Motive zurückgeführt werden kann. Diese Faszination artikulierte sich in der Auseinandersetzung mit Galls Hirnlehre, zum Teil auch als Protest gegen sie. In der Frühromantik wurden alle möglichen Anstrengungen unternommen, Galls Konzentration auf das Gehirn aufzugreifen und, da man die Organologie als roh empirisch ansah, naturphilosophisch umzudeuten. Aus der Koalition zwischen Erfahrungswissenschaft und Naturphilosophie folgte jedoch nicht, daß die Mediziner auf breiter Front zu Philosophen wurden.[2] Nur für kurze Zeit war die Medizin, nach Schellings programmatischer Formulierung, Handlungswissenschaft und Erkenntnisform in einem und ein Forum für Fragestellungen, die Ärzte und Physiologen, Philosophen und Naturforscher gleichermaßen bewegten.[3] Das Besondere lag vielmehr darin, daß durch die Anleihen bei der Naturphilosophie das Gehirn als ein epistemischer Gegenstand noch schärfer konturiert wurde. Deutlich wird das vor allem in Johann Christian Reils psychiatrisch verankerter Naturphilosophie des Gehirns, die sich verschiedener Überlegungen Schellings bedient; und später bei Karl Friedrich Burdach und Carl Gustav Carus. Deren Beiträge zur Hirnforschung entstanden vis-à-vis mit naturphilosophischen Topoi. Die unterschiedliche Art und Weise, wie diese Topoi in die Hirnforschung Eingang fanden, macht aber auch deutlich, daß es nach dem Ende des Seelenorgans keine festgefügte diskursive Formation gab. Neben den hirnphysiologischen Großentwürfen von Reil, Burdach und Carus gab es verschiedene Versuche, eine romantische Psychologie zu formulieren; und der Galvanismus führte zu einer ersten, breitangelegten Experimentalisierung des Gehirns.

Durch diese Unternehmungen bildeten sich Experimentierfelder, die auf Durchlässigkeit und Vermischung angelegt waren. Es begann um 1800 mit Hoffnungen und provokativen Ideen, die aber bald entweder in absurden Analogien oder in einem quasi-dualistischen Fahrwasser landeten, in dem erneut eine Hierarchie zwischen Seele und Gehirn installiert wurde. Die Wiederbelebung des Dualismus richtete sich gegen den Materialismus und Galls Topographie des Geisteslebens, doch in gleicher Weise wurde die ursprünglich von Novalis, Ritter oder Schelling konzipierte »organische Seele« auf den Kopf gestellt. Damit wurde die Naturphilosophie nicht erst durch ihre vermeintlichen Überwinder, sondern von innen heraus zur Strecke gebracht.

Schellings frühe Schriften machten enormen Eindruck auf die Wissenschaften und die Medizin der Romantik. Lange Zeit jedoch wurde er für die meisten Verfehlungen, Irrtümer und spekulativen Konstruktionen verantwortlich gemacht, wobei man besonders übel vermerkte, daß er Beobachtung und Experiment gänzlich ignoriert hätte. Man übersah dabei, daß seine Naturphilosophie konstruktive Beiträge zur wissenschaftlichen Methodologie und zur Theorie des Experiments enthielt. Entsprechend war seine Theorie mit praktischer Medizin vereinbar, auch wenn er selbst es eher auf eine theoretische Erkenntnis der Krankheiten anlegte als auf deren praktische Behandlung.[4]

Bei dem Versuch, eine Naturphilosophie neben der empirischen Naturforschung zu etablieren, konnte sich Schelling auf ein profundes Wissen der zeitgenössischen Wissenschaften stützen.[5] Diese Kenntnis war die Voraussetzung für seine ersten naturphilosophischen Schriften. Schellings Leitthesen, die für Medizin und Physiologie besonders wichtig geworden sind, lassen sich auf die drei Begriffe Identität, Polarität und Steigerung zuspitzen. Mit der Formel von einer Identität zwischen Geist und Natur oder Idealität und Realität bringt Schelling sein philosophisches Grundanliegen gegen den ontologischen und den epistemologischen Dualismus in Stellung.[6] Damit wird gleichzeitig die Unvereinbarkeit von Freiheit und Notwendigkeit aufgehoben. Für die allgemeine Betrachtung der Natur folgt daraus, daß sie in blinder Gesetzmäßigkeit frei und in ihrer Freiheit gesetzmäßig ist.[7] Um jedoch nicht »die Mannichfaltigkeit der Naturursachen durch erdichtete Identitäten zu vertilgen«,[8] orientiert Schelling sich an der Entwicklungstheorie Carl Friedrich Kielmeyers. Für Kielmeyer sind die wichtigsten organischen Kräfte, nämlich Reproduktionskraft, Irritabilität und Sensibilität, auf den verschiedenen Entwicklungsstufen der Lebewesen unterschiedlich stark ausgeprägt.[9] Die Sensibilität nimmt in der aufsteigenden Reihe stetig zu und erreicht ihr Maximum beim Menschen. Umgekehrt ist die Reproduktionskraft beim Menschen am geringsten und bei den niederen Tieren am stärksten ausgeprägt. Während im Verhältnis der Kräfte zueinander die Ursache des Lebens und der Aspekt der Steigerung in der belebten Natur berücksichtigt ist, stehen sie im individuellen Organismus in einem antagonistischen, polaren Verhältnis und halten ihn auf diese Weise im Gleichgewicht. Durch die Polarität wird das organische Spiel der Kräfte ermöglicht, obwohl sämtliche Funktionen Ausdruck einer einzigen Kraft, eines Naturprinzips sind.[10]

An zentraler Stelle seiner »Ideen zu einer Philosophie der Natur« geht Schelling auf den Leib-Seele-Dualismus ein. Zwar tut er so, als sei der Dualismus philosophisch längst erledigt, greift sich aber dann das Problem des Zusammenhangs von Materie und Geist heraus, wie es in der Konstruktion des Seelenorgans behandelt wurde. Ähnlich wie Kant behauptet er, daß eine scharfe Unterscheidung zwischen dem Organ der Seele und dem Ort der Seele gar nicht vorgenommen wurde, daß es darum ging, das Wie einer Verbindung und Wechselwirkung beider aufzuklären. Eben das lehnt er ab:

> »[Man] kann zwischen Geist und Materie so viel Zwischenmaterien schieben, die immer feiner und feiner werden, aber irgend einmal muß doch ein Punkt kommen, wo Geist und Materie Eins oder wo der große Sprung, den wir so lange vermeiden wollten, unvermeidlich wird, und darin sind alle Theorien sich gleich. Ob ich die Nerven von animalischen Geistern, elektrischen Materien oder Gasarten durchströmen oder davon erfüllt sein, und durch sie Eindrücke zum Sensorium von außen fortpflanzen lasse, oder ob ich die Seele bis in die äußersten (noch dazu problematischen) Feuchtigkeiten des Hirns (ein Versuch, der wenigstens das Verdienst hat, das Äußerste getan zu haben) verfolge, ist in Rücksicht auf die Sache völlig gleichgültig. Es ist klar, daß unsere Kritik ihren Kreislauf vollendet hat, nicht aber, daß wir über jenen Gegensatz, von dem wir ausgingen, um das Geringste klüger geworden sind, als wir es anfangs waren. Wir lassen den Menschen zurück, als das sichtbare, herumwandernde Problem aller Philosophie, und unsere Kritik endet hier an denselben Extremen, mit welchen sie angefangen hat.«[11]

Daß der Mensch das Problem aller Philosophie sei, ist die eine Seite; die andere ist, daß Schelling selbstverständlich davon ausgeht, die Hirnforschung habe sich – wenn auch vergeblich – auf dieses Problem eingelassen. Kant hatte gezeigt, daß das Hilfsgesuch der Anatomie und Physiologie an die Philosophie aus epistemologischen Gründen unzulässig sei. Nach Schelling führte Kants Intervention unausweichlich zurück zum ontologischen Dualismus der völligen Unvereinbarkeit von Leib und Seele. Schelling wollte diesem Dilemma dadurch entkommen, daß er eine prinzipielle Realisation der Gesetze des Geistes durch die Natur annahm: »Die Natur soll der sichtbare Geist, der Geist die unsichtbare Natur sein.«[12] Zwar beläßt er es im wesentlichen bei dieser Aussage, doch gibt er einer empirisch verfahrenden Hirnforschung zu verstehen, daß eine anatomisch-physiologische Bestimmung des Seelenorgans besser unterbleiben sollte: »Ihre Sorge [der Empiriker, also auch der Hirnanatomen] ist das nicht, wie endlich, diese ganz entgegengesetzte Ansicht der Dinge zu einer gemeinschaftlichen sich vereinigen werde.«[13] Das heißt, die Wissenschaftler mögen mit ihren Untersuchungen des Gehirns fortfahren, die Interpretation ihrer Ergebnisse jedoch den Philosophen überlassen. Der Naturforscher sollte nicht dem Irrtum erliegen, daß die Philosophie der Erfahrung nichts nutzen könne. Er muß vielmehr philosophische Prinzipien anwenden, um sich nicht »den Fiktionen der bloß empirischen Naturlehre blindlings« zu überlassen.[14] Bezogen auf das Gehirn weist Schelling die Erfahrungswissenschaft in die Schranken der Erforschung animalischer Funktionen, der Philosophie billigt er ein Mitspracherecht im Sinne einer Einordnung und Interpretation empirischer Befunde zu. Umgekehrt müssen die Prinzipien der Naturphilosophie an der empirischen Naturforschung gemessen und gegebenenfalls modifiziert werden.[15]

Welche Konsequenzen hatte Schellings Maxime für die Betrachtung des Gehirns? In seiner Polemik gegen das Seelenorgan und den Dualismus, der das »herumwandernde Problem« Mensch nicht in den Griff bekommt, gesteht er Soemmerring implizit das Verdienst äußerster Radikalität zu. Anders fällt seine Beurteilung der Organologie aus. Schelling hat sich erst ein Jahr nach Hegels wütender Abrechnung mit Gall in der »Phänomenologie des Geistes« zu Wort gemeldet, und zwar mit einer kurzen Glosse, die in die höhnische Bemerkung mündet, es sei ein »artiges Blindekuhspiel«, wenn Gall mit verbundenen Augen verschiedenen Zelebritäten die Schädel abtaste und deute.[16] Schelling leugnet gar nicht, daß Gall sich auf die Anatomie des Gehirns verstehe, bestreitet aber deren Relevanz für die Kenntnis des menschlichen Geisteslebens. Abgesehen davon, daß bei ihm wie auch bei Hegel der physiognomische und der craniologische Aspekt der Organologie besonders hervorgehoben und verspottet werden, bedeutet die materielle Codierung der geistigen Qualitäten im Gehirn für beide das eigentliche Skandalon.

Für Hegel sind die »Gehirnfibern u. dgl., als das Sein des Geistes betrachtet«[17] hypothetisch und unwirklich, weil sie im Moment ihrer Beobachtbarkeit, nämlich unter dem Seziermesser des Anatomen, bereits tote Gegenstände sind, die mit dem Sein des Geistes nichts mehr zu tun haben. Dagegen setzt Hegel die unmittelbare, sinnliche Gegenwart des Geistes, der sich selbst zum Gegenstand der Reflexion macht. Bei aller Distanz zur Kantschen Epistemologie lassen auch Hegel und Schelling keinen Zweifel daran, daß das geistige Sein unter allen Umständen Gegenstand der Philosophie ist und nicht der Medizin. Während Hegel jedoch seine Geistphilosophie ausbauen kann, gerät Schellings Naturphilosophie in Konflikt mit der durch Gall offensichtlich gewordenen Problemkonfiguration Gehirn und Mensch. Für Gall stellt das Gehirn und überhaupt die Natur eine unberechenbare Materie dar, die zum Pessimismus Anlaß gibt. Im krassen Gegensatz dazu steht die harmonische Geschlossenheit der Natur, die für Schelling das Vertrauen in eine allumfassende Ordnung und in eine zusammenhängende Erklärung der Naturerscheinungen ausmacht.

Eine Übereinstimmung zwischen Identitätshypothese und Organologie liegt darin, daß beide antidualistisch sind und sich somit das Problem einer eigenständigen, vom Körper unabhängigen Seele nicht stellt. Doch während für Schelling auch das Gehirn die Materialisierung eines höheren Naturprinzips ist und eine Erklärung von Freiheit, Gesundheit oder Krankheit diesem Prinzip Rechnung tragen muß, versucht Gall im Gehirn Strukturmerkmale auszumachen, die er einander zuordnet und die für ihn den Menschen konstituieren. Freiheit ist dann höchstens noch in der Differenz von verschiedenen Neigungen, Fähigkeiten und Trieben möglich, die gegeneinander arbeiten. Damit werden die naturphilosophischen Intentionen untergraben. Vor allem Galls These einer prinzipiellen Gleichberechtigung der Triebe untereinander und mit den geistigen Fähigkeiten ist unannehmbar. So leugnet Stephan August Winkelmann gar nicht, daß die Triebe »Richtungen der Gehirnthätigkeit durch gewisse Reizungen des Nervensystems« sind. Doch gibt es für ihn außer Nahrungs- und Geschlechtstrieb sowie einer besonderen Disposition für die Liebe zu den nächsten Verwandten nur einen Grundtrieb: »Das ist der Trieb, je nachdem er erscheint, als Trieb nach Freude, Liebe und Schönheit, als Verlangen nach Wahrheit und nach moralischer Vollkommenheit, als ursprüngliche Anlage der Empfindungen Liebe, als Grund aller geistigen Operationen Vernunft, als Grund aller menschlichen Handlungen moralische Freiheit genannt wird.«[18] Das Vertrauen in die Natur als Grundlage der menschlichen Vollkommenheit ersetzt Gall durch eine Pathologisierung des Lebens, was bei einem Naturphilosophen wie Henrik Steffens Entsetzen auslöst: »Und so müssen wir auch die Gallische Lehre als einen Versuch ansehen, das Wesen der Vernunft aus der Unvernunft, den Sinn aus dem Wahnsinn, die Gesundheit aus der Krankheit, das Leben aus dem Tode zu erklären.«[19] Der häufigste Vorwurf aus naturphilosophischer Perspektive gegen Gall lautet, daß er »unphilosophisch« zu Werk gehe. Gewiß hat Gall selbst sich immer wieder so deutlich von der Philosophie abgegrenzt, daß die Polemik aus Gründen der Symmetrie zurückgegeben wurde. Doch der eigentliche Grund für das Unbehagen liegt darin, daß Gall die Natur pathologisiert und damit gleichzeitig den Menschen entzaubert hatte.

Die dynamische Hirnphysiologie Johann Christian Reils

Galls Organologie war nicht der einzige Versuch um 1800, eine neue Perspektive auf das Gehirn zu eröffnen. Während Gall für eine kompromißlose Topographie der Hirnfunktionen eintrat, zielte Johann Christian Reil auf eine dynamische Theorie des Gehirns, die ihn in die Nähe der Naturphilosophie brachte. Dabei waren die Ausgangspositionen für Gall und Reil durchaus ähnlich. Auch Reil war mit Erfahrungsseelenkunde und Anthropologie vertraut; er lernte sie sogar aus erster Hand kennen, als er 1782/83 in Berlin lebte und regelmäßig im Salon von Henriette und Marcus Herz verkehrte, wo auch die Autoren des gerade in Gründung begriffenen »Magazins zur Erfahrungsseelenkunde« zu Gast waren.

Reil war stets als innerer Mediziner tätig, gründete und leitete die erste physiologische Zeitschrift überhaupt, versuchte sich auch an zwei kurzlebigen psychiatrischen Zeitschriften und machte die Psychiatrie in Deutschland zum Gegenstand der Diskussion.[20] Neben Reils Arbeit als Stadtphysikus in Halle, seinen Veröffentlichungen zu sozialmedizinischen Fragen und seinen vielfältigen Tätigkeiten für staatliche Organe waren die Anstöße, die er mit seinen »Rhapsodieen über die Anwendung der psychischen Curmethode auf Geisteszerrüttungen« gab, Ausdruck einer Verflechtung von Medizin und staatlicher Organisation.[21] Wenn Karl August von Hardenberg 1805 in den Diskussionen um eine Reform des Irrenwesens in Preußen auf die Pflicht des Staates hinwies, sich um die psychisch Kranken zu kümmern, und das aufgrund der Fortschritte in Psychologie und Medizin auch für kein aussichtsloses Unterfangen hielt, so bezog er sich dabei auf Reil.[22]

Die Anfänge von Reils Beschäftigung mit dem Gehirn führen noch einmal ins 18. Jahrhundert zurück, bis vor Soemmerrings Publikation über das Seelenorgan. Es war der Erklärungsbedarf im Hinblick auf die geistigen Zerrüttungen und deren mögliche Therapie, der Reil zur systematischen Untersuchung des Gehirns führte. Bereits 1794 versprach er sich von solchen Untersuchungen, »daß man den Ursachen, dem Anfang und der ersten Entstehung der Verrückung genauer in dem weitläufigen Nervensystem nachspüre«.[23] Lange bevor er sich nach 1800 verstärkt der Psychiatrie zuwandte, wurde Reils praktische Orientierung schon von ausgedehnten anatomischen und physiologischen Untersuchungen begleitet. Die erste große Studie »Über die Verrichtungen des Seelenorgans« von 1795 beginnt mit Fragen: Das, was in uns will, vorstellt, denkt, begehrt, verabscheut, erinnert, ist die

Seele. Ist sie materiell, also identisch mit dem Seelenorgan, oder nicht; ist sie unabhängig vom Körper oder nicht; ist sie synonym mit der Lebenskraft oder nicht?[24]

Diese Fragen bewegen sich im Denkraum des späten 18. Jahrhunderts, doch bahnt sich in ihnen etwas anderes an als eine Topographie des Seelenorgans, da Reil sich mit der Beantwortung seiner Fragen gar nicht aufhält, sondern einen funktionellen Ansatz verfolgt. Im Gegensatz zu Soemmerring und den meisten anderen Physiologen leitet er die sensomotorischen Funktionen nicht mehr aus einem hierarchischen Modell ab. Zwar ist das Gehirn der Ursprungsort der Nerven, doch billigt Reil dem Seelenorgan (ob das ganze Gehirn oder nur ein Teil desselben als Seelenorgan betrachtet wird, ist in diesem Punkt gleichgültig) keine hegemoniale Stellung als Schaltstelle von afferenten und efferenten Nervenleitungen zu. Dagegen setzt er eine funktionale Differenzierung, die auf Gleichberechtigung basiert: »Gehirn und Nerven sind nur miteinander verbunden, damit sie, wie die Gefäße, zu einem gemeinschaftlichen Zweck wirken können.«[25] Der funktionale Synergismus verschiedener Strukturen ist, wenn man so will, ein Indiz für eine Behandlung des Gehirns wie alle anderen Organe auch: die Definition des Seelenorgans verschiebt sich damit von der materiellen auf die funktionale Ebene.

Reil akzeptiert anfangs noch das Seelenorgan als Band zwischen Seele und Körper, »als Mittelpunkt aller Lebenskraft und der ganzen thierischen Oekonomie«,[26] doch eine Lokalisierung ist seiner Ansicht nach sinnlos, weil die funktionale Definition des Seelenorgans keine anatomische Entsprechung findet und auch nicht nötig hat. Zwar gebe es »edlere« Teile des Gehirns, nämlich solche, deren Verletzung zum Tode führt. Doch weder solche Regionen noch das Sensorium commune seien identisch mit einem Seelenorgan. Oberflächlich betrachtet ist das durchaus noch mit der klassischen Lehre vereinbar; auch andere hatten eine genauere Eingrenzung des Seelenorgans abgelehnt. Entscheidend ist, daß die Untersuchung des Gehirns nicht mehr von einer Suche nach dem Seelenorgan geleitet wird, sondern generell dem Nervensystem gilt, denn »die gesammten intellectuel-

len, sensuellen und anomalischen [!] Fähigkeiten des Menschen
scheinen vom Nervensysteme abzuhängen«.[27]

Solche Untersuchungen müssen nach Reil mehrgleisig ablaufen; die anatomische Struktur ist begrenzt aussagekräftig, da sie
beim menschlichen Gehirn ähnlich ist wie beim Tier. Deswegen
muß auch die spezifische Mischung und Form der cerebralen
Substanz untersucht werden, ein Unternehmen, das dazu führen
soll, verschiedene physische und mechanische Eigenschaften der
Hirnsubstanz zu identifizieren.[28] Schließlich legt Reil auch auf die
Beobachtung des Seelenlebens im Sinne der Erfahrungsseelenkunde großen Wert. »Die Ideen sind besondere Phänomene, unter welchen uns die Hirnthaten erscheinen, daher können wir deren Natur, die gesunde als krankhafte sowohl, besonders aus der
Beschaffenheit der Ideen erkennen.«[29] Der unmittelbare Zusammenhang zwischen Seelenleben und Gehirnfunktion schließt
auch die äußeren Lebensumstände mit ein. Ähnlich wie der frühe
Gall ist Reil der Überzeugung, daß Lebensweise, Erziehung und
soziale Bedingungen Gehirn und Nervensystem beeinflussen
können und über Krankheit und Gesundheit mitentscheiden. Ab
1785 veröffentlicht Reil eine Reihe von Artikeln zur Rolle sozialer
Faktoren bei der Entstehung von Nervenkrankheiten, in denen er
davon ausgeht, daß die zunehmende bürgerliche Kultivierung
des Lebensstils zu einer Schwächung der Nervenkraft führt.[30]
Daß diese Schwächung und die Hirnfunktionen im allgemeinen
aus den menschlichen Verhaltensweisen ablesbar sind, bekräftigt
die Notwendigkeit von Krankengeschichten. Auch die Erklärung
der Verschiedenheit der Geisteszerrüttungen setzt »eine Kenntnis
der Erziehung, der Bildung, der Schicksale, der Leidenschaften
solcher Kranken« voraus.[31] Dem stellt Reil – im Gegensatz zur Erfahrungsseelenkunde – eine Hirnlehre an die Seite, die – wie bei
Gall – anatomisch und physiologisch geprägt ist. Nur mit dieser
Doppelstrategie kann der Mensch als Alltagswesen aufgeschlüs-
selt werden. Warum ist jemand, der stets freundlich ist, zänkisch
und streitsüchtig, wenn er krank wird? Warum ist ein Mensch,
der sonst verschlossen ist, im Rausch offenherzig? Warum ist ein
Mensch vor dem Frühstück ungenießbar, danach aber ansprech-
bar und freundlich? Eine Theorie des Seelenorgans hatte keine

Antworten auf diese Fragen, und auch die älteren physiologischen Affekttheorien, die die Ursachen der Leidenschaften möglichst weit vom Seelenorgan entfernt lokalisiert hatten, kamen nicht mehr in Frage.

Was ist dann aber mit dem selbstbewußten Ich, mit der unteilbaren Seele? Für Gall ist diese Frage irrelevant. Reil hingegen versucht sich dem Problem zu stellen, indem er das sogenannte Gemeingefühl (coenaesthesia) einführt. Unter Gemeingefühl hätte man auch das alte Sensorium commune verstehen können, aber genau das hat Reil nicht im Sinn. Es geht nicht um eine bestimmte Struktur im Gehirn, in der die verschiedenen Sinnesmodalitäten zusammenlaufen. Vielmehr beginnt er mit einer Unterscheidung der drei Vorstellungsarten, nämlich vom eigenen Körper, von der Welt und von sich selbst als denkendem Wesen. Entsprechende topographische Zuordnungen sind die Körperorgane, die Sinnesnerven und das Gehirn.[32] Diese Klassifikation war seit Descartes bekannt, fand in der Medizin des 18. Jahrhunderts aber wenig Beifall.[33] Reils Interesse am Gemeingefühl zielt zunächst einmal auf praktische Gesichtspunkte. Unabhängig von der sinnlichen Wahrnehmung wird ein Bewußtsein des eigenen Körpers geschaffen, wobei Wohlbefinden auf Gesundheit, Unwohlsein auf Krankheit hindeutet. Doch darüber hinaus schafft das Gemeingefühl die psychophysische Identität, indem es nicht nur das einheitliche Erleben beider vermittelt, sondern dadurch auch zur »Bildung des Charakters des Menschen«[34] beiträgt. So erhält auch die »Moralität des Menschen« eine seelische und eine körperliche Komponente, und die klassische Einteilung in *homme nature* und *homme moral* wird irrelevant. Statt dessen beginnt Reil eine breitangelegte psychophysische Erforschung des Nervensystems, die sämtliche geistigen Phänomene einbezieht. Wie er vorgeht, zeigen seine Überlegungen zum Somnambulismus, einem Phänomen, das bereits in der Antike bekannt war und unterschiedlich gedeutet wurde. Im Kontext von Franz Anton Mesmers Theorie des animalischen Magnetismus waren somnambule Erscheinungen und insbesondere der sogenannte »induzierte Somnambulismus« oder die Hypnose besonders faszinierend und herausfordernd. Die Frage war, ob solche Phänomene ein materielles Substrat im Körper haben. Gall beispielsweise postulierte ein Hirnorgan für Somnambulismus und lokalisierte es in der parieto-temporalen Region des Cortex, in unmittelbarer Nachbarschaft der Organe für Poesie und Mimesis. Reil schlug einen anderen Weg ein und entwickelte auf der Grundlage des naturphilosophischen Polaritätsgedankens das Konzept eines »Cerebral-Systems« und eines »Ganglien-Systems«, das nicht bloß eine Erklärung für den Somnambulismus und verwandte Phänomene bot, sondern mit der Anwendung naturphilosophischer Begriffe die Lücke ausfüllte, die der verpönte Dualismus hinterließ.

Während das Cerebralsystem das Äquivalent für Bewußtsein und Herrschaft des Willens darstellt und das Gehirn überhaupt als Substrat der Vernunft gilt,[35] ist das Gangliensystem ein zweites, unabhängiges Nervensystem, das die »Hauptwerkstätte der Vegetation« darstellt. Es existiert autonom bei niederen Tieren ohne Gehirn, bei höheren Tieren und beim Menschen ist es dem Cerebralsystem durch einen »Apparat der Halbleitung« verbunden. Dabei handelt es sich um bestimmte Verbindungsnerven, die bei normaler Funktion das harmonische Neben- und Miteinander der beiden Systeme garantieren.[36] Beide sind Ausdruck einer organischen Kraft: das cerebrale ist die höhere Potenz des Ganglien-Systems, weswegen nur im ersteren Bewußtsein entsteht.[37] Reils Konstrukt ist jedoch nicht vorrangig darauf angelegt, den Unterschied zwischen Mensch und Tier herauszuarbeiten, sondern ein Modell des unbewußten Seelenlebens vorzustellen, anhand dessen psychiatrische und eben auch somnambulistische Phänomene physiologisch erklärt werden können. Wenn das Gangliensystem zum Gehirn durchschlägt, folgen »Sinne und Muskeln nicht mehr dem Zügel der Vernunft, sondern dem durchgebrochenen Strom der Erregbarkeiten, der nach nothwendigen Gesetzen der Leitung seine Wege sucht«.[38] Der ontologische wird gewissermaßen durch einen physiologischen Dualismus ersetzt, der zwar auf der naturphilosophischen Polarität basiert, aber doch nicht ohne eine hierarchische Zuordnung auskommt. Reils Vergleich wirkt ein Jahr nach dem Untergang des alten Preußen in der Schlacht von Jena außerordentlich drastisch: »Diese geflechtartige Formation ohne Centrum giebt Richtungslosigkeit, d. h. Leitung und Bestimmung des Handelns überhaupt, eine völlig republikanische Verfassung, in welcher kein einzelnes Glied sich zum Könige aufwerfen darf. Hingegen ist im Cerebralsystem Königthum, der Thron unerschütterlich, durch innere Superiorität gesichert.«[39]

Obwohl ein physiologischer Zusammenhang zwischen beiden Systemen angenommen wird – denn Reil beeilt sich, einen absoluten Gegensatz zwischen Leib und Seele, Denken und Empfindung zurückzuweisen –, scheint die qualifizierende Trennung der Substrate für Bewußtsein und Bewußtlosigkeit der Versuch einer Antwort auf die Organologie Galls zu sein, denn in ihr war das Organ für Mord im Prinzip gleichberechtigt neben dem Organ für Vernunft im Gehirn lokalisiert. Reil schreibt: »Doch bricht zuweilen auch im Menschen, z.B. in der Wuth und Tollheit, das Ganglien-System zum Cerebral-System durch, die Isolirung zwischen beiden hört auf, statt derselben entsteht eine freye Gemeinschaft, und die zu jenem gehörigen brutalen Organe wirken direkt auf das Gehirn ein. Daher der Trieb der Rasenden zum Morden, Beissen und Zerstören [...].«[40] Das klingt wie eine Rehabilitation des Gehirns, dem fälschlich ein Mordsinn untergeschoben worden ist. Entsprechend ist das Ich in Reils Entwurf als der »kleinste Punkt des leeren Denkens und Seyns in gedoppelter Form, als Ideales und Reales«[41] enthalten, von dem aus die menschliche Persönlichkeit sich entfaltet und der mit dem Tode erlischt. Das physiologische Korrelat für diesen Nullpunkt ist die »Centricität«, gebunden an das Gehirn, ohne daß sie dort zu lokalisieren wäre. Damit folgt noch einmal die Absage an das Seelenorgan. Es sei unstatthaft, »nach dem Sitz der Seele in irgendeinem körperlichen Organ zu fragen, oder einem Nervensaft ihre Functionen aufzutragen. Sie ist der dynamische Vereinigungspunkt, daher weder fix noch räumlich [...].«[42]

Auf den ersten Blick erscheint es unmöglich, Reils dynamisches Konzept der Seele mit seiner Physiologie in Verbindung zu bringen. Doch auch hier bedient er sich eines weiteren Theorems aus der Naturphilosophie, nämlich des Identitätsgedankens. Er argumentiert von einem dynamischen und beweglichen Indifferenzpunkt aus, wo alle Tätigkeiten sich trennen und umgekehrt alle Polaritäten sich vereinigen. Während das Gemeingefühl die Einheit des körperlichen Seins garantiert, stellt sich im inneren Sinn die Einheit des Denkens dar. Diese beiden Pole haben im Selbstbewußtsein ihren Indifferenzpunkt.[43] Das Äquivalent dazu im Physischen ist ebenfalls jener nicht genau lokalisierbare Indifferenzpunkt, das »organische Band« zwischen oberem und unterem Körperteil, linker und rechter Körperhälfte. »Es giebt einen rechten und einen linken Menschen, die in der Mitte durch Zellhaut und Leim zusammengeklebt sind, welches sich vorzüglich in der Duplicität der Hirnorgane [...] ausspricht.«[44]

Nachdem Reil sich auf theoretischer Ebene durch das Gestrüpp naturphilosophischer Begriffe wie Polarität, Identität und Indifferenzpunkt gearbeitet hat, findet er sogleich Anschluß an praktische Gesichtspunkte. Zum einen kann er Galls starrer Topographie der geistigen Qualitäten ein funktionelles Modell gegenüberstellen, das ihm erlaubt, eine hierarchische Ordnung gegen die Idee der prinzipiellen Äquivalenz der Hirnorgane zu behaupten. Zugleich kann er sich damit gegen den möglichen Vorwurf absichern, eine materialistische Position zu vertreten. Zum zweiten verfügt Reil über ein flexibles Modell zur Erklärung einer ganzen Gruppe von psychischen Krankheiten, bei denen etwa in Fieberanfällen von einer Verdopplung des Körpers und der ganzen Person phantasiert wird.[45] Störungen zwischen den zwei Polen oder eine Störung des Indifferenzpunktes führen zu psychischen Defekten. Beispielsweise wird das Gleichgewicht zwischen den Hirnhälften beeinträchtigt, wodurch das seelische Vermögen, die Richtung zu halten, affiziert wird.[46]

Dieser Ansatz taugt nur zur Erklärung bestimmter psychischer Erkrankungen. Die eigentliche Schwierigkeit von Reils psychophysiologischem Funktionsmodell taucht in dem Moment auf, da die rein dynamische Definition des Indifferenzpunktes die Anatomie überflüssig macht. Reil versucht gar nicht erst, materielle Bedingungen für die funktionellen Asymmetrien zwischen linker und rechter Körperhälfte und für Verdopplungsphänomene anzugeben. Insofern ergibt sich das Problem, Physiologie und Klinik mit der Anatomie in Einklang zu bringen.

Abweichend von seinem ersten Anlauf in den 1790er Jahren

legt Reil den Schwerpunkt nun noch mehr auf die Physiologie statt auf psychologische Beobachtung, und auch die Hirnanatomie rückt weiter in den Mittelpunkt. Diese Verschiebung der Perspektive ist mit Reils Reaktion auf Gall eng verknüpft. Gall hatte 1805 auch Vorlesungen in Halle gehalten und dabei Persönlichkeiten wie Goethe oder Friedrich August Wolf von seiner Lehre überzeugt. Ein Jahr später veröffentlicht Reil eine Rezension der »Neuesten Schriften über Galls Schädellehre«, in der er allen Nicht-Anatomen, »unseren eleganten Herren und Damen«, das Recht bestreitet, Galls Lehre auch nur ansatzweise beurteilen zu können.[47] Er hält sich an Kritiker wie Rudolphi und Ackermann und führt seine eigenen, schon einige Jahre zurückliegenden Hirnsektionen ins Feld, um zu dem vernichtenden Urteil zu kommen: »Gall kennt den Schädelbau so wenig als den Gehirnbau, und er hat darüber nicht einen einzigen richtigen Satz vorgetragen.«[48] Für Reils Renommée als Hirnforscher wenig schmeichelhaft, leugnet er einige zentrale anatomische Lehrsätze Galls , die kurze Zeit später allgemeine Anerkennung finden sollten: daß die Pyramidenfasern sich im Hirnknoten kreuzen, daß das Gehirn aus dem Rückenmark gebildet wird, und schließlich, daß sich die Hirnrinde überhaupt »zum Sitz solcher edlen Organe« eignet.[49]

Reils Fehleinschätzungen waren nicht weniger kraß als einige von Galls Ansichten, aber Reil sprach sie mit seiner ganzen Autorität als Hirnanatom aus. Die Gründe für seinen massiven Ausfall liegen – ähnlich wie bei Cuvier – in einer tiefen Abscheu gegen eine Popularisierung und Demokratisierung des wissenschaftlichen Wissens. Es sollte einer bestimmten Gruppe von Fachleuten vorbehalten bleiben. Nicht einmal »praktische Ärzte […], welche gewöhnlich die Anatomie nicht genau studirt haben«, sollten mitreden.[50] Die Beurteilung von Galls Lehre sollte ausschließlich durch Anatomen und Physiologen erfolgen, die über genügend Erfahrung in ihrem Fach verfügten. Obwohl Reil auf Psychologie und Philosophie keineswegs ganz verzichten wollte, bedeutete eine solche Politik, die er in ähnlicher Manier auch für die Psychiatrie vertrat, eine Absage an das fächerübergreifende Unternehmen der Erforschung des Seelenlebens.

Im Gegensatz zu den Apologeten des Seelenorgans und den

empirischen Skeptizisten nahm Reil als Konsequenz seiner Auseinandersetzung mit Gall die hirnanatomischen Untersuchungen, die er für einige Zeit unterbrochen hatte, mit großer Verve wieder auf. Im achten Band des »Archivs für die Physiologie« eröffnet Reil eine neue Serie von hirnanatomischen Untersuchungen mit folgenden hochambitionierten Sätzen: »Schon um die Zeit des Jahres 1795, als ich die Organisation der Nerven untersuchte, habe ich mich auch mit dem Bau des Gehirns beschäftiget, und einige Resultate meiner Untersuchungen im ersten Bande von Gren's neuem Journal für die Physik abdrucken lassen. Allein ich mußte damals eine Arbeit aus Mangel an Musse liegen lassen, die ich jetzt aus Mangel an Geschäften wieder hervorsuche, den ein unseeliger Krieg, welcher mich aus dem Kreise meiner Zuhörer riss, über mich verhängt hat.«[51] Die direkte Anspielung auf das Desaster von Jena, welches das Schicksal Preußens vorerst besiegelte und zur Schließung der Universität Halle führte, wird aber sogleich umgemünzt in ein mit pathetischem Trotz vorgetragenes Programm. Das Gehirn ist das Organ, »in welchem er [der Krieg] und fast alles Missgeschick des Menschengeschlechts, alles Grosse und Edle, wie alles Kleine und Schlechte, was unter dem Monde geschieht, seine Wurzeln hat«.[52] Der Krieg diktiert hier nur die Rhetorik. Während die Publikation in einem mehr oder weniger intakten Staat eine zurückhaltende Diktion nahelegte und Absichten behutsam und verklausuliert vorzutragen waren, schien der völlige Zusammenbruch der sozialen, intellektuellen und akademischen Ordnung eine geradezu enthemmende Wirkung zu haben.

Wie ernst es Reil mit seiner Hirnanatomie als Grundlage aller Erklärungen menschlicher Belange meint, geht daraus hervor, daß er den Aufbau des Gehirns zur Physiologie rechnet und diese wiederum als »rationelle Seelenlehre« bezeichnet. Die Erfahrungsseelenkunde, mit einem Seitenhieb als »bodenlose Scienz« abgetan, soll durch die Hirnanatomie einen »ersten festen Haltungspunkt bekommen. Und von der Seele etwas zu wissen, ist doch eben so viel werth, als von der Schaafzucht, dem Ackerbau und der Kriegskunst etwas zu wissen. Selbst denen, die immer nur nach dem unmittelbaren und irdischen Gewinn haschen, sage ich, daß die Seelenlehre auch zu etwas, zum Anbau der Psychiatrie und Ethik, zur Kenntnis des Menschen [...] nütze sey.«[53]

Das Hervorheben des praktischen Nutzens paßt in die durch den staatlichen Zusammenbruch ausgelöste, notwendig gewordene Umorientierung, indem eine Bestandsaufnahme die Grundlage für einen breitgefächerten intellektuellen, moralischen, zivilen und schließlich militärischen Widerstand ist.[54] Doch das ist nur der Katalysator; dahinter steckt die Ausformulierung und Radikalisierung früherer Überlegungen, die in ihrer programmatischen Deutlichkeit kaum hinter Gall zurückstehen. Diese enge Verbindung von Politik und Hirnforschung zeigt sich auch daran, daß Reil in der Debatte zwischen Cuvier und Gall für letzteren Position bezieht. Nach der Schließung der Universität Halle auf Befehl Napoleons war er zu einem erbitterten Gegner der französischen Wissenschaftler geworden. Reil zitiert einen Artikel aus dem »Journal général de Médecine de Paris«, in dem es hieß, das einzige Verdienst von Gall und Spurzheim bestehe darin, Cuvier zu seinem »Mémoire« veranlaßt zu haben. Reil kommentiert den ganzen Vorgang als »hohlen Dünkel einzelner Menschen und ganzer Nationen [...], die den Arbeiten Anderer durch ihr Urtheil Credit zu machen sich anmassen, und den Verfall ihres eignen durch dergleichen lose Künste zu bemänteln suchen.«[55] Hier könnte man noch vermuten, daß Reil mehr von patriotischen Gefühlen als von Sympathie für Gall getragen ist. Doch in einer von Reils letzten Arbeiten heißt es unmißverständlich: »Das Gehirn ist gleichsam ein Aggregat vieler und verschiedener Organe, deren physiologische und anatomische Analyse der unermüdete Gall zuerst begonnen und bereits zu einem hohen Grade von Vollkommenheit gebracht hat.«[56]

Mit diesen Worten erklärt einer der etabliertesten, einflußreichsten und berühmtesten Ärzte Deutschlands die Hirnforschung zum dringendsten Desiderat einer Wissenschaft vom Menschen. Das läßt sich als ein Sieg des Gallschen Programms auffassen, zumal Reil seine Kollegen öffentlich auffordert, sich mit dem Gehirn zu beschäftigen und die Resultate der Untersuchungen in dem von ihm herausgegebenen »Archiv für die Physiologie« zu veröffentlichen.[57] Damit wird Reil nicht gleich zum bedingungslosen

Anhänger der Organologie. Seine Anerkennung der Hirnorgane bleibt eingebettet in naturphilosophische Kategorien wie Polarität, Harmonie und Steigerung, und auch die Differenzierung zwischen Cerebral- und Gangliensystem behält er bei.[58]

Seine Abgrenzungen gegen Gall sind nicht allein mit diesen Anleihen bei der Naturphilosophie zu erklären, sondern erscheinen im allgemeineren Kontext des Verhältnisses von Philosophie und Medizin. Gall hatte auf einer unversöhnlichen Trennung der beiden beharrt, sich selbst als Empiriker bezeichnet und die Naturphilosophie noch 1827 als »metaphysischen Mystizismus und die ideologischen Schwärmereien der Deutschen« bezeichnet.[59] Reil, den seine Zeitgenossen bisweilen als »philosophischen Arzt« charakterisierten, schlägt einen für das frühe 19. Jahrhundert weniger kompromißlosen Weg ein, indem er die Bedeutung der Philosophie für Medizin und Naturwissenschaft anders definiert. Zwar fordert er ihre klare Abgrenzung voneinander und eine Trennung ihrer jeweiligen Wissensobjekte. Die Philosophie könne der Medizin jedoch gerade damit helfen, daß sie »ihr die Grenze anwiese, über welche die menschliche Untersuchung nie hinausgehen darf, und sie aus dem Reiche der Metaphysik, worin sie sich so gern verirrt, in das Gebiet der Physik zurück wiese«.[60] Diese Abgrenzung, die eher von Kant als von Schelling herrührt, behält Reil auch bei seiner Annäherung an naturphilosophische Theoreme bei. Nachdem er die Frage einer unabhängigen Seele offengelassen und als unerheblich für seinen Ansatz bezeichnet hat, kommt ihm das Postulat der Identität von Geist und Natur entgegen, um den Dualismus zu verabschieden. In ähnlicher Weise bietet das Prinzip der Polarität eine Möglichkeit, die physischen Prozesse genauer zu bezeichnen.

Reil beschränkt sich aber nicht auf innerwissenschaftliche Kategorien, sondern beteiligt sich auch an der Neudefinition von Wissenschaft und Bildung, über die ab 1800, dann beschleunigt durch den verlorenen Krieg und im Vorfeld der Gründung einer Universität in Berlin debattiert wird. In diesem Zusammenhang setzt Reil auf eine übergeordnete, synthetische Betrachtungsweise der Natur, die er als Bestandteil des disziplinären Verhältnisses von Medizin und Philosophie zu verankern sucht. Auskunft gibt hier wieder das Memorandum von 1803. Danach dient die Philosophie zunächst im Sinne einer Propädeutik dazu, den angehenden Ärzten logisches Denken beizubringen, da »wir sehn, daß selbst gebildete Ärzte in den Begriffen der Krankheit, ihrer Ursachen, Symptome, in der Beurtheilung der Wirkung der Mittel, der Haltbarkeit ärztlicher Systeme u. s. w. sich täglich irren«.[61] Damit ist nicht gesagt, daß die Medizin philosophischer werden soll, sondern daß die Ausbildung der Ärzte strukturelle Mängel aufweist, die behoben werden müssen, wenn Medizin eine vollständig akzeptierte Wissenschaft sein will.

Daneben dient »der critische Vortrag über Naturphilosophie«[62] erstens einem allgemeinen Verständnis der Natur, das ein Hantieren mit »unverständlichen Worten« gerade verhindern soll. Zweitens soll die Naturphilosophie ein ordnendes Korrektiv bilden, das als »Gängelband nützlicher Versuche« die Vielfalt von möglichen Beobachtungen und Erfahrungen kanalisiert. Das ist allerdings mehr als eine bloße Anleihe bei der Philosophie auf dem Weg der Medizin zur Wissenschaft. Doch läßt Reil keinerlei Zweifel darüber aufkommen, wer wem dienen soll und wer die Direktiven vorgibt. Er ist nämlich nicht der Ansicht, daß der philosophische Unterricht des Medizinstudenten in der philosophischen Fakultät stattfinden soll; im Gegenteil soll diese eine Lehrstelle an die medizinische Fakultät abtreten. Damit ist das Bündnis zwischen Medizin und Philosophie kein prinzipielles oder gleichberechtigtes mehr: Philosophie wird in dem Moment verzichtbar, da die Medizin den Status einer Wissenschaft erreicht hat. So gesehen wird Naturphilosophie zu einem Instrument, das gezielt eingesetzt wird, um die Differenz von Medizin und Philosophie zu zementieren.[63]

Reil hat ein ganzes Spektrum von Vorstellungen, Konzepten und Theorien entwickelt, die – anders als bei Gall – nicht in eine eindeutige Richtung weisen, sondern zunächst einmal Aufräumarbeit leisten und verschiedene Optionen eröffnen. Die daraus resultierende Unschärfe oder Heterogenität ist weniger auf konzeptuelle Schwächen oder auf Reils notorische Umtriebigkeit zurückzuführen, sondern hat mit den komplexen Anforderungen zu tun, denen er sich gegenübersieht. Dazu zählt die Installierung einer Psychophysiologie zwischen Mesmerismus und Erfahrungsseelenkunde nach dem Ende des Seelenorgans. Dazu zählt der Erklärungsdruck in der Psychiatrie und die Suche nach einer rationalen Basis für psychiatrische Therapie. Schließlich geht es um die Verbesserung einer ungenügenden Medizinerausbildung und die Neudefinition von Medizin als Wissenschaft in einem Staat, der sich in einer tiefen sozialen und kulturellen Krise befindet. Diesem verworrenen Knäuel begegnete Reil auf verschiedenen Ebenen – was auch verdeutlicht, warum er in zentralen Punkten von Gall abwich. Dessen Kompromißlosigkeit paarte sich stets mit einer Selbststilisierung als Außenseiter, der trotz etlicher Freunde in höchsten Positionen von der Universität und von politischem Einfluß ferngehalten wurde. Gall sah sich als Rebell gegen das Establishment und wollte – gut aufklärerisch – seine »Wahrheiten [...] nicht in die Stuben der Gelehrten sondern in die Herzen der gesamten Menschheit vergraben«,[64] womit er nach 1800 auf den schärfsten Widerstand stieß. Reil war ein Teil des Establishments, und das erklärt seine eklektische und flexible Vorgehensweise. Seine Anlehnung an die naturphilosophische Denk- und Sprechweise war keine bedauerliche Verirrung, sondern im Rahmen der zur Verfügung stehenden Wissensquellen eine Möglichkeit, Naturphilosophie für die Hirnforschung fruchtbar zu machen.

Doch Reil und Gall verfolgen das gleiche Ziel: nach dem Ende des Seelenorgans eine Hirnforschung zu inaugurieren, die ein breites Fundament für die Wissenschaft vom Menschen wäre und sowohl theoretische wie auch praktische Bereiche einschloß. Nicht die Medizin sollte philosophischer werden, sondern da, wo zuvor der Kompetenzbereich der Philosophie war, sollte nun die Medizin zur Stelle sein.

Die »Centralsonne des Microcosm's«

Reils Naturphilosophie des Gehirns steht ebenso am Beginn des modernen Wissens vom Gehirn und vom Menschen wie Galls Organologie. Der Wirkungszusammenhang dieser beiden Unternehmungen erfaßte zahlreiche Ärzte und Physiologen des frühen 19. Jahrhunderts. Dabei gab es kaum eine Stimme, die sich vollständig mit Gall oder Reil identifizieren wollte. Vielmehr hatten die beiden das Feld vermessen, in dem nun eine Reihe verschiedener Positionen bezogen werden konnten. Man akzeptierte Galls Innovationen und folgte Reil in seiner Instrumentalisierung Schellingscher Begriffe und Theoreme, die als ein Vermittlungsangebot aufgegriffen wurden, um einen vollständigen Bruch mit dem älteren Wissen und den älteren Werten zu vermeiden.

Der Umgang mit naturphilosophischen Begriffen wurde keineswegs immer als radikale Innovation aufgefaßt. Zwischen 1800 und 1810 gab es sogar noch Anläufe, das Seelenorgan und die Organologie in einem großen spekulativen Wurf zu versöhnen. Zwar wurden solche Bemühungen von den meisten naturphilosophisch argumentierenden Autoren nicht mehr ernst genommen; doch zeigt sich darin die große Spannbreite des Ausprobierens, wodurch die Naturphilosophie zu einem ausgesprochen heterogenen Gebilde wird. Verschiedenartige Harmonisierungstendenzen sind bei Johann Heinrich Ferdinand Autenrieth, Philipp Franz von Walther und Joseph Görres zu finden. Diese drei repräsentieren jeder auf seine Weise Varianten naturphilosophischen Denkens und sind vielleicht nur darin vergleichbar, daß sie aus einer christlichen Grundhaltung heraus für die Unsterblichkeit der Seele und gegen den Materialismus eintreten.

Autenrieth, der Tübinger Kliniker und Arzt Hölderlins,[65] hat gleich zu Beginn des neuen Jahrhunderts ein dreibändiges »Handbuch der empirischen menschlichen Physiologie« veröffentlicht, die auf eine Abgrenzung von verschiedenen Entwürfen einer spekulativen Physiologie zielt. Das hindert ihn allerdings nicht daran, im Kapitel über das Nervensystem eine viel größere Nähe zu naturphilosophischen Überlegungen als etwa zu Rudolphis Skeptizismus zu zeigen. Die Schwierigkeit besteht für Autenrieth darin, daß er ein anatomisch fixierbares Seelenorgan nicht mehr postulieren mag, Immaterialität, Einheitlichkeit und Unsterblichkeit der Seele aber keineswegs aufzugeben bereit ist. Dieses Dilemma kleidet er in die Frage, wie sich die Einheit des Ich »zu dem Mangel eines einzelnen Vereinigungspunctes des nähern

Seelenorgans« verhält.[66] Den Verzicht auf den Genius loci kompensiert er mit einem Rückgriff auf den naturphilosophischen Dynamismus. Demnach ist »die Seele zugleich der dynamische Indifferenzpunkt aller Arten von Thätigkeiten des Organismus, so wie der dynamische Wiedervereinigungspunkt jeder geschiedenen Polarität«.[67]

Die Verschiebung von einem lokalisierbaren Interaktionsort zu einem bloß ideellen Vereinigungspunkt eröffnet flexiblere Möglichkeiten, um die Vielfalt und Widersprüchlichkeit des geistigen Lebens zu verstehen. So ist etwa die Teilung des Gehirns in eine linke und eine rechte Hemisphäre Teil des allgemeinen Antagonismus in der Bildung des Organismus. »Diesem mechanischen Gegensatz entspricht vielleicht der allgemeine Gegensatz in unserem Denken. [...] Bey der vielfachen Vereinigung beyder Hirnhälften dürften die Thätigkeiten der zwey Hälften sich zueinander verhalten, wie die Bewegungen eines doppeltarmigen Hebels. [...] Doch scheint nicht eine Hirnhälfte gerade die positive, die andere beständig die negative zu seyn; sondern vielleicht entstehen in beyden bey gleichem Bau die gleichen Thätigkeiten, nur immer zugleich auch die entgegengesetzten; sonst könnte ja in der Seele keine Wahl stattfinden.«[68]

Solche psychophysischen Parallelismen stehen nicht im Widerspruch zur Einheit des Selbst, da die naturphilosophischen Begriffe metaphysisch weit genug aufgeladen sind, um den Verdacht des Materialismus gar nicht erst aufkommen zu lassen. So ist die Seele bei Autenrieth stets Anfangs- und Endpunkt der Überlegungen, doch die Geistesfähigkeiten und Neigungen sind vom jeweiligen Hirnbau nicht unabhängig. Galls Lokalisationssystem wird auf drei Seiten referiert, ohne daß Autenrieth über dessen Wahrheitsgehalt urteilt. Nur in bezug auf das Gedächtnis legt er sich fest: »Der oft höchstsonderbare partielle Verlust des Gedächtnisses nach körperlicher Verletzung erweist übrigens, dass jeder Lebensthätigkeit, also auch jeder Art von Gedächtniss, ein etwas wenigstens von den übrigen abweichendes, eingeschränktes Organ, oder wenigstens eine besondere Beschaffenheit der inneren Organe überhaupt entspreche.«[69]

Solche Überlegungen lassen sich nicht ohne weiteres als Vor-

läufer einer Lokalisierungs- oder gar Lateralisierungstheorie ver-
einnahmen. Sie nutzen den durch das Ende des Seelenorgans leer
gewordenen Raum aus, und das Instrumentarium, das ihnen eine
gewisse Sicherheit gibt, ist das der Naturphilosophie. Durch Begriffe wie Indifferenzpunkt, Polarität und dynamischer Wiedervereinigungspunkt werden thematische Zusammenhänge neu
aufgeworfen, die bis dahin nicht zum Kanon der Hirnforschung
gehörten. Dazu brauchte es neben innovativen und querdenken-
den Geistern wie Reil oder Gall auch vorsichtigere und religiös
geprägte Autoren. Autenrieth hat aus seinem christlichen Dualismus nie einen Hehl gemacht. Lange bevor er öffentlich über das
Fortleben der Seele nach dem Tod reflektiert,[70] teilt er Reil mit,
daß er ihm in seiner Psychophysiologie nicht zu folgen bereit ist
und sich ein Leben nach dem Tod als Übergang in die bewußtlose
Natur nicht vorstellen kann: »Ich mag kein Fünkchen in der leeren Nacht werden, das in vollkommener Bewußtlosigkeit unter-
geht. Da in neueren Zeiten uns die Freiheit gegeben ist, uns selbst
und die ganze Natur zu konstruieren, fast wie wir wollen, so kon-
struiere ich mich lieber so, daß meine Seele dem Tode trotzt.«[71]
Diese diskrete Anspielung auf ein Überleben der Seele zeigt, wie
naturphilosophische Begriffe in ganz heterogene Kontexte einge-
bunden werden. Eine einheitliche Diskursivität wird dadurch un-
terlaufen, daß Autenrieth einen naturphilosophischen Zentralbe-
griff wie den Identitätsgedanken zurückweist.

Das hatte vorerst noch keine Konsequenzen, zumal der Begriff
selbst zwischen verschiedenen Bedeutungen oszillierte. Autenrieth meinte eine Identität von Gehirn und Seele; er wurde aber
auch im Sinne einer Simultanität und Totalität aufgefaßt, die sich
ausschließlich auf die physische Seite, das heißt auf das Nervensystem richtete. Fast holographisch mutet Walther an: »Im
Nervensysteme in [!] das Einzelne auf das vollkommenste des
Ganzen gleichgebildet, und das Ganze ist in jedem Einzelnen
vergegenwärtigt.«[72] Von Lokalisation ist hier naheliegenderweise
nicht die Rede. Bereits die Frage, ob die Empfindung am peripheren Ende der Sinnesnerven oder im Zentrum des Gehirns stattfinde, ist für Walther unsinnig, da das ganze Nervensystem Identität, Totalität und Simultanität ist. Entsprechend haben auch die

Hirnnerven keinen einfachen Ursprung im Gehirn, sondern ver-
ästeln sich so fein, daß das Seziermesser ihnen nicht folgen kann.
Walther hält sich dann auch nicht länger bei der Anatomie auf
sondern konzentriert sich auf die Phänomene des animalischen
Magnetismus. Besondere seherische Fähigkeiten beim Somnam-
bulen führt er darauf zurück, daß die stellvertretende Funktion
der Sinne es ermöglicht, mit anderen Teilen des Nervensystems
zu sehen als mit den Augen.[73] Auf diese Weise erklärt er über-
sinnliche Phänomene wie die Kontaktaufnahme mit Toten.

Nun war ausgerechnet Walther einer der ersten und lautesten
Propagatoren der Organologie Galls. 1802 nimmt er Gall ausdrücklich gegen den Vorwurf in Schutz, eine Weiterentwicklung
der Physiognomik zu betreiben. Er sieht die Hirn- und Schädellehre als Bestandteil der vergleichenden Anatomie, Physiologie
und Pathologie, »deren naturwissenschaftliche Dignität zu be-
leuchten« sei.[74] Daneben scheint Walther aber noch eine ganz andere Hoffnung in die Organologie zu setzen, wenn er sie »auf der
untersten Stufe der Naturphilosophie« plaziert.[75] Eine solche Allianz wird durch den Entwicklungsansatz ermöglicht, der Er-
kenntnisschritte in der Naturphilosophie ebenso betrifft wie die
Entwicklung in der Natur selbst. Erkenntnis steigt vom Einzelnen, empirisch Faßbaren und Objektiven progressiv zum Subjekt
des Bewußtseins auf. Organologie ist damit die empirische Voraussetzung für eine Gehirnlehre, deren Aufgabe darin besteht,
»empirische Denkfunctionen« als organische Erscheinungen im
Gehirn nachzuweisen.[76] Walther räumt ein, daß das nicht unbedingt die Sprache ist, die Gall spricht, es liege jedoch im wesentlichen auf seiner Linie. Gall wird mit dem Lob umschmeichelt,
daß ein scharfsinniger Beobachter wie er viel eher mit naturphilosophischen Spekulationen übereinkomme als »die schülerhaf-
ten Nachsprecher abgerissener Sätze aus Schellings und Rösch-
laubs Schriften«.[77]

Nur wenig später muß Walther einsehen, daß sich die Organologie in keiner Weise als Propädeutik der Naturphilosophie instrumentalisieren läßt. Von der Wichtigkeit der Hirnlehre ist er
nach wie vor überzeugt. Die Physiologie habe im Grunde sogar
nur ein Problem – die Lehre von den Hirnfunktionen.[78] Identitäts-

gedanke und Organologie hingegen sind bei Walther mit der freien, unkörperlichen und unsterblichen Seele, die mit einem Mal wieder am Ende aller Bemühungen steht, nicht mehr vereinbar. Das Gehirn ist »ein Plasma der Seele, ganz ihre Schöpfung, ihr Werk; und jede Form des Hirns und seiner Theile ist ein plastischer Ausdruck einer besondern Seelenthätigkeit.«[79] Die Frage ist, was sich aus dem Gehirn herauslesen läßt, wenn es bloß Resultat einer schaffenden Potenz der Seele ist. Walther befindet sich hier in der Schwierigkeit, daß er für die einzelnen Seelenverrichtungen weder die Existenz von Hirnorganen noch eine Wirkung des gesamten Gehirns zugeben kann. Er leugnet keineswegs, daß es voneinander abgrenzbare Gebiete wie die Vierhügel, die Streifenhügel, den Balken usw. gibt, doch sind die einzelnen Teile nicht autonom, sondern ihr Verhältnis zueinander wird durch die Sensibilität vermittelt. Nicht angeborene Instinkte bilden Organe, sondern die Seele bildet sich die Gestalt, mittels deren sie sich zur Welt in Beziehung setzt.

Mit solchen Überlegungen wird das hierarchische Prinzip des klassischen Denkens noch einmal installiert; wenn die Sensibilität im physiologischen Sinne für Identität und Differenz einzelner Seelenäußerungen verantwortlich ist, so wird damit der energetische Aspekt gegenüber dem lokalisatorischen in den Vordergrund gestellt. So gewappnet, kann der enttäuschte Organologe dann auch zugeben, daß die Entwicklung der frontalen und temporalen Hirnmassen mit der kognitiven Entwicklung des Menschen zu tun habe, das Kleinhirn Organ des Geschlechtstriebs sei und die okzipitalen Hirnanteile am ehesten das Gemüt des Menschen repräsentieren und daß sich diese Entwicklungen wenigstens zum Teil am Schädel ablesen lassen.[80] Lokalisationismus dieser Art, der vergleichbar auch bei Görres und später sogar bei Steffens vorkommt,[81] problematisiert die kognitiven und emotionalen Fähigkeiten des Menschen und sogar den Geschlechtstrieb. Die Berücksichtigung von Emotionen und Trieben läßt sich zwar als ein prinzipieller Sieg Galls lesen, doch die grobe funktionale Einteilung des Gehirns wird vorrangig zur Legitimation ärztlicher, physiologischer und anthropologischer Festschreibungen des Menschen genutzt. Sie bleiben im frühen

19. Jahrhundert noch weitgehend harmlos, und erst in den darauffolgenden Jahrzehnten formieren sie sich – wie das Beispiel Carl Gustav Carus' zeigen wird – zu fatalen Kategorisierungen. Doch bereits in den ersten Entwürfen der Romantik sind Thematiken wie die Anatomie und Physiologie der Geschlechter, des europäischen und des nichteuropäischen Gehirns und schließlich des normalen und des abnormen Gehirns auszumachen.

Obwohl seine erotische Geschlechter-Physiologie der eben benannten Entwicklung ideell gar nicht fern steht, nimmt Joseph Görres eine Sonderstellung in der Entwicklung der romantischen Hirntheorien ein.[82] In den Jahren nach 1800 als Schulprofessor in Koblenz tätig, läßt sich Görres durch den neuen Blick auf das Gehirn und die Naturphilosophie bezaubern und arbeitet sich in die Medizin ein. 1803 veröffentlicht er »Aphorismen über die Organonomie«, in denen er die unterschiedlichen Positionen mit großem Enthusiasmus zu vereinigen sucht. In der Hirnlehre läuft das darauf hinaus, daß er die seelischen Kräfte im Dunst der Hirnventrikel lokalisiert. Görres ist nicht der einzige, der die Flüssigkeit durch den Dunst ersetzt; doch im Gegensatz zu Anhängern Soemmerrings wie Ackermann oder Hildebrandt schlägt er eine Brücke zu Gall, indem er eine unterschiedliche Repräsentation oder Wirksamkeit dieser Kräfte in den verschiedenen Ventrikeln annimmt.[83] Dementsprechend übernimmt er Galls lokalisatorische und psychologische Differenzierung von Talenten, Neigungen und Eigenschaften und verlegt sie in die Ventrikel. Mit solchen Analogien macht Görres deutlich, daß ihm an anatomischen und physiologischen Feinheiten ebensowenig gelegen ist wie an medizinisch-praktischen Aspekten der Lokalisationslehre. Damit disqualifiziert er sich jedoch bei der Mehrzahl der naturphilosophisch geprägten Ärzte und Physiologen.

Nur wenige Jahre später hat Görres seinen Optimismus und den Spaß an der Physiologie bereits weitgehend verloren. Im August 1805, ein Jahr vor Preußens Untergang, schreibt er ein fulminantes Vorwort für seine »Exposition der Physiologie«, die den Untertitel »Organologie« trägt. Mit seinem Gespür für anstehende Veränderungen zieht Görres eine Bilanz seiner bisherigen Tätigkeit. Er habe den echten republikanischen Geist der Antike durch sein ganzes Leben beschworen, und er sei guter Dinge, daß dieser Geist Deutschland wappne »gegen die Eingriffe roher, brutaler Gewalthaber, die die ganze Welt zum Reflexe ihrer eignen, modernen geschnürten Gemeinheit machen mögten«.[84] »Modern geschnürt« meint nicht ausschließlich Napoleon, sondern die ganze antikatholische und materialistische Geistesrichtung, die gerade auch unter Gelehrten und Naturforschern zu Hause ist.

Görres gibt zu, daß er vielleicht ein unwissenschaftlicher Physiologe sei, aber auf jeden Fall sei er ein viel besserer Schriftsteller als seine Kritiker. Er nimmt in Kauf, daß man ihm »Conspiration der Dichter und Philosophen«, »Geisterseherey«, »Heiligkram«, »cabbalistischen Unsinn« und manches andere vorwerfen werde, und legt gleich eine ideale »Selbstrezension« vor, in der es heißt, daß er »uns mit Hilfe seiner Phantasmen einen physiologischen Roman [entwirft], der von einem gewöhnlichen nur darin sich unterscheidet, dass er der ernsthaften Materie wegen sich höchst langweilig lesen laesst«.[85] So immunisiert sich Görres vorab gegen Spott und Kritik, signalisiert aber auch, wie sehr er sich von der wissenschaftlichen Reflexion zu distanzieren wünscht: »Sie classifiziren und rubriciren Alles diese Menschen; sie fragen nicht, was vermag Dieser, sondern wessen ist er? […] zum Cadaver müssen sie es [das Leben] abschlachten und einsalzen, wenn sie damit was machen sollen.«[86] Görres gibt ein einziges Beispiel: Gall. Vermutlich kommt darin die Enttäuschung zum Ausdruck, die er mit der Organologie erlebt hat. Keineswegs kritisiert er denn auch die Forschungsleistung Galls. Doch die Hirnforschung tendiert für Görres zu einer »Construction des Gehirns«, die es in nichts mehr vom Gefäßsystem der niederen Tierklassen unterscheidet. Man nimmt ein äquivalentes System an, das keinerlei Steuerung oder Hierarchie kennt. Dagegen meldet Görres Protest an: »Das ist ein verworrener Knäuel von Fäden auf geradewohl durcheinandergewickelt, und man wird gestehen müssen, dass diese Ansicht des Gehirns eben so trostlos ist, wie etwa Die seyn mogte, die derjenige vom untern Organism erhielt, der die erste Thiersection gemacht hat.«[87] In ähnlicher Weise hatte Reil ungefähr zur gleichen Zeit das Gangliensystem als republikanisch und das Cerebralsystem als monarchistisch bezeichnet.

Doch während Reil solche Metaphern taktisch verwendete, zieht Görres daraus weitgehende Schlußfolgerungen. Es muß ein höchstes und steuerndes Prinzip genauso wie untergeordnete Bestandteile geben. Diese hierarchische Gesetzmäßigkeit gilt in der Natur und im Organismus genauso wie in der Gesellschaft, in den Wissenschaften und in der Kunst.

Görres' Klassifizierung steht vor dem Hintergrund des romantischen Geniebegriffs. Der Rang des Naturforschers ist einzig und allein durch »grössere oder geringere Genialität« bestimmt, unabhängig von der wissenschaftlichen Ausrichtung. »Wer aber nicht zu dieser Höhe sich erhebt, in der Empirie wie in der Speculation, der mag recht brauchbar, als der untergeordneten Arbeiter einer, den Bau mit fördern helfen« – in den engsten Kreis der »Priester im Dienste der Natur« wird er nicht vorstoßen.[88] Görres mahnt hier eine Exklusivität an, mit der er sich gegen die Verbreitung der ursprünglich akzeptierten Schellingschen Ideen wendet. Da alle die Sprache Schellings reden, läßt Görres sich durch seine »eccentrische Natur« forttragen von einer Schule und vor allem von denjenigen Physiologen, die Naturphilosophie in der Erfahrungswissenschaft umzusetzen versuchen. Es geht ihm nicht darum, wie Reil und andere die Wissenschaftlichkeit der Physiologie auszuloten. Görres setzt dem eine Ästhetisierung in Form eines »physiologischen Romans« entgegen, der bis zur »Idee« vordringt. Gegen die immer größer werdende Gruppe der Wissenschaftler setzt er die kleine Kaste der Naturpriester, gegen Experimentalisierung und Differenzierung ästhetisierende Naturverehrung. Das ideale Organ für das romantische Genie ist das Gehirn; die größte Bedrohung besteht in der Aufteilung des Gehirns in diverse, funktional gleichberechtigte Segmente.

Folgerichtig liest sich Görres' Roman streckenweise wie eine Expedition durch das Gehirn, auf der Suche nach dem einen Ort, an dem das wieder zusammengefügt wird, was die Organologie auseinandergerissen hat. Durchsetzt mit antikisierenden Metaphern, ist das Gehirn so etwas wie die antike Landschaft Griechenlands; der Olymp aber, der Indifferenzpunkt, wo alles zusammenläuft, liegt nicht obenauf, sondern ganz im Zentrum.

Geleitet durch die Entsprechung von Mikrokosmos und Makrokosmos, durch den Gegensatz von Zentrum und Peripherie, landet Görres jedoch nicht bei den Griechen, sondern bei Descartes und dessen Zirbeldrüse, die den Indifferenzpunkt von Groß- und Kleinhirn, oben und unten, links und rechts darstellt:

> »So sind wir denn bis zu dem Organe hin vorgedrungen, das die erste und die hoechste Stelle in der Hierarchie der organischen Gewalten behauptet; die Centralsonne des Microcosm's, übt es von seiner Höhe herab die Herrschaft über die Unterwelt; alle Radien laufen in ihm zusammen; alle Wirkung geht von ihm aus, und jede Aeusserung der innern Thätigkeit, das ganze organische Gewächs hat aus ihm, wie aus seinem Keime sich entfaltet.«[89]

Der Schlüssel für das Verständnis einer solchen Passage liegt in der mythologisierenden Veredelung des Wissens: wenn er »Poesie in die Wissenschaft einmenge«, so wolle und könne er gar nicht anders, da beide ursprünglich zusammengehörten.[90]

Görres hegte gewiß nicht die Illusion, daß dieses Projekt besondere Konsequenzen für die Wissenschaft haben würde.[91] Die geläufige Formel vom Wissenschaftler als »Priester der Natur« nahm er allzu wörtlich, und seine Ablehnung im frühen 19. Jahrhundert zeigt, daß eine beliebige Vermischung der Diskurse auch innerhalb der naturphilosophisch orientierten Physiologie nicht möglich war. Die Grenzen wurden innerhalb der Naturphilosophie gezogen. Kritik an der Cerebralisierung des Menschen, wie sie in der Organologie verwirklicht wurde, war innerhalb des naturphilosophischen Spektrums akzeptabel. Görres ging weiter und verknüpfte diese mit einer Kritik an der Verbreitung der Naturphilosophie, die in dem Moment entwertet war, da sie nicht mehr das besondere Verständigungsinstrument einer Gruppe von wenigen Auserwählten sein konnte. Damit begab Görres sich ins Abseits. Die andere Seite der Medaille hingegen, die Ablehnung des Klassifizierens und Rubrizierens und der trostlosen Ansicht des Gehirns, ist charakteristisch für eine Richtung innerhalb der romantischen Naturphilosophie. Bei Görres wie auch bei Walther wird die zunächst freundliche Beurteilung Galls von einer globalen Kritik abgelöst. Im Schnittpunkt von Organologie, Materialismus und der Durchsetzung bestimmter wissenschaftlicher Methoden sah man eine Entwürdigung des Menschen, die es zu bekämpfen galt. Diese Verschiebung war wegweisend für die Entwicklung der romantischen Psychologie.

Romantische Psychologie und Rückkehr des Dualismus

In seiner »Geschichte der Psychologie« von 1808 schreibt Friedrich August Carus, daß die Psychologie sich in jüngerer Zeit »von der Metaphysik zu der Anthropologie wendete, und als psychologische Menschenlehre der körperlichen oder sogenannten medicinischen Anthropologie beigeordnet oder entgegengesetzt wurde«.[92] Carus selbst folgte Kant in seinem Plädoyer für eine Abgrenzung der Psychologie von der Physiologie. Dagegen wollten die Frühromantiker im Einklang mit Schellings Identitätsphilosophie die Psychologie als einen Teil der Physiologie oder der physischen Anthropologie auffassen, die wiederum Teil der allgemeinen Naturlehre war.[93] Die Psychologie wurde sogar als Höhepunkt der Naturwissenschaften angesehen, weil sie sich mit der höchsten Entfaltung und Individualisierung der Natur beschäftigte, nämlich dem Moment, da sie im selbstbewußten Geist zu sich selbst kommt. Die Verknüpfung von Realem und Idealem, von Denken und Sein als Gegenstand der Naturphilosophie bzw. der organischen Naturwissenschaft bildet jedoch nur in der Frühromantik einen gemeinsamen Nenner. Wenn in den späten 1820er Jahren Johannes Müller oder Karl Friedrich Burdach die Psychologie als Bestandteil der Physiologie etabliert sehen wollten, ist darin zwar noch einiges vom früheren Ideal einer Einheitswissenschaft vorhanden, doch im wesentlichen beschränkt sich das auf eine Erörterung darüber, wie die Psychologie naturwissenschaftlich fruchtbar gemacht werden könnte.

Am deutlichsten und vielleicht auch radikalsten ist die romantische Psychologie in Texte gefaßt worden, die keine signifikante Spur in der späteren Lehrbuchphysiologie hinterlassen haben: in den frühen Fragmenten von Novalis und Friedrich Schlegel.[94] Novalis, der sich zunächst noch zustimmende Randnotizen zu

Kants Soemmerring-Nachwort macht und zwischen Körper und Seele eine Wechselwirkung annimmt,[95] schwenkt alsbald zur Identitätshypothese über: »Unser Körper soll willkührlich – unsere Seele organisch werden«[96] – heißt es wie ein Echo der Schellingschen Formel von Natur und Geist. Die Gleichberechtigung von Körper und Seele geht so weit, daß beide sich aneinander entwickeln und so zu einer Einheit verschmelzen: »Je mercklichere Wirkungen die Seele hervorbringen kann, desto stärker ist sie, je unmercklichere Wirkungen der Stoff, die Welt, der Körper im engeren Sinne hervorbringen kann, desto stärker ist er – Je mannichfaltiger dabey beyde – desto gebildeter beyde. Der Körper soll Seele – die Seele Körper werden. Eins durch das Andre – dadurch gewinnen beyde.«[97] Eine hierarchische Ordnung hat hier keinen Platz mehr; dementsprechend macht Novalis sich über die lange Tradition des Seelenorgans lustig: »Der Sitz der Seele ist bald hier, bald dort – bald an mehreren Orten zugleich – er ist veränderlich – und so auch der Sitz ihrer Hauptglieder – die man durch diese Hauptleidenschaften kennen lernt.«[98] Möglich, daß Novalis sowohl Galls Aufsatz von 1798 als auch Reils Konzept eines dynamischen, nicht lokalisierbaren Seelenorgans vor Augen hat. Entscheidender scheint, daß Novalis auf eine Poetik des leibseelischen Menschen zusteuert, die den durch das Ende des Seelenorgans frei gewordenen Platz anders ausfüllen will als Gall oder Reil. Bei Novalis geschieht dies tastend und fragmentarisch, ohne den apologetischen Tonfall von Görres, der auf einen konkreten Gegner zielt.

Auch wenn Novalis' Fragmente nicht in das Korpus eines disziplinären Wissens einzuordnen sind, werden auch in den programmatischen Texten und Lehrbüchern ähnliche Positionen vertreten. Man legt sich nicht direkt auf eine Physiologie des Denkens fest, aber es wird kein Zweifel daran gelassen, daß die »wahre Physiologie« einen Gegensatz zwischen dem Physischen und dem Psychischen nicht akzeptiert. Das Psychische liegt nicht jenseits der physischen Welt, sondern an dessen Grenze, da beide »nur verschiedene Relationen eines und desselben Lebens« ausdrücken.[99] Damit ist das Geistige in jedem Fall Bestandteil der Natur. Seine Andersartigkeit wird auf unproblematische Weise anerkannt, da man es mit dem Gipfel der Natur zu tun hat. Dagegen wird eine Psychologie, die auf den Organismus als ihren Gegenstand verzichtet, höchstens geistige Fähigkeiten klassifizieren, denen bestimmte Gehirntätigkeiten an die Seite gestellt werden, doch sie wird nicht der Aufgabe gerecht, eine naturphilosophische Wissenschaft vom Menschen zu formulieren. Unverzichtbarer Bestandteil dieser Wissenschaft ist eine erhebliche Aufwertung des Körpers. Abgelehnt wird sowohl die vitalistische Variante, bei der »der herrliche Leib zum verworfenen Dienstknecht der Seele entwürdiget«[100] wird, als auch die materialistische, die aus der »Maschineneinrichtung gewisser Organe« deren Funktionen ableiten will. Wenn aber die geistigen Fähigkeiten tatsächlich bloß »Aeusserungen und Erscheinungen bestimmter organischer Functionen sind«,[101] stellt sich die Frage, wie die »höhere Physiologie«, die das Geistige zum Gegenstand hat, beschaffen sein soll. Ein Versuch bestand in der kurzzeitigen Annäherung an Galls Hirnlehre, ein weiterer in Reils Theorie des Cerebral- und des Gangliensystems. Daneben werden etliche andere Varianten einer Trennung von geistigem und vegetativem Leben durchgespielt, zum Teil im Geflecht des animalischen Magnetismus, zum Teil im Rahmen der Entwicklungsgeschichte des Gehirns.[102]

Der entscheidende Punkt liegt darin, daß die romantische Naturforschung sich mit der höheren oder dynamischen Physiologie am Scheideweg befindet. Während eine Gruppe von Hirnforschern – Reil, Burdach und Carus – verschiedene Antworten versucht, macht eine andere, ebenfalls einflußreiche Fraktion sich daran, die Psychologie wieder von der Physiologie zu trennen. Denn zunächst existiert bei den frühen naturphilosophisch orientierten Entwürfen die Psychologie nicht gesondert unter diesem Titel, sondern wird in den jeweiligen Physiologien und Anthropologien aufgehoben. Wenn überhaupt eine »Psychologie« publiziert wird, wie etwa die von Friedrich August Carus 1808, kommt sie von Kant her und trennt die psychischen Erscheinungen strikt von den organischen. Entsprechend wird eine Trennungslinie zwischen Psychologie auf der einen, Physiologie und Anatomie auf der anderen Seite gezogen.[103]

Unabhängig von solchen Abgrenzungen beginnt sich spätestens ab 1810 das Blatt auch bei den Romantikern zu wenden, und es erscheinen die als typisch romantisch angesehenen Psychologien von Carl August Eschenmayer, Johann Christian August Heinroth und Gotthilf Heinrich Schubert, in denen die Seele nicht mehr zur Physiologie gerechnet wird. Der ontologische Schnitt, der zwischen den beiden Seinsbereichen gezogen wird, hat nicht zuletzt Konsequenzen für die disziplinäre Zuordnung. Johann Bernhard Wilbrand bringt die Psychologie mit der Idealphilosophie in Zusammenhang, Heinroth sieht den Schlüssel für die Enträtselung des Seelenlebens einzig in einer Analyse der menschlichen Freiheit.[104] Auch hier gibt es natürlich Abstufungen. Eschenmayer beispielsweise gesteht dem Gehirn insofern noch eine herausragende Position zu, als es die Vermittlung zwischen Seele und Körper übernimmt. Aber dann folgt er der Theorie von Görres und läßt auch Soemmerrings Hirnventrikel wieder aufleben, um beide miteinander zu vereinigen. In der Zirbeldrüse ist dann nicht das Seelenorgan, sondern derjenige geometrische Ort zu sehen, »in welchem alle Gehirnthätigkeit zusammenfließt, und in welchem die geistigen Aeusserungen zunächst rege werden«.[105] Es handelt sich aber nicht mehr um ein dynamisches Modell etwa im Sinne Reils, denn Eschenmayer benutzt den Begriff Indifferenzpunkt zwar noch, wählt dann aber ein theologisch-hierarchisierendes Bild, das bis in die Wortwahl Görres folgt und bei Novalis oder dem frühen Schelling undenkbar gewesen wäre: »Die Zirbel ist die Centralsonne des Microcosmos, sie übt von ihrer Höhe die Herrschaft über die Unterwelt aus, sie ist das höchste organische Gewächs, aus dem alle übrigen Keime sich entfalten.«[106] In einer solchen Ordnung sollen sowohl die Annäherungen zwischen Körper und Seele in der Identitätsphilosophie als auch die naturalistische Diversifizierung der geistigen Fähigkeiten destruiert werden. Wie in den Dualismen des 18. Jahrhunderts, gegen die die Frühromantik angetreten war, wird der Körper zur ausführenden Maschine. Eschenmayer greift explizit auf alte Denkfiguren des Stahlschen Vitalismus zurück, wenn er schreibt, »daß die Seele es seye, die nach ihrem eigenen Schema am Vehikel des Stoffes ihren Körper baue«.[107]

In der Version von Heinroth ist das Gehirn nicht einmal mehr Vermittlungsort zwischen Leib und Seele, da keinem materiellen Ding diese Funktion zukommt, sondern nur einer »Urkraft« – dem Leben selbst.[108] Zwar kann auch er nicht leugnen, daß das Gehirn das Hauptorgan des Seelenlebens ist, doch ist die Materie »nichts als die in bestimmter Form sichtbar gewordene schöpferische Kraft«.[109] Da die Seele zum Bereich des Religiösen gehört, kann sie keine Naturgeschichte haben. Die Wendung von der Identitätshypothese zur Psycho-Kosmologie bzw. -Theologie hatte ihre bedeutendsten Auswirkungen in der psychiatrischen Theorie der sogenannten Psychiker.[110] Die Bedingung für ihre theoretische Formulierung war ein Rückgriff auf quasidualistische Positionen. Dieser vollzog sich keineswegs in aller Unschuld. Man war sich darüber im klaren, daß der einmal begonnene, naturwissenschaftliche Diskurs das Reden über die Seele vollkommen umstülpen würde. Für Romantiker wie Görres, Brentano, Eschenmayer, Heinroth und manche andere war die Organologie ein Fanal der materialistischen und deterministischen Wissenschaft, gegen die zunächst die Mythologie und später zunehmend der Katholizismus in Stellung gebracht wurde. Auch ohne solche Bekenntnisse wurde unmißverständlich ausgemalt,»was die Naturwissenschaft von der Seele in Hinsicht der Freyheit sagen kann. Sie sagt nur negatives aus: nämlich, wenn ihr Aner, Isten und Iker die Seele in unser Gebiet verlegt, so ist sie der Nothwendigkeit unterworfen, wie jedes andere Ding; bey uns findet ihr nirgends in einer Kraft oder in einem Dinge Freyheit.«[111] Solche Skepsis richtete sich gegen die Erweiterung des wissenschaftlichen Geltungsbereichs und gegen die zunehmende Verfeinerung der dazu erforderlichen Methoden und Instrumente. Neben dem Experimentalisieren und Klassifizieren des Menschen in anatomischen, physiologischen und sogar in cranioskopischen Untersuchungen wurde nun auch das Abnorme als Instrument für das Verständnis des normalen geistigen Lebens herangezogen. Darüber entrüsteten sich zahlreiche Autoren, und eine der Konsequenzen daraus war die dualistische Haltung, in die romantische Psychologie und Psychiatrie mündeten. Diese Weigerung, von der Untersuchung des Körpers, insbesondere des Gehirns, auf das Geistesleben zu schließen, hat noch eine weitere Facette, denn eine vergleichbare Entwicklung zeichnete sich auch dort ab, wo es vorrangig um den Körper ging – im Galvanismus.

Der Galvanismus, das Gehirn und die Naturphilosophie

Eine der spektakulärsten Entwicklungen in der Physiologie vor der Jahrhundertwende war der Galvanismus. »Totalisierende Entwürfe, unbegrenzte Anwendungsmöglichkeiten und die Antizipation einer Entschlüsselung der letzten Geheimnisse des Lebens«[112] knüpften sich an die in Sichtweite gelangte Identität von galvanischen und organischen Prozessen. Entsprechend wurden die seit den neunziger Jahren des 18. Jahrhunderts in Mode gekommenen galvanischen Experimente gerade von den Romantikern begrüßt. Das war nicht selbstverständlich, denn die dem Experiment zugewiesene Rolle war nicht unumstritten. Während es eine anhaltende Debatte um den empirischen Wert der experimentellen Resultate gab, bei der die Artifizialität des Experiments von Naturphilosophen und von Gegnern der Naturphilosophie wie Gall und Rudolphi gleichermaßen angezeigt wurde, gehörten galvanische Experimente und Selbstversuche in der subjektiven Sinnesphysiologie zur charakteristischen Tätigkeit des romantischen Naturforschers und bildeten ein wichtiges Moment bei der Entwicklung der Experimentalkultur im 19. Jahrhundert.[113]

Ein wichtiger Grund für die Unvoreingenommenheit gegenüber galvanischen Experimenten dürfte darin gelegen haben, daß man in ihnen nichts Artifizielles, keine Verletzung oder Schädigung des Körpers sah, sondern eine Art Mobilisierung der ihm eigenen Kräfte. Johann Wilhelm Ritters Formulierung des Identitätsgedankens von 1796, wonach der Lebensprozeß nichts anderes sei als ein »beständiger Galvanismus unzähliger mit und durch einander verbundener Ketten«,[114] bildete das experimentell ausgerichtete Komplement zur psychophysischen Identitätshypothese von Schelling, der sich vom Galvanismus ebenfalls ganz neue Impulse für die Physiologie versprach.[115] Ritters Enthusiasmus war ähnlich unbescheiden wie derjenige Galls. Auch er sah ein ganzes Forschungsfeld vor sich und stellte Problemlösungen in Physiologie, Medizin und Psychologie in Aussicht. Solcher Optimismus war in den Jahren um 1800 weit verbreitet. In Paris gab es eine regelmäßig tagende »galvanische Societät«, deren Berichte auch in Deutschland aufmerksam verfolgt wurden.

Dem Gehirn kam in diesem Zusammenhang eine besondere Bedeutung zu, und das hatte zunächst weniger mit der Idee des Galvanismus als mit dem Dauereinsatz der Guillotine im revolutionären Paris zu tun. Zwar hatte Galvani vermutet, daß das Gehirn Elektrizität produziere, die über das Rückenmark und die motorischen Nerven bzw. über die motorischen Hirnnerven zu den Muskeln fließe. Infolgedessen lag es nahe, Stimulationsexperimente am Gehirn durchzuführen.[116] Doch gab es eine regelrechte Konjunktur dieser Experimente erst, nachdem sich um 1795 in Paris eine Debatte über die Guillotine an der Frage entzündet hatte, ob im isolierten Kopf noch Sensibilität und Bewußtsein vorhanden und somit Schmerzempfindung möglich sei.[117] Diese Frage wollte man durch galvanische Experimente im Tierversuch und an guillotinierten Köpfen lösen. Eine Zeitlang war es geradezu Mode, daß Physiologen und Ärzte sich mit ihren Galvanisierungsapparaten neben die Guillotine stellten. So berichtet Ludwig Friedrich Froriep aus Paris, daß der Polizeipräfekt problemlos die Erlaubnis zur Verwendung des Leichnams erteilte und sogar einen Kommissar zur Verfügung stellte, »der sich nicht eher entfernen sollte, bis der Leichnam in unseren Händen sey«.[118] Sodann mußte ein Fuhrmann bestochen werden, der die Leiche in größter Eile zum Friedhof fuhr, dort mietete man umgehend die Räume des Friedhofsaufsehers an und baute die Instrumente auf. »Eine Minute vor 3 Uhr fiel das Beil auf dem Place de Greve und 15 Minuten nach 3 Uhr« konnte das Experiment beginnen.[119]

Die Experimente selbst waren spektakulär, brachten aber nicht die gewünschten Resultate. Während im Nerv-Muskel-Präparat Zuckungen leicht hervorgerufen wurden, waren Hirnexperimente zunächst nicht erfolgreich. Froriep »unterwarf aus Neugierde die Hirnsubstanz der galvanischen Reizung sowohl des einfachen Apparates als der voltaischen Säule, aber ohne die geringste sichtbare Wirkung«.[120] Humboldt berichtet, daß er weder bei Insekten noch bei Amphibien oder Warmblütern durch Hirnreizung Zuckungen zu erregen vermochte und gibt eine sonderbare Begründung: das Gehirn, da es als Sensorium gelte, sei zur Bewegung ebensowenig wie zur Verdauung bestimmt. Selbstverständlich verfügte Humboldt über hinreichende anatomische Kenntnisse, um die motorischen Hirnnerven zu kennen. Entscheidend ist, daß er jedem »Organ nach seiner specifiken Anlage nur seine bestimmte Energie«[121] zuordnet: Verdauung findet durch den Darm statt, Bewegung durch den Muskel, Wahrnehmung durch das Gehirn. Zwar stellt er sich die Frage, ob Reizungen im Seelenorgan die Vorstellungen beeinflussen können, verbannt sie jedoch aus den »Grenzen objectiver Wahrnehmung«.

Humboldts Fragestellung nach einer Bewegung des Gehirns selbst wurde nicht weiter verfolgt, doch vermochte man durch Hirnreizungen Bewegungen der Gesichtsmuskulatur auszulösen. So geschah es in einer der aufsehenerregenden Experimentalveranstaltungen mit den hingerichteten Mitgliedern der Schinderhannes-Bande 1803 in Mainz. Nach Schädeleröffnung wurden die beiden »Hirnhälften bis zum grössten Umkreise des Marks weggenommen. Die negative Kette wurde auf die eine, die positive auf die andere Hirnhälfte angebracht, und die grosse Flasche entladen. Auf die ersten Schläge entstanden starke Bewegungen in den Muskeln der Nase, des Mundes und der Backen. Auf die folgenden Schläge sah man aber mehrmalen Bewegungen in den Muskeln des ganzen Gesichtes.«[122] Mit einer Interpretation hielten sich die beteiligten Mainzer Ärzte und Gelehrten zurück. Eine ähnliche Veranstaltung fand um die gleiche Zeit in Turin statt, wo »das Erstaunen der Zuschauer sehr groß gewesen wäre, wie sie die Contractionen der Muskeln der Stirn, der Augenlieder, des Gesichts, des Unterkiefers und der Zunge gesehen hätten.«[123] Die Frage war, ob solche Phänomene tatsächlich als Beweis für die tierische Elektrizität und die elektrische Erregbarkeit der Hirnrinde genommen werden sollten. Giovanni Aldini, der Neffe Galvanis, hegte aufgrund seiner Experimente keinen Zweifel an der Existenz der tierischen Elektrizität.[124] Auch Luigi Rolando konnte vergleichbare Resultate produzieren, war jedoch mit seinen Schlußfolgerungen wesentlich vorsichtiger.

Ein Grund für diese Zurückhaltung lag darin, daß sich seit der um 1800 erfolgten Entdeckung der Voltasäule die Mehrheit der Physiologen nicht mehr für die tierische Elektrizität erwärmen mochte. Experimente, in denen ein Nerv-Muskel-Präparat ohne Metallkontakt zur Zuckung gebracht werden konnte, erklärte man mit der sogenannten Kontaktelektrizität, das heißt, daß die Kombination verschiedener Gewebe mit einem flüssigen Leiter Elektrizität produziert.[125] Ein weiterer Grund waren moralische Bedenken, die allerdings regional unterschiedlich gehandhabt wurden. Von »fürchterlichen Experimenten«[126] war nur gelegentlich die Rede. Immerhin setzte Friedrich Wilhelm III. 1803 in Preußen ihr Verbot durch.[127] 1803 war auch das Jahr, in dem die Schinderhannes-Bande hingerichtet wurde und in dem der Breslauer Arzt Johann Wendt seine galvanischen Experimente damit rechtfertigte, daß diese unterblieben wären, wenn er vorher gewußt hätte, daß in einem abgeschlagenen Kopf noch Bewußtsein vorhanden sei.[128]

Carl August Weinhold, Königlich-Preussischer Regierungs- und Medizinalrat und Professor der Chirurgie in Halle, akzeptiert das gesetzliche Verbot, obwohl er »nicht an ein Bewusstseyn im Kopfe der Enthaupteten« glaubt, schlägt dafür aber »als Physiolog« vor, daß zum Tode Verurteilte »zu rationalen Versuchen überliefert würden, wo wir gewiss bessere Resultate erhalten, als die öffentlichen geräuschvollen Hinrichtungen jemals hervorzubringen vermögen«.[129] An anderen Orten waren Experimente an Köpfen Enthaupteter nicht verboten, und dennoch schimmert in verschiedenen Texten ein Unbehagen durch, das darauf hinweist, daß die Erregbarkeitsexperimente zu Beginn des 19. Jahrhunderts aus den gleichen Gründen abgelehnt wurden wie die Organologie Galls. Sie bargen ein deterministisches Potential, von dem vorstellbar war, daß es außer Kontrolle geriet, zumal abergläubische Vorstellungen im Zusammenhang mit Tod und Hinrichtung noch weit verbreitet waren.[130] Da war zunächst die Frage, ob in einem abgeschlagenen Kopf noch Empfindung oder gar Bewußtsein möglich war. Diejenigen, die diese Frage aufgrund eigener

Beobachtungen oder im Vertrauen auf entsprechende Berichte positiv beantworteten, lehnten die Guillotinierung, bei der das Gehirn unversehrt blieb, ab und empfahlen aus Gründen der »Menschlichkeit eine andere Form von Todes-Art […], in welcher der Todes-Streich und die gänzliche Zerstörung […] von dem natürlichen Bau des Hirns […] zusammentreffen«.[131] Damit wurde das Gehirn als dasjenige Organ angesehen, in dem über Leben und Tod entschieden wurde.

Wenn man sich darüber hinaus mit der Frage beschäftigen mußte, ob Stromschläge wieder Leben in einen abgeschlagenen Kopf bringen, erfuhr die Unantastbarkeit des Lebens und der Seele einen schweren Einbruch, zumal ihre Manipulierbarkeit auf so simple und brutale Weise offenbar gemacht werden konnte. Das wurde zwar nicht ausführlich und öffentlich diskutiert wie etwa die Konsequenzen der Gallschen Lehre, doch angesichts der Versuche Aldinis an einem enthaupteten Hund berichteten Beobachter, daß »wenn die Vernunft nicht die frappirte Einbildung in Ordnung gehalten hätte, so würde man geglaubt haben, dieser Theyl sey wieder ins Leben zurückgekehrt und leide die fürchterlichsten Schmerzen«.[132] Auch die Experimentatoren selbst blieben von ungewöhnlichen Gefühlen nicht verschont. Als der erwähnte Froriep das Gehirn des Gehenkten berührte, empfand er »in der linken Hand in allen Fingern eine sonderbare krampfhafte Zusammenziehung«.[133] Er beruhigte sich damit, daß wohl die eigene Aufregung Ursache der Empfindung sei. Eine Vitalisierung toter Materie war also kein utopisches Szenario. Mary Shelley berichtet im Vorwort zur dritten Auflage von »Frankenstein«, daß die Gespräche über das »Wesen des Lebens« am Genfer See, an denen außer ihr vor allem Lord Byron und Shelley beteiligt waren, die entscheidende Anregung für den Roman gaben, und sie fährt fort: »Einen Leichnam könne man vielleicht wiederbeleben, dafür gäbe es Beispiele aus galvanischen Versuchen; vielleicht auch könnten die passenden Einzelteile eines Lebewesens zusammengesetzt und mit der Wärme des Lebens versehen werden.«[134]

So weit gingen die Physiologen nicht, doch aus den verschiedenen angeführten Gründen traten die organische Elektrizität und die elektrische Erregbarkeit des Gehirns wieder in den Hintergrund. Das wird auch in theoretischen Unternehmungen deutlich wie etwa in Johann Jacob Wagners Versuch, Schellings Naturphilosophie »in einem universalen Plane durchzuführen«. Wagner durchläuft systematisch die allgemeine, organische und geistige Natur (Physik, Physiologie, Psychologie), um dann zu dem Ergebnis zu kommen, daß »jeder Gedanke als galvanisch-chemischer Prozeß erscheine, und also auch material mit den Prozessen der Natur identisch sey«.[135] Das Geistige ist damit vom Materiellen prinzipiell nicht mehr zu unterscheiden. Prozesse der höheren Individualisierung der Natur wie Denken oder Vorstellungskraft werden durch drei quantitative Differenzen bewirkt: »Reinheit der Stoffe, Intensität der Prozesse und Kleinheit des Organs«.[136] Damit reduziert Wagner die organische Welt auf die Chemie und die komplexe Struktur eines Organs. Während die chemische Hypothese auf der galvanischen Linie Ritters liegt, knüpft das Strukturargument an die Hirnlokalisation an. Indem Wagner die Kleinheit des Organs und die Intensität seiner Wirkung verknüpft, begibt er sich in Gegensatz zu den Parametern des 18. Jahrhunderts, die Größe und Gewicht mit der Leistung des Gehirns in Beziehung setzten. Statt dessen folgt Wagner der Organologie und führt die Hirnleistungen beim Menschen auf eine »vielfachere Organisation«, also auf einen komplexeren Aufbau des Gehirns zurück, der nicht in dessen Größe oder Gewicht zum Ausdruck kommt. Genau darin lag aber auch das Dilemma, denn Wagner meinte zwar, daß sich diese Komplexität auch anatomisch nachweisen lassen müßte, konnte aber nicht sagen, wie.

Ein organischer Materialismus wie dieser trug keine Früchte, zumal Wagner sich in den Augen seiner Zeitgenossen damit lächerlich machte, daß er Verstand und Vorstellungsvermögen ausgerechnet ins Kleinhirn verpflanzte, weil das Großhirn schon für das sensorielle Leben reserviert war. Da half es auch nichts, daß er voraussagte, in einem Experiment »am kleinen Gehirne [...] durch die Voltaische Säule eben sowohl entgegengesetzte Ideen und Begriffe erregen [zu] können, als man jetzt am Auge die Sensation entgegengesetzter Farben zu erregen weiß. Die Natur ist überall nur eine.«[137] Was für Humboldt noch jenseits der Erfahrungsgrenzen gelegen hatte, hielt Wagner für eine realistische Perspektive. Dabei blieb es dann aber auch,[138] und die spekulative Verknüpfung von Lokalisation und tierischer Elektrizität wurde nicht weiter verfolgt. Nicht einmal Ritter geht in seinen »Fragmenten« näher auf die Topographie des Gehirns ein. Zwar beharrt er auf der Frage, ob die in der galvanischen Kette (Sinnesnerv) fließende Empfindung das Medium zwischen Materie und Geist sein könnte, überlegt aber andererseits, ob die dynamische Hypothese Kants nicht so zu interpretieren sei, »daß das Ich bey seiner Thätigkeit zunächst auf diese Kraft, (die Wasserzersetzung), in und mit ihr, wirkte«.[139] Damit landet er zwar nicht beim Seelenorgan, doch zieht er sich auf eine chemische Philosophie zurück, in der das Gehirn nur noch am Kriterium der Feuchtigkeit gemessen wird.[140]

1817 blickt Weinhold auf die Experimente an Enthaupteten aus den ersten Jahren des 19. Jahrhunderts zurück und kommt zu dem ernüchternden Schluß: »Wollen wir aber hinauf zu den geistigen Kräften, dann treffen wir auf Kräfte, die wir nicht mehr beherrschen können, die vielmehr uns beherrschen, und gegen welche all unser Wissen ein Plunder ist.« Daran sei auch die Naturphilosophie gescheitert: »Vorerst fehlt uns noch eine Psychologie und Physiologie, in welcher den Thätigkeiten der wahren Psyche und dem physisch-organischen Wirken des Organismus bessere Gränzpunkte ausgemittelt sind.«[141] Das war zwar nicht das Argument der Naturphilosophen, doch es war nicht zu übersehen, daß die Identitätsthese als Vorschlag zur Bestimmung jener Grenzpunkte spätestens nach 1810 immer mehr ins Abseits geriet. Während die Frühromantik Geist und Körper gleichsetzt, faßt bereits mit Walther und Görres die Vorstellung einer Herrschaft der Seele über den Körper wieder Fuß. Auch wenn es im frühen 19. Jahrhundert aus rein physiologischen Gründen keinen Bedarf gab, wurde ein Vitalismus Stahlscher Prägung reaktiviert.[142] Es wurde ein radikaler Gegensatz zwischen Körper und Seele angenommen, der nur deshalb nicht als Dualismus cartesischer Prägung erschien, weil er mit dem Begriff der Polarität übertüncht wurde. Und doch wurde auf der einen Seite Immaterialität, absolute Freiheit und Unsterblichkeit konstatiert, auf der anderen Materialität, absolute Notwendigkeit und Tod.

So steht die Romantik seltsam diffus am Beginn des 19. Jahrhunderts. Eine naturphilosophische »Spiritualisierung der Natur und Naturalisierung des Menschen«[143] kennzeichnet nur die erste Phase der Romantik. Um 1800 war die Medizin für eine kurze Zeit »eine Bezeichnung ohne bestimmten Gehalt«.[144] Diese prinzipielle Offenheit führte dazu, daß kurzfristig versucht wurde, sowohl das Seelenorgan als auch die Organologie in die Naturphilosophie zu integrieren. Das war jedoch nicht bloß auf reine Experimentierlust zurückzuführen, sondern war auch von der Notwendigkeit diktiert, den mit der Formulierung der Organologie verbundenen moralischen Abgründen zu begegnen.

Doch die Einheit von Natur und Mensch begann in dem Moment zu zerfallen, da die theoretische Formulierung dieser Einheit in die Physiologie transferiert werden sollte. Das zeigten die experimentellen Erfahrungen mit dem Galvanismus. Immerhin führten die Versuche, Mensch und Natur zu harmonisieren, zu einer ganzen Anzahl von theoretischen Varianten, wofür die verschiedenen Anläufe Reils das prägnanteste Zeugnis sind. Doch gerade die Bemühungen Reils, die stets an praktisch-medizinischen Gesichtspunkten orientiert waren, verstellten kaum jemandem die Einsicht, daß man über das Gehirn und seine Funktionen außerordentlich wenig wußte. Wer sich nicht genau festlegen wollte, zog sich darauf zurück, daß die Untersuchungen bislang nicht das gehalten hätten, was sie versprachen. Georg Prochaska, der die Polarität zum Dreh- und Angelpunkt seiner Physiologie machte und auch 1820 noch die galvanische Elektrizität als Naturkraft ansah, die auch im Gehirn wirksam war, meinte, daß die einzelnen Erscheinungen und Naturprodukte damit noch nicht erklärt seien. Es sei zwar möglich, daß die einzelnen Regionen des Gehirns auch verschiedenen seelischen Verrichtungen entsprechen, aber dafür gebe es keine anatomischen oder physiologischen Beweise.[145]

Reil führte aber auch wie kein anderer vor, wie naturphilosophische Theoreme pragmatisch in die Hirnforschung implementiert werden konnten. Bei ihm standen theoretische Überlegungen und praktische Erwägungen nicht unverbunden nebeneinander, sondern waren in ein Beziehungsgeflecht verwoben, das naturphilosophische Begriffe wie Identität, Indifferenz oder Polarität mehr zu heuristisch anwendbaren Instrumenten als zu Fixpunkten der romantischen Naturforschung machte. Das zeigt sich auch daran, daß diese Begriffe in verschiedenen Kontexten eine unterschiedliche Funktion einnahmen. Auch wenn solche Bemühungen nicht unbedingt zu den gewünschten Resultaten führten, läßt sich die Naturphilosophie der Romantik nicht auf eine antimoderne, den wissenschaftlichen Fortschritt verzögernde schwärmerische Verehrung und Metaphysik der Natur reduzieren.

Um 1820, als die Romantik zumindest in Naturwissenschaft und Medizin ihre Blütezeit hinter sich hat, haben die beiden wichtigsten Säulen der Cerebralisierung des Menschen, die Lokalisierung und die dynamische Funktionalität, die Wissenschaften erstmals durchlaufen. Beide sind aus verschiedenen Richtungen und mit unterschiedlichen Argumenten attackiert worden; und beide standen alles andere als gefestigt im Kanon des positiven Wissens. Es gab empirische Skeptizisten, die die Psychophysiologie ganz ablehnten; es gab eine Richtung der Naturphilosophen, die die Seelenlehre wieder ganz von der Hirnlehre ablösten; und es gab eine andere Richtung der naturphilosophisch orientierten Physiologen und Ärzte, die die Zusammenhänge von geistigen Fähigkeiten und Gehirn, von Lokalisierung und Dynamik weiterverfolgten. Diese letztere Gruppe trug dazu bei, daß das Gehirn als ein Organ etabliert wurde wie alle anderen auch.

Zeitlichkeit, Asymmetrie und Polarität: Naturphilosophie in der romantischen Hirnforschung

Das Gehirn in der Gebärmutter

Der Mensch, das »sichtbare, herumwandernde Problem aller Philosophie«, wurde in den Jahren um 1800 auch zum sichtbaren Problem der Medizin und Anthropologie. Es gab eine Reihe von Vorschlägen für ein Programm der Wissenschaften vom Menschen. Die Erfahrungsseelenkunde hatte die minutiöse Erforschung des individuellen Menschen gefordert, Kant plädierte für eine pragmatische Anthropologie, die sich auf das überindividuelle, vernunftbegabte Lebewesen Mensch konzentrierte. In einer bestimmten Hinsicht unternahm Gall eine Synthese aus beidem: die Organologie sollte ein Wissen über das Individuum bereitstellen und gleichzeitig eine Typologie entwerfen, der im Prinzip alle Menschen eingemeindet werden konnten. Zugleich erweiterte Gall das Programm zur Erforschung des Menschen, indem er die menschlichen Eigenschaften an das Gehirn knüpfte und sich darüber hinaus um die Verbindung zwischen Körper und Seele nicht weiter kümmerte.

Die romantische Naturphilosophie setzte neu an. Der Blick auf den individuellen Menschen spielte für sie ebensowenig eine Rolle wie für die pragmatische Anthropologie. Dem Dilemma des Dualismus von Körper und Geist oder von Notwendigkeit und Freiheit begegnete sie zunächst mit der Identitätsthese. Sie nahm den neuen Diskurs über das Gehirn ernst, doch warf sie Gall vor, den Menschen »zum Spiele der Nervenstränge [zu] machen, einer Marionettenpuppe gleich, die vom Drahte auf und nieder gezogen wird«.[1] Für Reil, der vielleicht als einziger die verschiedenen Ansätze zu vereinigen suchte, war das kein Problem, wohl aber für weite Kreise der Naturphilosophie, die der zunehmenden Verbreitung der Organologie mit verstärkter Kritik und der Restaurierung einer dualistischen Position begegneten. Zwar wollten auch die psychologisch orientierten Naturphilosophen das Gehirn nicht ganz außer acht lassen. Für Eschenmayer konnte, »wenn von Seelenwirkungen die Rede ist, das Organ, wodurch die Wirkungen sich manifestiren, nichts gleichgültiges seyn«;[2] doch war man weit davon entfernt anzunehmen, daß die strukturelle und funktionale Differenzierung des Gehirns näheren Aufschluß über das Seelenleben geben könnte.

Angesichts dieser Palette von Möglichkeiten der Erforschung des Menschen fragt sich, inwieweit die Zeit nach 1810 überhaupt einen fruchtbaren Boden für die Entwicklung der Hirnforschung bereitstellte. Immerhin wurde der psychophysische Ansatz nicht bloß von Eschenmayer, Heinroth und anderen Romantikern in Frage gestellt, sondern auch von Kantianern und den Vertretern des empirischen Skeptizismus. Die enttäuschenden Erfahrungen mit den galvanischen Experimenten taten ein übriges. Wer sich in der Frage des Zusammenhangs von Gehirn und Geist zu weit vorwagte, sah sich auf der einen Seite mit dem Vorwurf des Materialismus, auf der anderen mit dem Vorwurf der unwissenschaftlichen Spekulation konfrontiert. Dagegen half nur die Anbindung an Wissensbereiche, die entweder praktische Relevanz beanspruchen konnten oder die auch unabhängig von der Hirnforschung innovative Entwicklungen versprachen. Das wichtigste und einsichtigste Motiv für eine Beschäftigung mit dem Gehirn blieb – ganz auf der Linie Reils – die praktische Notwendigkeit einer gründlicheren Kenntnis der Hirnkrankheiten. Daneben eröffnete sich die Perspektive auf eine Entwicklungsgeschichte des Gehirns im Rahmen der Embryologie, die zur selben Zeit ins Zentrum der Wissenschaften vom Leben rückte und zum Betätigungsfeld für eine neue Generation von Anatomen wurde.[3]

Die pathologisch-klinische und die embryologische Ausrichtung haben zu ganz unterschiedlichen Forschungstraditionen geführt, doch beide haben einen erheblichen Anschub im naturphilosophischen Umfeld erhalten. Mit dem Transfer von Schellings Ideen in die Hirnforschung bildete sich das Instrumentarium für einen methodischen Pluralismus, der ein Reden über das Gehirn jenseits der Organologie ermöglichte.

1816 eröffnet Friedrich Tiedemann seine »Anatomie und Bildungsgeschichte des Gehirns« mit folgenden Sätzen:

> »Die Anatomie des menschlichen Körpers, mit Ausnahme der Untersuchungen über den Hirnbau, ist seit zwei Jahrzehnten auf einen Punkt gerathen, wo das Weiterschreiten fast ohnmöglich scheint. Alle Organe des menschlichen Körpers im ausgebildeten Zustande sind ihrer äusseren Form nach mit Genauigkeit beschrieben, die Struktur der meisten Organe ist erkannt, […] und so hat sich das anatomische Studium, im gewöhnlichen Sinne des Worts, in blosen Beschreibungen erschöpft.«[4]

Es handelt sich um einen nicht zu übersehenden Fingerzeig, daß die Anatomie, wenn sie »auf den Namen einer höheren Wissenschaft Anspruch machen« will, sich neue Wissensbereiche erschließen muß. Tiedemann denkt insbesondere an die Gesetze der tierischen Bildung und konstatiert, daß nur die Entwicklungsgeschichte und die vergleichende Anatomie diese Arbeit übernehmen könnten.

Auch Meckel, der mit seinem »Handbuch der Anatomie« bewußt an Soemmerring und Bichat anknüpfen will, sieht sich dadurch legitimiert, daß die Entwicklungsgeschichte bis dahin nur ungenügend berücksichtigt worden sei.[5] Nachdem also die topographische Anatomie zu einem Höhepunkt gekommen war, bildete die Entwicklungsgeschichte ein neues Wissensfeld für Anatomen, auf dem die Funktionen des Körpers unabhängig von der aufkommenden experimentellen Physiologie untersucht werden konnten. Gefördert wurde die Entwicklungsgeschichte durch naturphilosophische Überlegungen. Die Idee der Einheit der Natur und insbesondere der belebten Natur sowie die Einbindung des Menschen in den großen natürlichen Zusammenhang setzten sich in Untersuchungen zur Metamorphose und Entwicklung um.[6] Der Embryo führt den Naturforscher, wie Doellinger es später ausdrückt, an die »Quelle des Lebens, und niemand schmeichle sich, eine Kenntniss des menschlichen Organismus zu besitzen, bevor ihm dessen Anfang deutlich geworden«.[7] Daraus erklärt sich auch die Hoffnung, daß die Untersuchung embryonaler Gehirne zur Quelle des geistigen Lebens oder zum »Urtypus des Hirns«[8] führen würde. Da es eines der zentralen Annahmen der frühen Naturphilosophie war, daß sich die Seele in den niederen organischen Formen im unbewußten Zustand präsentiert und erst beim Menschen zum Bewußtsein gelangt, bestand die Hoffnung, ein morphologisches Substrat für den Übergang vom Vorbewußten zum Bewußten zu finden.

Nach 1810 erschienen in rascher Folge eine ganze Anzahl von Untersuchungen zur Entwicklungsgeschichte des Gehirns.[9] Gerade im Hinblick auf die Frage einer Anwesenheit der Seele im embryonalen Nervensystem gab es divergierende Vorstellungen darüber, welche Struktur des Nervensystems zuerst auftaucht bzw. was woraus hervorgeht. Ackermann nahm an, daß das Nervensystem entwicklungsgeschichtlich aus dem Blutsystem hervorgehe, da die Nervensubstanz durch zusammengeklumpte Blutkügelchen gebildet würde. Dieser Prozeß vollziehe sich zuerst an dem Organ mit der meisten Energie – am Herzen.[10] Daraus schloß Ackermann, daß zuerst der sympathische Nerv entstehe, dann das Klein- und das Großhirn und zum Schluß das Rückenmark. Derselben Überzeugung hing auch Tiedemann zunächst an.[11] Meckel argumentierte umgekehrt, daß Gehirn und Rückenmark die Ur-Teile des Nervensystems seien, und führte Indizien dafür an, daß das Rückenmark zuerst entstehe: es differenziere sich früher in graue und weiße Substanz und sei überhaupt früher ausgebildet als die Medulla oblongata und das übrige Gehirn; in der Tierreihe von den Fischen aufwärts entwickle sich das Gehirn allmählich auf Kosten des Rückenmarks; es gebe zwar kopflose Mißgeburten mit entwickeltem Rückenmark, aber nicht den umgekehrten Fall.[12] Die gleichen Argumente überzeugten nun auch Tiedemann davon, daß das Gehirn »eine Fortsetzung, ein Anhang des Rückenmarks«[13] sei, und er fügte hinzu, daß das Gehirn in der frühesten Embryonalzeit den »Typus des Rückenmarks« hätte und das Kleinhirn, die Vierhügel sowie die Pyramidalstränge sich aus dem Rückenmark bildeten.[14]

Solche Überlegungen sind mehr als akademische Marginalien. Ihre Brisanz erweist sich in der nahtlos daran anschließenden

Frage, wie weit die Analogie zwischen der aufsteigenden Entwicklung in der Tierreihe und der menschlichen Embryonalentwicklung getrieben werden dürfe. Carl Gustav Carus möchte die Tierähnlichkeiten der menschlichen Entwicklung bloß als Anklänge verstanden wissen. Keinesfalls wiederhole der Embryo die tierischen Bildungen, da vor allem »die Hemisphären schon in sehr frühen Perioden [...] ihre Bestimmung auf das deutlichste bekunden«.[15] Mit dieser teleologischen Wendung baut Carus vor, um nicht bei der Real-Deszendenz, also der Rekapitulation der tierischen Stadien in der embryonalen Entwicklung, zu landen. Die Bestimmung oder Intentionalität ist gewissermaßen der vorgegebene Plan für jede Spezies und jedes Individuum. Damit sichert sich Carus gegen die Annahme ab, daß zwischen Mensch und Tier aus embryologischer Sicht keinerlei Unterschied bestehe. Meckel hat in dieser Hinsicht weniger Vorbehalte, auch wenn er Carus im Prinzip zustimmt. Dennoch meint er, daß in den frühesten Phasen »sich offenbar das menschliche Gehirn gar nicht von den Embryogehirnen des niedrigsten Säugethiers unterscheidet«.[16] Der Unterschied liegt nur darin, daß der Mensch diese Phasen viel schneller durchläuft und sich weiterentwickelt, während die Säugetiere auf einer bestimmten Bildungsstufe verharren.[17]

Im Gegensatz zu Meckel und Tiedemann setzt Carus eine Grundidee oder einen idealen Bauplan voraus, der mit der Seele selbst identisch ist. Durch ihr ursprüngliches, vorbewußtes Wirken werde die harmonische Ausbildung des ganzen Organismus ermöglicht. Während Carus trotz seiner Präferenz für die vergleichende Embryologie auf diesem Unterschied zwischen Tier und Mensch beharrt, begnügen sich Meckel und Tiedemann damit, daß das menschliche Gehirn denselben Gesetzen unterworfen ist wie das tierische. Tiedemann weist nachdrücklich auf den gleichen »Grund-Typus« bei der Bildung des Kleinhirns, der Vierhügel und der Hemisphären hin.[18] Die Fähigkeiten und Möglichkeiten des Menschen beruhen einzig und allein auf einer Höherentwicklung seines Gehirns. Die Übereinstimmung zwischen der embryonalen Entwicklung beim Menschen und der Entwicklungsreihe der Lebewesen ist dann darin zu sehen, daß eine Hirnstruktur wie etwa das Ammonshorn, das sich erst spät beim Fötus bildet, auch erst an einem bestimmten Punkt in der Säugetierreihe auftaucht.[19]

Neben den existierenden Kriterien zur Bestimmung von Differenzen zwischen Mensch und Tier wie Größe, Gewicht und Komplexität des Gehirns taucht damit ein neuer Parameter auf: die Zeitlichkeit. Strukturen, die in der Embryonalentwicklung spät ausgebildet werden und die auch nur bei höheren Säugetieren vorkommen, stehen mit der geistigen Entwicklung in unmittelbarer Beziehung. Von hier aus wäre es nur ein Schritt zur Lokalisation der geistigen Fähigkeiten, doch Tiedemann beschränkt sich darauf, den Nutzen für die vergleichende Psychologie, Physiologie und Anatomie hervorzuheben. Er zweifelt an einer funktionalen Differenzierung der einzelnen Hirnteile ebensowenig wie an der »genauen Beziehung zwischen den Seelenthätigkeiten der Thiere und dem Bau der Hirntheile«,[20] doch geht er nicht genauer darauf ein, wie vergleichende Untersuchungen des menschlichen und tierischen Seelenlebens unter Einbeziehung des Hirnbaus auszusehen hätten. Das Zusammenwirken von Gehirn und Seele gehört zu den unlösbaren Aufgaben, um die sich Anatomen nicht zu kümmern brauchen. Darin ist Tiedemann mit Gall einig. Doch darüber hinaus kann und will die vergleichende Entwicklungsgeschichte des Gehirns keinen Beitrag zur Bestimmung der geistigen Unterschiede innerhalb der Menschheit leisten. Genau an diesem Punkt kommen wieder einmal naturphilosophische Topoi ins Spiel, wie sich am Beispiel von Carus noch zeigen wird. Tiedemann hingegen enthält sich dieses Schritts, und das ist für ihn eine methodologische und eine moralische Frage. Zum einen vermeidet er die Unsicherheiten des Experiments, der pathologischen Fälle und der Organologie, zum anderen richtet er sich gegen die Sonderanthropologie der Rassen und Geschlechter. In einer späteren Untersuchung mißt Tiedemann an zahlreichen Gehirnen verschiedener Völkerstämme beiderlei Geschlechts die Geräumigkeit der Schädelhöhle aus und schließt daraus auf Gewicht und Größe des Gehirns. Er kommt zu dem Ergebnis, daß Frauen in Relation zum Körper kein kleineres Gehirn haben als Männer und Weiße keinen cerebralen Vorteil gegenüber anderen Rassen.[21]

Das Problem einer antirassistisch motivierten Untersuchung wie dieser bestand darin, daß ihre Parameter – Größe, Gewicht und Entwicklung des Gehirns – nur eine Auswahl darstellten. Die Naturphilosophie bot die Möglichkeit, den Diskurs über das Gehirn zu erweitern und andere Parameter zu formulieren, die einer Psychophysiologie der Differenzen und Wertehierarchien viel mehr entgegenkamen. Das zeigt sich auf unterschiedliche Weise bei Burdach und Carus.

Das Gehirn zwischen Neuro-Theologie und Pathologie

In seiner Autobiographie berichtet Karl Friedrich Burdach von einem Besuch bei Gall in Paris im Jahre 1826. Gall sei außerordentlich überrascht gewesen:

> »Er fragte mich, ob ich aus Königsberg komme und ob ich der Autor des Buches über das Gehirn sei. Dann rief er aus: ›Und Sie besuchen mich?‹ Freilich hatte ich in diesem Buche bei Anerkennung seiner übrigen Verdienste von ihm gesagt, er habe sich, indem er den Grund der Erscheinungen aufdecken wollen, in eine ihm fremde Sphäre verirrt, wo denn sein plumper Materialismus eine höchst abentheuerliche Theorie geschaffen habe.«[22]

Immerhin habe er, so Burdach weiter, Gall beschwichtigend versichert, ihn trotz ihrer unterschiedlichen Ansichten für einen respektablen Wissenschaftler zu erachten. Daraufhin lief Gall zu seinem Arbeitstisch, holte Burdachs Buch über das Gehirn hervor und meinte, daß Burdach sich durch die falschen Experimente von Flourens und Serres habe irreführen lassen.

Das Buch auf Galls Arbeitstisch war Burdachs großes Werk über das Gehirn, in dem er das verfügbare Wissen der Zeit synoptisch ausbreitete und zu seinen eigenen Untersuchungen und Theorien in Beziehung setzte. Dieses Werk bildete den Abschluß von Burdachs Beschäftigung mit dem Gehirn, bereits lange vorher hatte er sich mit Galls Lehre auseinandergesetzt. Das Frühwerk Burdachs, entstanden im ersten Jahrzehnt nach 1800, gehört zu jenen Unternehmungen, die weitgehend ohne eigene

Beobachtungen und Experimente vom gründlichen Literaturstudium und von naturphilosophischen Überlegungen zehren. Bereits 1806 beklagt er den Skeptizismus der Anatomen, die vollständig darauf verzichtet hätten, »die speciellen Verrichtungen des Gehirns und ihre Wirkungsgesetze zu entdecken, und sich mit einer isolirten, und überdieß noch unvollständigen Kenntniß des Baues seiner Theile«[23] begnügten. Die Ausarbeitung einer Physiologie des Gehirns ist für Burdach aber nicht bloß aus theoretischen Gründen notwendig. Ganz im Sinne Reils soll die Naturphilosophie den praktischen Erfordernissen der psychischen Heilkunde zugute kommen. 1806 wird dieses Versprechen allerdings noch nicht eingelöst, da sich das Werk weitgehend auf eine »pathologische Morphologie des Gehirns« beschränkt, die darin besteht, unterschiedliche pathologische Veränderungen verschiedener Hirnstrukturen zu klassifizieren. Dabei stützt Burdach sich vornehmlich auf Fallbeispiele aus der medizinischen Literatur des 18. Jahrhunderts, ohne seinen eigenen methodischen Standpunkt zu klären.

Vier Jahre später definiert Burdach die Physiologie dadurch, daß »das organische Ineinandergreifen der ursprünglichen Erscheinungen eines Dings in demselben das Leben konstituiert«.[24] Dabei geht sie erstens empirisch vor, indem sie auf Beobachtung und Experiment, Vergleich zwischen gesundem und krankem Organismus und schließlich Hypothesenbildung basiert. Die empirische Methode, wie Burdach sie versteht, ist Physiologie in der Hallerschen Tradition, eine notwendige, aber nicht hinreichende Voraussetzung für die Anforderungen der gegenwärtigen Physiologie. Dazu braucht es zweitens die rationale oder wissenschaftliche Methode, die sich auf Zusammenhang, Ursprung und Zweck der Lebenserscheinungen richtet. Zu den gängigen Erklärungsversuchen zählt Burdach die Konzepte der Lebenskraft und des Bildungstriebs; die Analogie mit anderen Naturerscheinungen oder mit Maschinen; die chemische und galvanische Theorie der Nervenfunktion und die Stahlsche Annahme der Seele als Grund der Lebenserscheinungen.

Burdach verwirft all diese Erklärungen der Funktion des Organismus und sucht einen dritten Weg zwischen den verschiedenen

Spielarten des Vitalismus und des Materialismus und deren Kombination. Er orientiert sich an Schelling, indem er das Leben aus der Idee des Absoluten bzw. der Gesamtheit der Natur erklärt. Diese Gesamtheit ist dem Menschen über seine Vernunft zugänglich. »Durch die reine Vernunftanschauung offenbaret sich uns demnach die Organisation der gesammten Natur, und diese ist die wahre Quelle der Naturwissenschaft.«[25] Nicht ein einzelnes Naturphänomen motiviert die Naturwissenschaft, sondern das Zusammenwirken der gesamten Natur. Reine Vernunftanschauung ist die Vollendung der naturwissenschaftlichen Tätigkeit, ist aber ohne die empirische Methode nicht denkbar. Für Burdach ist die Verfahrensweise der Wissenschaft wie ein Organismus nach dem Prinzip der Steigerung organisiert: Am Anfang stehen Beobachtung und Experiment, Hypothese und Analogie, am Ende steht die Vernunftanschauung.

Begriffe wie empirische und rationale oder wissenschaftliche Methode entstammen nicht dem Vokabular Schellings, doch Burdach entwickelt seine Wissenschaftsauffassung nach den drei Grundpostulaten der Naturphilosophie, nämlich Identität (zwischen Natur und Geist, aber Identität bedeutet auch, daß die zu erforschende Natur und die Wissenschaft, die diese erforscht, den gleichen Prinzipien unterliegen), Polarität (empirische und rationale Methode) und Steigerung (von der Empirie hin zur Vernunftanschauung). Wahre Naturwissenschaft ist die Synthese aus den aufgezählten Elementen.

Im Hinblick auf die Theorie der Hirnfunktionen kann Burdach seinen Anspruch zunächst nur unvollständig einlösen. Er bedient sich verschiedenster, zum Teil altbekannter Theorien der Hirnfunktion und amalgamiert sie mit Hilfe naturphilosophischer Topoi. So lokalisiert er den Geist im Gehirn, das Gemüt im Kleinhirn. Die Vereinigung der verschiedenen Tätigkeiten der einzelnen Hirnteile geschieht durch das Gas in den Hirnventrikeln, da »bey jeder psychischen Operation […] ein gegenseitiges Einwürken der Wände und des Gases statt[findet]«.[26] Das Seelenorgan ist genau der Punkt, an dem die Psyche das Materielle beeinflußt und umgekehrt von ihm beeinflußt wird. Damit begibt Burdach sich nur scheinbar in Widerspruch zu seinen methodologischen Ausführungen. Einen Konflikt mit Schellings Identitätssystem, das eine derartige Lokalisierung ausschließt, versucht Burdach dadurch zu umgehen, daß er eine Polarität zwischen Gehirn und Seele, Gemüt und Geist, Gas und Hirnstruktur sowie Gehirn und Schädelknochen konstruiert und annimmt, daß beide nur die antagonistisch wirkenden Aspekte eines absoluten Prinzips seien.

Das Konzept der Polarität dient in der Hirnphysiologie dazu, Gegensätze und Unvereinbarkeiten zu kitten, ohne in einen ontologischen Dualismus zu verfallen. Es ist ein heuristisches Konstrukt, das den Bruch mit der Tradition des 18. Jahrhunderts zu vermeiden hilft. Dennoch bekennt Burdach sich offen zum Lokalisationsgedanken. Zwar kritisiert er Gall dafür, menschliches Verhalten aus dem Entwicklungsgrad eines bestimmten Hirnorgans ableiten zu wollen und setzt dagegen, daß das Geistige das Materielle in höherem Maße bestimme als umgekehrt; doch teilt er das Gehirn von unten nach oben in verschiedene Sphären ein, und die Schädelhöcker über der jeweiligen Sphäre zeigen den dort beheimateten »Sinn« an. Frontal und temporal residiert das »Geistige«, okzipital das »Gemüthafte«. In den höheren Sphären dieser Regionen wohnen Verstand und Vernunft, in den unteren niedere Eigenschaften wie Schlauheit oder Diebsinn. Die höchste Sphäre ist eine Kombination aus Gemüt und Geist. Hier ist der Mensch am weitesten entfernt von »körperlichem Egoismus«, er fühlt sich als »Glied des Universums« und umfaßt so »das ganze Weltall mit Liebe«.[27] Durch die Verbindung zur »gesteigerten Geistesthätigkeit« bietet sich dem Menschen »die Idee des Absoluten, des Unendlichen« dar, woraus die »Gefühlsreligion« hervorgeht.[28] Sichtbar werden soll dies durch eine Protuberanz auf dem Gipfel des Schädels, die nur dem Menschen zukommt.

Mit solchen Überlegungen knüpft Burdach an frühere Versuche an, Annahmen wie die Einzigartigkeit des Menschen und die Unteilbarkeit der Seele innerhalb der neuen Hirnlehre zu reaktivieren. Die Naturphilosophie bildet den Raum, in dem die Stützpfeiler der Diskussion über das Gehirn umverteilt werden. Dazu zählt auch die übliche Kritik an Gall als Determinist und

Materialist. Wie schon Rudolphi führt Burdach die Bedeutung der Erziehung an: »Am meisten wird die Bildung des Gehirns bestimmt durch Erziehung und eigenmächtigen Gebrauch der Freyheit.«[29] Andererseits aber erweist sich die Organologie in den Händen Burdachs als ein brauchbares Instrument, die Einzigartigkeit des Menschen und sogar seinen Sinn für Religiosität zu erklären. Gegen die Annahme psychischer Grundqualitäten hat er daher nichts einzuwenden. Galls Fehler liege jedoch darin, daß er die empirische Methode nicht mit der rationalen kombiniert und sich damit die Erkenntnis verbaut, daß es ein Steigerungsprinzip innerhalb des Seelenlebens gibt. Mit seinem rein empirischen Zugriff vermag Gall keinen prinzipiellen Unterschied zwischen »Schlauheit« und »Gefühlsreligion« zu treffen; erst in einer rational begründeten hierarchischen Lokalisation lassen sich die Unterschiede zwischen Mensch und Tier, zwischen Menschen untereinander und die spezifische Persönlichkeit des einzelnen Menschen aufdecken.

Reil hatte eine solche Polarität zwischen Cerebral- und Gangliensystem behauptet, Burdach verlegt sie in das Gehirn selbst und entwickelt eine Art Neuro-Theologie, die die Anbindung an empirische Untersuchungen des Gehirns bewahrt. Die Lokalisation der psychischen Qualitäten wird zur festen Größe, bleibt jedoch deutlich unterhalb der radikalen Schnitte Galls. Anders als dieser klopft Burdach die Hirnforschung angesichts des Umbruchs erst einmal auf ihr innovatives und provokatives Potential ab. Der Unterschied zwischen dem frühen und dem späteren 19. Jahrhundert liegt darin, daß dieser selbstreflexive Anspruch mehr und mehr verlorenging. Die Naturphilosophie war das Instrument einer solchen Selbstreflexion, und sie blieb es auch, als Burdach in seinem großen Werk über das Gehirn eine Verknüpfung seiner theoretischen und praktischen Ansätze vornahm.

In den zweiten Band flicht Burdach einen ausführlichen Überblick über die Geschichte der Hirnforschung bis zur eigenen Gegenwart ein,[30] den er in ein bemerkenswertes nationales Bekenntnis münden läßt: Deutschland sei das »Centralorgan« oder das Gehirn Europas, weil kein anderes Land in jüngster Zeit so viele Hirnforscher hervorgebracht habe; »Heerführer und Repräsentanten« seien Gall, Reil und Carus.[31] Nur etwas mehr als zehn Jahre liegen zwischen Reils Fanal nach der verlorenen Schlacht von Jena und einer ersten selbstbewußten Bilanz, die in dem wiedererstarkten preußischen Staat gezogen wird. Es paßt zu dieser Entschiedenheit, daß Burdach Freund und Feind nun viel klarer voneinander trennt. Descartes wird als Begründer des Dualismus attackiert, Soemmerrings Anatomie als Beginn einer neuen Epoche bestätigt, doch das Konzept des Seelenorgans in den Ventrikeln wird nur beiläufig und ohne Hinweis darauf erwähnt, daß Burdach wenige Jahre zuvor selbst damit geliebäugelt hat.

Statt dessen entwickelt Burdach eine neue Theorie der Beziehung von Gehirn und Seele. Die Seele ist »eine dynamische Erscheinung, eine innere Lebenstätigkeit, welche weder in materieller Bildung, noch in äußerer Bewegung, noch überhaupt in räumlicher Wirksamkeit besteht«.[32] Materialität und räumliche Wirksamkeit machen das Gehirn aus. Um keinen Gedanken an den Dualismus aufkommen zu lassen, konstruiert Burdach ein Gleichgewicht zwischen beiden: Die Seele ist der höchste Ausdruck des »dynamischen Prinzips«, und das Gehirn der höchste Ausdruck des »materiellen Prinzips« in der Natur. Dieser Polarität entsprechen die Kategorien von Zeit und Raum: »Das Gehirn trägt also dieselben Merkmale räumlich in sich, welche der Seele zeitlich zukommen: es ist also das leibliche Abbild der Seele, die materielle Bedingung ihres Erscheinens in der Endlichkeit.«[33] Burdach reformuliert den Identitätsgedanken und setzt sich damit von der Richtung der Naturphilosophie ab, die sich mit der Betonung des Übergewichts der Seele über die Materie dem Dualismus wieder angenähert hatte. Mit pantheistischen Anspielungen auf eine das ganze Universum umfassende göttliche Ordnung ist nun von einer »Apotheose der Natur« die Rede. Trotzdem stimmt Burdach mit dem Dualismus darin überein, daß das Selbstbewußtsein und die Freiheit des Individuums unverzichtbare Werte seien. Die entscheidende Differenz zur cartesianischen Position eines Cuvier oder Flourens besteht jedoch darin, daß Burdach diese Werte nicht gegen die Lokalisierung der geistigen Qualitäten wendet. Gegen eine Äquipotenztheorie sprechen sowohl die hohe Komplexität des Gehirns selbst als auch die unterschiedlichen Aktivitäten der Seele. Doch die Einheit der Seele bleibt gewahrt: »Wenn nun die Seelentätigkeit durch das Ganze des Gehirns vermittelt wird, so muß doch jedes eigentümliche Gebilde in demselben auch etwas Eigentümliches dazu beitragen, oder an der Gesamtwirkung einen besondern Anteil haben.«[34]

In dieser Synthese versucht Burdach das absolute Prinzip und die Einheit des Selbst mit der Lokalisation der Hirnfunktionen zu verknüpfen. Er kritisiert Galls Eins-zu-eins-Zuordnung von Hirnorgan und Funktion mit dem Argument, daß er nicht gefunden habe, »was er eigentlich suchte, nämlich die Brücke, welche die Anatomie mit seiner Theorie verbinden sollte, denn von keinem seiner sogenannten Hirnorgane (mit Ausnahme des Organs des Zeugungstriebs, welches das kleine Hirn sein soll) konnte er nachweisen, daß es mit einem besondern Gebilde des Gehirns in ausschließlicher Beziehung stehe«.[35] Ein solcher Satz hätte auch von Rudolphi stammen können, doch während dieser sich auf eine skeptizistische Haltung zurückzog, rekurriert Burdach wieder auf Schellings Identifizierung von Natur und Geist. Naturphilosophische Theoreme hatten jedoch auch Burdachs früheren Entwurf bestimmt – und zu etwas anderen Gewichtungen geführt. Der Identitätsgedanke wurde nicht so deutlich ausformuliert, dafür spielten Polarität und Steigerung eine größere Rolle. Gerade im Hinblick auf die hierarchischen Hirnsphären bleibt Burdach dabei, daß die menschliche Vernunft der höchste Ausdruck der Natur sei, doch geht er nicht mehr so weit, ein Organ für Religiosität über das für Schlauheit zu stellen.

Solche Differenzen im Umgang mit der Naturphilosophie sprechen für eine zunehmende Entfernung vom Denken des 18. Jahrhunderts. Ein Grund für diesen selbstbewußteren Ton in der Hirnforschung mag die erfolgreiche Beendigung der Freiheitskriege gewesen sein. 1810 wäre die Formel vom »Centralorgan Europens« kaum aus Burdachs Feder hervorgegangen. Nur zehn Jahre später entspricht sie dem neuen Selbstbewußtsein des preußischen Staates und der Hoffnung auf eine Blütezeit der Wissenschaften. Im Gegensatz zu der quasidualistischen und restaurativen Wende der Naturphilosophen knüpft Burdach mit Nachdruck an Galls und Reils Überzeugung an, daß der Weg zur

Wissenschaft vom Menschen über das Gehirn führe; und auch für ihn spielen theoretische und medizinisch-praktische Gesichtspunkte eine gleichwertige Rolle.

Im Gewand einer naturphilosophischen Begrifflichkeit wird die Bedeutung einzelner Hirnabschnitte für die Funktion gründlicher und entschiedener in Angriff genommen. Anders als die Embryologen greift Burdach die von Soemmerring bis Gall erhobene Forderung einer Nutzung der Pathologie für das Wissen von den Hirnfunktionen auf. Daß die pathologische Anatomie, als Wegweiser zum Verständnis der Hirnfunktionen bis dahin eher skeptisch beurteilt, ins Zentrum rückt, liegt vor allem daran, daß es Burdach ausschließlich um den Menschen und nicht um Vergleiche mit dem Tier geht. Diese Perspektive wird auch methodisch begründet. In Übereinstimmung mit vielen seiner Zeitgenossen hält Burdach Tierversuche »in Hinsicht ihrer Würkungen auf das innre Leben für immer zweydeutig«, gibt doch »die Verfolgung der verschiednen Entwickelungsstufen des Gehirns im Laufe des Lebens uns in psychischer Hinsicht auch nicht mehr, als einzelne Fingerzeige, da die wichtigsten Schritte der Entwickelung in die frühesten Zeiträume des Embryonenzustandes fallen, wo ein Theil der Gebilde seine eigentliche Function noch gar nicht vollzieht«.[36]

Aus ähnlichen Gründen hat auch die vergleichende Anatomie des Gehirns nur eine begrenzte Aussagekraft, denn »unsere Kenntniss von den psychischen Zuständen der Thiere [muß] für immer sehr unvollkommen bleiben, und ist es besonders noch in unsrer Zeit: es fehlt uns an hinlänglichem Stoffe zur Beurtheilung in der psychischen Beziehung der Hirnorgane.«[37] Solche Überlegungen passen in die Methodendiskussion der damaligen Physiologie. Hirnforscher wie Tiedemann oder Meckel, die der vergleichenden Anatomie bzw. der Entwicklungsgeschichte einen ungleich höheren Stellenwert einräumten und die Pathologie wegen der Unsicherheit ihrer Befunde kritisierten, mußten sich ihrerseits von Burdach kritische Fragen über die Aussagefähigkeit ihrer Methode gefallen lassen.

Zur Durchführung seines pathologischen Programms orientiert Burdach sich an Galls Individualisierung des Gehirns und nimmt die besonderen »Eigenthümlichkeiten des Hirnbaues ein-

zelner Individuen mit den an ihnen zu beobachtenden eigenthümlichen Richtungen und Artungen des Lebens« in den Blick.[38]
Allerdings unterbleibt auch an diesem entscheidenden Punkt
der von Gall vollzogene Schritt, die Menschen im Sinne einer
»Naturgeschichte des Verbrechers« von ihren Extremen her zu
erklären. Vielmehr steuert Burdach ins Fahrwasser naturphilosophischer *Erhabenheit* zurück, indem er auf die Morphologie zu-
rückgreift und sie zur Grundlage der Forschung erhebt:

> »Diese geht von der Anschauung der Wesenheit der Erscheinungen
> aus, und sieht in der Gestalt den Ausdruck des Ideellen, Dynami-
> schen; sie erkennt in den Formen den in ihnen zum Grunde lie-
> genden Gedanken, das Verhältniss der Kräfte, aus welchem sie her-
> vorgegangen sind, und welches hinwiederum durch sie als ein
> Bleibendes sich verwürklichen will. […] Die Idee der Morphologie,
> beruhend auf Anerkennung der Uebereinstimmung des Aeusser-
> lichen mit dem Innerlichen, der Erscheinung mit ihrem Grunde,
> stimmt mit den Vernunftgesetzen überein, und ist dem Zweifel ent-
> rückt. Aber die Art, wie sich diese Idee in unserer Individualität und
> in Beziehung auf bestimmte Objecte gestaltet, kann irrig seyn.«[39]

An kaum einer Stelle dürfte das Lavieren zwischen einer empirisch vorgehenden Hirnlehre und einer pantheistischen Ideal-
Typologie klarer hervortreten als hier. Die Übereinstimmung
zwischen Innen und Außen ist eine natürliche Gegebenheit, und
weil die Vernunftanschauung damit harmoniert, könnte daraus im
Prinzip die ganze Welt deduziert werden. Burdach sagt nicht, warum dies im Einzelfall auch danebengehen kann, doch sieht er aufgrund möglicher Irrtümer die Notwendigkeit empirischer Untersuchungen und eines gründlichen, systematisierenden Studiums
eben der Einzelfälle. Der eigentliche Grund für das Festhalten an
einer Kategorie wie der Anschauung und an der Morphologie
liegt darin, daß Burdach nicht bereit war, den metaphysischen
Preis für den empirisch auszufüllenden Forschungsraum, den er
wie selbstverständlich einnahm, zu entrichten. Genau diese Un-
entschiedenheit sollte die Virulenz des Lokalisationsgedankens
in der Hirnforschung in Deutschland bis in die zweite Hälfte des
19. Jahrhunderts hinein bestimmen.

Darüber hinaus führt Burdachs Entscheidung, die Hirnforschung pathologisch und nicht embryologisch oder vergleichend anatomisch zu begründen, zu einer Aufwertung der pathologischen Anatomie, obwohl sich an deren praktischen und methodischen Problemen nichts geändert hat. Was vor Burdach mehr oder weniger Absichtserklärung war, wird nun durch eine bis dahin einzigartige Sammlung von insgesamt 1911 Fallstudien aus der bestehenden Literatur und deren Klassifikation auf eine neue Stufe gehoben.

Um dem Zusammenhang von funktionalen Ausfallserscheinungen und pathologischer Veränderung einer spezifischen Hirnregion auf die Spur zu kommen, arbeitet Burdach mit klinischen Beobachtungen, klinischen Beobachtungen mit nachfolgender Sektion bei Todesfällen, Sektionsergebnissen ohne klinische Befunde und schließlich mit anatomisch-pathologischen und Verhaltensveränderungen nach experimentellen Hirnläsionen an Tieren. Die Arten der Läsion unterteilt er grob in mechanische Abnormitäten, abnorme Flüssigkeitsansammlungen und Bildungsabnormitäten; eine feinere Differenzierung erfolgt dann in 19 Unterabteilungen. Die Gesamtzahl seiner Fälle zugrundelegend, erstellt Burdach dann Tabellen für einzelne Symptomkomplexe wie Schwindel, Schmerzen, Krämpfe, Lähmungen, Seh- und Hörstörungen, im psychischen Bereich für Gedächtnisstörungen, Geistesschwäche, Delirium, Verrücktheit und Manie.

Das Resultat der Burdachschen Klassifizierungsversuche und Tabellen war für den Lokalisationsgedanken eher ernüchternd, denn es kam heraus, daß jede Läsionsart und jeder Läsionsort im Prinzip zu jeder physischen oder psychischen Beeinträchtigung führen konnte. Nach der Analyse seines Materials kommt Burdach zum Beispiel in bezug auf die Medulla oblongata zu dem Schluß, daß dort unter anderem folgende Funktionen repäsentiert seien: Verknüpfung zwischen psychischem und körperlichem Leben; Perzeption des Gemeingefühls; äußere Wahrnehmung; Basis des psychischen Lebens; Sitz des bewußtlosen Instinkts; Irritabilität; Durchgangspunkt für den Impuls des Willens.[40] Diese verwirrende Vielfalt offenbarte in aller Deutlichkeit die Schwierigkeiten bei dem Versuch, das empirische Wissen der klinischen und anatomischen Pathologie für eine systematische Lokalisation geistiger Funktionen zu nutzen. Selbst im Hinblick auf die grobe Unterscheidung zwischen Hirnrinde und Hirnmark lieferten die pathologischen Beobachtungen keine genauen Ergebnisse. Verständlicherweise kamen Burdach aufgrund seiner Daten erhebliche Bedenken gegen eine Korrelierung von Region und Funktion, und auch Carl Gustav Carus stellte fest, Burdach habe »eine gewaltige Masse solcher sogenannten Facta zusammengetragen, Tabellen daraus gefertigt u. s. w., und wenn man versuchen will daraus nun etwa bestimmtes über Hirnfunction zu folgern, so wird man gewahr werden, wie wenig davon wahrhaft brauchbar ist.«[41]

Trotz solcher Enttäuschungen schlug Burdach sich nicht auf die Seite der Äquipotenztheorie, sondern entwickelte zwei Lokalisationsschemata, die nicht ganz neu waren und sich auch nicht zwangsläufig aus seinen Daten ergaben, sondern aus naturphilosophischen und organologischen Zusammenhängen. Bei der Hinten-vorne-Unterteilung des Gehirns berief Burdach sich auf die Einteilung Galls, der im vorderen Hirnabschnitt die geistig höheren Funktionen, im hinteren die eher instinktiven und emotionalen angesiedelt hatte. Burdach weitete dieses Schema aus, indem er in den frontalen Anteilen, die beim Mann ausgeprägter seien, Vernunft, Sensibilität und Willkürbewegung lokalisierte; und entsprechend dazu in die bei der Frau deutlicher hervortretenden okzipitalen Anteile Gemüt, Irritabilität und unwillkürliche Bewegung verpflanzte. Um nicht als Materialist dazustehen, fügte Burdach sogleich hinzu, daß eine solche Differenzierung relativ sein müsse, da jede Seelentätigkeit nur durch die Wirkung des gesamten Hirns zustande komme.[42]

Am Beispiel der Duplizität des Gehirns, der funktionalen Unterteilung in die linke und rechte Hemisphäre, wird das Lokalisationsproblem erheblich verschärft, indem die sichtbare Entfaltung zweier Hirnhälften zum Kriterium für geistige Entwicklung erhoben wird.[43] Am deutlichsten wird die Zunahme der Komplexität des Gehirns in der Embryologie und in der vergleichenden Anatomie: »Bey monströser Unvollkommenheit des Gehirns, wo das Leben ohne Empfindung und willkührliche Bewegung bestand, war das Gehirn ungetheilt. [...] In der aufsteigenden Thierreihe sehen wir auch die Duplicität zunehmen. Je höher die psychische Entwickelung ist, desto mehr ist der Hirnstamm seitlich entfaltet: so gehn die Schenkel des grossen Hirns bey den Säugethieren mehr parallel, bey dem Menschen mehr divergirend nach vorne und oben.«[44]

Die Duplizität der beiden Hirnhälften war kein neues Thema. Gall beispielsweise war sogar von einer doppelten Anlage der Hirnorgane ausgegangen und nahm an, daß bei Verletzung der einen Seite die andere kompensierend einspringen könnte. Allerdings könnten sich die beiden Hemisphären in unterschiedlichen funktionalen Zuständen befinden[45] – eine Annahme, die nur wenige Jahre zuvor Moses Mendelssohns leidenschaftlichen Protest hervorgerufen hatte. Erst im naturphilosophischen Polaritätsgedanken wurde die psychophysische Links-rechts-Differenzierung wieder aufgegriffen. So setzte Autenrieth die Duplizität der Hemisphären mit dem Gegensatz von Sinnlichkeit und Verstand oder Phantasie und Urteilskraft in Beziehung und behauptete damit eine funktionale Differenz.[46] Burdach macht sich diese Überlegung zu eigen und fragt: »Das Selbstbewusstseyn enthält den Gegensatz des Anschauenden und des Anschaulichen: betrachtet vielleicht die Seele in der einen Hemisphäre, was sie in der andern würkt?«[47] Zwar ist das Denken an die Integrität beider Hemisphären und deren Verbindung durch die Kommissuren geknüpft, aber eine gewisse Kompensation auch der höheren psychischen Funktionen ist durchaus möglich. Dazu rekurriert Burdach sogar auf die Experimente von Flourens, die er bei der Diskussion der Steuerung der Motorik heranzieht.[48] Aus der Kreuzung der motorischen Fasern folgt die Lähmung der Extremität, die der Seite der Hirnläsion entgegengesetzt ist. Verschiedene Beispiele für eine gewisse eingeschränkte Beweglichkeit des gelähmten Armes oder Beines sprechen nach Burdach jedoch dafür, daß Nervenfasern aus einer Hirnhälfte auch gleichseitig in die Peripherie laufen.[49]

Die strukturelle Asymmetrie der beiden Hirnhälften wird mit ihren unterschiedlichen Funktionen verknüpft. Kaum zufällig wird bei den Randwülsten (Gyri), die Burdach »in einer unmittelbaren Verbindung [...] mit dem Verstande und der Phantasie«[50] sieht – also den beiden Qualitäten, die den Menschen auszeichnen –, die Asymmetrie zum Unterscheidungskriterium: »bey den Affen, den meisten Raubthieren und den Nagethieren sind sie völlig symmetrisch; dies nimmt ab bey den Wiederkäuern, Einhufern, Dickhäutern, bey dem Bäre und dem Dachse, und noch mehr bey dem Seehunde und Delphine; am meisten unsymmetrisch sind die Randwülste bey dem Menschen, indem hier die symmetrischen Hauptzüge durch die zahlreichern Blätter der Belegungsmasse unscheinbarer gemacht werden.«[51]

Burdach geht längst nicht so weit wie verschiedene Hirnforscher der zweiten Hälfte des 19. Jahrhunderts, die in der linken Hirnhälfte Vernunft, Willen, Intelligenz und Menschlichkeit, in der rechten Instinkt, Emotionen und Wahnsinn lokalisieren.[52] Im Gegenteil: für Burdach ist »die rechte Seite des Gehirns häufiger überwiegend ausgebildet, als die linke«.[53] Entscheidend ist jedoch, daß es ein naturphilosophisches Milieu ist, in dem Parameter wie die Hinten-vorne-Differenzierung, die Duplizität und die Asymmetrie des Gehirns mit bestehenden psychologischen und anthropologischen Kategorien wie Vernunft und Emotion, Wildheit und Zivilisiertheit, Männlichkeit und Weiblichkeit, bewußtes und unbewußtes Leben verschaltet werden. Asymmetrie und Hinten-vorne-Differenzierung sind vom klassischen Konzept des Seelenorgans weit entfernt, und die Vorstellung eines symmetrischen Ideals bei Organismen wird zumindest partiell aufgehoben. Symmetrie entsprach dem ästhetischen Körperideal, Asymmetrie galt lange Zeit als pathologisches Zeichen. Seit Bichat, Meckel und anderen konnte Asymmetrie durchaus als Zeichen der normalen körperlichen Entwicklung gelten. Die Hirnforschung jedoch machte die Asymmetrie sogar zu einem Entwicklungskriterium. Gemeinsam mit der Einführung von Parametern wie Zeitlichkeit und Komplexität spricht das für eine neue Koordinierung von Ordnungsmustern und Wissenschaftsdingen. Daß die Einheit des Denkens nicht mehr einer strukturellen Einfachheit entspricht, sondern umgekehrt ihrer größeren Komplexität und Differenzierung; und daß seitliche Asymmetrie ein Zeichen für geistige Höherentwicklung wird, scheint paradigmatisch für den

Bruch, der sich im frühen 19. Jahrhundert abzeichnet und der gerade bei einem konservativ orientierten Mann wie Burdach sichtbar wird.

Von der Entwicklungsgeschichte zur Cranioskopie

Carl Gustav Carus zählt zu den vielseitigsten und auch vieldeutigsten Gestalten der deutschen Romantik. Als Maler und Arzt, Physiologe und Reiseschriftsteller, Psychologe und Interpret Goethes ist er die ideale Verkörperung des romantischen Genies, das Wissenschaft und Kunst zu einer Einheit verschmilzt. Dennoch läßt sich Carus nicht als unproblematischer Klassiker einordnen. Insbesondere die in seinem Spätwerk entwickelte Lehre vom Unbewußten, seine Beiträge zum animalischen Magnetismus, zur Cranioskopie, zur Physiognomik als »Symbolik der menschlichen Gestalt«, zur Charakterologie und zur Rassenlehre finden sich im 20. Jahrhundert in den verschiedensten philosophischen, (pseudo-)wissenschaftlichen und politischen Kontexten wieder.[54] Immerhin wollte Carus rassische Zugehörigkeit und Eigenschaften wie »Anhänglichkeit am Boden« und »Vaterlandsliebe« im Gehirn lokalisieren und reihte sich damit in die Gruppe derjenigen ein, die um die Mitte des 19. Jahrhunderts begannen, Rassismus und Nationalismus miteinander zu vereinigen.[55] Mit solchen Theorien hat Carus sich nachhaltig aus der Wissenschaft herauskatapultiert. Trotzdem enthält seine Lehre eine Reihe von Elementen, die Bestandteil der Hirnforschung waren und blieben. Ausgangspunkt war einmal mehr die Naturphilosophie.

Zwischen 1807 und 1809 war Carus Student von Burdach in Leipzig und wurde nach eigenen Angaben durch ihn zur Physiologie geführt.[56] Sein erstes größeres Werk war dem Nervensystem gewidmet und enthielt eine implizite Auseinandersetzung mit Gall. Wie die meisten frühen Naturphilosophen hält Carus die Seele zwar für die höchste und edelste Manifestation des Nervensystems, aber nicht für prinzipiell verschieden von der übrigen belebten Welt. Diese Überlegung war der Ausgangspunkt für eine kontinuierliche Untersuchung des Gehirns in verschiedenen embryologischen Stadien und von den niedrigsten Tierformen bis zum Menschen. Im Unterschied zu anderen Anatomen wie Meckel, Doellinger und Tiedemann hebt Carus den Entwicklungsansatz als Alternative zu der obsolet gewordenen Suche nach der Seele und dem Seelenorgan hervor. Die Ursache für das lange Festhalten am Seelenorgan sei in »übelverstandenen Ideen über Freyheit der Seele, Unsterblichkeit u. s. w.«[57] zu suchen. Diese Diagnose war nicht neu, und wie Burdach bringt Carus die Identität zwischen Seele und Körper und den Polaritätsgedanken ins Spiel, um mit dem Problem der geistigen Freiheit fertig zu werden. Polarität zwischen Lebenskraft (dynamisch) und Körper (somatisch) führt zur eigentlichen Lebensäußerung, auch wenn beide identisch sind – »der Leib, räumliche Form der Lebenskraft, die Lebenskraft, der unter der Form der Thätigkeit erscheinende Leib«.[58] Dasselbe Verhältnis trifft auch für Gehirn und Seele zu. »So wie aber der Leib und die Lebenskraft nur verschiedene Erscheinungsformen eines und desselben Organismus waren, so ist auch der Inbegriff centraler nerviger Gebilde und die Seele in einer Einheit begründet und beide sind nur der Erscheinungsform nach verschieden, die Seele thätige Manifestation eines vollkommenen centralen Nervensystems, das vollkommen centrale Nervensystem nur die räumliche Form der Seele.«[59] Nervöse Strukturen finden ihren höchsten Vereinigungspunkt im Gehirn, die Nerventätigkeit ist auf das Ich bezogen, das Ergebnis dieser Tätigkeit ist Bewußtsein, der höchste Gipfel der sensiblen Tätigkeit wird Seele genannt. Mit provozierend wenigen Sätzen erledigt Carus die Frage der Identität von Seele und Gehirn, und die Lokalisierung der geistigen Qualitäten findet nur mehr Platz in einer Fußnote.[60]

Diese schroffe Haltung gipfelt in dem Vorwurf, daß auch Gall sich letzlich auf der Suche nach dem Seelenorgan befunden habe. Die Einreihung Galls in eine Tradition, von der dieser selbst sich gelöst zu haben meinte, begründet Carus damit, daß jede Theorie, die die Untersuchung des menschlichen Gehirns zum Ausgangspunkt nimmt, den Fehler begeht, den kompliziertesten Organismus und die höchsten Seelenvermögen nicht aus den einfachsten und niedrigsten abzuleiten. Die Geschichte dieses Irrtums verläuft nach Carus so, daß man zunächst

»mit einem höchsten Princip begann, so im Hirn ein höchstes Gebilde, ein Seelenorgan aufzufinden, welches man dann nach Befinden, so wie dort der höchsten Seelenkraft mancherlei dienende
Vermögen, Phantasie, Gedächtniss u. s. w. zugegeben waren, mit untergeordneten Organen für diese Vermögen zu umgeben wusste, so
dass man endlich selbst einzelnen Entwickelungen eines gewissen
Sinnes (z. B. dem Farbensinn u. s. w.) besondere Theile des Hirns
zum Wohnsitz anzuweisen sich nicht scheute, und es zuletzt bloss an
einem Psychologen mangelte, welcher die Seele in recht vielfache
Kräfte zu zerlegen verstanden hätte, um endlich kein Läppchen und
Fäserchen des Hirns übrig zu behalten, was nicht als ein besonderes
Organ einer gewissen Seelenkraft zu betrachten wäre.«[61]

Diese Polemik erinnert an Görres oder an Rudolphi, und doch ist
Carus weder ein Skeptiker, noch gedenkt er einen Roman über
das Gehirn zu schreiben. Vielmehr versucht er, die Semiotik des
Körpers von einer ganz anderen Seite her zu entwickeln. Zwar ist
es unzulässig, aus dem »Hervortreten dieser oder jener Stelle des
Hirns die räumliche Darstellung einer oder der andern höhern
Seelenkraft zu erblicken«.[62] Das würde bedeuten, aus einer individuellen physischen Struktur auf den Bauplan der Natur zu
schließen; Bewußtsein wäre damit als Summe oder Produkt gewisser Körperbildungen aufzufassen.[63] Die innere Einheit eines
individuellen Organismus ist jedoch Ausgangspunkt und Ursache für die Variabilität der Körperbildungen. Lesbar wird der
Körper also nicht, weil etwa eine bestimmte Gehirn- oder Schädelbildung Aufschluß über bestimmte seelische Fähigkeiten oder
Neigungen gibt. Umgekehrt kann man aber sagen, »dass gewisse
individuelle Richtungen der menschlichen Seelenkräfte allerdings häufig von gewissen Bildungen des Hirns, des Schädels, so
wie des Antlizes begleitet werden«.[64] An diesem Punkt kommen
Organologie, Craniologie und Physiognomik wieder ins Spiel.
Form oder Gestalt der Materie prägen zwar nicht die Seelenkräfte, doch sind geistige Anlagen und Bestimmung des Menschen am Körper ablesbar. Damit zieht Carus die Stahlsche Lehre,
wonach die Seele sich ihren Körper baue, zumindest in Erwägung.[65]
Die Schwierigkeiten einer eigenen Standortbestimmung sind

unübersehbar. Carus will kein Dualist sein und auch nicht wie Heinroth oder Eschenmayer das Gehirn mehr oder weniger ausblenden, aber er muß doch auf Stahl zurückgreifen; er will auch kein Materialist sein, aber er kann den Zusammenhang von Gestalt und Funktion nicht leugnen; er will kein Psychologe sein, der aus der Physiognomie des Gesichts und der Schädelbildung auf die Feinheiten des Seelenlebens schließt, aber es lassen sich doch gewisse Ausprägungen der seelischen Entwicklung erkennen. Carus mäandriert zwischen verschiedenen Positionen, er macht Zugeständnisse, ohne sich festzulegen, er hat die Konsequenzen des neuen Diskurses über das Gehirn vor Augen und schreckt gleichzeitig davor zurück.

Burdachs Vorbehalte gegenüber der Lokalisation äußerten sich darin, daß er die Hinten-vorne-Differenzierung und die Links-rechts-Asymmetrie aufgriff und weiterentwickelte, aber nicht darüber hinausging. Carus schlägt einen anderen Weg ein. Auf der Basis seiner vergleichend anatomischen Untersuchungen teilt er das Gehirn bei den höheren Tierklassen (beginnend mit den Fischen) in drei Regionen oder »Hauptmassen« ein.[66] Bei den höheren Säugetieren und beim Menschen sind dies vorne die Großhirnhemisphären, in der Mitte die Vierhügelregion, hinten das Kleinhirn und die Medulla oblongata. Das Vorherrschen einer dieser Regionen ist typisch für bestimmte Klassen von Lebewesen. Bei Fischen ist die mittlere Region im Verhältnis zu den beiden anderen am stärksten entwickelt. In den aufsteigenden Tierklassen ist die Mittelregion dann immer weniger ausgeprägt. »Durch vollkommneres Hervortreten höherer Centralmassen und das gleichmässige Zurückweichen anderer im Verhältniss zu jenen mehr untergeordneter Gebilde des Hirns [wird] die grössere Vollkommenheit des ganzen Organs begründet.«[67] Dieses Prinzip der Weiterentwicklung edler Teile und der Rückentwicklung weniger edler Teile erklärt die deutliche Überlegenheit des menschlichen Gehirns gegenüber dem tierischen. Beim erwachsenen Menschen tritt die mittlere Region zugunsten der hinteren und der vorderen, die am meisten entwickelt ist, zurück, während beim menschlichen Embryo das Verhältnis der drei Hirnregionen noch so ist wie bei den tieferen Tierklassen.[68] Damit hat Carus die für ihn wichtigen Parameter beisammen: Quantität, Komplexität und Temporalität. Die drei Hirnregionen und ihr wechselhaftes Verhältnis zueinander sind ein materialisiertes Pendant zu Kielmeyers organischen Kräften, eben der Reproduktionskraft, Irritabilität und Sensibilität, die auf den verschiedenen Entwicklungsstufen der Lebewesen unterschiedlich stark ausgeprägt sind.

1814 verspricht sich Carus von seinen vergleichenden Hirnuntersuchungen wichtige Aufschlüsse über das Wesen der menschlichen Seele, aber dabei beläßt er es vorerst. Erst in den folgenden Jahrzehnten gibt er seine Zurückhaltung auf und macht die Dreiteilung des Gehirns zur Grundlage einer umfassenden Psychophysiologie der Differenzen. Die vordere Region ist »das Centrum des erkennenden, Vorstellungen aufnehmenden und vergleichenden Seelenlebens – mit einem Wort die Region der Intelligenz«; die mittlere Region ist »das Centrum der Gefühle, und der Inbegriff des Gefühllebens ist das, was in dem zum Selbstbewusstsein gesteigerten Seelenleben die Region des Gemüthes bestimmt«; die hintere Region schließlich ist »das Centrum der Muskelbewegung, also der begehrenden oder verabscheuenden Reactionen (Triebe)«, was Begierden und Geschlechtstrieb einschließt.[69] »Erkennen, Fühlen und Wollen« – auf diese drei Grundrichtungen reduziert Carus »die wesentlichen Aeusserungen alles psychischen Lebens«. Diese Klassifikation bewegt sich wiederum auf dem schmalen Grat von Alt und Neu. Einerseits rekurriert Carus auf die drei Kategorien der Vermögenspsychologie des 18. Jahrhunderts und kritisiert Galls Zuordnung einzelner moralischer Eigenschaften zu bestimmten Hirnausprägungen als »unlogisch, unphysiologisch und unhaltbar«; andererseits will er in der Erkenntnis des Verhältnisses dieser drei Richtungen »immer einen wichtigen Fingerzeig über die Individualität des Menschen«[70] erblicken. Damit bewegt er sich ganz im Fahrwasser der Organologie. Und er geht noch wesentlich weiter: die mittlere Gemütsregion sei bei »kindischen blödsinnigen Menschen«, bei Frauen und bei den »östlichen und westlichen Dämmervölkern (Mongolen, Malayen und Amerikaner)« am stärksten ausgeprägt; die hintere Triebregion bei den »Nachtvölkern (Äthiopier)« und die vordere Erkenntnisregion beim Mann und bei den »Tagvölkern (Kaukasier)«.[71]

Die Ausweitung von Carus' Programm ist frappierend. 1814 sind die wichtigsten Elemente – die Dreiteilung des Gehirns, deren unterschiedliche Gewichtung in verschiedenen Tierklassen und die Zuordnung der Regionen zu psychischen Grundrichtungen – bereits vorhanden. 25 Jahre später macht Carus daraus eine umfassende Wissenschaft, die den individuellen Menschen dechiffriert und die Menschheit insgesamt klassifiziert, nach Rasse und Geschlecht ordnet und wertet und gleichzeitig der naturphilosophischen Idee folgt, wonach der Körper dem großen idealen Bauplan der Natur entspricht. Damit wird der Materialismus abgewehrt und auch die Filetierung des Menschen in einzelne Eigenschaften und Talente zurückgewiesen, doch im Prinzip verfolgt Carus – wie Gall – die vollständige Cerebralisierung, gegen die er ursprünglich angetreten war. Dazu beruft er sich zunächst auf die bekannten Wissensbereiche wie vergleichende Anatomie und Psychologie, Embryologie und Anthropologie, Pathologie und experimentelle Physiologie, um die »feste Beziehung zwischen den verschiedenen Gliedern des Hirnbaues, und den verschiedenen Richtungen psychischer Energie« plausibel zu machen.[72]

Während der erste Entwurf einer Dreiteilung des Gehirns und des Schädels sich noch zur medizinischen Wissenschaft zugehörig gibt, verläßt Carus diese Position in einem weiteren Schritt völlig. Die 1853 veröffentlichte »Symbolik der menschlichen Gestalt« enthält eine Lehre der »Anlagen des Menschen«, bestehend aus Konstitutionen, Temperamenten und geistigen Anlagen. Die symbolischen Zeichen für erstere sind wesentlich im Körperbau, für die Temperamente in der Physiognomie gegeben; die geistigen Anlagen sind in der Physiognomie und am Schädel abzulesen.[73] Damit dreht Carus den Spieß um, denn während Gall die Cranioskopie nutzte, um die Hirnlehre zu unterstützen, im Prinzip aber weitergehende Untersuchungen des Gehirns forderte, hat Carus seine Hirnforschung bereits 1814 im wesentlichen abgeschlossen und implementiert sie in seine Symbolik des Körpers. Durch diese Umkehrung wird das Gehirn für diejenigen weniger brisant, die sich der Materialisierung der geistigen Qualitäten und der Reduzierung des Menschen auf seine körperlichen Determinanten widersetzen. Ohne Dualist zu werden, scheint Carus damit das metaphysische Programm der Romantiker von Görres bis Eschenmayer am vollständigsten einzulösen. Der Preis dafür war der Abschied aus dem Kreis der Anthropologen und Craniologen der fünfziger Jahre des 19. Jahrhunderts. Carus wurde nicht mehr ernst genommen.[74]

Entscheidender war aber, daß die als solche konzipierte Alternativtheorie zu Gall viel mehr Gemeinsamkeiten mit diesem als Unterschiede aufwies. Zwar leugnet Carus einen Diebsinn oder Mordsinn und tilgt überhaupt die negativen Qualitäten aus seinem Lokalisationsschema, im übrigen aber ordnet er den hauptsächlichen Geistesrichtungen noch einmal besondere Anlagen zu, die den Gallschen auffallend ähneln. Zum Erkenntnisvermögen gehören beispielsweise Ortsinn, Ordnungssinn oder Sprachsinn; zum Empfindungsvermögen zählen Ehrfurcht, Anhänglichkeit am Boden und Vaterlandsliebe.[75] Carus kennt nur positive geistige Qualitäten, doch er verstärkt die Eckpfeiler für eine cerebrale Determinierung des Menschen, was entscheidend dazu beitrug, daß das Lokalisationsparadigma in Deutschland zum Kernstück ideologischer Auseinandersetzungen um Freiheit und Notwendigkeit wurde.

Naturphilosophie als Instrument der Hirnforschung

Naturphilosophische Begriffe wie Polarität, Identität, Indifferenzpunkt oder absolutes Prinzip haben es der Theorie der Gehirnfunktion ermöglicht, unterschiedlichste, im Grunde unvereinbare Phänomene, Begriffe und Konzepte miteinander zu verbinden. Schellings ursprüngliches Anliegen einer Überwindung des Dualismus stand dabei nicht mehr unbedingt zur Debatte. Statt dessen griff man auf Konzepte zurück, die es gerade durch ihre Unschärfe erlaubten, neue Zugänge zu versuchen. Angesichts der unübersichtlichen Situation der Hirnforschung zu Beginn des 19. Jahrhunderts, bedingt durch das ungeklärte Verhältnis von Wissenschaft und Philosophie, durch die methodischen Unzulänglichkeiten und durch die Unsicherheit, wie eine Wissen-

schaft vom Menschen aussehen sollte, wurde die Naturphilosophie selbst als begriffliches und konzeptuelles Instrument
eingesetzt.

Dieses Spiel der Möglichkeiten verbietet eine Einteilung in
gute, empirisch orientierte, und schlechte, spekulativ begrenzte
Naturphilosophie. Es kommt vielmehr darauf an, wie und für
welchen Wissensraum sie verfügbar gemacht wird. Der Begriff
des Indifferenzpunktes beispielsweise ist bei Eschenmayer wie
bei Burdach zu finden, und beide meinen wohl dasselbe, wenn
sie von einem Verknüpfungspunkt oder einer Schaltstelle unterschiedlicher bzw. polar wirkender Systeme reden. Trotz der
Ähnlichkeiten verfolgen sie aber in wissenschaftlicher, philosophischer und politischer Hinsicht völlig unterschiedliche Ziele.
Andere Begriffe und Konzepte wie Duplizität, Asymmetrie oder
Komplexität gehören zunächst nicht zum Vokabular der Naturphilosophie, erhalten aber ihre für die Hirnforschung rele-
vante Ausformulierung im naturphilosophischen Kontext. Nur so
können sich die Lokalisierungsversuche in dem dualen Schema
von Hinten-Vorne, Rechts-Links und Oben-Unten durchsetzen.
Gleichzeitig wird in dieser Schematisierung die Schnittstelle zwischen der Organologie und dem naturphilosophischen Konzept
der Polarität deutlich, denn es besteht Einigkeit darüber, daß der
Weg zur Wissenschaft vom Menschen über eine differenzierte
Betrachtung des Gehirns läuft. Auch wenn die Naturphilosophen
sich gegen eine Zerteilung des Gehirns und des Menschen in
»Läppchen und Fäserchen« wehren, forciert das von ihnen bevorzugte Polaritätskonzept die notorische Kategorisierung, die die
Wissenschaften vom Menschen im 19. Jahrhundert durchzieht:
dazu zählen die Spaltung in Vernunft/Gemüt, Bewußtes/Un-
bewußtes, Sensibilität/Motorik, Mann/Frau, Normalität/Abnor-
mität. Natürlich gab es solche Dualismen auch schon im 18. Jahrhundert, doch im 19. Jahrhundert werden sie in bis dahin
unbekannter Weise in die Natur und insbesondere in das Gehirn
eingeschrieben. Wo es im 18. Jahrhundert einfache und deswegen immer wieder nachzubessernde Kriterien wie Hirngröße
oder das Verhältnis des Gehirns zu den Hirnnerven gab, kommen
nun neue entscheidende und unterscheidende Kriterien hinzu.

Quantität wird durch Parameter wie Zeitlichkeit, Komplexität, Asymmetrie und Differenzierung ergänzt. Daraus folgt, daß die Ausprägung einzelner Hirnabschnitte an verschiedenen Entwicklungspunkten, bei verschiedenen Tierklassen und innerhalb der menschlichen Spezies zum Kriterium für die Analyse des Geisteslebens wird. Das funktioniert nur unter Einbeziehung des gesamten Gehirns, während im 18. Jahrhundert dessen innere Teile interessierten und die Hirnrinde kaum beachtet wurde. Die Suche nach Ähnlichkeiten und Differenzen im gesamten Gehirn folgt funktionalen Gesichtspunkten. Im frühen 19. Jahrhundert stand für dieses Unternehmen nur ein bescheidenes technisches und methodisches Instrumentarium zur Verfügung. Deshalb sind die Hinten-Vorne-Unterscheidung, die Asymmetrie der beiden Hirnhälften oder die Dreiteilung des Gehirns nicht identisch mit der Hirnforschung, wie sie etwa im späten 19. Jahrhundert betrieben werden sollte, doch trug die Naturphilosophie zur Bildung des Problemhorizonts bei, vor dem sich die Hirnforschung nach und nach formierte. Bevor das geschah, ermöglichte die Naturphilosophie gerade in ihrer verschiedenartigen Anwendung eine Reflexion über den Menschen.

Der methodische Pluralismus der Naturphilosophie wurde neben dem empirischen Skeptizismus zur weiteren Option im frühen 19. Jahrhundert, den Graben zwischen dem Nicht-mehr des Seelenorgans und dem Noch-nicht eines vollständigen Lokalisationismus zu überbrücken. Die Vielzahl der zur Verfügung stehenden Wissensquellen wie normale, vergleichende und pathologische Anatomie, Embryologie, experimentelle Physiologie, klinische Beobachtungen von Hirnkranken oder -verletzten, Psychiatrie, Cranioskopie und Erfahrungsseelenkunde stellten das Feld dar, auf dem die Hirnforschung wuchs. Naturphilosophie ermöglichte Verbindungen oder Abgrenzungen dieser Gebiete. Auf diese Weise wurde der Lokalisationsgedanke virulent gehalten, und zwar auch in den Fällen – wie etwa bei Carus –, wo die Naturphilosophie zum Widerstand gegen die Cerebralisierung des Menschen mobilisiert wurde. Aus dieser Perspektive ist Naturphilosophie in ihrer unmittelbaren Konfrontation mit spezifischen wissenschaftlichen Problemen kein Gegenentwurf zur

Moderne mehr, sondern ein Faktor im Strom der Hirnforschung als Wissenschaft vom Menschen.

Wenn es durch die Annahme der Identität von Geist und Natur gelang, eine Alternative zum Dualismus cartesischer und Kantscher Prägung zu formulieren, so war das ein epistemologisches und ein soziales Ereignis. Insbesondere Reils theoretische Bemühungen um das Gehirn stehen in enger Nachbarschaft mit wissenschaftsorganisatorischen Überlegungen zur Rolle der Medizin und Wissenschaft in der Gesellschaft. Auch Carus will seine Symbolik als Anwendungswissenschaft verstanden wissen, die für Erziehung, Justiz, Krankheitslehre und die allgemeine Menschenkenntnis von Nutzen sein soll. Zwar ist die Formulierung solcher Ansprüche nicht identisch mit ihrer praktischen Umsetzung, doch läßt die Konjunktion der beiden Bereiche zwei Schlußfolgerungen zu: Erstens wird der Hirnforschung ein zentraler Platz im Kanon der medizinischen Wissenschaften zugewiesen, die immer mehr zum Deutungsinstrument des menschlichen Lebens werden. Zweitens wird damit das wissenschaftliche Tun als sozial und gesellschaftlich relevant dargestellt und indirekt der Spielraum für das Mitspracherecht der Mediziner bei gesellschaftlichen Entscheidungsprozessen vergrößert. Der anhaltende Kompetenz- und Autoritätsgewinn der medizinischen Wissenschaft ist auf Verbündete angewiesen, und hier spielt die Philosophie zunächst eine erhebliche Rolle, indem sie den Status der Medizin mit befestigt und ausbaut. Ist das erreicht, hat die Philosophie ihren Auftrag erfüllt.

Von den Schwierigkeiten des Experiments
zum anatomischen Nervenmann

Die Ideologisierung des Gehirns

Im Jahre 1851 greift der konservative, sich zum Christentum bekennende Physiologe und Anthropologe Rudolph Wagner in seinen für das gebildete Publikum geschriebenen »Physiologischen Briefen« ein heikles Thema auf. Zu Beginn des Jahrhunderts seien Galls Vorlesungen verboten worden. Fünfzig Jahre später seien die meisten Ärzte und Physiologen Gegner der Phrenologie, doch insbesondere in England und in Nordamerika erwiesen sich selbst streng Bibelgläubige als eifrige Phrenologen. Sogar ihm selbst – einem Gegner der Phrenologie – habe man bereits vorgeworfen, daß seine neurophysiologischen Ansichten zum Materialismus führten.[1]

Tatsächlich hatte Wagner kurz zuvor geschrieben, daß das Gehirn aus zahlreichen Aggregaten von Ganglienzellen bestehe, denen unterschiedliche Funktionen zukämen. »Ja ich wage es selbst von ›psychischen Zellen‹ zu reden, welche in unserer Seele die farbigen Bilder erzeugen, die wir im Traum wahrnehmen oder durch unsere Einbildungskraft hervorrufen können.«[2] Auf der einen Seite ist Wagner überzeugt, daß das Gehirn materielles Substrat der Seelentätigkeiten sei, und er glaubt auch, daß der Nachweis aller feineren hirnanatomischen Elemente und ihrer funktionellen Verbindungen mehr zur Psychologie beitragen würde als alle Philosophie von Plato bis Herbart. Auf der anderen Seite polemisiert er gegen den berühmt gewordenen Satz des materialistischen Physiologen Carl Vogt, wonach die Gedanken zum Gehirn in einem Verhältnis stehen wie der Urin zu den Nieren, und löst damit den sogenannten Materialismusstreit aus.[3] Um die Mitte des 19. Jahrhunderts ist das Gehirn Gegenstand der politisch-ideologischen Auseinandersetzungen innerhalb der Wissenschaften vom Leben. In England und Nordamerika ist die Phrenologie ein Massenphänomen, in Frankreich ist sie Sammelpunkt antiklerikaler und demokratischer Bestrebungen. Entsprechend verteidigen Antilokalisationisten wie Flourens Monarchie, Katholizismus und die Unsterblichkeit der Seele.

In Deutschland verlaufen die Frontlinien etwas anders. Die Phrenologie im engeren Sinne kommt zu keinem Zeitpunkt über einen Außenseiterstatus hinaus, doch ein Protestant und Monarchist wie Wagner favorisiert den Lokalisationsgedanken ähnlich wie die Materialisten. Diese deutsche Eigentümlichkeit findet ihre besondere Ausprägung in Carus' Physiognomik des Gehirns und des Schädels, die aus naturphilosophischen Zusammenhängen hervorgegangen ist und weitaus mehr Zustimmung findet als die Organologie. Sogar Wagner und einige andere Hirnforscher hegen gewisse Sympathien für den Ansatz von Carus. Die materialistischen Physiologen wiederum teilen bestimmte Grundannahmen sowohl der Organologie als auch der Carusschen Physiognomik und ziehen zum Teil sogar dieselben Schlußfolgerungen, insbesondere wenn es um cerebrale Grundlagen geschlechtlicher und rassischer Differenzierungen und Wertungen geht. Diese Gemeinsamkeit ist in der Einschätzung der großen ideologischen Auseinandersetzungen des 19. Jahrhunderts notorisch übersehen worden. Naturphilosophie und Materialismus, Spiritualismus und Organologie, Medizin und Anthropologie benutzten das Gehirn als ein Instrument, das »sowohl die Charakterisierung des Individuums als Individuum wie auch die Ordnung einer gegebenen Vielfalt«[4] ermöglicht. Von Carus' Symbolik als Anwendungswissenschaft und seiner cerebralen Lokalisierung der Vaterlandsliebe bis hin zu Paul Brocas Anthropologie der Rassen und der Lokalisierung des Sprachvermögens umfaßt die Charakterisierung und Ordnung so unterschiedliche Dinge wie Perfektibilität, Intelligenz, Gemüt, Normalität, Krankheit und Degeneration.

Es bestand Einigkeit darüber, daß das Gehirn materielles Substrat der Seelentätigkeiten sei und daß bestimmte psychische Unterschiede am Gehirn festzumachen seien. Die Frage war allerdings, wie weit man in dieser Hinsicht gehen durfte und welche

Konsequenzen zu ziehen waren. Carus beispielsweise disqualifizierte sich nicht dadurch, daß er Geschlechtsspezifität oder rassische Differenzen ins Gehirn implementierte, sondern daß er Gehirn, Schädel und Gesicht in einer Einheitswissenschaft zusammenfassen wollte und das Ganze als eine Synthese aus Wissenschaft und Kunst anpries, die über reines Zählen, Messen und Wägen hinausging.

Die meisten Mediziner betrachteten solche Versuche als anachronistisch. Ihnen ging es – zum Teil in disziplinärer Abgrenzung voneinander – um methodologische Fragen und um Strategien und Standards der Wissensproduktion, die mehr sein sollten als Vermutungen, Hypothesen und spekulative Entwürfe. Der entscheidende Punkt dabei war, daß hinsichtlich der Lokalisierung der psychischen Qualitäten zwischen den 1820er Jahren und der Zeit zwischen 1861 und 1870, den Initiationsdaten der modernen cerebralen Lokalisationsforschung, nichts prinzipiell Neues geschah, das über die in der Zeit der Romantik formulierten Überlegungen und die experimentell erzielten Ergebnisse von Flourens hinausging. Weder die Experimentalphysiologie noch die Klinik oder die Entwicklungsgeschichte lieferten Resultate, die einen Durchbruch in die eine oder andere Richtung bedeuteten. Dabei brachten diese wenigen Jahrzehnte einen immensen Aufstieg der Naturwissenschaften und der Medizin, der auch die Hirnforschung mit einschloß. Reflexlehre, Zellenlehre, Lehre von der Nervenfunktion, Erforschung der Kleinhirnfunktionen, Sinnesphysiologie – all diese Forschungsgebiete entwickelten sich entweder in wenigen Jahren; oder wenn sie bereits existierten, erfuhren sie bedeutende Wandlungen. Zentral in diesem Zusammenhang waren die Veränderungen in der Physiologie. Das Experiment wurde zum bevorzugten Modus der Wissensproduktion, und die Orientierung am physikalischen Experiment führte zu einer Vereinheitlichung des methodischen Zugriffs. In der Zeit der Romantik galten die Experimente am Gehirn als Mißerfolge, während die Experimente von Flourens reproduzierbar waren und deswegen zuverlässig erschienen. An dieser Einschätzung sollte sich in den folgenden Jahrzehnten trotz ganz andersartiger Befunde aus der Klinik nur wenig ändern.

Neben der Methodenfrage spielten für die Experimentalphysiologen auch taktische Überlegungen eine Rolle. Ausgerechnet die vier berühmten Physiologen Hermann von Helmholtz, Emil du Bois-Reymond, Ernst Brücke und Carl Ludwig, die sich 1847 geschworen hatten, die Physiologie zur organischen Physik zu machen und keine anderen Kräfte im Körper zu akzeptieren als chemische und physikalische, hielten sich hinsichtlich der Materialität der Seele und des Lokalisationsgedankens bemerkenswert zurück und traten gleichzeitig den Weg durch die Institutionen an, der sie auf bedeutende und einflußreiche Lehrstühle für Physiologie in Deutschland beförderte. Gerade in den Jahren nach 1848 war ihr Verhalten angesichts der reaktionären Verschiebungen in Deutschland von einer Nüchternheit und Zurückhaltung bestimmt, die auf dem Nebenschauplatz der Physiologie des Gehirns zu einem unausgesprochenen Stillhalteabkommen zwischen der jungen Generation von Wissenschaftlern und den zwischen Reaktion und Liberalismus optierenden politischen Mächten nach 1848 führte.[5]

Die Ingenieure solcher pragmatischen Arrangements bildeten das eigentliche Gegenstück zu den Kämpfern um die Funktion des Gehirns bei der erwünschten oder gefürchteten Materialisierung und Fragmentierung des Geisteslebens. Zwischen diesen beiden Extremen, zu denen sich nur eine Minderheit unter den Wissenschaftlern offen bekennen mochte, zogen sich die Protagonisten der experimentellen Physiologie auf ihre methodischen Standards zurück. Es wurde wenig Zweifel daran gelassen, daß spezifische materielle Entsprechungen für die Lokalisation der geistigen Qualitäten im Gehirn existieren müßten, aber die fehlende Beweisbarkeit dieser Annahme ließ immer noch die Hintertür für diejenigen offen, die ältere kulturelle und religiöse Werte durch eine uneingeschränkte Ausdehnung der wissenschaftlichen Autorität gefährdet sahen. Diese wohl eher unfreiwillige Allianz zwischen ideologischen und methodologischen Standortbestimmungen sorgte dafür, daß der Lokalisationsgedanke in der Physiologie nicht Fuß fassen konnte. Er bestand hauptsächlich auf dem Gebiet der Anthropologie fort, sei es als Symbolik der Gestalt oder als physische Anthropologie und Anatomie; die Tatsache, daß ungeachtet aller Differenzen in diesem Punkt Einigkeit bestand, spricht für die zunehmende Formierung eines Wissensraums, in dem die Koordinaten für eine cerebrale Determinierung des Geisteslebens gezogen wurden.

Physiologie und Aphaseologie in Frankreich

Die Experimente von Pierre Flourens gegen die Organologie Galls bedeuteten in der Geschichte des Lokalisationsgedankens einen vorläufigen Sieg der experimentellen Methode über die anatomische und pathologische Beobachtung. Ein entscheidender Pluspunkt für Flourens lag darin, daß seine Experimente von verschiedenen Physiologen wiederholt wurden und zu den gleichen Resultaten führten.[6] Damit bildete die experimentelle Methode trotz der nur schleppend voranschreitenden Institutionalisierung der Experimentalphysiologie in Frankreich eine gewichtige Stimme in der Lokalisationsdiskussion.

Wenn man also, wie es aus der Sicherheit der historischen Distanz nicht selten geschehen ist, Flourens vorwirft, den wissenschaftlichen Fortschritt durch seine Experimente behindert zu haben, so müßte der Vorwurf auf die Experimentalphysiologie als Ganzes ausgedehnt werden. Nun konstruierte die Physiologie im 19. Jahrhundert ideale Experimente, die eindeutige Ergebnisse liefern und beliebig wiederholbar sein sollten. Flourens' Experiment war in diesem Sinne ideal, zumal es die erwünschten antilokalisatorischen Resultate erbrachte. Umgekehrt hatte man aber auch eine klare Vorstellung von einem idealen Experiment, das die cerebrale Lokalisationsforschung in Bewegung gebracht hätte. Das Modell hierfür waren die Rückenmarksexperimente zum Beweis des Bell-Magendie-Gesetzes. Seit Johannes Müllers Versuchsreihen war die Lokalisation motorischer und sensorischer Faserbündel im Rückenmark ohne größere Schwierigkeiten nachweisbar. Ganz anders beim Gehirn. Nach etlichen vergeblichen Experimenten muß François-Achille Longet enttäuscht einräumen, daß sich die experimentellen Forschungen und die pathologischen Beobachtungen zum Bell-Magendie-Gesetz nicht auf das

Gehirn übertragen lassen.[7] Damit räumt er implizit ein, daß im Gehirn andere Prozesse ablaufen als im Rückenmark und daß man weit davon entfernt sei, diese Prozesse zu verstehen.

Darüber hinaus ergaben sich Konsequenzen für das Verhältnis von Experiment und pathologischer Beobachtung, die ohnehin in einem spannungsgeladenen Verhältnis zueinander standen, sobald es um die Interpretation und den Wert bestimmter Krankheitsphänomene ging. So schreibt François Magendie ganz bereitwillig: »Die Pathologie des Nervensystems ist nichts anderes als auf den Menschen angewandte Experimentalphysiologie.« Doch er läßt keinen Zweifel daran, daß das experimentelle Wissen den Vorrang hat; konsequenterweise sind die Hirnkrankheiten nicht mehr als »die getreue Reproduktion unserer Erfahrungen«.[8] Diese Umkehrung der eigentlichen Lebensverhältnisse zeigt an, daß das Experiment zum Maßstab für die Bewertung natürlicher, und das heißt in diesem Zusammenhang: von experimenteller Manipulation unbeeinflußter Prozesse geworden ist.

Selbstverständlich ist man sich darüber im klaren, daß Tierexperimente nicht notwendig auf den Menschen übertragbar und experimentell evozierte und natürliche Verletzungen nur bedingt miteinander vergleichbar sind. Das Problem wird dann aber nicht in den Laborexperimenten gesehen, sondern in der Unzuverlässigkeit der Experimente der Natur. Sogar diejenigen Anatomen und Physiologen, die die Experimentalphysiologie nicht so ausschließlich bevorzugen und auch der Anatomie, Embryologie und Pathologie ihren Platz einräumen, akzeptieren die methodischen Standards des Experiments. Damit schafft sich die Experimentalphysiologie gewissermaßen ihr eigenes Hindernis, und das ist nicht Folge eines unwissenschaftlichen Vorgehens, sondern ist dem methodisch reflektierten Experimentalprozeß inhärent.[9]

Für Longet und Magendie besteht das entscheidende experimentelle Faktum darin, daß weder die elektrische, chemische noch mechanische Reizung des Groß- und des Kleinhirns zu einer unwillkürlichen Bewegung führen, noch die Abtragung einer spezifischen Region motorische oder sensorische Beeinträchtigungen nach sich zieht. Solche methodischen Grenzziehungen haben mit politischer und kultureller Zurückhaltung zu tun. Longet beispielsweise räumt ein, daß nichts gegen eine cerebrale Lokalisierung von moralischen und instinktiven Fähigkeiten spreche, daß sie aber auch nicht bewiesen sei.[10] Es war kein Problem, das Großhirn ganz allgemein zum Sitz der höheren geistigen Funktionen zu erklären. Schwierigkeiten tauchten erst in dem Moment auf, da dieser allgemeine, auch für einen Dualisten oder Christen akzeptable Satz genauer spezifiziert wurde und damit politische Relevanz erhielt.

Magendie und Longet halten sich aus den politischen Kontroversen der französischen Restaurationszeit, in welche die medizinische Welt in Paris heftig involviert ist, heraus.[11] Longet macht aus seiner Sorge um eine zu weit gehende Naturalisierung des Menschen keinen Hehl, wovon seine Beurteilung der Thesen des Klinikers Louis Antoine Desmoulins beredtes Zeugnis ablegt. Nach Desmoulins entsprechen die corticale Ausdehnung sowie Anzahl und Tiefe der Hirnwindungen dem Entwicklungsgrad der Intelligenz sowohl bei den verschiedenen Arten als auch bei den verschiedenen menschlichen Individuen.[12] Longet ist unschlüssig. Er lehnt Desmoulins' Ansicht nicht unbedingt ab, hält aber folgendes Argument dagegen: Wenn man zwei etwa gleich entwickelte menschliche Gehirne, deren Oberflächenstruktur erheblich voneinander abweicht, vor sich hat, läßt sich daraus dennoch nicht auf irgendwelche Intelligenzunterschiede schließen.[13] Um 1840 hätte dem in Frankreich kaum ein Physiologe widersprochen. Die Frage aber, ob die unbezweifelbaren strukturellen Unterschiede, die auch Longet anerkennt – der weniger differenzierte Cortex bei Tieren oder die atrophierten Windungen bei geistig erheblich eingeschränkten Menschen –, nicht prinzipiell Hinweise auf die Natur des normalen Menschen geben können, wird damit aus dem physiologischen Problemhorizont ausgeschlossen. Sie fügt sich nicht in das Schema der experimentellen Evidenz.

Lokalisation ist eine Domäne der Kliniker, Anatomen und Anthropologen, wobei angesehene Mediziner wie etwa Desmoulins, François Joseph Victor Broussais, Achille Louis Foville, Étienne Reynaud Augustin Serres, Jean-Baptiste Bouillaud oder Maximilian Parchappe de Vinay Galls Auffassung von der cerebralen Lokalisierung gegen Flourens verteidigen, ohne notwendigerweise jedes Gallsche Hirnorgan anzuerkennen.[14] Da sie aber zumeist mit pathologischen Beobachtungen argumentieren, für die es auch Gegenbeispiele gibt, werden ihre Schlußfolgerungen regelmäßig angezweifelt.

Das beste Beispiel dafür ist ein Problem, zu dem die Experimentalphysiologie nichts Genuines beizutragen hatte, da es sich um ein rein medizinisches und ausschließlich beim Menschen beobachtetes Phänomen handelte – die Sprachstörung. Eine mögliche Lokalisierung des Sprachvermögens im Gehirn stellte insbesondere in Frankreich einen der empfindlichsten Punkte des intellektuellen Selbstverständnisses dar, denn seit Descartes hatte kaum jemand daran gezweifelt, daß die Sprache das wichtigste Unterscheidungskriterium zwischen Mensch und Tier sei. Dementsprechend wird die Lokalisierung eines Sprachzentrums von etlichen Ärzten und Physiologen als eine weitere Annäherung des Menschen an die Tiere aufgefaßt und bekämpft.[15]

Die Geschichte der Aphasie hat seit jeher großes Interesse auf sich gezogen.[16] Von einer Aphaseologie im eigentlichen Sinn kann zwar erst seit dem 19. Jahrhundert die Rede sein, doch hat es bereits vorher eine ganze Anzahl von aus heutiger Sicht exakten Fallstudien und autobiographischen Berichten über Sprachstörungen gegeben, die auf eine der verschiedenen Aphasieformen hindeuten. Zwar wurden diese Störungen auf Erkrankungen oder Verletzungen des Gehirns zurückgeführt, doch eine besondere Bedeutung für das Wissen vom Gehirn wurde ihnen nicht zugebilligt.[17]

Nicht von ungefähr ist es Gall, der der Beziehung von Wort, Sprache und Gehirn große Aufmerksamkeit schenkt. Seine Differenzierung von Wortgedächtnis (»mémoire des mots, mémoire verbale«) und Sprachsinn (»sens du langage de parole; talent de la philologie«) basiert ursprünglich auf Beobachtungen aus der eigenen Kindheit, wo ihm wiederholt aufgefallen war, daß Mitschüler mit großen und hervorstehenden Augen gut auswendig lernten. Daraus zieht er später den Schluß, daß das entsprechende Organ über dem hinteren Teil des Orbitaldaches lokalisiert sein müsse.[18] Der Sprachsinn wiederum befähigt nach Gall zu einem großen, differenzierten Wortschatz und ist insbesondere bei den Gelehrten stark entwickelt, die mehrere Sprachen beherrschen.[19] Topographisch liegt der Sprachsinn unmittelbar neben dem Wortgedächtnis im vorderen Abschnitt der Hirnrinde; allerdings ist keines der beiden Organe mit dem später von Paul Broca beschriebenen motorischen Sprachzentrum identisch. Diese Differenz ist interessant, weil Gall seine Lokalisationen mit exakt und ausführlich beschriebenen klinischen Fallstudien zu belegen versucht, die sich von den Kasuistiken Brocas nicht sehr unterscheiden: in beiden Fällen handelt es sich um einen Ausfall des Wortgedächtnisses bei intaktem Wortverständnis und erhaltenem Gedächtnis für Personen, Bilder oder Situationen.[20]

Trotz solcher Ungereimtheiten fällt Galls Differenzierung in Paris sofort auf fruchtbaren Boden. Bouillaud publiziert im selben Jahr 1825 mit Verweis auf Gall eine Arbeit mit immerhin 15 Fallbeispielen. Darin unterscheidet er die Möglichkeit, Wörter zu artikulieren, von der Fähigkeit, Wörtern als Ausdruck von Ideen einen semantischen Gehalt beizulegen und sie im Gedächtnis zu behalten. Diese Unterscheidung macht Bouillaud an der Beobachtung fest, daß Kranke, die keine Wörter mehr hervorbrachten, sich durch differenzierte Gesten klar äußern konnten.[21] Er schließt daraus, daß die Wortartikulation durch ein anderes cerebrales Zentrum gesteuert werde als die Artikulation von Gesten, stellt allerdings keine Überlegungen über eine weitergehende Lokalisierung an, da es ihm zunächst ausschließlich um den Nachweis einer topographisch differenzierten muskulären Steuerung durch das Großhirn geht.

Bouillaud ist kein Organologe im Sinne Galls, doch ist er von der cerebralen Lokalisierung physischer und psychischer Funktionen überzeugt. Im Falle des Kleinhirns wendet er sich gegen Galls Ansicht, daß dort der Geschlechtstrieb beheimatet sei, und plädiert statt dessen für eine vom Kleinhirn ausgehende Koordination der Bewegungen.[22] Und fast gleichlautend mit Flourens sieht er Krankheiten als Experimente, als Vivisektion der Natur.[23] Trotz solcher Differenzen zu Gall ist Bouillaud scharfen Angriffen ausgesetzt, und das ist ein weiteres Indiz dafür, daß keineswegs bloß die als unwissenschaftlich angesehene Organologie ausgegrenzt werden sollte, sondern die ganze Richtung suspekt war. Die Sorge um die menschliche Freiheit ist auch hier der Motor für die Kritik, denn wenn Bouillaud recht behalten sollte, hatte das Auswirkungen auf die gesamte Einschätzung des Gallschen Programms.[24] Dieser Konsequenzen ist sich Jean Cruveilhier vollständig bewußt, wenn er anführt, daß es Läsionen in der vorderen Hirnregion ohne Sprachverlust gebe, daß die Sprache aber auch nach Verletzung jeder anderen Hirnregion gestört sein könne.[25] In ähnlicher Weise berichtet Gabriel Andral, daß er 37 Patienten mit Frontallappenläsion gesehen habe, von denen bei 16 die Sprache erhalten blieb; hingegen habe er bei 14 Patienten einen Sprachverlust ohne Beeinträchtigung der Vorderlappen beobachtet.[26] So werden Rechnungen und Gegenrechnungen aufgemacht, bei denen unter dem Strich herauskommt, daß Krankengeschichten keine wegweisende Kompetenz beanspruchen können.

Physiologen wie Magendie und Longet stehen einer Lokalisierung der Sprache außerordentlich kritisch gegenüber. Weil die experimentelle Fundierung der klinischen Beobachtungen naturgemäß nicht möglich ist, erlaubt es der gegenwärtige Wissensstand der Physiologie nach Magendie nicht, genauere Auskünfte über eine cerebrale Lokalisierung der Sprachstörung zu geben.[27] Auch Longet verläßt sich trotz Bouillauds Angaben lieber auf die Ergebnisse von Cruveilhier und Andral.[28] Ausnahmen von der Regel, wonach das Experiment den Vorrang vor klinischen Beobachtungen hat, erfolgen mit dem diskriminierenden Hinweis auf mangelnde Experimentierkunst des Untersuchers.

1830 hatte Bouillaud von Experimenten berichtet, in denen er bei verschiedenen Tieren bilateral die Vorderlappen zerstörte, was zur Folge hatte, daß die Tiere noch wahrnehmen, sich bewegen, Laute von sich geben konnten, doch keine Beziehung zu ihrer Umwelt mehr hatten, ihre Kombinationsfähigkeit und ihr Gedächtnis verloren, indifferent wurden und nicht mehr erziehbar waren. Daraus folgert Bouillaud, daß die Intelligenz in den Vorderlappen lokalisiert sei.[29] Longet wendet dagegen ein, daß Bouillaud nichts über die Zerstörung der Hinterlappen gesagt habe, hält es jedoch nach den pathologischen Beobachtungen am Menschen für unbezweifelbar, daß solche Experimente ebenfalls zu

Einschränkungen der Intelligenz führen würden. Daneben verweist Longet auf die bekannten Experimente von Flourens: man könne von jeder Seite aus mit der Läsion beginnen, ohne daß eine spezifische Funktion verlorengeht; wenn eine schwächer wird oder verschwindet, verschwinden alle anderen auch.[30] Das Urteil über die mangelnde Aussagekraft von Bouillauds Experimenten ist damit gefällt.

Interessant ist an diesem Beispiel nicht so sehr die Berechtigung der Einwände, sondern die je nach Kontext verschiebbare Hierarchie der Methode und der adäquaten Zugangsform zur wissenschaftlichen Erkenntnis. Wer sich auf welches Wissen stützt und warum dieses Wissen wertvoller ist als jenes; warum ein Symptom oder eine Verhaltensweise im einen Fall vernachlässigt werden kann und im anderen nicht – Entscheidungen über solche Fragen bestimmen die medizinischen Debatten um den Lokalisationsgedanken in Frankreich um die Jahrhundertmitte. Dabei behalten die Gegner zwar die Oberhand, aber dennoch bleibt das Interesse an der Lokalisation lebendig.

Im Mai 1858 hielt der Chirurg und Anthropologe Paul Broca vor der von ihm mitbegründeten Société de Biologie einen Vortrag über menschliche Hybride. Sein Interesse daran hing mit der von ihm favorisierten These des Polygenismus zusammen, wonach sich die Entwicklung der verschiedenen Menschenrassen aus mehreren Ursprüngen unabhängig voneinander vollzieht.[31] Obwohl anthropologische Themen und insbesondere das Problem der Rasse seit den dreißiger Jahren und dem zunehmenden Engagement Frankreichs in Schwarzafrika auch in Pariser Gelehrtenkreisen immer mehr Aufmerksamkeit fanden,[32] löste Brocas Vortrag einen Skandal aus und wurde er aufgefordert, die Arbeit zurückzuziehen. Daraufhin gründete er ein Jahr später gemeinsam mit einigen anderen Wissenschaftlern, vor allem Medizinern, die Société d'Anthropologie.[33] Abgesehen vom konkreten Anlaß war die Gründung Ausdruck einer spürbaren Lockerung der Versammlungs- und Redefreiheit in Frankreich, was zur Neugründung zahlreicher wissenschaftlicher und intellektueller Gesellschaften führte. Die Société d'Anthropologie wurde zum Forum republikanischer, antiklerikaler und positivistischer Tendenzen, obwohl Broca immer wieder zu politischer und ideologischer Zurückhaltung mahnte und den neutralen Charakter wissenschaftlichen Tuns hervorhob.[34] In der Société gehörten Probleme der Craniologie sowie des Verhältnisses von cerebraler und geistiger Entwicklung zu den meistdiskutierten Themen. Die zur Verfügung stehenden Parameter waren keineswegs neu. Broca selbst war ein überzeugter Vertreter der Korrelation von Hirnvolumen und Intelligenz, Louis-Pierre Gratiolet bevorzugte die Anzahl und Komplexität der Hirnwindungen.[35] In diesem Kontext wird die Frage der cerebralen Lokalisation neu aufgerollt.

Seinen ersten Fall zur Lokalisation des Sprachzentrums präsentiert Broca 1861. Die von ihm so genannte »aphemia« des »Monsieur Tan« definiert er als Unfähigkeit, Wörter auszusprechen, obwohl die Zungenmotorik des Patienten intakt war.[36] Erst bei der Untersuchung seines zweiten Patienten ist Broca sich beinahe sicher, daß es sich um eine Läsion der dritten Frontalwindung handle. Broca faßt Sprache als Fähigkeit auf, eine Idee in ein konstant bleibendes Zeichen umzusetzen, und er diskutiert die Frage, ob die Sprachstörung intellektueller Natur sei oder ob sie nur den Mechanismus der Sprachartikulation betreffe. Sein Votum für die erstere Deutung entwickelte sich zur Leitvorstellung des Lokalisationsgedankens in der Hirnforschung.

Die anschließenden Diskussionen standen immer noch unter dem Eindruck der älteren Wertvorstellungen über die menschliche Freiheit, doch hatten sich die Vorzeichen nun verändert. Daß Bouillaud vor Broca insgesamt mehr als 100 Fälle gesammelt hatte, die für eine Lokalisierung sprachen; daß umgekehrt Armand Trousseau, der den Begriff Aphasie einführte, gegen Broca 135 Fälle anführte, in denen Sprachverlust nicht mit einer Läsion im Vorderlappen einherging,[37] führte zwar noch zu erregten Auseinandersetzungen unter den französischen Wissenschaftlern, konnte jedoch am offiziellen Siegeszug des Lokalisationsgedankens nichts mehr ändern. Die exakte Umkehrung der Situation zwanzig Jahre zuvor macht es wenig wahrscheinlich, daß die klinische Autorität und Sorgfalt Brocas allein den Ausschlag für die rasche Durchsetzung des Lokalisationismus gegeben haben.[38]

Die cerebrale Lokalisation menschlicher Fähigkeiten setzt sich in Frankreich in dem Moment durch, da die wissenschaftliche Vermessung des Menschen in kognitiver und institutioneller Hinsicht in ein neues Stadium getreten ist. Schädelmessungen, Vergleiche von Hirngewicht und Hirnvolumen, polygenetische Evolutionstheorie, Degenerationstheorie, die Suche nach atavistischen Merkmalen am menschlichen Körper, Kriminal-Anthropologie, anatomische Unterschiede zwischen Normalen, Kriminellen und Geisteskranken – die Konstituierung, Neubelebung oder Weiterführung all dieser Konzepte und Techniken, die zum Teil bereits im frühen 19. Jahrhundert bekannt waren, fällt in die entscheidende Zeit zwischen 1860 und 1870.[39] Die Lokalisierung eines Sprachzentrums läßt sich aus diesen Entwicklungen nicht ableiten, da sie ja längst formuliert war. Doch die Etablierung der dritten linken Frontalwindung als verbindliche wissenschaftliche Wahrheit fügt sich in diesen Kontext nahtlos ein.

In diesem Zusammenhang wird auch die Frage der funktionalen Asymmetrie der beiden Hirnhälften aufgegriffen, die in Frankreich vor Broca kaum zur Kenntnis genommen wurde. Zwar hatte in den dreißiger Jahren bereits der Arzt Marc Dax über 40 Fälle einer Läsion der linken Hemisphäre mit Sprachverlust gesammelt, doch erst drei Jahrzehnte später wurde diese Arbeit wahrgenommen.[40] Auch Broca merkt an, daß die meisten seiner Fälle eine linksseitige Läsion aufwiesen, geht dann allerdings noch weiter mit der Annahme, daß der Mensch ganz generell mit einer – hauptsächlich der linken – Hirnhälfte sprechen lerne, so wie man auch mit der rechten Hand schreibe.[41] Fragen der cerebralen Asymmetrie bestimmen nun die weitere Diskussion. Bald darauf setzt sich die linke Hirnhälfte als die intelligente, wohlerzogene, eigentlich menschliche Seite durch, während die rechte als unzivilisierte, emotionale, dunkle Seite angesehen wird.[42] Auch das war vom Ansatz her nicht neu, rückte aber angesichts der Probleme in Frankreich, die sich um die zunehmende Industrialisierung und Urbanisierung, um soziale Mißstände wie Verbrechen, Alkoholismus, Selbstmord und die nationale Verunsicherung nach dem verlorenen Krieg gegen Preußen drehten, von der Peripherie in den Mittelpunkt des Interesses.[43]

Sinnesorgane, Zellen und Reflexe

Im Vergleich zu den ausführlichen und hartnäckigen Debatten in Frankreich zwischen 1830 und 1870 verläuft die Entwicklung in Deutschland zunächst weniger spektakulär. Zwar wird auch hier kaum ein Zweifel daran gelassen, daß die Lokalisationsproblematik auf den Gebieten des physiologischen Experiments und der pathologischen Beobachtung vorangetrieben werden müsse; und das ambivalente Verhältnis von Klinik und Labor spielt ebenso eine Rolle wie die Sorge um Freiheit, Würde und Natur des Menschen. Eine eigentliche Debatte um den Lokalisationsgedanken entsteht aber zunächst nur am Rande und ab den fünfziger Jahren im Zusammenhang mit dem Materialismusstreit; zuvor rutschen die durch den Lokalisationsgedanken in Gang gebrachten Probleme in Nachbargebiete hinein, nämlich in die Sinnesphysiologie, die Zellenlehre und die Reflexlehre.

Der frühromantische Identitätsgedanke – von einigen Hirnforschern heuristisch umgesetzt – wurde von romantischen Psychologen und Psychiatern durch einen quasi dualistischen Ansatz verdrängt. Gegen diese drohende Trennung von Gehirn und Seele formierte sich in den zwanziger Jahren erneut Widerstand. »Nemo psychologus, nisi physiologus« – diese These sucht sich der angehende Physiologe Johannes Müller wohlüberlegt aus, um sie bei seiner Doktoratsprüfung 1823 in Berlin zu verteidigen, denn kurze Zeit später macht er deutlich, was er sich darunter vorstellt: »Dem Verfasser ist die Seele nur eine besondere Form des Lebens unter den mannigfachen Lebensformen, welche Gegenstand der physiologischen Untersuchung sind; er hegt daher die Ueberzeugung, daß die physiologische Untersuchung in ihren letzten Resultaten selbst psychologisch seyn müsse.«[44]

Die Bemühungen um das Gehirn haben bis dahin nicht zu den erhofften Resultaten geführt, und deswegen konzentriert Müller sich auf die Sinnesphysiologie, die in methodischer Hinsicht einen großen Vorteil bietet. Wenn die Seele Lebensform des Organismus auf der höchsten Entwicklungsstufe ist, dann existiert auch ein Übergangsbereich vom Physischen zum Psychischen. Der Sinnesphysiologe kann sich diesem Bereich von zwei Seiten nähern: durch subjektive Selbstexperimente und durch objektive Untersuchungen. Mit diesem doppelten Zugang meint Müller seine Psychophysiologie entwickeln zu können. Er ist nicht der erste, der sich mit den Sinnen befaßt; das haben vor ihm Goethe, Jan Evangelista Purkyně, Johann Georg Steinbuch und etliche andere getan.[45] Er ist auch kein großer Neuerer im Entdecken der subjektiven Sinnesphänomene, aber niemand vor ihm hat den systematischen Anspruch der Sinnesphysiologie so präzise und bestimmt formuliert. Müller zielt nicht bloß auf eine innovative Erweiterung der Physiologie, sondern will in der Sinnesphysiologie einen Schlüssel finden, der die Tür zu einem besseren Verständnis der Interaktion von Körper und Seele öffnen würde. Purkyně faßt die epistemologischen Hoffnungen, die in die Sinnesorgane gesetzt werden, dahingehend zusammen, daß sie »in der Grenzregion zwischen der äußern materiellen Welt und der innern intellektuellen« angesiedelt sind. »Dieser Wechselverkehr des Geistes mit der Materie zur deutlichen Erkenntnis erhoben, begründet eine eigene Doktrin, die empirische Psychologie, die in ihrem Grenzgebiete der Physiologie nahesteht, und mit der Nervenlehre dieser innigst zusammenhängt.«[46] Wenig später definiert Purkyně die Seelenlehre, die »den Geist in seiner Wirksamkeit unter organisch materiellen Bedingungen« untersucht, als »physiologische Psychologie«.[47] Ausgangspunkt dieser Lehre ist »die subjective Empirie in der Selbstbeobachtung«,[48] vor allem die subjektive Sinnesphysiologie. »Empirie« bedeutet für die Sinnesphysiologen der zwanziger Jahre mehr als für die Moritzsche Erfahrungsseelenkunde, denn Selbstbeobachtung wird identisch mit Selbstexperiment, indem der Körper und insbesondere die Sinne durch gezielte Manipulation zum Sprechen gebracht werden.

Neben einer bisweilen mit Sorgen um die Gesundheit der Experimentatoren verbundenen Faszination für diese Untersuchungen sieht man den großen Vorzug der Sinnesphysiologie darin, daß sie gleichzeitig ein Mittel gegen materialistische und idealistische Ansteckungsgefahren zu sein verspricht. Der klassische Dualismus, die transzendentalen Seelenlehren von Schubert, Heinroth oder Eschenmayer und die Organologie sollen durch eine dynamische Physiologie des Seelenlebens hinfällig gemacht werden.[49] Als einen Schritt in diese Richtung formuliert Müller sein berühmt gewordenes Gesetz der spezifischen Sinnesenergien, das die Konstanz der Wahrnehmungsmodalität unabhängig vom Reiz erklären soll. Dabei argumentiert Müller im Sinne der dynamischen Physiologie, das heißt, er orientiert sich nicht an strukturellen Unterschieden der Sinnesnerven und der entsprechenden Hirnregionen, sondern an energetischen Prozessen, die der Anatomie fremd bleiben. Den nächsten Schritt, auch die geistigen Qualitäten des Menschen zu spezifizieren, unternimmt Müller nicht mehr. Zwar vermerkt er die vielfältigen Bemühungen um das Gehirn, schätzt sie aber vor allem aus methodischen Gründen als wenig erfolgversprechend ein. Die Sinne sind in ihrer unmittelbaren Zugänglichkeit für den Experimentator ein Gegenstand, der trotz des subjektiven Faktors exakt untersucht werden kann. Auch hier steht die Idee eines idealen Experiments, das zuverlässig und wiederholbar ist, im Mittelpunkt. Die experimentelle Hervorrufung von subjektiven Sinnesphänomenen und -täuschungen erfüllt diese Bedingungen.

Mit der Verschiebung von der Struktur auf die Dynamik und vom Gehirn auf die Sinne nimmt die subjektive Sinnesphysiologie den Wissensraum ein, der sich seit der erfahrungsseelenkundlichen, organologischen und naturphilosophischen Konzentration auf die physischen Seiten des Seelenlebens gebildet hatte. Nachdem diese drei aus unterschiedlichen Gründen in die Kritik geraten waren und ihre zentralen Anliegen auf andere Bereiche verteilt wurden, war die Sinnesphysiologie zur Stelle. Sie war aber zugleich auch Umgehungstaktik, denn eine Erkundung des Seelenlebens von den Sinnen her war unbezweifelbar eine Domäne der Medizin. Solche Grenzziehungen waren in den späten zwanziger Jahren des 19. Jahrhunderts nicht ganz unwichtig, wie sich auf der Berliner Versammlung der Gesellschaft Deutscher Naturforscher und Ärzte zeigen sollte, die unter der Leitung von Alexander von Humboldt 1828 stattfand. Als Karl Friedrich Burdach vorschlägt, eine spezielle Sektion für physiologische Psychologie einzurichten, wird das von der Mehrheit der anwesenden Mitglieder mit dem Hinweis auf mögliche Konflikte mit den Kollegen aus der Philosophie und der Theologie abgelehnt.[50] Die disziplinären Auseinandersetzungen sind dabei eine Sache; die sozialen und moralischen Konflikte, die die Reihen der Naturwissenschaftler und Ärzte spalten, eine andere. In jedem Fall zeigt der Verzicht auf eine eigenständige Sektion an, daß man die Zeit für eine Institutionalisierung der Physiologie des Geisteslebens noch nicht gekommen sieht. Auf dieser Linie trifft man sich mit der Kritik am Lokalisationsgedanken. Wenn Philipp Carl Hartmann, der Gall durchaus wohlgesonnen ist, zu dem Schluß kommt, daß Gall die psychischen Fähigkeiten falsch klassifiziert habe und dadurch menschliches Denken, die Einheit des Bewußtseins und Selbstbestimmung nicht mehr erklärbar seien, drückt er damit das Unbehagen der meisten Zeitgenossen aus.[51]

Auch Johannes Müller macht da keine Ausnahme. Mit seinem Versuch, den frühromantischen Identitätsgedanken in der Sinnesphysiologie aufzuheben, ist eine Lokalisierung der geistigen Fähigkeiten nicht vereinbar. In seinem Frühwerk fertigt er Galls Organologie mit wenigen Sätzen ab, in seinem enzyklopädisch angelegten »Handbuch der Physiologie« mokiert er sich über die »schlechte psychologische Grundlage der Gall'schen Organe«[52] und weist auf die verschiedenen, nicht systematisierbaren Symptome nach Hirnläsionen hin, die gegen eine genauere Lokalisierung von Gefühlen, Eigenschaften oder Verstand sprächen. Damit befindet Müller sich bereits mitten in der Materialismusproblematik, denn auf der einen Seite kann und will er gar nicht leugnen, daß die seelischen Funktionen an intakte Großhirnhemisphären gebunden sind. Auf der anderen Seite weigert er sich, das Seelenleben aus den materiellen Veränderungen des Gehirns zu erklären und versteht »das Leben der Seele vielmehr als eine von räumlichen Verhältnissen, seinem Wesen nach ganz unabhängige Thätigkeit«.[53]

Auch wenn es Müller nicht um einen ontologischen Dualismus geht, sieht er die Unabhängigkeit der Seele nur dann gewährleistet, wenn Denken, Vorstellen und Leidenschaften als Vermögen einer einzigen Kraft aufgefaßt werden. Zwar müssen diese Hauptrichtungen der Seele in psychologischer Hinsicht differenziert werden, nicht aber in topographisch-physiologischer: eine Verteilung dieser Qualitäten auf verschiedene Hirnregionen würde unweigerlich dazu führen, der Materie eine spezifische funktionale Bedeutung zuzuschreiben. Was Müller mit seinem Satz von den spezifischen Energien für die Sinne postuliert, lehnt er für das Großhirn ab. Diese Frage ist für ihn so zentral, daß er unmißverständlich davor warnt, mit den Ganglienkörpern der grauen Substanz irgendwelche geistigen Tätigkeiten zu assoziieren.[54]

An diesem Punkt kommt ein anderer Kernbereich der Hirnforschung ins Spiel, der sich nur wenige Jahre nach der subjektiven Sinnesphysiologie konstituiert: die Lehre von der Nervenzelle. 1840, als Müller seine Warnung formuliert, sind bereits Untersuchungen von Christian Gottfried Ehrenberg, Purkyně, Robert Remak und anderen erschienen, mit denen die Ganglienkörper oder Nervenzellen, zunächst auch als »Kugeln«, »Granula« oder »Körner« bezeichnet, als elementare Strukturen des Nervensystems etabliert werden.[55] Damit war zunächst einmal gesichert, daß »die so vielen einfach und formlos erscheinende Nervensubstanz nichts weniger als einfach und formlos ist«.[56] Weitere Untersuchungen richten sich auf eine biologische Einordnung dieser neu entdeckten Struktur, die insbesondere bei Purkyně vor einem naturphilosophischen Hintergrund erscheint.[57]

Purkyně spricht sowohl den Nervenfasern als auch dem »Centralkorn [...] den Charakter der Individualität« zu und vergleicht letztere mit dem Keimbläschen des weiblichen Eies.[58] Das ist keine Anspielung auf die Autonomie von Galls Hirnorganen,[59] sondern Ausdruck der naturphilosophischen Überzeugung, daß eine organische Entität beseelt ist, ohne daß sie Bewußtsein oder Vernunft besitzt. Purkyně gebraucht an dieser Stelle nicht den Begriff der organischen Monade, obwohl er in der biologischen Diskussion der dreißiger Jahre mit unterschiedlichen Bedeutungen auftaucht. Beispielsweise verwendet Ehrenberg den Monadenbegriff ausschließlich für die einfachsten Infusionstierchen.[60] A. F. J. C. Mayer definiert seine Untersuchung als einen Beitrag zur »organischen Monadenlehre«. Mayers Beobachtungen gehen nicht über die bis dahin bekannten Strukturen hinaus, doch er präsentiert eine ausgefeilte Physiologie der »körnigen Markkugeln«, die sich zu Säulen oder organischen Nervenketten anein-

anderreihen, deren Funktion darin besteht, daß sie »mit Blitzes-
schnelle die empfangene Erschütterung einander mittheilen und
unverändert, als gleich gestimmte Monaden, übergeben können«.[61]
Diese Überlegung ist weniger eine frühe elektrophysiologische
Netzwerktheorie als ein kaum aussichtsreicher Versuch, die
Theorie der kleinsten strukturellen und funktionalen Einheiten
mit dem Galvanismus in Verbindung zu bringen. Auch wenn
Mayer einschränkt, daß das Nervensystem nicht mit einem galvanischen Apparat identisch sei, da die elektrischen Prozesse
durch die Einwirkung der Seele bedingt seien, ist er sich mit Pur-
kyně soweit einig, daß es im Gehirn individuelle, differenzierbare
Entitäten gibt: »So spiegelt sich die Welt in den Monaden des
Nervensystems und diese werfen ihre Bilder in das Innere des
Gehirns, von wo aus sie wieder zurückgeworfen werden in den
ganzen Körper bei dem Willensacte.«[62]

Mit solchen Überlegungen reiht sich Mayer nicht unbedingt in
die damaligen mikroskopischen Debatten ein, die sich hauptsächlich um die Frage drehen, ob und in welcher Weise die Ganglienkörper mit den Nervenfasern zusammenhängen.[63] Doch womit er den Nerv der Zeit trifft, ist die mögliche Verbindung der
organischen Monadologie mit dem Lokalisationsgedanken, anders gesagt: einzelne Vorstellungen, Gedanken oder Gedächtnis-
bilder wären das psychische Korrelat zu den Elementarstrukturen
des Gehirns. Abgesehen davon, daß damit eine alte Idee des Sensualismus aufgegriffen wird, die im späten 18. Jahrhundert ein
gewisses Ansehen genoß, aber spätestens mit Galls Organologie
verworfen wurde, ist mit der funktionellen Aufladung der Elementarstrukturen die Grenze zu einer nicht mehr akzeptablen
Psycho-Monadologie erreicht.

Auch Müller benutzt den Begriff der Monade und stellt die Beziehung zwischen Elementarteilchen und Nervenzellen her: »Die
Elemente der Organisation des Gehirns oder Seelenorgans entstehen, wie alle Elementartheile des thierischen Körpers ursprünglich aus Zellen, und alle Zellen entstehen aus der Urzelle,
dem Keime, welcher die Kraft des Ganzen enthält.«[64] Die Beschränkung auf einen organischen Monadenbegriff ohne irgendwelche seelischen Zutaten trifft auch den Lokalisationsgedanken,

dessen möglicher Verfeinerung und Anbindung an ein neues Konzept wie die Theorie der Nervenzellen sogleich ein doppelter Riegel vorgeschoben wird: zum einen mit methodischen Spielregeln, zum anderen mit dem Festhalten an der Unabhängigkeit des Seelenlebens. Die scheinbar weit auseinanderliegenden Bereiche der subjektiven Sinnesphysiologie und der Zellenlehre zeigen an, wo man sich die Nischen für eine nicht-materialistische, aber doch physiologische Erforschung des Seelischen erhofft und wo nicht. Beide Bereiche sind zu eigenständig, um sie als Hemmschuh oder als Katalysator des Lokalisationsgedankens zu betrachten. Doch Sinnesphysiologie und Zellenlehre wirken kompensatorisch, da sie die psychischen, physischen und strukturellen Probleme der Hirnforschung subtiler und abstrakter behandeln als die Lokalisationslehre und dadurch eine bestimmte kulturell verbindliche Grenze nicht überschreiten.

Das gleiche gilt auch für die Reflexlehre, die im 19. Jahrhundert auf ein neues Fundament gestellt worden ist.[65] Am Ende des 18. Jahrhunderts, nach den Untersuchungen von Robert Whytt, Unzer und Prochaska, galt der Reflex als physiologischer Prozeß, der aus einem sensorischen Stimulus und einer motorischen Antwort besteht, die einen instinktiven Abwehrmechanismus darstellt. Obwohl dieser Prozeß nach Prochaska unabhängig vom Willen automatisch im Gehirn abläuft, war das Sensorium commune als Schaltstelle vom sensorischen zum motorischen Nerv zentraler Bestandteil des Konzepts.[66] Mit dem Ende des Seelenorgans, mit den vorerst fehlgeschlagenen Hoffnungen auf einen experimentellen Nachweis der Bio-Elektrizität und der Unmöglichkeit, die sensorischen und motorischen Wege bis in ihre feinen Verästelungen im Gehirn morphologisch nachzuvollziehen, wurde die Reflexlehre zunächst nicht weiter verfolgt. Erst durch Bells und Magendies funktionelle Differenzierung der sensorischen und motorischen Rückenmarkswurzeln ergaben sich neue Perspektiven für die Reflexologie. Nach 1830 wurde sie hauptsächlich durch Marshall Hall und Johannes Müller weiterentwickelt.

Für Hall ist der Reflex ein nervaler Prozeß, der unabhängig von Wahrnehmung und willkürlicher Bewegung abläuft.[67] Entsprechend handelt es sich um ein eigenständiges Lebensprinzip, das durch ein unabhängiges morphologisches System, den sogenannten excitomotorischen Apparat, repräsentiert wird. Während das Cerebralsystem aus Groß- und Kleinhirn besteht und »den Theil des Nervensystems [umfaßt], der sich auf Gefühl und Willen bezieht, also die Sinnes- und alle die willkührliche Bewegung vermittelnden Nerven«,[68] bezieht sich das excitomotorische System auf die Rückenmarksachse von der Medulla oblongata bis zu den peripheren Muskeln und vermittelt die Reflexbewegungen, die niemals spontan, sondern stets auf einen Reiz (»excitement«) erfolgen. Mit der Unabhängigkeit des Reflexes vom Gehirn erschließt sich Hall zwar eine neue lokalisatorische Klassifikation der Nervenkrankheiten, doch folgt daraus ebenso, daß aus den Funktionen und der Morphologie des einen Systems keine Rückschlüsse auf das andere zu ziehen sind. Hinsichtlich der cerebralen Lokalisation ist Hall ganz ohne Ambitionen und hält diese Frage durch die Experimente von Flourens und Magendie sowie die klinischen Beobachtungen von Lallemand und Andral für weitgehend entschieden.[69]

Die Konsequenzen dieser scharfen Trennung liegen auf der Hand. Einerseits hat Hall die Reflexe von allen überkommenen Annahmen des 18. Jahrhunderts wie Sensorium commune, Nervenkraft oder Lebenskraft losgelöst und rein mechanistisch als Reiz und Reaktion erklärt, andererseits liegt gerade darin die Schwierigkeit des Dualismus: der Unterschied zwischen nervenmechanischen und psychischen Vorgängen wird unendlich groß, zugleich können bestimmte reflexive Vorgänge wie Niesen und Husten sowie durch die Hirnnerven geleitete Aktionen nicht mit dem excitomotorischen System allein erklärt werden. Mit diesen Argumenten begründet Müller seine Einwände gegen Hall und insistiert darauf, daß auch das Gehirn in die Reflexvorgänge einbezogen sei.[70] Müllers Hinweis, daß Reflexe auch auf regelrechte Empfindungen folgen können, unterstreicht einmal mehr den zentralen Aspekt seiner dynamischen Physiologie, die ein einheitliches Prinzip sämtlicher Lebensvorgänge voraussetzt. Das Kontinuum von Physiologie und Psychologie, das Müller für alle Nerventätigkeiten annimmt, macht die Beteiligung psychischer

Vorgänge unverzichtbar. Noch weiter geht der Physiologe Alfred Wilhelm Volkmann, wenn er den Zusammenhang von Reflexlehre und leibseelischer Einheit als Ausdruck der universalen Lebenskraft hervorhebt, die ihre Ursache in Gott hat.[71] Das Seelenleben kann nicht bloß das Produkt chemischer Prozesse im Gehirn sein, weil man damit moralische Ansprüche untergraben und sich in Widerspruch zur Physiologie begeben würde. Als Beispiel führt Volkmann Müllers Gesetz der spezifischen Sinnesenergien an. Die konstante Wahrnehmung auf unterschiedlichste Reize ist nicht chemisch oder physikalisch zu erklären, sondern offenbart eine vorgegebene Ordnung.

An diesem Punkt verschränken sich Glaube und Wissen. Volkmann geht es bestimmt nicht darum, Gott in die Physiologie einzuführen, sondern ein klares politisch-religiöses Bekenntnis abzugeben. Er gibt aber auch zu verstehen, daß die experimentalphysiologische Beschäftigung mit dem Gehirn leicht als Materialismus aufgefaßt werden kann. Diese Art von doppelter Buchführung funktioniert in der aufblühenden Reflexologie, Zellenlehre und Sinnesphysiologie reibungslos. Sie funktioniert weniger gut beim Lokalisationsgedanken.

Ein Blick nach England verdeutlicht, daß solche Winkelzüge nichts Besonderes sind, auch wenn der historische Kontext hier andere Akzente setzt.[72] Während Hall eine dualistische Position vertritt, gibt es andere Ärzte, die in den niederen Nervenfunktionen ein Modell für die höheren Funktionen sehen und entsprechend das Reflexkonzept auch auf die Hemisphären des Großhirns ausdehnen. Die Frage ist nur, welche Funktionen anhand der Reflexe erklärt werden sollen. Hier sind Erwartungen und Zielsetzungen ganz unterschiedlich. Die Anhänger der Phrenologie hoffen darauf, daß die physiologische Psychologie eine wissenschaftliche Variante der Phrenologie sei, die ihre Grundprinzipien endlich bestätigen wird. Andere argumentieren, daß die Reflexlehre nur bestimmte körperliche Funktionen erklären könne.

Experimentalphysiologie und Hirnlokalisation

Der Aufschwung der experimentellen Physiologie im 19. Jahrhundert nahm seinen Anfang in Frankreich. Dagegen wurden in Deutschland vielfach Gründe gegen das Experiment vorgebracht. Die Unterscheidung zwischen der ungezwungenen Anatomie und Morphologie, bei der »die Natur selbst [...] ohne menschliches Hinzuthun die Versuche macht«, und dem gezwungenen Experiment, bei dem »lange zweifelhaft bleibt, was der Natur, oder was dem Experimentator, oder was der experimentirenden Gewalt angehöre«,[73] war Ausdruck einer Forschungskultur, die in der zweiten Hälfte des 19. Jahrhunderts von der Experimentalphysiologie überschattet wurde, ohne doch ihre Einwände gegen die Allmacht des Experiments aufzugeben. Daneben gehörte es zumindest in den ersten Jahrzehnten des 19. Jahrhunderts zum guten Ton, die französischen Physiologen und insbesondere Magendie eines unreflektierten und unnötigen Experimentierens zu beschuldigen. Antifranzösische Affekte, die sich im Gefolge der Revolution und der Napoleonischen Herrschaft unter deutschen Wissenschaftlern ausbreiteten, waren dabei mit moralischen Bedenken gegen Tierversuche und erkenntniskritischen Einwänden verwoben. Ein wichtiger Gesichtspunkt waren zweifellos die enttäuschenden Erfahrungen mit den galvanischen Experimenten zum Nachweis einer tierischen Elektrizität, die zahlreiche Physiologen zu unzähligen Experimenten veranlaßt, aber zu keinem definitiven Ergebnis geführt hatten. Als typisches Beispiel für eine solche Haltung gilt Johannes Müller, der 1827 über Magendies Lehrbuch der Physiologie schreibt:

> »Mit durchaus empirisch mechanistischer skeptischer Richtung, an allem sich reibend, was ausgemacht ist, mit schwindelnder unruhiger Sucht nach dem Neuen, die gesunde Logik für dieses aufopfernd, voller eitler Unwissenheit in dem Vorhergeleisteten, besonders den deutschen Arbeiten, reich an rohem und leichtfertigem Experimentirwesen, enthält viele anatomische Unrichtigkeiten, ist sonst die Quelle aller neueren physiologischen Arbeiten der Franzosen.«[74]

Solche Sätze sind häufig als antiexperimentelle Haltung mißverstanden worden.[75] Deutlich wird Müllers Anspruch an ein sinnvolles Experiment in seinen ausgedehnten Experimenten mit Fröschen, die dem später so genannten Bell-Magendie-Gesetz der getrennten sensomotorischen Bahnen im Rückenmark überhaupt erst zu allgemeiner Akzeptanz verhalfen. Magendie hatte diese Versuche an Kaninchen durchgeführt; verschiedenen Experimentatoren wie Burdach, Karl Ernst von Baer und Müller war es jedoch nicht gelungen, konstant die gleichen Resultate zu erhalten. Erst mit dem Frosch als Untersuchungstier war Müller erfolgreich.[76] Die Experimente waren »einfach, leicht und entscheidend, sie können an jedem Ort, zu jeder Zeit von jedem Anatomen, Physiologen, Physiker mit demselben sichern unzweideutigen Resultat wiederholt werden«.[77] Einfachheit, Reproduzierbarkeit, Eindeutigkeit und Stabilität spielten in Müllers Programm zur Etablierung der Experimentalphysiologie eine zentrale Rolle.

Auch die Bewertung von Flourens' Läsions- bzw. Ablationsexperimenten der Hirnrinde stand ganz im Zeichen der Suche nach einem idealen Experiment. Nur ganz vereinzelt kam es zu kritischen Einwänden oder Fragen wie der, ob nicht die von Flourens produzierten Erscheinungen dem Blutverlust und den Schmerzen zugeschrieben werden müßten.[78] Im übrigen wurden die Versuche weitgehend bestätigt. Bereits zwei Jahre nach den ersten Veröffentlichungen von Flourens konnte Karl Heinrich Hertwig mit den gleichen Ergebnissen aufwarten. Auf die Zeitgenossen wirkten sie um so überzeugender, als die experimentelle Technik leicht modifiziert wurde. Erstens arbeitete Hertwig mit Säugetieren (Hunde, Katzen, Kaninchen), und zweitens schälte er die jeweiligen corticalen Anteile mit einem Löffel aus, anstatt Längs- oder Querschnitte auszuführen.[79] Im gleichen Jahr veröffentlichte Purkyně eine Rezension von Flourens' Buch, die er damit eröffnete, daß er »die Flourens'schen Versuche grösstentheils wiederholt«[80] und in einigen Punkten weitergeführt habe. Einerseits gab ihm die Rezension Gelegenheit, noch einmal mit Nachdruck an seine mit dem Doktoranden H. K. W. Krauss gemeinsam durchgeführten Schwindelexperimente am Kleinhirn zu erinnern und anzuzeigen, daß auch er ingeniöse Experimente vorzuweisen hatte,[81] andererseits sprach er Flourens das Verdienst zu, die Hauptfunktionen des Großhirns zuerst aufgedeckt zu haben.

Nach diesen Ergebnissen besteht Konsens darüber, daß die Großhirnhemisphären der ausschließliche Sitz von Sensibilität, Intelligenz und Willenskraft sind, daß ein gewisser cerebraler Substanzverlust ohne Funktionseinschränkung toleriert wird und daß es zur Restitution kommt, wenn der Verlust einen bestimmten Grad nicht übersteigt. Isolierte Funktionsausfälle werden nicht beobachtet. Somit ist das Großhirn aus experimentalphysiologischer Sicht eine mehr oder weniger gleichförmige Masse, was natürlich im Widerspruch sowohl zu den pathologischen Beobachtungen als auch zu den mikroskopischen Untersuchungen steht.

Für das beziehungslose Nebeneinander von Experimentalphysiologie und pathologischer wie mikroskopischer Anatomie in der Hirnforschung gibt es auch institutionelle Gründe. Während Anatomie und Physiologie bis in die zwanziger Jahre hinein trotz deutlicher Differenzen noch als Einheit betrachtet werden, gehen die Disziplinen nach 1840 relativ schnell auseinander. Die erste Phase der Institutionalisierung der Physiologie ist von ganz unterschiedlichen Interessen, Vorstellungen und Konzeptionen geprägt.[82] Ein Zentrum für die neue Generation der Physiologen bildet das Institut Johannes Müllers. Hermann von Helmholtz' Untersuchungen zur Nervenleitgeschwindigkeit oder Emil du Bois-Reymonds Arbeiten zur Bio-Elektrizität sind Marksteine für eine funktionalistische Entwicklung in der Physiologie. Psychische Phänomene werden dabei nicht ausgeklammert, doch spielt deren Zuordnung zu bestimmten Hirnregionen keine Rolle. Um ein eigenständiges Profil jenseits der Anatomie aufzubauen, wird die Anatomie in verschiedenen physiologischen Theorien explizit und provokativ außer acht gelassen. Ein bekanntes Beispiel ist die empiristische Theorie der räumlichen Wahrnehmung von Helmholtz: »Eine ähnliche Art zwingender Gewohnheit, hergeleitet aus dem Bedürfnisse der Orientirung, meine ich, beherrscht auch die Augenbewegungen, und ich halte es deshalb nicht für nöthig nach anatomischen Einrichtungen zu suchen, die das Gesetz dieser Bewegungen bestimmen.«[83] Helmholtz ist keineswegs der erste, der die Trennung dezidiert ausspricht. Bereits Magendie hat mehr als zwanzig Jahre früher festgestellt, daß die Anatomie für das Verständnis der Nervenfunktion wertlos sei.[84] Doch gehen Helmholtz und du Bois-Reymond in diesem Punkt weiter, indem sie Nerven oder Muskeln in ihren Experimenten wie anorganische Objekte behandeln, was nur konsequent ist, wenn man physikalische und physiologische Prozesse als äquivalent ansieht. Dieser experimentellen Verfügbarkeit widersetzt sich das Gehirn in der Lokalisationsfrage beharrlich. Nachdem Flourens die Mitteilungen von Rolando über eine Muskelbewegung nach galvanischer Reizung des Gehirns vollständig auseinandergenommen hat, versuchen eine ganze Reihe von Physiologen – neben Magendie und Longet auch Moritz Schiff, Julius Budge, Eduard Weber und Carlo Matteucci – die Erregbarkeit des Gehirns nachzuweisen. Doch auch in diesem Fall bleiben alle Anstrengungen umsonst. Weder elektrische Stimulation noch chemische Ätzung oder Quetschung des Großhirns evozieren irgendein Muskelzucken.

Es war der hohe Anspruch der Experimentalphysiologie, die zuverlässigste Methode der Produktion von Erkenntnissen über die körperlichen Vorgänge zu sein, doch die gemeinschaftliche und einheitliche Aktion des cerebralen Cortex war das einzige Resultat, das die Experimente überhaupt hergaben. Noch 1858 schreibt Schiff, der selbst ausgiebig experimentiert hat: »Die Exstirpation der Hirnlappen ist eine verhältnissmässig sehr leichte Operation, welche von Flourens, Magendie, Hertwig, Longet und manchen anderen häufig ausgeführt worden ist. Im Wesentlichen stimmen auch die verschiedenen Experimentatoren in Betreff ihrer Folgen überein.«[85] Damit war das Thema der elektrischen Reizung des Gehirns und einer funktionalen Differenzierung vorerst erledigt.

Indem die Physiologie experimentelle Standards festlegte und sich selbst zur Grundlagenwissenschaft einer soliden Medizin erklärte, entschied sie auch darüber, welche Resultate wissenschaftswürdig waren und welche nicht. Lange vor dem Auftreten der Berliner Biophysiker werden die klinischen Fallstudien einer kritischen Beurteilung unterzogen. Spätestens seit Burdachs um-

fassender Zusammenstellung von Fallstudien ist man sich darüber im klaren, daß Hirnerkrankungen und Verletzungen, also
die Experimente der Natur, kein probates Mittel sind, Krankheiten oder gar geistige Qualitäten im Gehirn zu lokalisieren. Das
hat vor allem damit zu tun, wie Mediziner mit Fallstudien umgehen. Mit ätzender Kritik bemerkt Johannes Müller über die »ca-
suistischen Beiträge«,

> »wie wenig die Medicin bei so vielen Organen und Stimmen zu ih-
> rer Fortführung, wirklich fortschreitet. Die Ursache davon liegt in
> der Flüchtigkeit und Ungründlichkeit der gewöhnlichen medicini-
> schen Erfahrungen, und hauptsächlich darin, dass so Wenige mit ei-
> nigem Ernst eigentliche Studien und Untersuchungen anstellen,
> vielmehr sich mit der vorschnellen Bekanntmachung einiger inter-
> essanter Fälle begnügen. Zu einem grössern Fortschritt gehört etwas
> mehr als die grosse Strasse der gewöhnlichen ärztlichen Bildung, die
> dem ephemeren Trugbild einer grassirenden Theorie leicht in die
> Arme fällt.«[86]

Für Müller bedeutete eine Verwissenschaftlichung der pathologischen Fallstudien eine Angleichung an die in der Physiologie und
Anatomie herrschenden Prinzipien. Dieses Spannungsverhältnis
zwischen praktischer Medizin und einer sich als Naturwissenschaft definierenden Physiologie verstärkte sich in der Folgezeit
angesichts des disziplinären Wettkampfs um Autorität und Prestige innerhalb der medizinischen Fakultät noch weiter. Natürlich
war allenthalben davon die Rede, daß Klinik und Labor sich gegenseitig ergänzen sollten,[87] doch in vielen Fällen, und vorrangig
in der Lokalisationsfrage, funktionierte der Transfer nicht. Man
brauchte gar nicht darüber zu diskutieren, daß es Pathologie und
klinische Medizin vor erhebliche Probleme stellte, Symptome
und cerebrale Läsionsherde einander zuzuordnen. Auch wenn
Kliniker wie etwa Bouillaud Fallstudien sammelten, um die cerebrale Lokalisation der Sprachmotorik plausibler zu machen,
überzeugte das die Experimentalphysiologen kaum. Die gezielte
Ausschaltung der Variabilität und die experimentelle Reproduzierbarkeit bei annähernd gleichbleibenden Bedingungen machte
die Natur zu einem unzuverlässigen Experimentator. Entsprechend führte auch nur ein einziges Gegenbeispiel zur Infragestel-

lung jeder noch so plausiblen und vollständigen Fallgeschichte einer cerebralen Lokalisation.

Während in der französischen Physiologie Kasuistiken in der Hierarchie der Wissensbereiche unterhalb des Experiments rangierten, aber doch Aufmerksamkeit fanden, fielen die klinischen Beobachtungen in der deutschen Physiologie fast vollständig unter den Tisch. Eine Debatte um die Lokalisation geistiger Fähigkeiten fand unter Physiologen nicht statt. So beschränkte sich die Polemik gegen die wissenschaftliche Dignität der Fallgeschichten auf Sätze der Art, daß ihre Resultate »im höchsten Grade zweideutig« seien »und die verschiedensten Interpretationen zuliessen, die sich oft diametral entgegengesetzt sind«.[88]

Das Gehirn in der Psychiatrie

In der klinischen Medizin, vor allem in der Psychiatrie, führte die physiologische Kritik von Müller bis Schiff zu einer defensiven, bisweilen sogar devoten Haltung. Angesichts der unübersehbaren Erfolge der Physiologie ermahnten die Ärzte sich selbst, die methodischen Maßstäbe der experimentellen Wissenschaft ernst zu nehmen, verwiesen aber gleichzeitig auch auf die unterschiedlichen Voraussetzungen in der medizinischen Praxis. Für Julius Vogel ist »die Medicin ihrem Wesen nach praktisch; die bisherigen Grundsätze der Physiologie können aber für die Praxis nicht genügen; die Aerzte sind deshalb genöthigt, sich nach einer anderen Basis ihres Handelns umzusehen, und diese bildet die praktische Erfahrung.«[89] Damit bezieht sich Vogel in erster Linie auf physiologische Lehrsätze, die nicht ohne weiteres auf die Praxis übertragbar seien. In methodischer Hinsicht aber fordert er eine unbedingte Anlehnung der Klinik an die Physiologie. In der pathologischen Anatomie beispielsweise reiche es nicht mehr aus, die Veränderung eines bestimmten Organs auf Größe, Form, Farbe und Konsistenz zu reduzieren. Vielmehr müßten mikroskopische, chemische und physikalische Untersuchungen sowie Tierversuche hinzugezogen werden.[90] Wie sollten solche Vorschläge in die Lokalisationsforschung umgesetzt werden? Der

Mangel einer Zuordnung von Krankheitserscheinungen und anatomisch-pathologischen Befunden wurde von den Psychiatern spätestens seit Reil empfunden.[91] Ein weiterer heikler Punkt für die Psychiater war die vermeintliche Nähe zum Materialismus. Für die sogenannten Psychiker wie Heinroth oder Karl Wilhelm Ideler war das kein Problem, da sie aus den materiellen Gegebenheiten des Gehirns prinzipiell keine Konsequenzen für ihr Konzept der Psychiatrie zogen. Sie argumentierten von der Erfüllung des Sittengesetzes her – repräsentiert durch staatliche, religiöse, rechtliche und familiäre Ordnung – und machten sich die Disziplinierung des Gemüts, der Leidenschaften und Emotionen zur ärztlichen Aufgabe.[92]

Dagegen war es für die heterogene Gruppe, die unter dem Stichwort Somatiker subsumiert wird, schwieriger, sich vom Materialismus fernzuhalten. Zwar gingen sie davon aus, daß die Seele als solche nicht erkranken könne, doch postulierten sie einen unmittelbaren Zusammenhang zwischen pathologischen Veränderungen des Körpers, insbesondere des Gehirns, und der Veränderung einzelner seelischer Funktionen.[93] Das war zwar gegenüber dem 18. Jahrhundert gewiß keine originelle Einsicht, doch war es ebensowenig ein Zufall, daß die Psychiater sich ausdrücklich von der Organologie absetzten und die naturphilosophischen Ansätze von Burdach oder Carus aufgriffen. So schreibt der Anstaltspsychiater Gottlieb Heinrich Bergmann, nicht ohne Stolz, er habe in Paris Galls Wohlwollen genossen, fügt aber gleich hinzu, daß er staunte »ob der starren Consequenz, mit der er sein Thema, dass das Höhere nur Produkt der Organisation sei, durchzuführen wusste, eine so keck entschiedene Ansicht, dass sie, wie der versteinernde Anblick des Gorgonenhaupts, gleichsam ein gelindes Grauen erregte«.[94]

Die Somatiker vermieden das gelinde Grauen durch ein mehr oder weniger geschicktes Lavieren zwischen somatologischen und psychologischen Positionen, allerdings um den Preis, daß die Gültigkeit der organpathologischen Befunde zusätzlich eingeschränkt wurde.[95] Im Prinzip waren die Somatiker sich einig darin, die cerebralen Ursachen der Geisteskrankheiten und den Glauben an die Unabhängigkeit der Seele, die den fest vertäuten

Referenzpunkt der bürgerlichen Existenz bildete, miteinander zu verbinden. Allerdings gab es dabei eine gewisse Variationsbreite. So ergeben die Experimente von Flourens für Friedrich Nasse, einen unmittelbaren Schüler Reils, daß die Hirnfunktionen nicht an bestimmte Formen oder Strukturen geknüpft sind.[96] Diese dynamische Perspektive fügt sich für Nasse mit der klinischen Beobachtung zusammen, daß jede einzelne Region des Gehirns erkranken oder verletzt werden kann, ohne daß es zu irgendwelchen psychischen Einschränkungen kommt, und daß die Zerstörung oder der Verlust von Hirnsubstanz häufig kompensiert werden kann. Diese gemäßigte Somatologie, die psychische Störungen mit dem Gehirn als Ganzem in Zusammenhang bringt, nicht aber mit den spezifischen Regionen, entspricht der Haltung, wie sie in der Physiologie vor allem von Johannes Müller vertreten wird, und sie verträgt sich problemlos mit der Annahme einer seelischen Eigenständigkeit.

Etwas anders argumentiert Johann Baptist Friedrich, der unter Berufung auf Burdach und Gall wie selbstverständlich von einer Lokalisierung der Hirnfunktionen ausgeht und sich dabei an Burdach anlehnt, indem er die Seele »als Erscheinungsweise des dynamischen Lebensprinciples« ansieht und das Gehirn komplementär als organisches Prinzip betrachtet: denn »da die psychischen Functionen die edelsten und vollkomensten Erscheinungen im Leben sind, dieselben auch nur durch die vollkomenste Materialität des Organismus, nämlich das Gehirn, vermittelt werden können«.[97] Die ganze Schwierigkeit, der Friedreichs Lokalisationismus in naturphilosophischer Einbettung ausgesetzt ist, liegt jedoch in der ungenügenden Anbindung an die Pathologie. Indem er sich weitgehend mit unspezifischen Einschränkungen der seelischen Äußerungen nach unterschiedlichen Hirnläsionen zufriedengibt,[98] unterstützt er unbeabsichtigt die Position derjenigen, die die Topographie für unergiebig halten. Damit wird aber auch das Dilemma der Somatiker offensichtlich: auf der einen Seite müssen sie mit ansehen, daß der mangelnde Erfolg in der Hirnpathologie ihren wissenschaftlichen Abstand etwa zur Experimentalphysiologie nur vergrößert und sie auf die praktische Erfahrung im Umgang mit den Patienten angewiesen sind. Auf der anderen Seite ist die ausbleibende Durchdringung des Labyrinths Gehirn auch nicht unwillkommen, weil so auch keine Rechtfertigungen wegen materialistischer Tendenzen notwendig sind. Und wenn tatsächlich einmal der Versuch unternommen wird, bestimmte Geisteskrankheiten an bestimmte Hirnregionen anzubinden, wie etwa bei Bergmann, einem der eifrigsten Hirnpathologen unter den Psychiatern, so geschieht dies in bewährter Anlehnung an naturphilosophische Begriffe wie Polarität oder Indifferenzpunkt.[99]

Ein Versuch wie derjenige Bergmanns wird nicht nur von experimentalphysiologischer Seite lächerlich gemacht; auch in den ersten Umrissen einer Nervenpathologie ist eine solche Unternehmung von vornherein ausgeschlossen. Moritz Romberg, der in Berlin eng mit Müller zusammenarbeitete und dementsprechend bereits im Vorwort seines »Lehrbuchs der Nervenkrankheiten des Menschen« die Bedeutung des physiologischen Prinzips hervorhob, zeigte sich über den Zustand der Hirnpathologie beunruhigt: »In keinem andern Gebiete der Nervenpathologie macht sich Mangel an Kritik der Untersuchung so fühlbar, wie in der Lehre der Hirnaffectionen, und nirgends haben haltlose Meinungen, Irrthümer, ja selbst Unwahrheiten so leicht Eingang gefunden wie hier.«[100] Diese Skepsis hatte erhebliche Konsequenzen für die Auswahl und die Präsentation der Fallgeschichten, die Romberg aus eigener Erfahrung und aus der Literatur zusammenstellte. In ihnen ging es nämlich nicht darum, den Einzelfall in all seiner Merkwürdigkeit und Besonderheit abzuhandeln; vielmehr bemühte sich Romberg den Regeln der Physiologie gerecht zu werden. Ein solcher Versuch, die Klinik an die Physiologie anzugliedern, ist ein charakteristisches Indiz für die Dominanz der stabilen, reproduzierbaren und verallgemeinerbaren experimentellen Methode, er verkleinert aber auch das Spektrum der medizinischen Erfahrung, da nicht-klassifizierbare, untypische Fälle herausfallen.

Auswege aus dieser verfahrenen Situation deuten sich um die Mitte der vierziger Jahre an, als der Psychiater Wilhelm Griesinger versucht, das Reflexkonzept auf das Gehirn zu übertragen und sich damit ganz bewußt in materialistisches Fahrwasser begibt. Griesingers These ist Bestandteil seines ambitionierten Unternehmens, die Psychiatrie aus der Verbindung von Physiologie und Pathologie auf neue Füße zu stellen, wobei sein unbekümmerter Umgang mit dem Materialismus eng mit dem für Griesinger prägenden politisch-kulturellen Milieu in Tübingen zusammenhängt. Die Tübinger Universität war im Vormärz quer durch die Fakultäten ein Zentrum bürgerlich-liberaler Anschauungen, die in wissenschaftliche Arbeiten von der Theologie und Philosophie bis zu den Staatswissenschaften und der Medizin Eingang fanden.[101]

Griesingers Psychiatrie setzt mit der Physiologie ein, indem er den Faden der Reflexlehre in der Version von Müller und Volkmann aufnimmt und die »Parallelen zwischen den Actionen des Rückenmarks [...] und denen des Gehirns, sofern es Organ der psychischen Erscheinungen im engeren Sinne ist«, hervorhebt.[102] Ausgehend von dem Reflexkreis zwischen Empfindung und Bewegung postuliert er den gleichen Mechanismus für das Seelenleben des Menschen: »Vorstellung« und »Strebung« bilden die beiden Komponenten für die psychischen Reflexe. Der Unterschied zwischen reflektorisch ausgelöstem Zucken und geplanter, sinnvoller Handlung ist bloß quantitativ, ebenso wie die unbewußten, halbbewußten und bewußten Prozesse im Nervensystem, die erst »an einem gewissen Punkte in eine Qualitätsänderung um[schlagen]«.[103] Griesinger räumt auf mit den Winkelzügen und Relativierungen seiner Zeitgenossen und integriert die Seele in den Forschungshorizont einer naturwissenschaftlichen Medizin. Die Einheit des Ich ergibt sich aus den Veränderungen der Gehirnzustände und wird damit selbst zu einem physiologischen Problem: »In beständigem Flusse geht dieser Wechsel der Zustände, deren Zusammenwirken wir Seele nennen, fort, und nur weil gewöhnlich die Übergänge allmälig geschehen, fühlen wir nicht, wie unsere Seele immer eine andere wird.«[104]

Mit Griesingers Lehre von der einheitlichen Funktion des Nervensystems, in der es nur noch quantitative Unterschiede zwischen Zentrum und Peripherie, zwischen Oben und Unten gibt und im Prinzip alle Bestandteile des Systems gleichberechtigt miteinander interagieren, erhält der materialistische Ansatz eine klare theoretische Ausformulierung. Die daraus resultierenden Forderungen stehen für den Beginn der wissenschaftlichen Psychiatrie: Nur unter der Bedingung, daß für eine naturwissenschaftliche Psychologie »die Mechanik der Gehirnactionen die erste Grundlage« darstellt, kann sie für die Psychiatrie eine Bedeutung haben wie die Physiologie für Pathologie und Medizin.[105] Damit scheint das Terrain für eine cerebrale Lokalisierung der psychischen Funktionen im Prinzip abgesteckt, doch auch Griesinger setzt zu wenig Vertrauen in die klinischen Fallgeschichten umschriebener Hirndefekte oder -erkrankungen, als daß etwa die Lokalisation der Sprache ein wirkliches Thema für ihn werden könnte. Immerhin hat Griesinger mit dem Transfer der Reflexlehre in die Psychologie seine verunsicherte, defensiv agierende Kollegenschaft daran erinnert, daß Gehirn und Rückenmark im Prinzip analog funktionieren. Das hatte jedoch eher rhetorischen Charakter. In praktischer Hinsicht blieb sein Konzept den Beweis schuldig, daß Vorstellung und Strebung in vergleichbarer Weise einen Ort im Gehirn haben wie Motorik und Sensibilität im Rückenmark. Griesinger war zu sehr Physiologe, und die Psychopathologie schloß sich für ihn von dieser Seite her auf und nicht von der Anatomie und Pathologie.

Die Konsequenzen zeigen sich in Griesingers Neuropathologie daran, daß er eine symptomatologische Unterscheidung zwischen diffusen und Herderkrankungen des Gehirns trifft, die er aber darauf reduziert, daß er für letztere nur halbseitige Erscheinungen (Lähmungen, Sensibilitätsstörungen) anführen will.[106] Mit Bezug auf die frustrierenden Resultate der physiologischen Experimente stellt er der Pathologie ein denkbar schlechtes Zeugnis aus, so daß »es mit jeder genaueren Localdiagnose der Hirnkrankheiten, ja mit jedem Streben nach einer solchen auf immer vorbei zu sein« scheint.[107] Der unbeirrbare Glaube an die experimentelle Exaktheit der Physiologie führte dazu, daß die mit Broca und der Société d'Anthropologie verbundenen Umwälzungen in Frankreich spurlos an Griesinger vorübergingen.[108] Auf der einen Seite machte er Ernst mit der alten naturphilosophischen Forderung eines Übergangs von der Physiologie zur Psychologie, auf der anderen Seite aber transferierte er diese Forderung nicht in die Lokalisationsproblematik, oder anders gesagt: er resignierte vor der scheinbaren Unüberwindlichkeit eines altbekannten Problems. Während Motorik und Sensorik im Rückenmark differenziert werden konnten, gab es keine entsprechenden Unterscheidungsmöglichkeiten auf der Stufe des Gehirns. An dieser Barriere erweist sich, daß die paradigmatische Konzentration auf einen Wissensbereich und sein methodisches Rüstzeug andere Erfahrungs- und Erkenntnismöglichkeiten auszuschließen vermochte.

Cerebrale Lokalisation im Materialismusstreit

Die politischen und ideologischen Bewegungen im Vormärz beeinflußten nicht nur Psychiatrie und Physiologie, sie führten auch dazu, daß kurzfristig sogar die Phrenologie in Deutschland Fuß faßte. Um 1840 wurden eine Anzahl von Schriften zur Phrenologie veröffentlicht, zumeist Übersetzungen aus dem Englischen und Französischen, vereinzelt auch deutschsprachige Beiträge. Ab 1843 erschien eine »Zeitschrift für Phrenologie«, die aber im wesentlichen von Übersetzungen und Artikeln der beiden Herausgeber lebte und nach drei Jahrgängen wieder einging. Der Hauptvertreter der deutschen Phrenologen war der Mannheimer Rechtsanwalt Gustav von Struve, Anführer des »populistischen Radikalismus« in Baden, der über Volksversammlungen, Reden und Vereine eine breite Wirkung entfaltete und 1848 für eine Republik und die Nationalversammlung als oberstes Staatsorgan kämpfte.[109] Die Phrenologie sollte Bestandteil dieser Politik sein, indem sie eine Psychologie für jedermann anbot, ähnlich wie in England und Nordamerika. Zu diesem Zweck bemühte sich Struve, den Tonfall der gemäßigten Stimmen der Biedermeierzeit zu treffen. Dazu gehörte die unbedingte Abgrenzung vom Materialismus: »Materialistisch muß daher jedes System sein, welches zur Überschätzung der körperlichen Organe des Seelenlebens führt, welches den Menschen auf sinnliche Genüsse, sinnliche Bestrebungen aller Art verweist; denn die sinnlichen Triebe des Menschen stehen der Körperwelt am nächsten. Allein die Phrenologie lehrt: die Triebe stehen unter der Leitung der moralischen Gefühle, nur innerhalb der von diesen gezogenen Schranken dürfen sie sich frei bewegen.«[110] In zivilisatorischer und volkserzieherischer Absicht mochten solche Sätze überzeugend wirken, doch gingen sie wie der ganze Reimport der Phrenologie ins Leere, und zwar aus zwei Gründen. Erstens hatten die Phrenologen keinerlei Rückhalt in den medizinischen Fakultäten, und zweitens war das Feld einer physiognomischen Menschenlehre durch die Cranioskopie von Carus vollständig abgedeckt. Nicht nur, daß seine naturphilosophische Ausrichtung und der häufige Rekurs auf Goethe für das Bildungsbürgertum der Jahrhundertmitte ein erhebliches Identifikationspotential boten; vor der Veröffentlichung seiner ambitionierten »Symbolik der menschlichen Gestalt« wurde seiner Cranioskopie ein wissenschaftlicher Status bescheinigt, unabhängig davon, ob man die funktionelle Dreiteilung des Gehirns und die der prinzipiellen Seelenrichtungen als Faktum oder als weiter zu erhärtende Hypothese nahm.[111]

Das Gastspiel der Phrenologie war also von kurzer Dauer und erregte kein allzu großes Aufsehen. Diejenigen, die noch einmal gegen sie zur Feder griffen, taten das in erster Linie, um den Lokalisationsgedanken oder ganz generell die Craniologie zu verteidigen. Dagegen haben sich die jüngeren, physiologisch orientierten Mediziner von Griesinger bis zu den Berliner Biophysikern weder mit der Phrenologie noch mit der Craniologie auseinandergesetzt.

Nach der gescheiterten Revolution von 1848 waren die jungen Physiologen enttäuscht und ernüchtert. Ihre realistische Einschätzung der Lage führte zu einem stillschweigenden Arrangement mit der politischen Reaktion, das zumindest die Fortsetzung des naturwissenschaftlichen Fortschritts ermöglichen sollte. Griesinger, der 1848 zunächst auf der Seite der Republikaner steht, distanziert sich dann aber von radikalen Forderungen nach Einführung der Demokratie. 1850 legt du Bois-Reymond die eigene Marschroute fest, die zugleich für die Mehrzahl der Zeitgenossen verbindlich ist: »Hier ist die Stimmung furchtbar, die Ultras der

Reaktion beugen nun ihr Haupt und geben uns Recht. Wo wird das enden? [...] Wie wird mein Buch zu Ende kommen? Indessen lass' ich mich, wie im Sommer 48, nicht irren und verfolge mit düsterer Energie den Pfad, den mir das Geschick in der Wissenschaft vorgezeichnet hat.«[112]

Zu diesem Pfad gehörte auch eine gewisse Zurückhaltung darin, die Konsequenzen einer biophysikalischen Sichtweise gleich auf alle Lebensbereiche auszudehnen. Ein Indikator dafür ist die Seelenfrage. Das 1847 formulierte biophysikalische Programm enthielt zwar kein Rezept zur Entschlüsselung des Leib-Seele-Problems, aber doch eine deutliche Tendenz zum Materialismus. Nach 1848 begnügte man sich vorläufig mit der ganz allgemeinen Formel, die seelischen Qualitäten als Funktionen des Gehirns aufzufassen.

Die Art und Weise, wie Carl Ludwig sich 1852 dem Problem widmet, zeigt den schmalen Grat, der beschritten werden mußte, um nicht als gesellschafts- und staatszersetzend angeklagt zu werden und doch die eigenen Grundpositionen nicht zu verraten. Ludwig, der sein Physiologie-Lehrbuch den Freunden Brücke, du Bois-Reymond und Helmholtz widmete, war der politisch radikalste unter den vieren. In der Zeit unmittelbar nach 1848 war er der einzige aus der Gruppe, der ein unumwundenes Bekenntnis zum Materialismus als »realistische Weltanschauung« ablegte. »[...] die Seelenerscheinungen resultiren aus einer gewissen Summe im Hirn und Blut enthaltener Bedingungen, weil mit dem Entstehen, der Entwicklung und dem Vergehen des Hirns und mit dem Wechsel in der Blutzusammensetzung Verstand, Empfindung und Wille kommen, schwinden oder sich ändern.«[113] Dieses Argument war alles andere als neu. Während man sich jedoch eine Generation vorher nicht damit zufriedengab, reicht es nun aus, »Seelenerscheinungen mit den übrigen Naturereignissen« zu identifizieren.

An diesem Punkt macht Ludwig eine folgenreiche Unterscheidung, indem er einräumt, daß diese Position aus der Analogie folge, aber nicht unumstößlich bewiesen sei – eine kleine Unschärfe, um keinen absoluten wissenschaftlichen Wahrheitsanspruch anzumelden. Ludwig kennt die Probleme der Hirnforschung. Auch wenn er einen Zusammenhang zwischen Hirnläsionen und der Einschränkung geistiger Leistungen akzeptiert, sieht er kein sicheres diagnostisches Kriterium »für die Gegenwart oder Abwesenheit der geistigen Erscheinungen«. Darüber hinaus muß der Zusammenhang zwischen Organ und Vermögen gründlich erwiesen werden, damit man nicht in die alten Fehler der Organologie verfällt.

Auch hier bestimmt das Experiment den Standard der übrigen Untersuchungsmethoden. Das betrifft die vergleichende Anatomie, deren Wägen und Messen des Gehirns Ludwig für weitgehend wertlos hält; die Exzisionsmethode, die immer auch über die beabsichtigte Entfernung von Hirngewebe hinaus Verletzungen verursacht; und schließlich auch die pathologische Beobachtung. Diese führe ständig zu widersprüchlichen Resultaten, von denen man noch nicht einmal wisse, ob sie auf mangelhafter Beobachtung oder auf falschen Schlußfolgerungen beruhten.[114] In diesem Kontext dient die methodische Strenge gewissermaßen der Entschärfung des eigenen wissenschaftlichen Weltbildes. Trotz dieser Einschränkung ist Ludwig risikoreicher als seine Freunde, denn er macht keinen Hehl daraus, daß das Nichtwissen vorübergehend sei. Für ihn steht fest, daß die medizinisch-physiologischen Methoden diese Frage früher oder später definitiv klären. Dazu paßt es auch, daß Ludwig trotz seines Hinweises auf das völlige Scheitern der Organologie deren Prämissen durchaus teilt, was er jedoch nicht zugibt. Im Vergleich zu den radikaleren Materialisten hütet er sich, Öl ins Feuer zu gießen. Trotz solcher Zurückhaltung kommt es zu scharfen Auseinandersetzungen. Ludwig gerät mit Rudolph Wagner aneinander, Ernst Brücke ist in Wien in einen jahrelangen Streit mit dem Anatomen Joseph Hyrtl verwickelt, den konservative Motive umtreiben: Sorgen um die anatomisch-morphologische Wissenschaftskultur, um die gesellschaftliche Moral und um Monarchie und Religion.[115]

Der Tonfall der Materialisten ist ungleich schärfer. Carl Vogts Diktum, wonach »die Gedanken in demselben Verhältniß etwa zu dem Gehirne stehen, wie die Galle zu der Leber und der Urin zu den Nieren«,[116] ist eindeutig. Mit diesem Satz steckt Vogt die Eckpfeiler der materialistisch-physiologischen Debatten ab – die

Hirnfunktion und die Unsterblichkeit der Seele.[117] In diesem Zusammenhang kommt es zu einer offenen Rehabilitierung der wichtigsten Prämissen der Gallschen Organologie. Denken, Empfinden und Vorstellen werden auf die qualitative und quantitative Entwicklung der verschiedenen Hirnregionen zurückgeführt, und der einzige Fehler der Organologie liegt nach Vogt in der praktischen Anwendung dieser Prinzipien.[118]

Die Gallsche Psychologie dagegen wird mit all ihren gesellschaftlichen Konsequenzen aufgegriffen. Deutlicher als Gall es je formuliert hätte, heißt es bei Jakob Moleschott: »Das Hirn und seine Tätigkeit verändern sich mit den Zeiten und mit dem Hirn die Sitte, die des Sittlichen Maßstab ist.«[119] Für die Materialisten geht es nicht darum, einem Determinismus das Wort zu reden. Zwar definieren sie den Gedanken provozierend als eine »Bewegung des Stoffs«,[120] aber die materielle Organisation des Gehirns und die geistige Entwicklung werden durch die Eindrücke der äußeren Welt weitgehend moduliert. Wenn es keine angeborenen Anschauungen gibt, ist aber nicht bloß Raum geschaffen für Erziehung, Übung und menschliche Freiheit; Ludwig Büchner schließt daraus in seinem Bestseller »Kraft und Stoff« auf die völlige Absurdität der »sog. Gottesidee oder [...] eines höchsten persönlichen Wesens, welches die Welt erschaffen hat, regiert und erhält«. Ein solcher Glauben sei nichts »dem menschlichen Geiste von Natur Eingeborenes, Notwendiges und darum durch alle Vernunftgründe Unwiderlegliches«.[121] Solche Verknüpfungen von Hirnforschung und Atheismus sind Kampfansagen an theologische, dualistische oder idealistische Grundannahmen.

Während die deutschen Staaten auf solche Provokationen damit reagierten, daß sie Vogt, Moleschott, Büchner, Schiff und zeitweise Carl Ludwig eine akademische Laufbahn verweigerten, kulminierte der Zwist im sogenannten Materialismusstreit, der insbesondere zwischen Vogt und Rudolph Wagner ausgetragen wurde. 1854 kam es auf der Versammlung deutscher Naturforscher und Ärzte in Göttingen zum Eklat, als Wagner eine an Deutlichkeit kaum zu übertreffende Rede gegen den Materialismus in den Naturwissenschaften hielt. Die Leugnung einer unsterblichen Seele brachte die Naturwissenschaften für Wagner

»in den Verdacht […], die sittlichen Grundlagen der gesellschaftlichen Ordnung völlig zu zerstören. Nur indem wir diese stützen und erhalten, erfüllen wir eine Pflicht gegen die Nation.«[122] Damit machte sich Wagner unter der Mehrzahl der anwesenden Naturforscher keine Freunde, zumal er sich auf der Versammlung um eine bereits anberaumte Diskussion mit Ludwig, den er in dem Vortrag indirekt angegriffen hatte, herumdrückte. Wirkungslos war sein Auftritt allerdings nicht. Als die Neubesetzung des Bonner Lehrstuhls für Physiologie anstand, schrieb Helmholtz an du Bois-Reymond, daß Ludwig keine Chancen haben dürfte: »Ich fürchte, R. Wagners Denunziation auf der Naturforscherversammlung hat ihm bei unserer Regierung Schaden getan.«[123]

Der brisante Streit um die Seele trug dazu bei, daß sich die Diskussion um den Lokalisationsgedanken in die Anthropologie verlagerte. Sie stand in den fünfziger Jahren nicht so im Mittelpunkt wie die Physiologie, was hauptsächlich auf den unterschiedlichen disziplinären Status zurückzuführen ist. Während die Physiologie sich ausdifferenzierte und Lehrstühle an den Universitäten besetzte, wurde die Anthropologie in Deutschland von einer Handvoll Wissenschaftler – zumeist Anatomen – betrieben und hatte keinen eigenständigen Status. Ihre Problemstellungen erregten allerdings allgemeine Aufmerksamkeit. Wie bei Carus vorgezeichnet, wurden geschlechtliche, rassische und Intelligenzunterschiede an Gehirn und Schädel festgemacht. Dabei bestand quer durch die weltanschaulichen Positionen weitgehende Einigkeit. Forscher wie Ludwig Büchner, Carus, Emil Huschke, Anders Retzius, Carl Vogt, Rudolph Wagner und Hermann Welcker deckten das gesamte Spektrum zwischen Materialismus, Dualismus und Naturphilosophie ab, doch herrschte zwischen ihnen erstens weitgehende Einigkeit, daß das Gehirn rassische, Intelligenz- und Geschlechtsunterschiede bedinge und daß die craniologischen Messungen dies bestätigen würden. Und zweitens bestanden hinsichtlich einer Hinten-vorne-Differenzierung in zwei oder drei funktionale Abschnitte, denen die bekannten seelischen Qualitäten wie Verstand, Gemüt und Willkür zugeordnet werden, nur graduelle, keine prinzipiellen Unterschiede.[124]

Ein Materialist wie Büchner und ein Spiritualist wie Huschke sind sich bis in die Wortwahl hinein einig, daß Frauen weniger intelligent sind als Männer und Schwarzafrikaner zu einer eigenständigen Kulturentwicklung unfähig sind.[125] Solche Urteile stützen sich auf Parameter wie absolutes und relatives Hirngewicht, das Hirnvolumen und den Reichtum der Hirnwindungen, das Verhältnis der einzelnen Hirnabschnitte zueinander und die Frage der Ähnlichkeit zwischen Affengehirnen und mikrocephalen, mißgebildeten Gehirnen.[126] Wagner ist der eifrigste unter den Hirnvermessern. Er seziert und wiegt die Gehirne von Verbrechern und Mikrocephalen, von mathematischen Genies wie Carl Friedrich Gauß und Peter Gustav Lejeune Dirichlet und stellt mikroskopische Untersuchungen und Tierversuche an.[127] Wie läßt sich dieses Interesse erklären? In Paris werden zur selben Zeit die gleichen Fragen bearbeitet, doch das geschieht im Zuge antiklerikaler und republikanischer Bewegungen. Wagner, Carus und Huschke hingegen sind konservative Vertreter des deutschen Bürgertums, und doch beziehen sie sich ebenso wie Materialisten und Atheisten auf die Materialität des Gehirns und setzen – mit Ausnahme von Carus – alles daran, mit der Wissenschaft im Einklang zu sein.

Bei einem monarchistisch orientierten Christen wie Wagner geraten die bürgerlichen Vorstellungen am deutlichsten miteinander in Konflikt. Auf der einen Seite gehören der Glaube an die Einheit des Ich und an die Unsterblichkeit der Seele zum bürgerlichen Selbstverständnis und bilden eine Grundlage für das Vertrauen auf die gesellschaftliche Ordnung. Nach 1848 geraten diese Positionen ins Schwanken, und das nicht allein durch den Materialismus, sondern durch einen fest verankerten bürgerlichen Glauben an Differenzen. Für Wagner besteht zwischen einem Gauß und einem Landstreicher ein unermeßlicher Unterschied, der sich nicht in metaphysischen oder auch physiognomischen Kategorien, sondern nur in physisch-anthropologischen ermessen läßt. Gewiß wurde die Kategorie der psychophysischen Differenz bereits vor 1800 formuliert, aber sie spielte in den ersten Jahrzehnten des 19. Jahrhunderts hauptsächlich eine Rolle in der Organologie, die aber in der Naturphilosophie entschärft wurde.

Die cerebralen Determinanten des geistigen Lebens rückten genau in dem Moment in den Mittelpunkt, als die gesellschaftliche und kulturelle Ordnung in Bewegung geriet.

Aphaseologie in Deutschland vor 1870

Da das Gehirn in den anthropologischen Schriften der fünfziger Jahre so große Aufmerksamkeit findet, bleibt nun noch die Frage zu beantworten, wie die deutschen Wissenschaftler auf Brocas Durchbruch in der Aphaseologie reagieren. Im Umfeld der Berliner Aufklärer und in Moritz' »Magazin zur Erfahrungsseelenkunde« hatten die Störungen der Sprache eine wichtige Rolle bei der Selbstbeobachtung und -beschreibung gespielt. Je uninteressanter die autobiographischen Krankengeschichten der Gelehrten und Schriftsteller für den ärztlichen Diskurs wurden, um so mehr geriet auch die Sprache aus dem Blickfeld. Weder Galls noch Bouillauds Berichte über Sprachstörungen fanden nennenswerte Resonanz. In Lehrbüchern zog man sich lustlos darauf zurück, daß Störungen des Wortgedächtnisses wohl gleichzeitig mit einer Läsion der vorderen Hirnregion beobachtet worden seien, daß jedoch diese Beziehung viel zu wenig konstant sei, um eine kausale Verknüpfung abzuleiten.[128]

Julius Budge legt die Angelegenheit schnell zu den Akten: »Nach Bouillaud sollen vorzugsweise die vorderen Hemisphären-Theile in besonderer Beziehung zum Sprachorgan stehen, was jedoch Andral nicht bestätigt fand.«[129] Auch die großen Übersichtswerke zur Pathologie des Nervensystems machen einen resignierten Eindruck: »Wann wir dahin gelangen werden, die Bedeutung der einzelnen Hirntheile festzustellen, ist vollkommen fraglich.«[130]

Nach 1861 beginnt der Ton sich zu ändern. Die Physiologen trauen Brocas Fallstudien ebensowenig wie allen anderen klinischen Untersuchungen. Allerdings erscheint die zunehmende Unzufriedenheit mit der experimentellen Widerspenstigkeit der geistigen Funktionen als subtil verlagerte Reaktion auf die französischen Neuerungen. So beklagt Conrad Eckhard, daß diese

Funktionen sich deswegen »jedem objectiven Angriff durch quantitative Bestimmungsmethoden« entziehen, weil sie nicht notwendig in Erscheinung treten, sie also nicht experimentell verfügbar gemacht werden können.[131] Die Untersuchung der einzelnen Hirnteile, wie Gall sie angeregt habe, sei trotz des Abgleitens in »voreilige Schlüsse« vollkommen berechtigt gewesen, auch wenn keine brauchbaren Schlüsse folgten. Dieser wohlwollenden Einschätzung läßt Eckhard eine überraschende Beurteilung der Experimentalphysiologie folgen. Diese könne nämlich nicht entscheiden, »ob den besonderen, geistigen Vermögen localisirte Stellen im Hirn entsprechen, oder ob es einen kleinern oder grössern Ort in demselben giebt, wo die allen Seelenthätigkeiten zu Grunde liegenden Bewegungen geschehen, oder endlich ob es für die rein geistigen Thätigkeiten gar keinen bestimmten Ort giebt«.[132] Auch wenn er sich aufgrund der Läsionsexperimente für letzteres ausspricht, wird doch eine Begrenztheit des physiologischen Ansatzes zugegeben: »Erhebend ist es freilich nicht, sich sagen zu müssen, dass wir zur Zeit nicht die mindeste Vorstellung, ja nicht einmal Ahnung davon haben, wie physische Bedingungen ein Etwas erzeugen, das physischen Folgen so absolut unähnlich ist und fremd aussieht. Hier kommt sich wirklich der Mensch fremd vor.«[133]

In ähnlicher Weise lamentiert auch Ludimar Hermann, dessen vielfach aufgelegtes »Lehrbuch der Physiologie« seit seinem ersten Erscheinen 1863 als exponiertes Beispiel einer experimentell ausgerichteten Physiologie angesehen wurde, daß das Großhirn der »Sitz der psychischen Tätigkeiten sei«,[134] daß jedoch alle bisherigen Versuche, bestimmte »Geistesgebiete an besondere Hirnbezirke« anzubinden, erfolglos geblieben seien. Sowohl Eckhard als auch Hermann verweisen auf Brocas Lokalisierung der motorischen Aphasie in der linken vorderen Hirnhälfte, doch näher ins Detail geht keiner der beiden Physiologen. 1868 erblickt ein anderer Physiologe, Georg Meissner, in den »Beobachtungen über die cerebrale Aphasie, Störung des geistigen Sprachvermögens, Verlust des Wortgedächtnisses«[135] eine zunehmende Bedeutung für die Physiologie des Gehirns, doch daß er ausschließlich französische und englische Arbeiten referiert, ist ein Indiz dafür, daß die Diskussionen um die Aphasie bei den deutschen Experimentalphysiologen keine sonderliche Beunruhigung hervorrufen.

Unter den deutschen Klinikern sieht es kaum anders aus. Man kann Brocas Untersuchungen zwar nicht ignorieren, referiert aber die uneinheitlichen Resultate abwartend und skeptisch, ohne ein eigentliches Forschungsinteresse zu entwickeln. Die reservierte Haltung der Mediziner wird daran deutlich, daß wenige eigene Fallstudien unter Verweis auf Broca, Bouillaud oder Armand Trousseau präsentiert werden, daß aber angesichts der durch die Physiologie vorgegebenen Maßstäbe nur mit größter Vorsicht Schlüsse hinsichtlich einer Hirnlokalisation gezogen werden.[136] Die Situation des Abwartens und der Skepsis veranlaßt den sonst wenig einschlägigen Kurarzt Carl Heymann zu der Bemerkung, daß »die Aphasie in der letzten Zeit eine Lieblings- ich möchte sagen Modekrankheit der Franzosen geworden ist, ohne das linke Rheinufer passirt zu haben. […] Solch ein frappantes Symptom macht aber dem Deutschen vor der Hand nur Indigestionen; er gewährt ihm kein Bürgerrecht, so lange er es nicht nach allen Seiten kennt.«[137] Von den Rivalitäten zwischen der deutschen und der französischen Medizin abgesehen, bedeutet die Kenntnis nach allen Seiten, das Symptom auf eine solide physiologische Grundlage zu stellen, was im Hinblick auf die Sprache naheliegenderweise keine tierexperimentelle Umsetzung erlaubt. Diesen Umstand konstatiert auch Ernst Leiden, wiewohl er sich auf Grund seiner Sektionsergebnisse weitgehend der Ansicht Brocas anschließt.[138] Die Lokalisierung des Sprachzentrums, die in Frankreich der Ausgangspunkt für die Etablierung des Lokalisationsgedankens ist, wird somit in Deutschland wenig beachtet. Eine Ausnahme bildet der Wiener Arzt Moritz Benedikt, der 1865 in einem ausführlichen Artikel die Aphasie behandelt und sich »einen höchst interessanten Aufschluss über den Zusammenhang der psychischen Thätigkeit und über die Bedeutung der einzelnen Abschnitte des Gehirns für gewisse psychische Thätigkeiten und für die psychische Thätigkeit überhaupt«[139] verspricht.

Auch Rudolph Wagner läßt sich nach zahlreichen Untersuchungen zur Morphologie und Physiologie des Gehirns durch

Brocas Fallstudien anregen, die klinischen Kasuistiken genauer zu untersuchen. Er lobt Brocas »trefflich analysirte Fälle«, stellt sie ausführlich vor und steuert eine eigene Krankengeschichte bei, in der es nicht um Sprach-, sondern um rapide fortschreitenden Gedächtnisverlust geht, der seinen Ursprung in einem pathologischen Prozeß des Ammonshorns habe. In seinen Schlußfolgerungen ist Wagner vorsichtig. Er vermeidet es, vom Sitz oder vom Organ einer bestimmten Fähigkeit zu sprechen, hält es aber für unabweisbar, daß Sprache und Gedächtnis »von relativ kleinen, local begrenzten Heerden in der grauen Substanz der Windungen des grossen Gehirns [...] beherrscht und mit deren Zerstörung vernichtet werden«.[140] Damit trifft er exakt die Definition, die wenige Jahre später zum breiten Konsens unter den Medizinern in Deutschland führt und eine ganze Forschungsmaschinerie in Gang setzt. Wagner selbst betrachtet die Fallstudien als die ersten sicheren »Fusssteige in das Labyrinth des grossen Gehirns und seiner Theile, als ein gegliedertes, complexes Organ«.[141] Weitere Erklärungen hofft er mit Hilfe der Histologie des Gehirns vorlegen zu können, während er Tierversuche für wenig ergiebig hält. Auch an dieser Stelle wird der alte Antagonismus zwischen Anatomie und Experimentalphysiologie deutlich. Wagner hofft, aus der Allianz zwischen Klinik, pathologischer Anatomie und Histologie endlich einen Vorteil gegenüber der Physiologie zu erreichen.

Der Nervenmann

1865, ein Jahr nach Rudolph Wagners Tod, deutet sich eine Synthese von Hirnanatomie und Klinik an. Zu einem Lehrbuch zur Psychiatrie des Wiener Psychiaters Max Leidesdorf steuert Theodor Meynert ein kurzes anatomisches Kapitel bei, in dem er zwei Typen von Nervenfasern in der Hirnrinde unterscheidet: die später so genannten Projektionsfasern (Verbindung von tiefer gelegenen Hirnteilen mit dem Cortex) und die Assoziationsfasern (Verbindung der Cortex-Areale untereinander).[142] Damit identifiziert Meynert zwar nicht motorische und sensorische Zentren,

doch er konstruiert das Gehirn als eine Landkarte, in der bestimmte Ansammlungen oder Bündel der jeweiligen Fasern an
genau lokalisierbaren Stellen im Gehirn Hinweise auf funktionelle Einheiten oder Zentren geben können.

> »Vermöchte die anatomische Kunstfertigkeit einen Nervenmann
> darzustellen, welcher einzig nur aus Centralorgan und Nerven, aus
> diesen aber bis in den mikroskopischen Reichthum ihrer Veräste-
> lung und mit ihren peripheren Endorganen verbunden bestünde, so
> würde in diesem Präparate die ganze Formation des Organismus
> stehen bleiben, freilich nur in Organbildern, die, von gewissen peri-
> pheren Knospungen abgesehen, aus einem Dickicht der Aestchen
> und Aeste, Stämmchen und Stämme zusammengesetzt werden.«[143]

Mit dieser anatomischen Vision beginnt Meynert einen Artikel
über einen »Fall von Sprachstörung«, in dem er seinen anatomischen Ansatz auf die Aphaseologie überträgt. Eine junge Frau erleidet kurz vor ihrem Tod plötzlich Hemmungen des sprach-
lichen Ausdrucks. Sie kann zwar noch flüssig sprechen, doch sie
verwechselt Begriffe, sagt zum Beispiel »gelb«, wenn sie »Hand«
meint, oder sie sagt »Hutzen« statt »Husten«.[144] Meynert verfügt
über weitaus weniger klinische Erfahrung als Broca, dessen Arbeiten er vermutlich nur aus Benedikts Übersichtsartikel kennt,
denn im Gegensatz zu Broca ist seine Diagnostik wenig präzise
und ausführlich. Meynert ist offensichtlich weniger an der Symptomatik der jungen Frau als an ihrem Gehirn interessiert, und er
glaubt auch nicht, daß die Diagnostik Aufschluß über Art und
Ort des Defektes geben könnte. Statt dessen verläßt er sich auf
seine anatomischen Fertigkeiten und entdeckt einen kleinen defekten Bezirk in der linken oberen temporalen Hirnwindung.
Meynert macht sich nun auf die Suche nach den Verästelungen
und Verläufen der in diesem Bezirk liegenden Fasern und meint
schließlich, sie bis zum Hörnerv verfolgen zu können, so daß er
diesen Strang als »Acusticusstrang« bezeichnet.[145] Die Konsequenzen dieses Befundes sind enorm, denn es handelt sich nicht –
wie bei Brocas Patienten – um ein Problem der Sprachproduk-
tion, sondern des Sprachverständnisses. Meynert benennt nicht
ausdrücklich zwei Sprachzentren, meint aber, daß das von ihm

gefundene »Klangfeld«, lokalisiert im Bereich der Reilschen Insel, ein zentrales Organ der Sprache sei. In diesem Feld ist der Klang eines bestimmten Wortes gespeichert. Bei seiner Zerstörung ist ein akustisches Verstehen dieses Wortes nicht mehr möglich. Im Gegensatz zu Broca und allen anderen, die sich bis dahin mit der Sprache beschäftigt haben, hat diese nicht mehr bloß einen produktiven Aspekt, sondern auch einen rezeptiven.[146]

Meynert ist zu diesem Zeitpunkt als Anatom zu wenig an der Sprache selbst interessiert, um diesen Faden weiterzuverfolgen. Statt dessen entwickelt er eine psychophysische Theorie der Hirnfunktionen, wonach die Projektionsfasern dem Transport der sinnlichen Eindrücke von den Sinnesorganen in den Cortex dienen, während die Assoziationsfasern die Verknüpfung von Wahrnehmungen und Vorstellungen garantieren und somit die Ordnung des Denkens und der koordinierten Bewegung bzw. Handlung herstellen.[147] Denken, Bewußtsein oder Intelligenz sind letztlich eine Funktion der Assoziationsfasern, wobei die häufige und intensive Wiederholung einer Assoziation zur Verfestigung entsprechender Bahnen führt, die nach und nach eine gewisse Kontinuität der Persönlichkeit mit sich bringt. Meynerts Lokalisationismus geht also davon aus, daß alle cerebralen Nervenzellen zunächst die gleiche Funktion haben und daß die funktionale Differenzierung in diversen Hirnarealen Folge der unterschiedlichen Verknüpfung zwischen den einzelnen Elementen ist. Daß die Bildung eines einheitlichen Selbst, der Individualität, nicht das Resultat der Rückenmarksfunktionen ist, führt er einzig auf die mangelnde Verknüpfung seiner Elementarteile zurück. Das Ich ist für Meynert ein Konglomerat aus Vorstellungen, deren Gegensätzlichkeiten aus Intensitätsunterschieden bestehen, die durch den Gehirnmechanismus, also durch dichte Bündelung von Assoziationsfasern, bedingt werden.[148] Innerhalb dieses Modells gibt es für Meynert keine Hierarchie und kein Zentrum, sondern nur noch eine dynamisch wirksame Konstruktion aus unzähligen Bestandteilen.

Meynerts Vision vom Nervenmann bedeutet in gewisser Hinsicht den von Wagner und vielen anderen Morphologen herbeigesehnten Sieg der Anatomie über die Physiologie. Allerdings fällt das Ergebnis ganz anders aus als von den Dualisten vorgesehen, denn eine Konstruktion des Selbst aus der komplexen Verschaltung der Hirnfasern heraus haben sie sich wohl nicht vorgestellt. Gegen den Nervenmann formiert sich in den späten sechziger Jahren kein nennenswerter Widerstand mehr. Das hat zweifellos mit der Liberalisierung des politischen und kulturellen Klimas zu tun, die sich nach 1859 nicht nur in Frankreich, sondern auch in den deutschen Ländern und sogar in Österreich entfaltet hat. Hinzu kommt, daß komplexe Theorien wie die von Meynert sich nicht – wie die Materialisten – an ein breites Publikum wenden. Meynert schreibt für ein spezialisiertes Publikum von Ärzten und auch Biologen und Philosophen. Das Wissen verbleibt vorläufig in einem akademischen Raum. Aber auch das erklärt noch nicht, warum die Lokalisierung am einen Ort ein Thema ist und am anderen nicht.

Mit der raschen Experimentalisierung der Physiologie nach dem Ende der Romantik wurde nicht bloß Galls Ansatz als Scharlatanerie abgetan; der Lokalisationsgedanke überhaupt kam in den Geruch der Unwissenschaftlichkeit. Auch wenn die Einheit des Selbst und die Unsterblichkeit der Seele nicht unbedingt auf der Tagesordnung der Experimentalphysiologie stand, gab es verschiedene Gründe dafür, daß die Physiologie sich vorerst nicht an einer weiteren Fragmentierung des Geistes beteiligte. Zwischen 1820 und 1860 war das Lokalisationsproblem latent, und etliche Versuche auf Nachbargebieten waren indirekte Auseinandersetzungen mit dieser Herausforderung. In der Sinnesphysiologie näherte man sich der Seele gleichsam von außen, in der Zellenlehre suchte man funktionale Entitäten, die Reflexologie stellte einen sensomotorischen Kreislauf zwischen Gehirn und Rückenmark auf. In bezug auf die Cerebralisierung des Menschen, die um 1800 mit dem Lokalisationsgedanken ihren Anfang nahm, agierten diese drei Forschungsbereiche in einer subtilen und unspektakulären Weise, die den Materialismusverdacht ohne große Schwierigkeiten abwehren konnte.

Angesichts der Ausdifferenzierung der medizinischen Disziplinen wurde das Verhältnis von klinischer, anatomischer und experimenteller Erfahrung immer wichtiger, denn hier spitzte sich die

Frage zu, welche wissenschaftliche Methode angemessen sei, um den Lokalisationsgedanken in ein wissenschaftswürdiges Konstrukt umzuwandeln. Es waren Anatomen und Anthropologen, die zuerst begriffen, daß der klinische Blick mehr zu bieten hatte als unwiederholbare individuelle Kasuistiken. Doch ließ sich zu jedem Beispiel ein Gegenbeispiel anführen. Wie man auch das Verhältnis von Ort und Funktion aus den klinischen Kenntnissen und anatomisch-pathologischen Untersuchungen zu ermitteln versuchte, von der methodischen Exaktheit des physiologischen Experiments blieb man weit entfernt. Das änderte sich auch noch nicht, als Broca und Meynert in Erscheinung traten. Dazu war die Physiologie zu sehr auf den seit den galvanischen Experimenten existierenden Parameter der elektrischen Erregbarkeit des Gehirns geeicht, der aber ein unerreichbares Ziel blieb, denn alle Experimente in dieser Richtung schlugen trotz zunehmend verbesserten instrumentellen Ausrüstungen fehl. Der Transfer des wissenschaftlichen Objekts von der klinischen Praxis ins Labor scheiterte daran, daß es nicht in das bestehende Regelwerk inskribiert werden konnte. Erst als die kontingenten klinischen Phänomene ernst genommen wurden, als es zu einer Konjunktur zwischen Klinik und Labor kam, wurde die Lokalisierung der geistigen Funktionen endgültig zur Domäne der Wissenschaften vom Leben.

Die experimentelle Topographie des Gehirns

Elektrotherapie und die Erregbarkeit der Hirnrinde

Robert Young hat einmal provokativ darauf hingewiesen, daß es für die Lokalisationsthematik im 19. Jahrhundert nur drei wichtige wissenschaftliche Entdeckungen gegeben habe: die Zuordnung der sensorischen und motorischen Funktionen zu den Hinter- bzw. Vordersträngen des Rückenmarks durch Charles Bell und François Magendie; die Entdeckung der Bedeutung der dritten Frontalwindung bei der motorischen Aphasie durch Paul Broca; und schließlich die corticale Lokalisierung motorischer und sensorischer Zentren, eingeleitet durch Gustav Fritschs und Eduard Hitzigs Entdeckung der elektrischen Erregbarkeit des Cortex.[1] Von diesen drei Entdeckungen hat nur die erste einen bis dahin leeren Raum besetzt; allerdings hat das Bell-Magendie-Gesetz für die Geschichte der Lokalisation der geistigen Funktionen keine nennenswerte Rolle gespielt. Brocas Befund war nur im Hinblick auf die Sorgfalt bei der Fallbeschreibung und bei der anatomischen Sektion neu. Das Experiment von Fritsch und Hitzig schließlich erbrachte ein Resultat, das sich schon die Experimentalphysiologen der Romantik erhofft hatten und das den berühmtesten Physiologen einer ganzen Generation nicht hatte gelingen wollen.

Die historischen Voraussetzungen für diese unvorhergesehene und mit entsprechendem Echo aufgenommene Innovation durch das Reizexperiment sind mit einiger Berechtigung in der französisch dominierten Lokalisationsdebatte der sechziger Jahre, in der Anatomie Theodor Meynerts und in der Epilepsielehre des britischen Neurologen John Hughlings Jackson gesucht worden.[2] Der spezifische Kontext, in dem die elektrische Erregbarkeit des Gehirns experimentell entwickelt wurde, ist jedoch ein ganz anderer.[3]

Während die K. K. Gesellschaft der Ärzte in Wien Probleme der Aphasie in den späten sechziger Jahren diskutierte, herrschte in Berlin weitgehend Schweigen. In der von Wilhelm Griesinger gegründeten Berliner Medicinisch-Psychologischen Gesellschaft war in den ersten Jahren weder von Aphasie noch allgemeiner von Fragen der Hirnlokalisation die Rede. Das gleiche galt auch für die Berliner Medizinische Gesellschaft. An deren Sitzungen nahm auch Hitzig regelmäßig teil, der eine Arztpraxis in Berlin betrieb.

Hitzig war zu jener Zeit auf Elektrotherapie spezialisiert, eine Methode, die besonders bei Patienten mit Nervenläsionen wie Lähmungen, Zuckungen und Neuralgien zur Anwendung kam, aber auch bei Menstruationsstörungen und Impotenz eingesetzt wurde. Elektrotherapie breitete sich um die Mitte des 19. Jahrhunderts im Gefolge der Elektrophysiologie Emil du Bois-Reymonds und anderer Physiologen aus. Zum einen war man überzeugt, daß diese schon lange bekannte Therapieform dadurch auf eine feste physikalische Grundlage gestellt werden könnte; zum anderen – und das war ungleich wichtiger – ermöglichten die neuen, von den Physiologen zum Teil selbst gebauten Apparaturen und Instrumente eine wesentlich genauere Dosierung bei der Applikation von Strom. Unter den jungen, meist autodidaktisch vorgehenden Ärzten, die sich dieser Therapieform zuwandten, befanden sich auch einige ambitionierte elektrophysiologisch geschulte Mediziner, die sich neue Erkenntnisse klinischer und neurophysiologischer Art erhofften. Sie waren mit den technischen Voraussetzungen vertraut genug, um selbst ihre Apparate umzubauen oder zu verfeinern. Indem sie methodisches Know-how der Physiologie in den klinischen Alltag einführten, ergaben sich neue, wenn auch zunächst beschränkte experimentelle Möglichkeiten.[4]

Auch Hitzig arbeitet an der Verbesserung elektrotherapeutischer Methoden. So demonstriert er 1867 vor der Berliner Medizinischen Gesellschaft eine von ihm selbst entwickelte Elektrode, deren Anwendung den Patienten weniger Schmerzen zufügt.[5] Bei anderen Gelegenheiten stellt er Kasuistiken vor. In einem Fall hat eine Patientin mit Lähmung des Facialis (Gesichtsnerv) beim

Versuch, die gelähmten Muskeln zu bewegen, akustische Empfindungen. Hitzig schließt auf die Lokalisierung der peripheren Lähmung in unmittelbarer Nähe des Innenohrs. Mit einer präzisen Lokalisierung der Läsion versucht Hitzig die Frage zu beantworten, ob eine mögliche Rekonvaleszenz der Lähmung des Augenschließmuskels mit dem Ort jener Läsion im Zusammenhang steht.[6] Praktische Gesichtspunkte prägen auch eine andere Geschichte eines Kranken, bei dem »durch Druck auf gewisse, im Bereich grosser Nervenstämme liegende Stellen, reflectorisch Muscelkrämpfe«[7] ausgelöst werden. Dieser Befund ist ungewöhnlich, so daß Hitzig annimmt, die von der betroffenen Stelle ausgehende Erregung ergreife einen großen Teil des gesamten Nervensystems in einer Stärke, die ausreicht, zentral vom Gehirn gesteuerte motorische Nerven in Erregung zu versetzen. Hitzig beläßt es bei dieser Vermutung, behält sich jedoch vor, weitere Entwicklungen dieses Falles mitzuteilen.

Am 19. Januar 1870 hält Hitzig einen Vortrag mit dem Titel »Physiologisches und Therapeutisches über einige electrische Reizmethoden«. Bei der Klärung der Frage, ob und inwieweit galvanische Ströme einen günstigen Einfluß auf Augenmuskellähmungen haben können, entdeckt Hitzig, daß er die Augenmuskeln auf elektrischem Wege zur Kontraktion bringen kann, wenn er die Elektroden bei dem Patienten zwischen Ohrläppchen und Processus mastoideus hinter dem Ohr befestigt. Dabei macht er eine unerwartete Entdeckung: bei Gesunden entwickeln sich unwillkürliche Augenbewegungen, die auf einer Kontraktion mehrerer Augenmuskeln beruhen, die von unterschiedlichen Hirnnerven innerviert werden. Dieser Umstand leitet zu der Vermutung, »daß jene Augenbewegungen durch Reizung centraler Gebilde ausgelöst werden«.[8] Hitzig ist sich seiner Sache jedoch keineswegs sicher. Gleichzeitig mit den Bewegungen tritt nämlich auch Schwindel auf. Erstere könnten die Folgen des letzteren sein. Personen, die auf anderem Wege, etwa durch Rotation, in Schwindel versetzt werden, weisen diese Augenbewegungen nämlich ebenfalls auf. Nach Beendigung der galvanischen Reizung, während der Schwindel noch fortdauert, setzen sich die Augenbewegungen fort, nun allerdings in umgekehrter Richtung. Doch Hitzig gibt zu bedenken, daß er andererseits auch galvanisch ausgelöste Augenbewegungen ohne Schwindelerscheinungen beobachtet habe.

Er ist mit einer unübersichtlichen Situation konfrontiert, denn beide Phänomene sind wegen ihres isolierten Auftretens nicht, wie er ursprünglich angenommen hatte, ausschließlich aufeinander zu beziehen oder ein unmittelbarer Effekt der elektrischen Reizung. Hitzig gibt vorerst keine Erklärung der produzierten Phänomene und bleibt damit im Rahmen des damaligen medizinischen und physiologischen (Nicht-)Wissens, denn der Zusammenhang von Augenbewegungen und Schwindel war zwar bekannt, aber nicht erklärbar. Seine ärztlichen Zuhörer beunruhigen sich laut Protokoll auch nicht über mögliche weitreichende Konsequenzen, sondern stellen eher technische Fragen. Die Pointe ist, daß hier – mit elektrischen Reizmethoden und unbeabsichtigt, dann aber auch in Versuchen mit Gesunden – ein Lallen des Gehirns produziert wird, und im Gegensatz zu seinen Zuhörern scheint Hitzig sofort begriffen zu haben, daß hinter dem Lallen eine ganze Sprache verborgen sein könnte. Es sind zwei Spuren, die nun gelegt sind: erstens der möglicherweise cerebrale Ursprung der Augenbewegungen und zweitens der Zusammenhang zwischen diesen Bewegungen und den Schwindelerscheinungen. Beiden Spuren geht Hitzig nach. Mit seinen Schwindelexperimenten ist er wenig erfolgreich, doch die Auslösung von Muskelbewegungen durch cerebrale Reizung gelingt – unabhängig von der Tatsache, daß sich der cerebrale Ursprung der beobachteten Augenbewegungen als Irrtum erweisen sollte.[9]

Im Gegensatz also zu den bereits erwähnten Physiologen, die mit außergewöhnlichen klinischen Phänomenen nichts anfangen konnten, weil sie nicht in den experimentellen Kanon paßten, nimmt Hitzig diese Phänomene ernst und macht sie damit für die experimentelle Praxis fruchtbar. Er verläßt sich auf die Instrumente, die elektrophysiologischen Techniken und sein elektrotherapeutisches Wissen. Der historische Kontext des Reizexperiments liegt also in der Verschaltung von elektrophysiologischer Technologie und kontingenten klinischen Phänomenen. Die Umwandlung einer unerwarteten Beobachtung in eine experimentelle Spur führt dazu, daß die Frage nach der Reizbarkeit des Gehirns neu aufgerollt wird.

Schritt für Schritt entwickelt sich ein Experimentalsystem, dessen Elemente – dazu gehören Hunde, Reizelektroden, Galvanisierungsapparate – nicht vom Standard physiologischer Ausrüstung und Methodik abweichen. Weder ist die Art und Weise der elektrischen Reize entscheidend – es wird sowohl Kettenstrom als auch Induktionsstrom benutzt –,[10] noch spielt die Narkotisierung der Versuchstiere eine ausschlaggebende Rolle, da Experimente mit und ohne Narkose durchgeführt werden.[11]

Allerdings reicht Hitzigs praktisches und technisches Wissen zur Durchführung der Experimente nicht aus. Er versteht nicht genug von der Anatomie des Gehirns, was für seine klinische Tätigkeit auch nicht notwendig war, und – ebenso wichtig – es mangelt ihm an jeglicher Kenntnis der Operationskunde und Präpariertechnik, um die Augenbewegungen des galvanisierten Patienten in die Praxis der Vivisektion, also der direkten Stimulation der Hirnrinde umzusetzen. Aus diesem Grund kooperiert Hitzig mit Gustav Fritsch, einem frisch habilitierten Anatomen.[12] Nachdem die experimentelle Spur einmal gelegt ist, geht es im zweiten Schritt vorrangig um die Eingrenzung und Manipulation der unvorhergesehenen Phänomene. Durch die Verknüpfung von Methode, Instrumenten, Objekten und (falscher) Hypothese mit der Beobachtung während der Galvanisierung des Kopfes wird ein spezifischer Kontext hergestellt, in dem praktische und theoretische Bestandteile die für den Forschungsprozeß notwendige Verbindung eingehen.

Im Ergebnis führen die Experimente dazu, daß spezifische Regionen (»circumscripte Centren«) im vorderen Teil des Gehirns gefunden werden, auf deren elektrische Reizung hin sich entweder die Vorderpfote oder die Hinterpfote des Versuchstiers beugt oder streckt. Diese isolierten Bewegungen sind, so geben Fritsch und Hitzig an, durch Reizung anderer Areale nicht hervorzurufen.[13] In einer zweiten Versuchsreihe wird die vermutete corticale Stelle für die Vorderpfote mit einem Skalpell herausgeschnitten. Daraufhin ist dieses Bein nicht gelähmt, aber es wird unzweckmäßig gebraucht, als ob das Tier »nur ein mangelhaftes Bewußtsein von den Zuständen dieses Gliedes«[14] hätte. Für Hitzig und Fritsch ist dieser Umstand von größter Bedeutung, denn er zeigt an, daß es nicht nur um die corticale Auslösung einer Bewegung geht, sondern gleichzeitig um die Vorstellung eines bestimmten Körperglieds. Die Leitung von der Hirnrinde zur Peripherie funktioniert noch, aber die Rinde erhält keine Meldung mehr darüber, daß die Pfote unzweckmäßig gebraucht wird. Somit gehören die Auslösung der Bewegung und die Vorstellung einer koordinierten Bewegung topographisch zusammen.

Daß die Veröffentlichung des Artikels wie ein Paukenschlag wirkte, hat auch mit den Befindlichkeiten der damaligen Physiologie zu tun. Es war eben keiner von den berühmten und selbstbewußten Physiologen, der diese Neuigkeiten mitteilte. Die Botschaft des Reizexperiments lautete klar und deutlich: Ärzte hatten, aufbauend auf klinischen Erfahrungen und physiologischen Fähigkeiten, mehr zu bieten als bloße Kasuistiken; Physiologen hatten sich daran zu gewöhnen, daß nicht nur die Klinik von der Physiologie profitierte, sondern daß auch das Gegenteil der Fall sein konnte.

Das Echo auf das Reizexperiment war enorm. Neben Hermann waren Friedrich Goltz, David Ferrier, Hermann Munk, Hermann Nothnagel und Sigmund Exner nur die bekanntesten Experimentatoren, die den Faden aufnahmen.[15] Neben motorischen Regionen wurde nun auch nach sensorischen Arealen und möglichen Zonen für höhere geistige Funktionen gesucht. Jeder der Genannten kam zu unterschiedlichen Ergebnissen, und jeder versuchte, Kritik ausführlich und auf dem Boden weiterer Experimente zu erwidern. Es gab erbitterte Streitereien um Prioritäten, um die Aussagekraft bestimmter experimenteller Vorgehensweisen und um die genaue Begrenzung definierter funktionaler Areale im Cortex. Relativiert wurden solche Auseinandersetzungen im klinischen Alltag, wo man sich darüber Gedanken machte, welches experimentelle Wissen für die Praxis relevant war und welches nicht. So gab es Kliniker, die die heftig diskutierten Fragen um die Lokalisation oder die präzise Ausdehnung eines spezifischen Zentrums kurzerhand als akademische Spitzfindigkeiten abtaten: »Es wäre völlig unnütz auf diese Controverse hier näher einzugehen, weil, wie wir sehen werden, für die Verwerthung der Ergebnisse der Hitzig'schen Versuche am Krankenbett es ganz gleichgültig ist, ob man annimmt, dass nur die Hirnrinde allein, oder auch die darunter liegenden Theile verletzt sind.«[16] Diese Einschätzung ist nicht unbedingt forschungsorientiert, zeigt aber den klinischen Bedarf nach Untersuchungen zur Lokalisation.[17]

Hitzig erweist sich als ein idealer Spurensucher, weil er kontingente Phänomene als Indizien auffaßt und mit der Exaktheit der experimentellen Methode konfrontiert. Dadurch werden der Hirnforschung Perspektiven eröffnet, die die Cerebralisierung des Menschen vervollständigen und ihre institutionelle Wirksamkeit darin offenbaren, daß die gegen Ende des 19. Jahrhunderts stattfindende weitere Differenzierung der Fächer Neurologie, Neurochirurgie, Psychiatrie, Neurophysiologie und Neuroanatomie sich gleichzeitig mit dem Siegeszug des Lokalisationsgedankens vollzieht. Der Appetit auf Lokalisation zeigt sich aber nicht nur in der Klinik, sondern auch daran, daß die deutschen Mediziner die Sprache nun zu einer cerebralen Entität machen.

Berliner Sprachstreit 1874

1871 veröffentlicht der Völkerpsychologe und Sprachwissenschaftler Heymann Steinthal seine »Einleitung in die Psychologie und Sprachwissenschaft«, in der er mit bekannten Metaphern operiert: »Die Sprachwerkzeuge bilden allerdings einen Mechanismus für sich, ein Instrument. Aber das Instrument ist stumm, sprachlos, wenn nicht der Geist es spielt. Will der Geist darauf spielen, so muss er sich freilich dem Mechanismus desselben unterwerfen, und das Unmögliche wird er nicht leisten.«[18] Die Werkzeug-Metapher ist altbekannt, und doch erklärt Steinthal Sprache nicht von vornherein zum psychischen Phänomen, sondern zieht eine mögliche cerebrale Lokalisation der Sprache in Erwägung. Er durchforstet die bestehende Literatur zur Aphasie mit einer bis dahin in Deutschland nicht gekannten Gründlichkeit und gerät angesichts der enormen Variationsbreite der Symptome in Zweifel, ob Brocas Festlegung eines Sprachzentrums ein Schritt in die richtige Richtung ist. Die Störungen unterscheiden sich so sehr, daß er die Ärzte auffordert, »sich klar zu werden [...], wofür oder inwiefern oder wie es überhaupt für geistige Functionen ein local begrenztes Organ geben kann«.[19] Steinthal gedenkt mit seiner eigenen psychologischen Sprachtheorie Abhilfe zu schaffen, wonach beim Sprechen drei Momente mitwirken:

> »Die organische Mechanik, die psychische Mechanik, der auszusprechende, d. h. vorzustellende Anschauungs- oder Begriffsinhalt. Der Zweck der Rede ist die Vor- und Darstellung des Inhaltes vermittelst der psychischen und der organischen Mechanik. Wir könnten uns recht wohl die organische Mechanik als die Orgel, die psychische Mechanik als den Orgelspieler, den Inhalt als den Componisten denken: nur dass diese drei Momente nicht als beziehungslos außer einander bestehend, sondern als nach ihrem Wesen und Dasein oder dynamisch auf einander bezogen gedacht werden müssen.«[20]

Alle drei Mechanismen können erkranken: eine gestörte organische Mechanik führt zu Stottern und Anarthrie, die Aphasie ist Ausdruck einer lädierten psychischen Mechanik, und die veränderte Äußerung vorzustellender Inhalte bedeutet Geistesstörung. Diese Kategorien richten sich nicht nach der cerebralen Topographie, sondern nach einer psychologischen Klassifikation der Sprache und ihrer Störungen. Nach Steinthals Ansicht ist damit auch ein sicherer Grund für die Mediziner geschaffen. Die Psychologie »ist die notwendigste Vorarbeit für eine Physiologie des Gehirns und lässt auch eine rationale Psychiatrie zu.«[21]

Solche Sätze sind bereits eine wohlüberlegte Antwort auf die neuesten Entwicklungen der Hirnphysiologie. Sie stecken das Terrain nicht mehr in den Kategorien von Freiheit und Unsterblichkeit der Seele oder Einheit des Ich ab, sondern stellen die analytischen Zugriffsmöglichkeiten zur Diskussion. In dem Moment, da die Physiologie der geistigen Funktionen festen Boden unter den Füßen zu haben meint, argumentiert Steinthal wie die Physiologen einige Jahre zuvor, die den Klinikern mangelnde methodische Sorgfalt und mangelnde Fixierung des Untersuchungsgegenstandes vorgeworfen hatten. Wie wenig Psychologen und Mediziner sich zu sagen hatten, war Steinthal nur wenige Jahre zuvor am Beispiel seines Freundes und Kollegen Moritz Lazarus klar geworden, der 1867 gemeinsam mit Griesinger die Berliner Medicinisch-Psychologische Gesellschaft gegründet hatte. Mit Griesingers Tod im darauffolgenden Jahr wurde der fächerübergreifende Ansatz des Unternehmens gleich mit begraben. Carl Westphal, Psychiater und Nachfolger Griesingers, sorgte für eine ausschließlich klinische, neuroanatomische und -physiologische Ausrichtung der Gesellschaft. Nicht-Ärzte wie Lazarus wurden dadurch an den Rand gedrängt.[22]

1874 gibt es in Berlin immer noch ein Forum, auf dem Völkerpsychologen auf der einen und Ärzte und Physiologen auf der anderen Seite miteinander reden: die Berliner Gesellschaft für Anthropologie, Ethnologie und Urgeschichte. Sie wird von Rudolf Virchow ähnlich beherrscht wie die Société d'Anthropologie von Broca. Hier sind alle Protagonisten von Steinthal und Lazarus bis zu Hitzig und Westphal versammelt. 1874 hält Hitzig einen Vortrag »Über Localisation psychischer Centren in der Hirnrinde« und präsentiert eine einzige Erfolgsgeschichte von den Spekulationen Galls über die Irrtümer Flourens' bis zu Brocas Aphaseologie und den eigenen Untersuchungen am Gehirn. Aphaseologie und Experiment verbinden sich für Hitzig zu einer wissenschaftlichen Lokalisationsforschung, und auch die beobachteten oder experimentell produzierten Symptome gehören in einen psychophysiologischen Zusammenhang. Aphasie ist der Verlust eines »ganz bestimmten Stücks aus den psychischen Functionen«, und es kommt nur darauf an, »Untersuchungsmethoden zu finden, vermöge deren man die Function der übrigen Rindentheile erkennen«[23] könne. Der Geist ist mithin zusammengesetzt aus Funktionen der verschiedenen corticalen Areale, zwischen Aphasie und Muskelvorstellungen besteht kein prinzipieller Unterschied. In diesem Falle »sind offenbar die Erinnerungen an diejenigen Vorstellungen verloren gegangen, welche das Thier sich von dem Zustande seiner Bewegungsorgane gebildet hat. In jenem Falle fehlen die Erinnerungen der Klangbilder, der Wortbilder, durch welche allein die Reproduction der Worte möglich gemacht wird.«[24] Hitzig gibt keine weitere Begründung für seine Gleichsetzung von Sprache und Muskelvorstellungen, doch in einem ein Jahr zuvor veröffentlichten Artikel beruft er sich auf Ernst Brücke, der in der Tat geschrieben hatte: »Es haben diese Versuche einigermassen einen Schlüssel zu einer anderen rätselhaften Erscheinung gegeben, die man vor längerer Zeit beobachtet hat, nämlich der Erscheinung der Aphasie.«[25] Klarer hätte es der berühmte Vertreter der ersten Generation von biophysikalischen Experimentalphysiologen kaum ausdrücken können: Die Aphasie war so lange ein rätselhaftes Phänomen, bis sie durch experimentelle Untersuchungen durchschaubar gemacht wurde. Es ist keine Rede davon, daß die Aphasie nicht nur »vor längerer Zeit« beobachtet wurde, und auch die Bemühungen zur Erklärung der Aphasie von Broca, Meynert oder Steinthal hält Brücke für nicht erwähnenswert. In ungebrochenem Selbstbewußtsein verteidigt er den Primat der Physiologie auf Kosten der Sprachpsychologie, Anatomie und klinischen Beobachtung. Hitzig, der in dem erwähnten Artikel noch geschrieben hatte, daß »Speculationen über Gehirn- und Geistesthätigkeiten mit Recht in so grossen Misscredit gekommen [sind], dass man in der That auch mit einem Uebermass von Vorsicht noch richtig handeln würde«,[26] macht sich die Position des Physiologen in seinem Berliner Vortrag stillschweigend zu eigen.

Die Antwort Steinthals auf diesen Affront erfolgt prompt, und sie besteht in dem für Hitzig peinlichen Vorwurf, daß er von komplizierten Sachverhalten in einer »Sprache des gewöhnlichen Alltags« rede, die aber zur tieferen Durchdringung »in die reinen ursprünglichen psychologischen Elemente zerlegt« werden müßten, ganz so, wie es die Naturwissenschaft üblicherweise auch tue.[27] Hitzig wisse überhaupt nicht, was er lokalisieren wolle, zumal die Schilderung der Symptomatik des Patienten völlig unzulänglich sei. Der Vorwurf der methodischen Unsauberkeit saß. Virchow mußte einräumen, daß »die Psychologie nur stückweise durch die Physiologie erobert«[28] würde. Wenige Wochen später hält Westphal einen Vortrag über Aphasie.

Westphal macht Hitzigs Versäumnis wett und stellt drei Fälle von Aphasie in der gebotenen Ausführlichkeit vor, kommt dabei

aber zu einem ähnlichen Ergebnis wie Steinthal zuvor, nämlich
»dass sich das Problem der Aphasie […] nicht in eine einfache
Formel bringen lässt«.[29] Das Eingeständnis, es mit einer komplexen Störung zu tun zu haben, hat für Westphal zwei Konsequenzen. Erstens läßt sich das Krankheitsbild nicht in den von
Steinthal geforderten scharf abgegrenzten Kategorien fassen,
und zweitens paßt die Komplexität der Symptome mit den unterschiedlichen Läsionsorten im Gehirn derart zusammen, daß von
einem Sprachzentrum beim gegenwärtigen Forschungsstand
noch gar keine Rede sein könne.[30] Eine Blamage für Hitzig und
den Lokalisationsgedanken, aber da auch Steinthals Klassifi-
kationsversuche nicht weiterhelfen, hat Westphal nichts anzubieten als mehr oder weniger sorgfältige individuelle klinische
Beschreibungen. Mit dem Anspruch einer physiologisch und
anatomisch angereicherten Klinik war das unvereinbar.

Im Berliner Sprachstreit offenbaren sich drei Positionen, die
auf ganz verschiedenen Erfahrungen mit Sprachstörungen beruhen, aber auch unterschiedliche Erwartungen an die Aphasie stellen. Hitzig geht es um die Festschreibung des Lokalisationspa-
radigmas, Westphal ist nicht gegen Lokalisation, pocht aber auf
die Vielfalt klinischer Krankheitsbilder. Steinthal tut das auch,
leitet daraus aber seine Zweifel an der Lokalisierung ab und beharrt auf einer psychologischen Klassifikation als Grundlage der
Hirnphysiologie. Nachdem der Lokalisationsgedanke jahrzehn-
telang zwischen physiologischer Stabilität und klinischer Kon-
tingenz hin- und hergewandert war und Hitzig diese Spannung
gelöst hatte, kam nun ein Faktor ins Spiel, der schon bei der Diskussion der Gallschen Kategorien eine Rolle gespielt hatte, dann
aber durch die Rückbesinnung auf Vermögen wie Denken und
Empfinden wieder in den Hintergrund getreten war: die genaue
Abgrenzung psychischer Phänomene. Meynert hatte einen anatomisch fehlerhaften, wenig beachteten Schritt in diese Richtung
unternommen. In Berlin wurde die Problematik von den Sprach-
wissenschaftlern in Fragen gefaßt, denen die Mediziner nichts
entgegenzusetzen hatten. Neben Steinthal meldete sich nun auch
Lazarus zu Wort. Er schlägt eine andere Einteilung vor:

>»Wenn zur Sprache das Verstehen der Sprache gehört, so wird der Begriff Aphasie nicht damit erschöpft sein, dass man sagt: Sie ist eine Störung in der Möglichkeit, zu sprechen, sondern ebenso besteht sie in der Unmöglichkeit, das Gesprochene zu verstehen. [...] Folglich würde eine Untersuchung, wie sich das rein Aphasische verhält in Bezug auf das Verstehen, eine weitere Ergänzung sein, und uns über Vieles forthelfen.«[31]

Dieser Vorschlag erinnert an Meynerts Differenzierung der Sprache in einen produktiven und einen rezeptiven Anteil. Lazarus fügt sogar hinzu, daß die Hirnregion, die für die motorische Lauterzeugung zuständig ist, unmöglich mit derjenigen identisch sein könne, in der die mit diesen Lauten verknüpften empfangenen Vorstellungen lokalisiert sind.

Solche Überlegungen stellen ein Vermittlungsangebot zwischen Psychologie und Hirnlokalisation dar. Der Weg zur cerebralen Lokalisation führt jedoch über eine psychologische Analyse der sprachgestörten Patienten und die Bildung von Kategorien. Die Unkenntnis der Untersuchungen Meynerts, die Fixierung der Mediziner auf die experimentelle Physiologie und auf die hirnorganischen Befunde und die allgemeine Ratlosigkeit der Diskussionsteilnehmer zeigt sich daran, daß Lazarus' Anregung nicht mehr aufgegriffen wird. Vielmehr ist jeder bestrebt, eine Bilanz der bis dahin unbefriedigenden Debatte zu ziehen. Hitzig räumt ein, daß er bei seinen Versuchen nicht daran gedacht habe, ein Sprachzentrum elektrisch zu reizen und auch nicht alle Bedingungen für die Sprache in die dritte vordere Hirnwindung legen wollte. Westphal fordert die »Herren Psychologen« auf, sich mit den Kranken selbst zu befassen und einen Schritt weiterzukommen, nicht ohne die bissige Bemerkung anzufügen, daß er den »Professor Dilthey« an die Krankenbetten von Aphasikern gebeten habe, wo dieser dann auch die Waffen gestreckt habe. Lazarus antwortet, daß der Fortschritt der Wissenschaft nicht darin bestehen könne, Laien mit einer Situation zu konfrontieren, der sie nicht gewachsen seien. Steinthal meint, »dass die Mediciner etwas erklärt zu haben glauben, was ihnen die Psychologen nicht zugestehen können, und zwar weil Unterschiede, welche der Psychologe machen muss, von den Medicinern nicht berücksichtigt worden sind«.[32] Virchow beschließt die Diskussion: »Ich werde das Meinige gern dazu beitragen, diese Sache zu verfolgen; ich wünsche nicht, daß sie den Schein des Mystizismus bewahre.«[33]

Unterm Strich haben die Sprachwissenschaftler einen Punktsieg über die Mediziner errungen. Das war nicht unbedingt verwunderlich, denn es rächte sich nun, daß die Mediziner die französischen Diskussionen um die Aphasie jahrelang ignoriert hatten. Einzelne Untersuchungen wie diejenige Meynerts blieben unbeachtet, weil eine differenzierte Analyse der Sprache nicht zum Repertoire gehörte. Nach 1870 änderte sich die Situation, aber nicht, weil man die Sprache selbst besonders interessant fand, sondern weil man die Sprache als Instrument für die Ausweitung des Lokalisationsgedankens benutzen wollte. Entsprechend waren die Mediziner mit Sprachstörungen ziemlich unerfahren, und genau das trat im Berliner Sprachstreit offen zutage. Man hatte den Völkerpsychologen, die sich bereits jahrelang mit der Sprache auseinandergesetzt hatten, weder in empirischer noch in konzeptueller Hinsicht allzuviel entgegenzusetzen. Die Mediziner zeigten sich aber auch nicht in der Lage, die sprachpsychologischen Vorschläge, die der Medizin im Grunde nicht so fern lagen – sie enthielten immerhin die Forderung nach einer genaueren Diagnostik – , anzunehmen. Darin kommt eine nicht untypische Aversion der Mediziner gegen geisteswissenschaftliche Methoden zum Tragen. Auf der anderen Seite waren sie gerade wegen ihrer mangelnden Vertrautheit mit dem Gegenstand durch die differenzierte Vorgehensweise der Sprachpsychologen hoffnungslos überfordert.

Der Berliner Sprachstreit bringt die Situation der sechziger und frühen siebziger Jahre auf den Punkt, bildet aber zugleich den Abschluß dieser Phase, denn im gleichen Jahr 1874 veröffentlicht der Breslauer Psychiater Carl Wernicke sein Buch »Der aphasische Symptomencomplex«, das sich wie eine Antwort auf die Berliner Diskussionen und insbesondere auf Steinthal und Lazarus liest. Wernicke hatte einige Zeit bei Meynert in Wien gearbeitet, sich mit Steinthals Sprachwissenschaft auseinandergesetzt und verfügte über breite klinische Erfahrung mit Aphasikern. Er weiß genau, was er im Gehirn verorten will, nämlich die »elementarsten psychischen Functionen«.[34] Dazu zählt auch die Sprache, und es klingt wie eine Einlösung der Forderung von Lazarus, daß er den motorischen Anteil der Sprache vom Verstehen der Sprache trennt. Beide Anteile hängen zusammen, weil das Verständnis der Sprache die Voraussetzung für die Konstruktion sinnvoller Sätze darstellt. Wernicke läßt offen, ob er über sprachpsychologische Kategorien zu dieser Erkenntnis gelangt ist oder über die Anatomie. Zumindest wird Steinthal scharf zurechtgewiesen, daß Sprache gerade nicht auf der »Bildung des Begriffes« basiere, der sich aus seiner Beziehung zu allen Sinnen heraus gewissermaßen von selbst bilde.[35] Tatsächlich aber unternimmt Wernicke eine Synthese der bestehenden Ansätze, indem er sich einerseits an der altbekannten Hinten-vorne-Unterteilung, an Hitzigs Reizphysiologie und insbesondere an Meynerts anatomischen Untersuchungen orientiert. Danach besteht die Hirnrinde aus einem vorderen, motorischen Anteil inklusive der sogenannten »Bewegungsvorstellungen« und einem hinteren, sensorischen Anteil, der zudem »Erinnerungsbilder« abgelaufener Sinneseindrücke enthält.[36]

Mit der Wahl dieser Begriffe beruft Wernicke sich andererseits auf psychologische Kategorien, die aber wie selbstverständlich als Eigenschaften der entsprechenden Hirnareale uminterpretiert werden. In diese Einteilung fügt sich der cerebrale Sprachmechanismus ein. Im unteren Teil der dritten Frontalwindung links befindet sich das motorische Sprachzentrum, damit verbunden in der ersten Temporalwindung links das sensorische Sprachzentrum. Vom ersteren führt eine Verbindung zur Sprachmuskulatur, vom letzteren zum Hörorgan. Wenn das Gehörte nicht mehr zu einer sinnvollen Rede zusammengesetzt werden kann, bedeutet das nach Wernicke den Verlust des Sprachverständnisses bei erhaltener Sprachfähigkeit. Verwechseln der Worte und Agrammatismus sind auf das Fehlen der vom Lautbild geübten Korrektur zurückzuführen; man versteht gewissermaßen sein eigenes Sprechen nicht mehr. Dieses Gehirnmodell einer sensomotorischen Maschine konstruiert die Sprache als einen aus mehreren Bestandteilen zusammengesetzten »psychischen Reflexbogen«, in dem Daten aufgenommen, transformiert und wieder ausgeworfen werden.[37] Was als unwillkürlicher Reflexbogen längst lehrbuchmäßig verankert war, wird nun auch für die Sprache reklamiert, die damit nicht nur in forschungsstrategischer Hinsicht den anderen physischen Funktionen angeglichen wird.

Beifall erhalten die Hirnforscher für ihre Hypostasierung »elementarster psychischer Functionen« von scheinbar unerwarteter Seite, nämlich von dem Neukantianer Friedrich Albert Lange, der sich dazu bekennt, daß seine Ethik auf Moralstatistik und seine Psychologie auf der Physiologie beruhe.[38] In seiner »Geschichte des Materialismus« wirft Lange den bisherigen Lokalisationsbemühungen vor, mit »Abstraktionen« und »Personifikationen« wie Vorstellungen, Denken, Wollen oder den phrenologischen Kategorien gearbeitet zu haben. Doch »das Gehirn produziert kein Abstraktum der Psychologie, welches sich sodann erst in die konkrete Handlung umzusetzen hätte, sondern es gibt die konkrete Handlung, wie beim Reflex, als unmittelbare Folge des Gehirnzustandes und der in verschiedenen Bahnen sich bewegenden Erregungszustände.«[39] Statt dessen ist der »Vorgang des Denkens, Fühlens, Wollens [...] das Überströmen der Erregung von einem Theil des Gehirns auf den anderen, die fortschreitende Auslösung der Spannkräfte als das Objektive des psychischen Aktes zu betrachten, und nicht nach Wohnsitzen der verschiedenen Kräfte zu suchen, sondern nach den Bahnen dieser Strömungen, ihren Zusammenhängen und Verbindungen«.[40]

Nicht die Kräfte selbst, sondern deren einzelne Elemente haben einen Wohnsitz, und die Gesamtfunktion ergibt sich aus dem Zusammenwirken der unterschiedlichen Konglomerate. Dementsprechend ist die »Einheit des Gedankens« wie ein Gebäude aus einzelnen Teilen zusammengesetzt. Auch hier steht Theodor Meynerts Hirnmodell der Ich-Entwicklung als Ergebnis einer Verknüpfung zahlreicher Assoziationssysteme in der Hirnrinde Pate. Doch auch wenn Lange die Psychologie aus der Physiologie ableiten will und sich auf Meynert und Hitzig beruft, ist es wenig sinnvoll, die Zerlegung des Geistes in einzelne Elemente genealogisch entweder aus einem der genannten Ansätze oder aus den Sprachanalysen von Lazarus und Steinthal ableiten zu wollen.

Erst als diese Ansätze zunächst aufeinanderprallen und dann miteinander verknüpft werden, werden die »kleinsten Seelenvorgänge« oder psychischen Elemente zu einem stabilen Parameter, der sich zuerst in der Lokalisationsforschung festsetzt und dann auf weitere Gebiete ausdehnt. Mit den Hirnforschern teilt Lange die Hoffnung, daß »die formale Einheit […] mit der Zusammengesetztheit des Stoffes«[41] harmoniert. Die Sorge um die Einheit des Ich und die geistige Freiheit scheint verflogen. Doch nur wenige Jahre später wendet sich dieses Vertrauen in Ernst Machs Formel von der »Unrettbarkeit des Ich«, deren schockartige Wirkung Ausdruck der Labilität des bürgerlichen Selbstverständnisses am Ende des 19. Jahrhunderts ist, die aber ohne die cerebrale Verankerung der psychischen Funktionen kaum denkbar wäre.[42]

*

Mit der Zergliederung der Sprache in ihre einzelnen Bestandteile und deren Lokalisierung an verschiedenen Orten im Gehirn schließt sich der Kreis zum ersten Berliner Sprachstreit zwischen Spalding und Mendelssohn, für den die Vorstellung einer Zerteilung des Ich völlig abwegig war. In diesem Streit deuteten sich Vorboten einer Veränderung an, die nach Gottfried Benn viel mehr war als eine »neue Erkenntnis von der Bedeutung der nervösen Organe«. Der Wandel vom Seelenorgan zum Gehirn war fundamental. Er fand statt in einer Zeit des allgemeinen Umbruchs am Ende des 18. Jahrhunderts. Die Medizin geriet in eine Krise über den Wert ihrer Methoden und ihres Wissens und begab sich auf die Suche nach sicheren Grundlagen einer effektiven Handlungswissenschaft. Die alte Polarität zwischen Gesundheit und Krankheit wurde ersetzt durch den Gegensatz einer normalen und gestörten Funktion des Organismus. Die Naturgeschichte wurde abgelöst durch die Biologie, die Anatomie erhielt durch die Einführung des Entwicklungsgedankens und die Entstehung der Embryologie ein neues Profil. Der Leib-Seele-Dualismus, über den sich Ärzte und Philosophen bis dahin immerhin verständigt hatten, geriet von beiden Seiten unter Druck.

Das Seelenorgan wurde im 18. Jahrhundert weder durch den Materialismus noch durch die experimentelle Hirnforschung ernsthaft gefährdet. Es wurde weder falsifiziert, noch geriet es aus der Mode. Es bildete vielmehr den Problemhorizont, vor dem sich das Wissen über das Gehirn und dessen Interaktion mit der Seele entwickelte. Weder Wissenskrisen noch empirische Widersprüche erklären das Ende des Seelenorgans. Entscheidend für den Perspektivwechsel war die Frage, was der Mensch sei und welche Wege zur Beantwortung dieser Frage eingeschlagen werden müssen. Der Glaube an die Freiheit und Unteilbarkeit des Selbst mochte mit den Vernunftprinzipien der Aufklärung noch harmonieren. Mit der Entdeckung der Komplexität des Alltagsmenschen, für den sich Erfahrungsseelenkunde und Psychiatrie interessierten, und mit anthropologischen und anatomischen Vermessungen des Menschen, die sich auf Unterscheidungen der Vernunftfähigkeit und der Gemütseigenschaften kaprizierten, harmonierte das Konzept vom Seelenorgan nicht mehr.

Dieser Wandel bedeutete zunächst einmal, daß man nicht mehr in einer bestimmten, bis dahin üblichen Art und Weise über das Gehirn und den Menschen reden konnte. Das heißt nicht, daß sich unmittelbar danach sogleich eine neue Form etablierte. Bis weit ins 19. Jahrhundert hinein war es keineswegs so, daß die Forscher sich allesamt zum Lokalisationismus bekannt hätten. Doch er bildete den Wissensraum, in dem sich das Gehirn als zentrales Objekt der Wissenschaft vom Menschen etablierte. Dieser Prozeß entwickelte sich über Jahrzehnte in mehreren Etappen und hatte – je nach Geltungsbereich – unterschiedliche Geschwindigkeiten.

Die erste Etappe bestand in der Organologie Galls. Er lokalisierte Elementareinheiten des um 1800 gängigen bürgerlichen Verhaltensrepertoires. Dazu zählten Kinderliebe und Religiosität ebenso wie Mordsinn und Aberglaube. Es wäre irreführend, diesen Vorgang auf eine Naturalisierung des Seelenlebens zu reduzieren, die an die Stelle philosophischer und psychologischer Kategorien trat, denn naturalistische Erklärungen hat es auch vorher gegeben, wie im Sensualismus des 18. Jahrhunderts und in den viel älteren humoralphysiologischen Erklärungen der Affekte. Der Skandal war vielmehr, daß Gall ein umfassendes Erklärungsgerüst der menschlichen Verhaltensweisen anbot, das sogar die künftige Entwicklung eines Menschen vorhersagen wollte. Gall hatte sich die für die damalige Zeit falschen Kategorien ausgesucht, indem er sie als cerebrale Determinanten fixierte. Die wissenschaftliche, kulturelle und gesellschaftliche Bedeutung der Frage, welche Parameter in der ersten Hälfte des 19. Jahrhunderts cerebral lokalisiert werden durften und welche nicht, wird nirgendwo deutlicher als in der Anthropologie. Während Gall abgelehnt wurde, war die cerebrale Verankerung von Kategorien wie Mann/Frau, Weißer/Nicht-Weißer oder geistig Gesunder/geistig Kranker weitgehend konsensfähig, obwohl es mit der empirischen Fundierung solcher Klassifizierungen nicht unbedingt besser bestellt war als mit den Lokalisationsversuchen der Organologie. Das prägnanteste Beispiel dafür war die Craniologie von Carl Gustav Carus. Doch weit darüber hinaus durchzog dieser Widerspruch das 19. Jahrhundert – hier die geschlechtliche und rassische Determination der Intelligenz und der Kulturfähigkeit, dort der Protest gegen die Auflösung klassischer Werte wie Freiheit und Unteilbarkeit des Selbst, der auch als Argument gegen die Lokalisierung der Sprache eingesetzt wurde. Das Widerstandspotential reichte bloß zu Modifikationen und Abschwächungen des Lokalisationsgedankens, ohne ihn in seiner Substanz aufweichen zu können.

Die Zeit der Romantik war für solche Prozesse ein wichtiger Katalysator. Die Entschärfung der materialistischen und deterministischen Konnotationen des Lokalisationsgedankens ging einher mit neuen Überlegungen, die ihren Niederschlag fanden in Reils dynamischer Physiologie und in Kategorien wie Zeitlichkeit, Symmetrie bzw. Asymmetrie der beiden Hirnhälften, Links-rechts- und Hinten-vorne-Zuordnungen. Die Romantik war eine Phase des Suchens, in der viel mehr an- und durchgespielt wurde, als sich zunächst realisieren ließ. Nach den ersten optimistischen und auch abenteuerlichen Versuchen zog sich der Lokalisationismus – von der Anthropologie abgesehen – in weniger gut durchschaubare Zwischenbereiche zurück, in denen keine eindeutigen Positionen bezogen wurden. Doch auch so gab es genügend Gründe für Auseinandersetzungen: die Ausdifferenzierung der Disziplinen, die zur Verschärfung methodischer Debatten führte, vor allem die Dominanz der Experimentalphysiologie über andere Formen der Wissensproduktion wie klinische Beobachtung und pathologische Anatomie; die politisch und ideologisch verwurzelten Fehden über die Natur und die Würde des Menschen, die im Materialismusstreit einen spektakulären Höhepunkt fanden. Die Lokalisation geistiger Qualitäten wurde abgestritten, bezweifelt, bekämpft, für widerlegt erklärt, als Pseudowissenschaft bezeichnet, aus experimentalphysiologischer Sicht lächerlich gemacht. Solche Urteile galten keineswegs bloß der Gallschen Lehre im engeren Sinne, sondern dem Lokalisationsgedanken überhaupt. In diesen Auseinandersetzungen und Modifikationen des Lokalisationsgedankens kommt eine tiefe Uneinigkeit innerhalb der bürgerlichen Vorstellungen darüber zum Ausdruck, welche Bereiche menschlichen Denkens und Handelns der geistigen Unabhängigkeit und welche der somatischen Determinierung zugeschrieben werden sollten. Die Wissenschaft war das Feld, auf dem diese Uneinigkeit besonders sichtbar wurde.

Trotz des massiven Beschusses zwischen 1800 und 1860 wurde der Lokalisationsgedanke in keiner Phase zu den Akten gelegt. Dazu waren die angeführten Kategorien wie Normalität und Krankheit, Verstand und Gemüt, Weiblichkeit und Männlichkeit zu wirkungsvoll. Ab der Mitte des 19. Jahrhunderts kamen weitere Kategorien wie Atavismus, Kriminalität und Genie hinzu. Der Wissensraum für all diese Unternehmungen blieben Anatomie und Anthropologie, hauptsächlich Vermessungen und Wägungen des Schädels und des Gehirns.

Solche Methoden waren Experimentalphysiologen wie Carl Ludwig zutiefst suspekt, und zwar nicht, weil sie die Materialität des Geisteslebens ablehnten, sondern weil sie die Vorgehensweise zu vage fanden. Erst mit der Einführung der kleinsten psychischen Einheiten, die sich im Spannungsfeld von Sprachpsychologie, Experimentalphysiologie, Hirnanatomie und Klinik abspielte, wurde der Lokalisationismus auf eine andere Stufe gestellt. Dadurch konnten überhaupt erst Krankheitsbilder wie Aphasie, Agraphie, Alexie, Agnosie, Apraxie, Amusie oder Akalkulie beschrieben und im Gehirn verortet werden. Zweifellos haben Physiologie und Neurologie im Verbund mit neuen anatomischen Techniken und Konzepten die beständigsten, bis auf den heutigen Tag gültigen Beiträge zur Lokalisationswissenschaft geleistet.[43] Doch es waren zum Teil dieselben Hirnforscher, die auf diesem Weg weitergingen und gleichzeitig nach einer cerebralen Determinierung menschlicher Qualitäten suchten. Die Konjunktur der Untersuchungen an Elite- und Verbrechergehirnen ist dafür ein beredtes Zeugnis.

Auch hier zeigt sich also eine tiefe Uneinigkeit zwischen der Konstruktion großer geistiger Einheiten wie Intelligenz oder Gemüt und der Zerteilung des Geistes in kleine materielle Segmente. Um diesen verschlungenen Pfaden zu folgen, lohnt es, die Vorgänge in den ersten Jahrzehnten des 19. Jahrhunderts genauer zu untersuchen. Erst dadurch werden die Vorstellungen transparent, die zwischen 1860 und 1880 – dieser Zeitraum gilt als eigentliche Gründerzeit der modernen Lokalisationsforschung – formuliert wurden und ihre Wirkung entfalteten. Dazu zählten nicht bloß die Segmentierung des Geistes in kleinste psychische Einheiten und die cerebrale Inskription von Rasse, Geschlecht oder Geisteskrankheit; dazu zählten auch die Konstruktion des dualen Geistes und der multiplen Persönlichkeit, die Konzipierung des Bewußtseins als Funktion der Assoziationsfasern oder das Verständnis des Gehirns als Kampfplatz zwischen höheren und niederen Trieben; dazu zählten schließlich Verzeitlichungen des Gehirns wie die Identifikation von Hirn- und Bewußtseinsschichten, die Wiederholung der Phylogenese in der embryonalen Hirnentwicklung und die Vorstellung von bestimmten Hirnläsionen als Rückfall in eine primitivere Existenzform.

All diese Beispiele weisen in ihrer kulturellen Wirkmacht weit über die Hirnforschung im engeren Sinne hinaus und bis in unsere Gegenwart am Ende des 20. Jahrhunderts. Das Gehirn ist der Ort, wo die Vergangenheit und die Gegenwart des Menschen sich als das Bewußte und das Unbewußte präsentieren. »In unserm Gehirne müssen sich auch Rinnen und Windungen finden, welche jener Gesinnung [der Stufen früherer Kulturen der Menschheitsentwicklung] entsprechen, wie sich in der Form einzelner menschlicher Organe Erinnerungen an Fischzustände finden sollen. Aber diese Rinden und Windungen sind nicht mehr das Bett,

in welchem sich jetzt der Strom unserer Empfindung wälzt.«[44]
Die topographisch-funktionelle Differenzierung macht diese verschiedenen Schichten und Daseinsweisen sichtbar.

Die Lokalisierung der geistigen Funktionen im Gehirn ist einer der frühesten und wirksamsten Begriffe der Moderne zur Bestimmung des Menschen. Das ist mehr als nur Phrenologie oder Wissenschaft, Klinik oder Labor, Physiognomik oder Instrumente und Apparate. Es gibt eine Stelle in Benns Essay »Genie und Gesundheit« aus dem Jahr 1930, in der er das berühmte Wort von Buffon umkehrt: »Das ›le style c'est l'homme‹ des 18. Jahrhunderts verwandelt in ein ›le style c'est le corps‹«.[45] Für Buffon war Stil das Ergebnis der intellektuellen Bemühung um Ordnung und vernünftige Darstellung eines Gedankens.[46] Für Benn ist Stil nur noch eine Art zu schreiben. Der Wandel vom Seelenorgan zum Gehirn ist damit fast auf den Punkt gebracht. Es wäre etwas übertrieben, aber nicht falsch, würde man den Satz umformulieren in *le style, c'est le cerveau* oder wahlweise in *l'homme, c'est le cerveau.*

Nachbemerkung

Die Forschungen und Vorarbeiten für dieses Buch reichen bis 1989 zurück – das Jahr, in dem ich meinen Platz im neurophysiologischen Labor an der Freien Universität Berlin räumte und einen Schreibtisch am Institut für Medizin- und Wissenschaftsgeschichte der Medizinischen Universität zu Lübeck bezog. Dort und im Institut für Geschichte der Medizin der Georg-August-Universität in Göttingen ist der Text im wesentlichen entstanden. In beiden Instituten habe ich eine außerordentliche akademische Freiheit genossen, für die ich heute noch dankbar bin. Eine erste Fassung der Arbeit wurde im Februar 1994 in Göttingen von der Medizinischen Fakultät als Habilitationsschrift angenommen.

Doris Kaufmann, Werner Friedrich Kümmel, Alexandre Métraux, Helmut Müller-Sievers, Hans-Jörg Rheinberger, Heinz Schott, Ulrich Tröhler, Bettina Wahrig-Schmidt und Annette Wunschel haben das Manuskript in verschiedenen Entstehungsstadien gründlich gelesen und kommentiert. Ihnen allen möchte ich für Kritik, Anregungen und wertvolle Diskussionen herzlich danken. Anke te Heesen war unendlich viel mehr als nur die erste Leserin des Manuskripts; es wäre unpassend, meinen Dank an sie in eine der üblichen Redewendungen zu fassen.

Die vorliegende Buchfassung entstand hauptsächlich im Herbst und Winter 1996/97 im Max-Planck-Institut für Wissenschaftsgeschichte, Berlin. Die wunderbaren Arbeitsbedingungen dort kann ich gar nicht genug hervorheben. Zu danken habe ich auch der Deutschen Forschungsgemeinschaft, die mir durch ein Heisenberg-Stipendium die Ruhe und Zeit gewährte, dieses Buch zu Ende zu schreiben, während ich bereits in andere Forschungsprojekte involviert war.

Anmerkungen

Einleitung

1 Benn 1977a, S. 417.
2 Clair/Pichler/Pircher 1989; Corsi 1991; Clair 1993.
3 Siehe Rosenfield 1940; Sutter 1988; Mazzolini 1991.
4 Canguilhem 1989, S. 15.
5 Siehe insbesondere Foucault 1974, S. 259, S. 413 f.
6 Siehe z. B. Soury 1899; Döllken 1911; Révész 1917; Walker 1957a; Poynter 1958; Brazier 1984, 1988.
7 Siehe z. B. Cooter 1984; Harrington 1987; Star 1989; Smith 1992.
8 Descartes 1984, S. 53 f.
9 Spalding 1783, S. 117.
10 Ebd., S. 118.
11 Ebd.
12 Ebd., S. 120 f.
13 In »L'Homme machine« schreibt La Mettrie, daß bei Pascal Verrücktheit und Einsicht scharf getrennt gewesen seien und begründet das mit einer Erkrankung der einen Hirnhälfte: »Welch schreckliche Wirkungen der Imagination oder einer eigenartigen Zirkulation in einem Hirnlappen. Auf der einen Seite ein großer Mann, auf der anderen halb verrückt« (La Mettrie 1774, S. 322).
14 Mendelssohn 1783, S. 214. Siehe Hagner 1994b.
15 Ebd., S. 224.
16 Ebd., S. 229.
17 Ebd., S. 231 f.
18 So der Titel der klassischen Untersuchung von Moravia (1977)
19 Siehe dazu Walther Riese, z. B. Riese 1936a&b, 1946, 1949, 1959, 1967; Riese/Hoff 1950. In neuerer Zeit siehe Clarke/Dewhurst 1973; Swazey 1970, Clarke/Jacyna 1987, S. 241–244. Siehe dagegen Peacock 1982.
20 So die Grundthese von Young 1990.
21 Foucault 1973b, S. 209.
22 Zum folgenden siehe Ginzburg 1988.

Zur Geschichte des Seelenorgans im 17. und 18. Jahrhundert

1 Der Spiritus animalis bleibt bis ins späte 18. Jahrhundert eine von mehreren Erklärungsmöglichkeiten für die Nervenfunktion. Siehe z.B. Arnemann 1787a, S. 277–308. Zur Übersicht siehe Rothschuh 1958; Jackson 1970.

2 Zur Übersicht siehe Sudhoff 1913; Leyacker 1927; Schlechta 1951; Pagel 1958; Bruyn 1982.

3 Sudhoff 1913, S. 169–176; Kutzer 1993, S. 203.

4 Siehe Hagner 1996, S. 17–22.

5 Park 1988, S. 477–484.

6 Descartes 1984; 1986a.

7 Zu Leonardo siehe Keele 1963, S. 26.

8 Siehe Hagner 1990a.

9 Bartholinus 1684, S. 497 ff.

10 Zu Willis' Neurologie siehe Meyer/Hierons 1965; Isler 1965; Bynum 1973.

11 Willis 1664, S. 136.

12 Zum folgenden siehe Bynum 1973, S. 449–458.

13 Siehe hierzu Maehle 1992, S. 15–44.

14 Neuburger 1897, S. 100.

15 Ebd., S. 124, 148; Clarke/Jacyna 1987, S. 216.

16 Eine Ausnahme bildet der schwedische Naturforscher und Mystiker Emanuel Swedenborg, der sich für den Cortex als Sensorium commune und Motorium commune voluntarium aussprach (Swedenborg 1847, S. 193 f.). Damit stand er völlig quer zur Wissenschaftstradition seiner Zeit und blieb zudem wirkungslos, da seine entsprechenden Werke erst später aus dem Nachlaß ediert wurden. Vgl. Ramström 1910; Neuburger 1901; Akert/Hammond 1962.

17 Siehe Mazzolini 1991, S. 74–81.

18 Zinn 1749; Zimmermann 1751. Siehe dazu Neuburger 1897, S. 144–148.

19 Haller 1768, S. 618–626.

20 Toellner 1967, 1971a; Roe 1984.

21 Haller 1765, S. 166.

22 Neuburger 1897, S. 125. Vgl. auch S. 213.

23 Ebd., S. 52.

24 Malpighi 1666; Mazzolini 1991, S. 75 f.

25 Haller 1768, S. 518–523.

26 Arnemann 1787b, S. 129.

27 Ebd., S. 169.

28 Haller 1768, S. 538.

29 Ebd., S. 540.

30 Lovejoy 1985. Auch wenn Lovejoys klassische Untersuchung über »Die große Kette der Wesen« nur noch naserümpfend zitiert wird, vermitteln insbesondere Kapitel 6 und 8 über die Anthropologie und Biologie wichtige Einsichten über die Stellung des Menschen im 18. Jahrhundert.

31 Schiebinger 1995, S. 114–167. Siehe auch Lovejoy 1985, S. 281–284; Wokler 1976, 1980; Corbey/Theunissen 1995.

32 Tyson 1751, S. 92–95. Siehe dazu Bynum 1973, S. 462 ff.

33 Tyson 1751, S. 54.

34 Ebd., S. 55.

35 Bynum 1973, S. 462–466.

36 Moscati 1771, vor allem S. 72–94.

37 Buffon 1766, S. 61. Vgl. auch Wokler 1976.

38 Lepenies 1980, S. 212 f. Zur Ideengeschichte des *homo duplex* siehe Azouvi 1985. Vgl. auch Dougherty 1990b.

39 Siehe dazu Wokler 1995, der diese Begriffsverschiebung im Anschluß an Lovejoy als ein Indiz für die Temporalisierung der Kette der Lebewesen und damit auch des Menschen ansieht.

40 Buffon 1753, S. 69 f. Vgl. auch Buffon 1749, S. 429–444.

41 Linné 1991, S. 272.

42 Lepenies 1983, S. 333–344. Vgl. auch Broberg 1983.

43 Linné 1955, S. 5 (für die Übersetzung aus dem Schwedischen danke ich Staffan Müller-Wille).

44 In einer Rezension der »Fauna Svevica« schreibt Haller: »Kaum kann er sich enthalten den Menschen zum Affen, oder den Affen zum Menschen zu machen.« (zit. n. Broberg 1983, S. 172).

45 Siehe beispielsweise Diderot 1989a, S. 48; zu Buffon und La Mettrie vgl. Broberg 1983, S. 173 f.; Sloan 1995, S. 121–133.

46 La Mettrie 1774, Bd. 1, S. 299 f.

47 Holbach 1960, S. 65.

48 Ebd., S. 83.

49 Diderot 1989c, S. 206. Siehe dazu Rudolph 1967.

50 Ebd., S. 168.

51 La Mettrie 1774, S. 299; Diderot 1989b, S. 100.

52 Holbach 1960, S. 82.

53 Diderot 1989b, S. 100; La Mettrie 1774, S. 339 f.

54 Krauss 1987, S. 11.

55 Moravia 1978.

56 Ebd., S. 58 f. Vgl. auch Moravia 1980; Williams 1994, S. 20–66.

57 Condillac 1754.

58 Bonnet 1769, Bd. 1, S. 18, 27. Das Konzept der »ideae materiales« wurde in Deutschland von Ernst Platner und Jacob Friedrich Abel sogleich aufgenommen (Riedel 1995, S. 433 f.), aber auch durchaus kritisch betrachtet, etwa von Dietrich Tiedemann (1777, S. 188 f.). Zu Platner siehe Košenina 1989.

59 Bonnet 1769, Bd. 1, S. 7.

60 Bonnet 1760, S. 18.

61 Ebd., S. 19 f.

62 Baud 1991, S. 324. Der Artbegriff ist bei Bonnet ähnlich ambivalent; auf der einen Seite das essentialistische Konzept des »natura non fecit saltus«, auf der anderen die prozeßhafte Entwicklung der Lebewesen. Nach Rieppel (1986) bleiben beide Positionen unvereint nebeneinander stehen.

63 Siehe Bitterli 1982; Sommer 1984; Mann/Dumont 1990; Mühlmann 1986, Kap. 3 und 4; Schiebinger 1995, Kap. 4.

64 Tyson 1751, S. 92.

65 d'Alembert/Diderot 1966–1995, Bd. 2, S. 865. Zum folgenden siehe auch Möbius 1905, S. 59–63; Bynum 1975, S. 29.

66 d'Alembert/Diderot 1966–1995, Supplement, Bd. 2, S. 299.

67 In diesen Zusammenhang gehören die kraniometrischen Studien des holländischen Anthropologen Pieter Camper, der eine gedachte Linie von der Stirn zur Oberlippe zog, daraus den sogenannten Kieferwinkel bestimmte und dann meinte, daß schwarze Menschen näher am Profil des Affen als am weißen Menschen zu verorten seien. Moravia (1977, S. 42 ff.) geht weder auf das rassendiskriminierende Potential der Camperschen Gesichtslinie noch auf die Diskussionen ein, die sich im Anschluß daran ergaben. Visser (1990) argumentiert, daß Camper trotz allem von einer Ebenbürtigkeit der Rassen überzeugt war. Viele seiner Zeitgenossen hätten ihn jedoch (bewußt oder unbewußt) im Sinne einer rassischen Hierarchie mißverstanden. Angesichts der Konjunktur, die die Physiognomik zur Zeit in der Kultur- und Wissenschaftsgeschichte und in der Literaturwissenschaft erfährt, wird Camper allerdings auch kritischer diskutiert als bei Visser. Siehe Schiebinger 1995, S. 202–205, 216–220. Zur Physiognomik allgemein siehe Schmölders 1995, 1996; Campe/Schneider 1996.

68 Monro 1787, S. 19–20. Siehe z. B. auch Metzger 1778, S. 3.

69 Ith 1794–1795, Bd. 1, S. 210.

70 Mayer 1794, Bd. 1, S. 373 ff.

71 Ebd., S. 375. Siehe z. B. auch Ploucquet 1782, S. 197 f.; Soemmerring 1796, S. 53 f.

72   Forster 1974, S. 189.

73   Platner 1772, S. 286.

74   Ebd., S. 285.

75   Für Jacob Friedrich Abel, den Lehrer Schillers, ist es in seiner Rede über das Genie vor der Karlsschule, also der Herzoglichen Militär-Akademie in Stuttgart, so evident, daß nur Männer Genies werden können, daß er auf Platners cerebrale Differenzierungen gar nicht eingeht (Abel 1995, vor allem S. 35–38). Zur Naturalisierung des weiblichen Intellekts siehe Daston 1992.

76   Bonnet 1760, S. 495.

77   Zum Überblick siehe Nisbet 1970; Wenzel 1990.

78   Häfner 1994.

79   Herder 1887, S. 115f.

80   Rousseau 1981, S. 283–290.

81   Herder 1887, S. 116f.

82   Ebd., S. 123–130.

83   Ebd., S. 124.

84   Herder 1892, S. 179.

85   Ebd., S. 180.

86   Riedel 1995, S. 430–436.

87   Siehe Kaufmann 1995a, S. 18ff., die den unmittelbaren Zusammenhang von »Erfindung« der Psychiatrie und der Kostenseite des bürgerlichen Selbstfindungsprozesses nachweist. Siehe auch Müller 1987; Obermeit 1980.

88   Aus literaturwissenschaftlicher Sicht siehe Schings 1994 und Riedel 1994.

89   Wenzel 1990, S. 147–150. Johann Friedrich Blumenbach hatte ursprünglich geplant, die »Ideen« für die »Göttingischen gelehrten Anzeigen« zu rezensieren; er beklagte sich in einem Brief an Soemmerring vom 3. Mai 1785 darüber, daß die naturhistorischen Details bei Herder oftmals nicht stimmten, hob aber gleichzeitig seine Bewunderung für die »mannigfaltigen Kenntnisse, die eigne Darstellungsart, die herrliche Sprache, das blinkende Licht in das er Sachen zu setzen weiß«, hervor (Wagner 1986, S. 307).

90   Platner 1790, S. 71f.

91   Ebd., S. 85.

92   Lichtenberg 1972b, S. 455f.

93   Platner 1790, S. 90.

Soemmerring und das Ende des Seelenorgans

1   Eine erste synoptische Zusammenfassung der Psychologie des 18. Jahrhunderts findet sich bei Carus 1808a, S. 653–689. Für einen neueren Überblick siehe die Bibliographie von Jahnke (1990), die den Zeitraum 1980–1989 erfaßt. Im Hinblick auf die Rolle der Erfahrungsseelenkunde bei der »Erfindung« der Psychiatrie siehe Kaufmann 1995a, S. 40–130, und bei der Herausbildung der philosophischen Psychologie im 19. Jahrhundert siehe Sachs-Hombach 1993, S. 34–43.

2   Siehe beispielsweise Neuburger 1897, S. 125. Riese (1946, S. 311) weist darauf hin, daß es sich um einen Wiederbelebungsversuch der mittelalterlichen Ventrikellehre handle. Vgl. auch Pogliano (1991, S. 147), der vermutet, daß Soemmerring sich mit seiner Hypothese im Fahrwasser der aufkommenden Naturphilosophie bewegt habe. Siehe dagegen Mann 1985, 1988; Hagner 1990b, 1993a. Zum Wirkungskreis von Soemmerring siehe vor allem Mann/Dumont 1985, 1988; Strack 1983.

3   Dieser Brief ist noch unpubliziert. Ich zitiere nach Soemmerring 1996b, S. 54.

4   Brief von Adelheid Amalie von Gallitzin an Soemmerring vom 12. 4. 1783. Zit n. Soemmerring 1996b, S. 385.

5   Siehe dazu Schäfer 1988 und Wenzel 1994.

6   Soemmerring 1784, S. 16–21. Genaugenommen stellt er fest, daß Schwarze dickere Hirnnerven haben. Aufgrund der von ihm aufgestellten Regel, wonach die Hirngröße in Relation zur Größe der Hirnnerven festgelegt sei, bedeutet dies für Soemmerring, daß Schwarze kleinere Gehirne besitzen.

7   Ebd., S. 20.

8   Ebd., S. 24.

9   Ebd., S. 21. Oehler-Klein (1990a, 1994) hat den Zusammenhang von Neuroanatomie, Physiognomik, antikem Schönheitsideal und Campers Theorie des Kieferwinkels bei der Konstruktion von Soemmerrings rassenspezifischer Hierarchisierung herausgearbeitet und dabei insbesondere die Bedeutung von Johann Joachim Winckelmann hervorgehoben.

10 Diderot 1989c, S. 166.

11 Für eine detaillierte Analyse von Soemmerrings Anthropologie vgl. Lilienthal 1990.

12 Soemmerring 1784, S. 4.

13 Soemmerring 1785, S. XIX.

14   Ebd., S. XX. Die Fürstin Adelheid Amalie von Gallitzin, Soemmer-
     ring freundschaftlich zugetan, riet diesem sogar noch nach der Pu-
     blikation der Neuausgabe in einem Brief vom 23. Dezember 1785:
     »Uebrigens lassen Sie es ja in alle gelehrte und andere Zeitungen
     nochmal ausführlich drucken, daß Mohren keine Affen, sondern
     Menschen, und nur diejenigen Weißen, die sie nicht als Brüder
     behandeln, Affen sind« (Soemmerring 1996b, S. 52). Immerhin
     hatte Soemmerring 1783 in den »Göttingischen gelehrten Anzei-
     gen« ein Buch von Alexander Wilson (»Some observations relative
     to the influence of climate on vegetable and animal bodies«) rezen-
     siert, in dem Sklaverei in bestimmten Teilen der Welt mit dem
     Argument gerechtfertigt wurde, daß nur so Kultur bestehen könne.
     Soemmerring zitierte diese Ansicht ohne Widerspruch und hielt
     das Buch darüber hinaus für so durchdacht und nützlich, daß er
     für eine Übersetzung ins Deutsche votierte (Soemmerring 1995,
     S. 156f.).

15   Ebd., S. 79. Die Differenz bleibt ungeachtet der Tatsache bestehen,
     daß der Begriff »ausarten« im 18. Jahrhundert gängig war und kei-
     neswegs den pejorativen Klang hatte wie ab dem 19. Jahrhundert.

16   Vgl. Dougherty 1985, S. 47. Siehe auch Lilienthal 1990.

17   Blumenbach an Soemmerring v. 16. 1. 1785. Abgedruckt in Wagner
     1986, Abt. I, S. 303ff. In den gleichen Zusammenhang gehört auch
     der Streit Blumenbachs mit seinem Göttinger Kollegen Christoph
     Meiners, der sich an der Frage eines gemeinsamen Ursprungs der
     Menschenrassen entzündet hatte. Siehe dazu Dougherty 1990a und
     Marino 1995.

18   Blumenbach 1787b; 1790, S. 84–118.

19   Lichtenberg 1972a, S. 273.

20   Zum Zusammenhang von zivilisatorischer Fortschrittsidee und der
     Entwertung des Bildes vom »edlen Wilden« bei Montesquieu, Buf-
     fon, Turgot und Voltaire siehe Kohl 1981. Trotz Rousseaus Zivilisa-
     tionskritik bilden kulturrelativistische Positionen, wonach Kulturen
     unabhängig vom eigenen, europäischen Standpunkt aus beurteilt
     werden (so Forster oder auch Herder in seiner Abhandlung »Auch
     eine Philosophie der Geschichte zur Bildung der Menschheit«), die
     große Ausnahme. Zur Relevanz dieses Problems für aktuelle an-
     thropologische Diskussionen über die Ermordung von James Cook
     auf Hawaii siehe Kaufmann 1995b.

21   Das zeigt sich bereits deutlich in der 2. Auflage seiner Schrift. Vgl.
     dazu Dougherty 1985.

22   Soemmerring 1990, S. 85.

23 Soemmerring 1791, S. 82.

24 Ebd., S. 83. Vgl. auch S. 72 f.

25 Ebd., S. 84.

26 Ebd., S. 85 f.

27 Ebd., S. 91.

28 Ebd., S. 90.

29 Ebd., S. 88.

30 Oehler-Klein (1990a, S. 77–80) stellt ein bislang unpubliziertes Manuskript »Meditationes de encephalo animalium« aus den späten siebziger und frühen achtziger Jahren vor, in dem Soemmerring einen Sitz der Seele mit dem Argument ablehnte, daß alle in Frage kommenden Strukturen auch beim Tier vorhanden seien bzw. »trotz eines kleineren Gehirns größer als beim Menschen gefunden werden. Man müsse also entweder den Tieren auch eine solche Seele zusprechen oder sie nicht in einem bestimmten Teil des Gehirns suchen.« (ebd., S. 80). Derart eindeutig materialistisch hat sich Soemmerring 1791 und später nicht mehr geäußert.

31 Zum Thema Soemmerring und Galvanismus siehe Kümmel 1985.

32 Soemmerring redet zumeist vom »Sensorium commune« oder »gemeinschaftlichen Empfindungsort«, aber auch vom »Sitz der Seele«. In §35 heißt es, als rhetorische Frage formuliert: »Warum soll [eine] homogene Feuchtigkeit unsern Geist nicht enthalten, ihm nicht als Organ dienen können?«

33 Haller 1762, S. 39–43.

34 Für dieses Versäumnis wurde Soemmerring in einer Besprechung seines Buches massiv kritisiert. Siehe Anonym 1796, S. 30.

35 Soemmerring 1796, S. 12.

36 Vgl. Soemmerring 1791, S. 48 f.; S. 87.

37 Soemmerring 1796, S. 17 f.

38 Ebd., S. 30.

39 Ebd., S. 23.

40 Bei der Sektion der Gehirne von Schwarzen hatte Soemmerring einen größeren Geruchs-, Gesichts- und fünften Nerven wahrzunehmen gemeint. Soemmerring 1784, S. 20.

41 Soemmerring 1796, S. 52.

42 Rothschuh 1958.

43 In der Hirnforschung hat die Überlegung der qualitativen Veränderung damals keine Früchte getragen, wohl aber in der Geschichte des Telegraphen, denn 1809 hat Soemmerring einen elektrochemischen Telegraphen entworfen. In seiner Schrift »Über einen elektrischen Telegraphen« stellt Soemmerring selbst die Analogie zur

Hirnphysiologie her. Allerdings ist nicht von der Ventrikelflüssigkeit die Rede, sondern vom Nervenstrang, »dessen einzelne Fäden auf gleiche Weise jeden erhaltenen Empfindungs-Eindruck im Allgemeinen, so wie den des kleinsten elektrischen Fünkchens im Besondern, isolirt und ungestört bis ins Gehirn fortpflanzen« (Soemmerring 1993, S. 135; siehe ebd. auch die instruktive Einführung in die Telegraphen-Schrift von Wenzel).

44 Soemmerring 1796, S. 36.

45 Ebd., S. 37.

46 Ebd., S. 38.

47 Ebd., S. 41.

48 Ebd., S. 42.

49 Ebd., S. 60. Vgl. auch die von Soemmerring in extenso zitierten Ausführungen von Johann Georg Tralles, ebd., S. 74 ff.

50 Dieser Ausdruck ist von Temkin (1946) geprägt worden, bezieht sich jedoch auf französische Physiologen wie Cabanis, Bichat und Magendie. In meinem Zusammenhang stützt sich der Begriff vor allem auf Lenoir 1980, 1981, 1989.

51 Blumenbach 1787a, S. 39. Dougherty (1988, S. 87 f.) weist mit Recht darauf hin, daß die Physiologie hier eine Wendung zum Dynamischen vornimmt, die über den Bezugsrahmen der »anatomia animata« des 18. Jahrhunderts, nämlich daß das Wissen von der Funktion der Körperteile auf der Anatomie basiere, hinausgeht.

52 Soemmerring 1796, S. 44.

53 KW 8, S. 483–488. Abweichend von der üblichen Zitation zitiere ich Kants Werke als »KW«, gefolgt von Band- und Seitenzahl.

54 Soemmerring 1796, S. 43.

55 Ebd., S. 58 ff.

56 Ebd., S. 42.

57 Ebd., S. 38.

58 Zu diesem Nachwort vgl. auch Riese 1946, S. 315 ff.; Riese/Hoff 1950, S. 59 ff.; McLaughlin 1985.

59 Zu diesen Entwürfen vgl. Warda 1903.

60 Kants Nachwort befindet sich auf S. 80–86 von »Organ der Seele« und wird zitiert wie Soemmerring 1796, S. 86.

61 KW 2, A 20 f., S. 931 f.

62 Ebd., A 18, S. 930.

63 KW 4, B 400/A 342, S. 341.

64 Soemmerring 1796, S. 84.

65 Ebd., S. 83 f.

66 Ebd., S. 85. Kants Anspielung auf die gelungene Zersetzung des

Wassers bezieht sich auf Henry Cavendishs 1784 erfolgte Spaltung des Wassers in die Gase Wasserstoff und Sauerstoff.

67 Zum folgenden siehe Wahrig-Schmidt 1992, S. 54.

68 Diese Sentenz bezieht sich naheliegenderweise nicht auf Soemmerring, sondern entstammt der Schrift »Über den Gebrauch teleologischer Prinzipien in der Philosophie« (KW 8, A 129, S. 165).

69 Soemmerring 1796, S. 46.

70 Im Gegenteil. In einem einleitenden Gruß zum Nachwort schreibt Soemmerring: »Der Stolz unsers Zeitalters, Kant, hatte die Gefälligkeit, der Idee, die in vorstehender Abhandlung herrscht, nicht nur seinen Beyfall zu schenken, sondern dieselbe sogar noch zu erweitern und zu verfeinern und so noch zu vervollkommnen« (Soemmerring 1796, S. 81). Aus heutiger Sicht ist eine solche (Selbst-)Einschätzung für einen Historiker außerordentlich schwer zu verstehen.

71 Brief von Goethe an Soemmerring vom 28. August 1796. Wagner 1986, S. 18 ff.

72 Brief von W. v. Humboldt an Schiller vom 28. September 1795. Schiller 1964, S. 359 f.

73 Lichtenberg 1973, S. 852. Die Denkfigur der Nähe, die notwendig wieder vom Gegenstand der Erkenntnis entfernt, zieht sich durch Lichtenbergs Denken. Vgl. dazu Stern 1974.

74 Soemmerring 1791, S. 87.

75 Soemmerring 1800, S. 388.

76 Ebd., S. 407.

77 Ebd., S. 408 f.

78 Ebd., S. 406.

79 Ebd., S. 384–387.

80 Ebd., S. 393.

Franz Joseph Galls Unternehmung: »... die ganze menschliche Natur zu erforschen«

1 Gall 1979.

2 Zu Gall siehe Möbius 1905; Neuburger 1916/17; Temkin 1947; Akkerknecht/Vallois 1956; Young 1990, S. 9–53; Lanteri-Laura 1970; Mann 1985; Oehler-Klein 1990b; Wegner 1991.

3 Nach Heintel (1986, S. 29) wurde der Begriff Phrenologie 1815 von dem englischen Naturforscher Thomas Forster geprägt, der wie-

derum durch Galls zeitweiligen Mitarbeiter Johann Caspar Spurzheim mit der Organologie vertraut gemacht worden war. Gall selbst hat den Begriff nicht akzeptiert, was möglicherweise damit zusammenhängt, daß Gall sich 1813 im Streit von Spurzheim getrennt hatte. Vgl. Galls ausführliche Auseinandersetzung mit Spurzheim in AP 3, S. XV–XXXIII. Ich zitiere Galls und Spurzheims Werk »Anatomie et physiologie du système nerveux« als »AP«, gefolgt von Band- und Seitenzahl.

4 Riese/Hoff 1950, S. 60; Swazey 1970; Clarke/Jacyna 1987, S. 241–244. Vgl. auch die Einleitung. Diese Terminologie sollte überhaupt erst im Hinblick auf die Auseinandersetzung zwischen Gall und Flourens benutzt werden.

5 Gall 1791, S. 103f. In seinem programmatischen Aufsatz von 1798 (Gall 1979) ist er jenem Klassifikationsschema auch noch gefolgt.

6 AP 2, S. 323. Noch nachdem Soemmerring sich längst aus der Hirnanatomie zurückgezogen hat, ärgert er sich über Galls Zurechtweisung, ohne daß er die Richtigkeit von Galls Aussage bestreiten kann. Siehe Oehler-Klein (1990b, S. 75).

7 AP 2, S. 324f.; 330ff.

8 Fonct. 3, S. 128. Ich zitiere Galls »Sur les fonctions du cerveau et sur celles de chacune de ses parties« als »Fonct.«, gefolgt von Band- und Seitenzahl.

9 Bentley 1916; Lesky 1967, 1970.

10 Gall führt mit Vorliebe Herder an, wenn er sich gegen den Vorwurf des Materialismus verteidigt. Umgekehrt war der späte Herder nach Zeugnissen Caroline Herders von Galls ersten Schriften außerordentlich fasziniert. Vgl. Häfner 1994.

11 Vgl. Temkin 1947, S. 89–92; Young 1990, S. 15f.; Lesky 1979, S. 21.

12 Neuburger 1916/17, S. 14.

13 Ebd., S. 22.

14 Ebd.

15 Gall 1807. Siehe dazu Ebstein 1924, S. 301f.

16 Neuburger 1916/17, S. 19.

17 Strasser (1984, S. 48–53) sieht eine Kontinuität von Galls Hirnlehre bis zu den medizinischen, physiognomischen und (kriminal-)anthropologischen Visualisierungstechniken, die ihre Legitimation aus angeblich gesellschaftsgefährdenden Entwicklungen zogen.

18 Gall 1791, S. VI–VII.

19 Ähnlich argumentiert Johann Christian Reil. Siehe Roelcke 1996, S. 57ff.

20 Gall 1791, S. 196.

21 Ebd., S. 63 ff., 187–191.
22 Ebd., S. IX.
23 Ebd., S. 25.
24 Ebd., S. 27 f.
25 Ebd., S. 174.
26 Riese/Hoff (1950, S. 62) verweisen darauf, daß die cerebrale Lokalisation geistiger Fähigkeiten nicht notwendig mit Materialismus verbunden ist. Andererseits ist der moderne Lokalisationismus stets in enger Nachbarschaft zum materialistischen Denken zu finden.
27 Foucault 1973a, S. 12.
28 Gall 1791, S. 196.
29 Ebd., S. 197 f.
30 Gall 1979, S. 47.
31 Gall 1791, S. 167.
32 Ebd., S. 51.
33 Ebd.
34 Gall 1979, S. 58.
35 Lavaters Physiognomik lehnt Gall mit dem Hinweis darauf ab, daß sie nicht von der Anatomie und Physiologie des Gehirns ausgehe. Auf bloße Introspektion des Gesichts und des Schädels könne die Wissenschaft vom Menschen nicht bauen. Siehe Fonct. 5, S. 429.
36 Gall 1979, S. 58 f. Zur Kritik an Kant siehe auch Fonct. 5, S. 209–212.
37 KW 10, S. 399. Natürlich war diese Kritik nicht explizit auf Gall bezogen und auch nicht neu. Eine ähnlich motivierte Absage an die anthropologische Medizin hatte Kant bereits 1773 in einem Brief an den Berliner Arzt Marcus Herz formuliert, wo es heißt, daß »die subtile u. in meinen Augen auf ewig vergebliche Untersuchung über die Art wie die organe des Korper mit den Gedanken in Verbindung stehen,« in seiner Anthropologie keine Rolle spiele (Kant 1922, S. 145).
38 AP 2, S. 328 f.
39 AP 3, S. 364.
40 Darin heißt es: »Da über diese neue Kopflehre, von welcher mit Enthusiasmus gesprochen wird, vielleicht manche ihren eigenen [Kopf] verlieren dürften, diese Lehre auch auf Materialismus zu führen, mithin gegen die ersten Grundsätze der Religion und der Moral zu streiten scheint, so werden Sie [d. i. der Staatskanzler Graf Lazansky, M. H.] diese Privatvorlesungen alsogleich […] verbieten lassen.« Zit. n. Lesky 1981, S. 301.
41 Lesky 1981, S. 306.
42 Gall selbst hat später den ungünstigen Bericht der Akademie unter

Vorsitz Cuviers auf das Eingreifen Napoleons zurückgeführt (Fonct. 2, S. 14). Zweifellos war Napoleon kein Freund Galls. Noch auf St. Helena soll er gesagt haben: »Ich habe viel zum Untergang Galls beigetragen. Corvisart war sein großer Anhänger; er und die Seinen haben eine große Neigung zum Materialismus« (zit. n. Neuburger 1916/17, S. 61). Von regierungsamtlicher Seite ist Gall durchweg der Vorwurf des Materialismus und der Unterminierung der Moral gemacht worden. Siehe Wegner 1988.

43 Gall/Spurzheim 1809, S. 272.

44 Ebd., S. 153f.; AP 1, S. 284ff. Zu Gall als Neuroanatom siehe Temkin 1953; Lesky 1979, S. 60–72. Galls Fasersysteme wurden häufig mit den in den sechziger Jahren des 19. Jahrhunderts von Theodor Meynert entdeckten Projektionsfasern (Verbindung von tiefer gelegenen Hirnteilen mit dem Cortex) und Assoziationsfasern (Verbindung der verschiedenen Cortex-Areale untereinander) identifiziert. Zumindest in funktioneller Hinsicht ist das nicht recht schlüssig, denn bei Meynert dienen erstere dem Transport der sinnlichen Eindrücke, letztere der Verknüpfung von Wahrnehmungen und Vorstellungen und gewährleisten die Ordnung des Denkens. Siehe aber Meynert 1867/1868.

45 AP 1, S. 24.

46 AP 2, S. 354.

47 Siehe auch Dörner 1975, S. 183: Galls craniologische Methode habe »wesentlich zu einer individualisierenden und damit humaneren Behandlung der Irren« beigetragen. Nach Goldstein (1987, S. 267) waren es in Frankreich vor allem die Galls Lehre nahestehenden Psychiater, die zur Etablierung des »moral treatment« beitrugen.

48 Foucault 1973a, S. 545. Dieses Zitat bezieht sich zwar auf die Definition des Geisteskranken, läßt sich aber auch auf die Organologie anwenden. Foucault geht an keiner Stelle von »Wahnsinn und Gesellschaft« auf Gall ein, obwohl die »materialistische Bemühung, den Wahnsinn in einen differenzierten organischen Raum zu stellen (Spurzheim, Broussais)« (ebd., S. 548), eine Konsequenz der Organologie ist.

49 Fonct. 6, S. 453, 462f.

50 Siehe AP 2, S. 364–453.

51 Rudolphi 1805, S. 151.

52 AP 2, S. 100.

53 Ebd., S. 108.

54 Diesen Begriff entlehne ich Temkin 1947, S. 286.

55 Siehe dazu Riese 1936b; Hécaen/Lanteri-Laura 1977, S. 59–88; Clarke/Jacyna 1987, S. 267–285; Goldstein 1987, S. 243–257; Williams 1994, S. 105–110, 182–186; Staum 1995.
Die Debatte um die Phrenologie in Edinburgh, wo Spurzheim besonders einflußreich war, hatte andere, lokalspezifische Gesichtspunkte. Nach Shapin (1975, 1979a&b) waren es vor allem intellektuelle Außenseiter, die die Phrenologie nicht nur als Vehikel für ihre Kritik am Establishment der schottischen Aufklärung benutzten, sondern in ihr auch eine materielle Grundlage für die Forderung nach sozialen und institutionellen Reformen sahen. Der Zusammenhang von Naturalismus und gesellschaftlicher Glaubwürdigkeit spielte eine wichtige Rolle für die hirnanatomischen Debatten in Edinburgh. Zur Geschichte der Phrenologie in England und USA siehe auch Cooter 1984. Zur Rezeption in Italien siehe D'Orazio 1993.

56 Vgl. Rosen 1946; Temkin 1946 a&b. Aus jüngerer Zeit vgl. auch Gross 1979; Lesch 1984.

57 Zu Cabanis siehe Staum 1978, 1980; Moravia 1977, S. 46–58. Zur Kritik der Idéologues in der Restaurationszeit siehe Jacyna 1987, Williams 1994, S. 111–136.

58 Cabanis 1802. Bd. 1, S. V-X.

59 Ebd., Bd. 2, S. 440.

60 Ebd., S. 567 ff.

61 Ebd., S. 462.

62 Cuvier war mit den Grundzügen von Galls Lehre seit 1802 vertraut, da Charles de Villers seine Schrift über Gall (deutsch 1803) als offenen Brief an Cuvier verfaßt hatte, was Gall zwar die gewünschte Publizität in Frankreich verschaffte, Cuvier allerdings, wie Wegner (1990) zeigt, aus verschiedenen Gründen nicht recht sein konnte. Gall versuchte vergeblich, Cuvier von seiner Lehre zu überzeugen. Siehe auch Outram 1984, S. 129–134.

63 Cuvier et al. 1913, S. 50.

64 Ebd., S. 62.

65 Ebd.

66 Ebd., S. 49 f.

67 Moreau de la Sarthe 1804, S. 260. Zu Moreau siehe Staum 1995, S. 447–450.

68 Gall/Spurzheim 1809, S. 7.

69 In AP 4, S. 397 zitiert Gall wörtlich aus Cuviers »Le Règne Animal«: »Der Instinkt verfügt über kein sichtbares Zeichen im tierischen Bau; doch die Intelligenz, soweit man sie beobachten kann, steht

zur relativen Größe des Gehirns und vor allem seiner Hemisphären in einem konstanten Verhältnis« (Cuvier 1817, S. 54f.).

70 Siehe hierzu Young 1990, S. 29–32.

71 Flourens (1824) teilt unzählige Experimente mit verschiedenen Tieren, sowohl Vögeln als auch Säugetieren mit.

72 Ebd., S. 162–167.

73 Ebd., S. 236–241.

74 Flourens 1842, S. 7f.

75 Elliott 1987, S. 66.

76 Die Auseinandersetzung erfolgt in Fonct. 6, S. 213–288.

77 Fonct. 6, S. 240f.; vgl. auch Fonct. 3, S. 157.

78 Fonct. 6, S. 236f. Über Flourens' Auseinandersetzung mit Rolando vgl. Clarke/Jacyna 1987, S. 293ff.

79 Fonct. 3, S. 157.

80 Fonct. 6, S. 218ff., 249f.; vgl. auch Fonct. 3, S. 156.

81 Fonct. 6, S. 40. Zum Antivivisektionismus siehe Rupke 1987.

82 Deren Hauptvertreter war Victor Cousin. Siehe dazu Goldstein 1987, S. 243–258; Williams 1994, S. 120ff.

83 Siehe Williams 1994, S. 182–188.

Seele und Gehirn zwischen methodischem Pluralismus und empirischem Skeptizismus

1 Den animalischen Magnetismus lehnte Gall als spekulativ und unbeweisbar ab (Gall 1806, S. 244ff.).

2 Siehe dazu Pircher (1989), der allerdings den Mesmerismus zu hoch und die Organologie zu gering veranschlagt.

3 Zu dieser Reise siehe Mann 1984.

4 Das erste Zitat entnehme ich einem Brief an Reinhard vom 1. 6. 1805, das zweite einem Brief an R. Maier vom 9. 1. 1806. Zit. n. Struve 1845a, S. 38 und 42.

5 Winkelmann 1806, S. 195.

6 Heyne an Soemmerring, 1. 8. 1805. Zit. n. Wagner 1986, Abt. 1, S. 96.

7 Heyne an Soemmerring, 30. 9. 1805, ebd., S. 98.

8 Auch Cuvier hat seine schneidendste Kritik an Gall, nämlich daß dieser seine Lehre in aller Öffentlichkeit vortrug, privat geäußert. Siehe dazu Outram 1984, S. 130–135. Zur Rezeption Galls in Deutschland siehe Struve 1843; Ebstein 1924; Blankenburg 1988; Oehler-Klein 1990b.

9   Diese Positionen werden vertreten von Walther (1802, 1804), Villers (1803) und Froriep (1801). Froriep schreibt allerdings, »daß der Name Physiognomik auf die Theorie nicht ganz passe, indem dieser Name nicht das Ganze umfaßt. […] Der Hauptgegenstand der Untersuchung ist das Gehirn« (Froriep 1801, S. 5).

10 Soemmerring 1996a, S. 516 f., 562 ff., das Zitat S. 564.

11 Soemmerrings Tagebucheintragungen Gall betreffend sind abgedruckt bei Mann 1985, S. 174–187, hier S. 186.

12 Soemmerring 1829, S. 52.

13 Ebd., S. 62. Zu den unterschiedlichen Methoden Galls und Soemmerrings vgl. Oehler-Klein 1988, S. 112–124.

14 Metzger 1803, S. 129 f. Die möglichen gesellschaftlichen Konsequenzen der Gallschen Lehre hebt auch Leune (1803) hervor.

15 Hildebrandt 1803, S. 734.

16 Reil sagt in seiner berühmten Schrift »Von der Lebenskraft«: »Ich werde daher den Grund aller Erscheinungen tierischer Körper […] in der tierischen Materie, in der ursprünglichen Verschiedenheit ihrer Grundstoffe und in der Mischung und Form derselben suchen« (Reil 1910, S. 3). Somit sollen Physik und Chemie den Weg zur Erforschung der organischen Erscheinungen weisen (vgl. auch Reil 1795, S. 5 f.).

17 Ackermann 1800, S. 83 ff.; vgl. auch S. 156–161.

18 Ebd., S. 350.

19 In seiner Verteidigung gegen Ackermann sagt Gall, er habe nie behauptet, daß die Organe auf die Rindensubstanz beschränkt seien (Gall 1806, S. 250). Oehler-Klein (1990b, S. 104) weist mit Recht auf diese Stelle hin. Allerdings hat ein Antagonismus zwischen Hirnrinde und Mark in den physiologischen Vorstellungen zweifelsohne existiert.

20 Ackermann 1806, S. 138.

21 Ebd., S. 119 ff.

22 Ebd., S. 144.

23 Ebd., S. 116.

24 Ebd., S. 158. Im übrigen hat Ackermann als einer der ersten die »Körperliche Verschiedenheit des Mannes vom Weibe« anatomisch begründet, solche Unterschiede aber ausdrücklich nicht am Gehirn festgemacht. Siehe Honegger 1991, S. 171–179.

25 Ackermann 1806, S. 102.

26 Bischoff 1805; Walter 1805.

27 Wie ernst Gall den Angriff Ackermanns nahm, ergibt sich aus seiner prompten und ausführlichen Antwort (Gall 1806).

28 Vgl. dazu Temkin (1946a), der vor allem Sensualismus und *Idéologie* als konzeptuellen Hintergrund für die Entwicklung einer Experimentalkultur ansieht. Lesch (1984) argumentiert, daß die experimentelle Richtung durch die Pariser klinische Medizin und insbesondere eine forcierte Ausbildung in der Chirurgie befördert wurde. Elliott (1987) sieht eher die veterinärmedizinischen Schulen als institutionelle Basis der experimentellen Physiologie.

29 Rolando 1809, S. 31.

30 Ebd., S. 32.

31 Flourens 1824, S. 274.

32 So exakt hat Bell das nie formuliert (vgl. Bell 1911, S. 31). Darum kam es, als Magendie (1823) die Ergebnisse wohl ohne Kenntnis Bells präzisierte, zu einem anhaltenden Prioritätsstreit, an dem sich später auch die Medizinhistoriker eifrig beteiligten.

33 Johannes Müller (1832, S. 375 f.; ibid. 1836, S. CXXXIX) etwa zählt Bells Lehrsatz zu den wichtigsten Ereignissen in der Nervenphysiologie. Eble (1836, S. 252) subsumiert die Entdeckung unter die Wirkungsart der Nerven. Neuburger (1897, S. 216) sieht in ihr »die Voraussetzung für die völlige Klärung der Reflexvorgänge«, und auch Clarke & Jacyna (1987, S. 110 ff.) behandeln den Lehrsatz im Kapitel über die Reflexlehre.

34 Bell 1911, S. 31.

35 Im Gegenteil: Bell war ein dezidierter Gegner der Vivisektion. Vgl. Neuburger 1897, S. 221.

36 Bell 1911, S. 15.

37 Ebd., S. 31.

38 Ebd., S. 35.

39 Ebd., S. 41.

40 Ebd., S. 40 ff.

41 Ebd., S. 40.

42 J. u. K. Wenzel 1806, S. 11.

43 Rudolphi 1805, S. 162.

44 Über die Gebrüder Wenzel siehe Asendorf 1981; Kutzer 1988.

45 J. u. K. Wenzel 1806, Vorrede (ohne Paginierung).

46 Kutzer (1988, S. 352 f.) führt eine Reihe von zeitgenössischen Autoren (Tiedemann, Carus, Meckel und Burdach) an, die das als besonderen Mangel empfanden.

47 J. u. K. Wenzel 1806, S. 6.

48 Ebd., S. 27.

49 J. u. K. Wenzel 1812, S. 199–206. Vgl. dazu Kutzer 1988, S. 341 ff.

50 Williams 1994, S. 78–90.

51 Lesky 1954, S. 158. Siehe auch Temkin 1946a, Rosen 1946 und Ackerknecht 1950.

52 Lesky 1954, S. 157.

53 Ein Indiz für die Rezeption ist die frühzeitige Übersetzung von Cabanis' programmatischer Schrift »Ueber den möglichen Grad der Gewissheit in der Arzneiwissenschaft« (Cabanis 1799).

54 Haller 1772, S. 67.

55 Rudolphi 1805, S. 159.

56 Rudolphi 1812a, S. 41 f. Zu Rudolphi vgl. Müller 1837; Dittrich 1967.

57 Vgl. dazu im Detail Hagner 1990b.

58 Rudolphi 1802, S. 181.

59 Ebd., S. 163.

60 Ebd., S. 189.

61 Rudolphi 1805, S. 164.

62 Ebd., S. 155.

63 Ebd., S. 137–146.

64 Ebd., S. 145.

65 Rudolphi wendet seine protestantisch verwurzelten Moralvorstellungen auch auf die Nützlichkeit des Wissenschaftlers an: »Daher leisten auch Menschen mit weniger glücklichen Anlagen, allein mit unermüdlichem Fleiss, für die Wissenschaften ungleich mehr, als herrliche Anlagen mit geringer Beharrlichkeit« (Rudolphi 1821–1828, Bd. 2/1, § 330).

66 Honegger 1991, S. 170.

67 Rudolphi 1812c, S. 179.

68 So heißt es: »Mit einer bestimmten körperlichen Bildung, mit einer gewissen Entwicklung des Gehirns, höhere Geistesanlagen; der thierische Blick des Papu drückt seine Fähigkeiten aus.« (Rudolphi 1812b, S. 158–159). Als physischer Anthropologe ist Rudolphi Rassist; als Dichter ist er es nicht. In einem Band mit Gedichten bezeichnet er schwarzafrikanische Sklaven als seine »Brüder« und wendet sich scharf gegen die Sklaverei (Rudolphi 1798).

69 Rudolphi 1805, S. 164.

70 Meckel 1815b. Zu Meckel siehe Beneke 1934.

71 Reil 1807–1808, S. 5.

72 Meckel 1815a, S. III.

73 Rudolphi war in Berlin in die anhaltenden Auseinandersetzungen um den Mesmerismus involviert. Vgl. dazu Lenz, 1910–1918, Bd. 1, S. 550–564; Oppeln-Bronikowski 1928, S. 254, 348–351; Artelt 1965. Siehe auch Erman 1925; Schott 1985, 1986; Blankenburg 1986.

74 Meckel 1815–1820, Bd. 1, S. 288f. Mit Gall und Vicq d'Azyr nimmt Meckel an, daß es die graue Substanz sei, insistiert aber nicht darauf.

75 Ebd., S. 315.

76 Ebd., S. 328.

77 Siehe Home 1817.

78 Siehe z.B. Mehlis 1818.

79 Meckel 1815–1820, Bd. 1, S. 328.

80 Meckel 1823, S. 243; vgl. auch S. 155.

81 Meckel 1815–1820, Bd. 1, S. 318; vgl. auch S. 324.

Die organische Seele und das willkürliche Gehirn in der romantischen Naturphilosophie

1   Heine 1966, S. 199.

2   So die These von Marquardt 1982, S. 99.

3   Schelling 1805, S. VI.

4   Tsouyopoulos 1981, 1982. Aus etwas anderer Perspektive siehe v. Engelhardt 1984; Lammel 1990, bes. S. 58–71 und Wiesing 1995, S. 187–213. Zum Verhältnis von Naturphilosophie und Naturwissenschaft siehe auch Rosen 1951; Risse 1972; Figlio 1975, 1976; v. Engelhardt 1975, 1979, 1981; Gregory 1989a&b; Lohff 1990; Tsouyopoulos 1992; Cunningham/Jardine 1990.

5   Vgl. Durner 1985, 1990, 1991; Schelling 1994.

6   Schelling 1857a, S. 58–61.

7   Schelling 1857b, S. 527.

8   Ebd., S. 348.

9   Kielmeyer 1993. Zu Kielmeyer siehe Kanz 1991, 1994.

10 Schelling 1857b, S. 565.

11 Schelling 1857a, S. 53f.

12 Ebd., S. 56.

13 Schelling 1857b, S. 564.

14 Schelling 1857a, S. 305.

15 »Die Naturphilosophie, damit sie nicht in ein leeres Spiel mit Begriffen ausarte, muß für alle ihre Begriffe eine entsprechende Anschauung nachweisen. Es fragt sich daher, wie eine absolute Thätigkeit, wenn eine solche in der Natur ist, empirisch, d. h. im endlichen, sich darstellen werde« (Schelling 1985, S. 330).

16 Schelling 1959, S. 489.

17 Hegel 1982, S. 261. Siehe dazu Oehler-Klein 1990b, S. 236–242.

18 Winkelmann 1806, S. 166.

19 Steffens 1805, S. 29.

20 Zu Reil siehe Beneke 1913; Neuburger 1913c; Lewis 1958; Zaunick 1960; Kaiser/Mocek 1979; Hansen 1985, 1993; Schott 1988; Mocek 1995.

21 Reil 1803.

22 Siehe Kaufmann 1995a, S. 172f.

23 Reil 1817a, S. 105.

24 Reil 1811, S. 4.

25 Reil 1817b, S. 130.

26 Reil 1811, S. 8.

27 Ebd., S. 16.

28 Ebd., S. 17.

29 Reil 1811, S. 103.

30 Reil 1788/89, S. 351. Siehe dazu Roelcke 1996, S. 57ff.

31 Reil 1811, S. 131.

32 Reil 1817a, S. 37. Nach diesem Modell teilt er auch die Geisteskrankheiten in Körperkrankheiten, Nervenkrankheiten und Krankheiten des Gehirns ein (ebd., S. 56).

33 Descartes 1986b, S. 346ff. Siehe Starobinski 1991, S. 14.

34 Reil 1817a, S. 83.

35 Reil 1807, S. 241.

36 Ebd., S. 210.

37 Ebd.

38 Reil 1807, S. 243.

39 Ebd., S. 221f.

40 Reil 1812b, S. 204.

41 Ebd., S. 226.

42 Ebd., S. 245f.

43 Reil 1808, S. 553.

44 Ebd., S. 579.

45 Ebd., S. 569f.

46 Reil 1812b. Reil beschreibt hier einen Fall von Alexie und Agraphie nach Apoplexie, die zu einer Schwäche der einen Hirnhälfte geführt habe.

47 Reil 1806, S. 562.

48 Ebd., S. 565.

49 Ebd., S. 564, 569.

50 Ebd., S. 562.

51 Reil 1807/1808, S. 1f.

52 Ebd., S. 2.

53 Ebd., S. 4.

54 Die Unterwerfung unter die Napoleonische Herrschaft war für die Reformulierung von Wissenschaft und Bildung und deren institutionelle Verankerung, etwa bei der Gründung der Berliner Universität, von großer Bedeutung. Vgl. Schelsky 1963, S. 54–60. Auch Reil hat dabei eine wichtige Rolle gespielt. So konzipiert er eine grundlegende Reform des Medizinstudiums im Rahmen einer generellen Strukturänderung der Universität Halle (Reil 1804, 1913). Diese Vorstellungen wiederholt er 1807 in einem Memorandum zur Gestaltung der Medizinischen Fakultät für eine zu planende Universität in Berlin. Er wird daraufhin nicht nur nach Berlin berufen, sondern ist auch Humboldts engster Berater bei der Zusammensetzung der Fakultät. Vgl. Lenz 1910–1918, Bd. 1, S. 46–60; Broman 1989, S. 43–50.

55 Reil 1807/1808, S. 386.

56 Reil 1816, S. 420.

57 Reil 1807/1808, S. 273 f.

58 Reil 1816, S. 275, 384, 410.

59 Gall an Dr. Müller vom 18. 8. 1827 (Struve 1845b, S. 157).

60 Reil 1795, S. 5.

61 Reil 1913, S. 63.

62 Ebd., S. 64.

63 Bromans These, daß Naturphilosophie ein Programm darstelle, um eine Universitätswissenschaft mit Philosophie und Medizin an der Spitze zu etablieren, scheint mir der Spezialfall eines komplexeren Verhältnisses zu sein. Siehe Broman 1989, S. 52; 1996, S. 86–102.

64 Gall an Streicher vom 15. 10. 1805 (Neuburger 1916/17, S. 13).

65 Zu Autenrieth siehe Stübler 1948; Grüsser 1987, S. 34–41.

66 Autenrieth 1802, S. 280.

67 Ebd., S. 281.

68 Ebd., S. 291.

69 Ebd., S. 303.

70 Siehe Autenrieth 1825, 1836.

71 Undatierter Brief an Reil, zit. n. Stübler 1948, S. 81.

72 Walther 1807–1808, Bd. 2, S. 243.

73 Ebd., S. 252.

74 Walther 1802, S. 7.

75 Ebd., S. 12.

76 Ebd.

77 Ebd., S. 15.

78 Walther 1807–1808, Bd. 2, S. 350.

79 Ebd., S. 341.

80 Ebd., S. 347 ff.

81 Steffens 1822, Bd. 2, S. 322.

82 Zu Görres vgl. Hirschfeld 1930, S. 15–21; Leibbrand 1956, S. 120–126; Oehler-Klein 1990b, S. 252–256.

83 Görres 1932, S. 190.

84 Görres 1805, S. XXIV.

85 Ebd., S. XIX.

86 Ebd., S. XIV–XV.

87 Ebd., S. XXXI.

88 Ebd., S. XV.

89 Ebd., S. 161.

90 Ebd., S. IX.

91 Kurze Zeit später verfaßt Görres gemeinsam mit Clemens Brentano die Groteske »BOGS, der Uhrmacher«, die mit einer Parodie auf eine Gehirnsektion schließt, im Rundumschlag aber auch die Naturphilosophie trifft. Fokus der Kritik ist jedoch die Verwissenschaftlichung der Natur, der Lebenswelt und des Menschen, und wieder steht die Organologie im Mittelpunkt. Vgl. Oehler-Klein 1990b, S. 257–267.

92 Carus 1808a, S. 692.

93 Siehe Scheerer 1989, Sp. 1609 ff.

94 Siehe dazu Röttgers 1991.

95 Novalis 1981, S. 272, 380.

96 Ebd., S. 540.

97 Novalis 1968, S. 352.

98 Ebd., S. 274.

99 Augustin 1809, S. 7.

100 Walther 1807/1808, Bd. 1, S. 15.

101 Troxler 1804, S. 197 f.

102 Ein Beispiel wäre Ignaz Doellingers Differenzierung des organischen Apparats in »automatisches Leben« und in »sensorielles Leben«. Dieses ist unter anderem in der Großhirnhöhle repräsentiert, jenes in der Kleinhirnhöhle (Doellinger 1813, S. 18 f.).

103 Carus 1808b, Bd. 1, S. 35 f. Zur Entwicklung der Psychologie als dritten Weg zwischen physiologisch geprägter Empirie und Metaphysik siehe Sachs-Hombach 1993.

104 Wilbrand 1815, S. 344; Heinroth 1827, S. VI.

105 Eschenmayer 1982, S. 213.

106 Ebd., S. 215 f.

107 Ebd., S. 219.

108 Heinroth 1827, S. 271.

109 Ebd., S. 220.

110 Heinroth (1818) baute auf dieser Basis seine berüchtigte psychiatrische Sündentheorie auf. Zur Psychiatrie der Romantik siehe u.a. Dörner 1975, S. 259–281; Marx 1990/1991; Kaufmann 1995a.

111 Gruithuisen 1812, S. 398.

112 Stichweh 1984, S. 300. Siehe auch Rothschuh 1959a&b, 1960; Stichweh 1984, S. 298–317; Pera 1992; Strickland 1995.

113 Vgl. Riese 1962; Schaffer 1990.

114 Ritter 1806, S. 39.

115 Schelling schlägt sich nur mit großer Vorsicht auf die Seite Galvanis und Alexander von Humboldts, die die Existenz einer tierischen Elektrizität postulierten. Siehe Schelling 1857b, S. 556–560.

116 Siehe Neuburger 1897, S. 222–227; Walker 1957b.

117 Über Experimente mit Guillotinierten und Diskussionen, ob ein vom Rumpf getrennter Kopf noch über Bewußtsein bzw. über Schmerzempfindung verfüge, siehe Jordanova 1989; Mann 1977, 1990; Outram 1989, S. 111–123; Koch 1990, S. 81–88.

118 Froriep 1803, S. 334.

119 Ebd.

120 Ebd., S. 335f.

121 Humboldt 1797, Bd. 1, S. 280.

122 Anonym 1804, S. 45f.

123 Voigt 1803, S. 167.

124 Aldini 1804, Bd. 1, S. 130. Aldini führte übrigens auch Selbstversuche durch, bei denen es zu »une forte action à la tête« (ebd., S. 217) kam und er mehrere Tage unter Schlaflosigkeit litt.

125 Vgl. Rothschuh 1960, S. 36f.; Pera 1992, S. 158–163.

126 So Doemling 1802, S. 148.

127 Siehe Mann 1977, S. 64. Zur Geschichte des Umgangs mit Leichen in England siehe Richardson 1989.

128 Wendt 1803, S. 32.

129 Weinhold 1817, S. 305.

130 Siehe Evans 1984.

131 Clossius 1797, S. 28.

132 Voigt 1804, S. 63.

133 Froriep 1803, S. 335.

134 Shelley 1988, S. 15.

135 Wagner 1803, S. 499.

136 Ebd., S. 501.

137 Ebd., S. 504.
138 Nur bis zur Mitte des 20. Jahrhunderts, als es dem kanadischen Neurochirurgen Wilder Penfield gelang, während der Operation das Gehirn der wachen Patienten im Bereich des Temporallappens zu stimulieren und Halluzinationen und Illusionen optischer und akustischer Art auszulösen. Siehe Hagner 1996, S. 79 f.
139 Ritter 1810, Bd. 2, S. 25.
140 Ebd., S. 24 f.
141 Weinhold 1817, S. 298.
142 Bartels z.B., der seine »Biologie« sogar Ritter widmet, bezieht sich ausdrücklich auf Stahl (Bartels 1808, S. 135).
143 v. Engelhardt 1981.
144 Troxler 1804, S. 259.
145 Prochaska 1820, S. 81, 168.

Zeitlichkeit, Asymmetrie und Polarität: Naturphilosophie in der romantischen Hirnforschung

1 Steffens 1805, S. 46.
2 Eschenmayer 1982, S. IX.
3 Siehe Lenoir 1980, 1981 & 1989, S. 54–111.
4 Tiedemann 1816, S. V.
5 Meckel 1815–1820, Bd. 1, S. VII–IX.
6 Clarke/Jacyna 1987, S. 38–41. Vgl. auch Temkin 1950.
7 Doellinger 1824, S. 11.
8 Carus 1814, S. 298.
9 Ich beziehe mich auf Karl & Joseph Wenzel 1812; Doellinger 1813; Ackermann 1813; Carus 1814; Meckel 1815b; Tiedemann 1813, 1816.
10 Ackermann 1813, S. 77–80.
11 Tiedemann 1813, S. 94.
12 Meckel 1815b, S. 8–21.
13 Tiedemann 1816, S. 97.
14 Ebd., S. 99 f.
15 Carus 1814, S. 415.
16 Meckel 1815b, S. 416.
17 An anderer Stelle schreibt Meckel, »daß also der Embryo von den niedrigsten Bildungen an bis zum vollkommenen Zustande allmählig immer höhere Formen durchläuft« (Meckel 1815–1820, Bd. 1, S. 51 f.). Schon vor Meckel haben Kielmeyer und Doellinger das

später so genannte »biogenetische Grundgesetz« am dezidiertesten formuliert. Vgl. Kielmeyer 1993, S. 38f.; Doellinger 1805, S. 298.

18 Tiedemann 1816, S. 112, 124, 147.

19 Ebd., S. 170.

20 Ebd., S. 3.

21 Tiedemann 1837, S. 18, 47f., 63f.

22 Burdach 1848, S. 363. Zu Burdach siehe Feremutsch 1953, 1978; Meyer 1966, 1970.

23 Burdach 1806, Bd. 1, S. VIII.

24 Burdach 1810, S. 2.

25 Ebd., S. 17.

26 Ebd., S. 769.

27 Ebd., S. 786.

28 Ebd., S. 787.

29 Ebd., S. 774.

30 BLG 2, S. 191–243. Ich zitiere Burdachs Werk »Vom Baue und Leben des Gehirns« als »BLG«, gefolgt von Band- und Seitenzahl.

31 BLG 2, S. 227.

32 BLG 3, S. 159.

33 Ebd., S. 160.

34 Ebd., S. 269.

35 BLG 2, S. 229.

36 BLG 3, S. 264f.

37 Ebd., S. 264.

38 Ebd., S. 265.

39 Ebd., S. 266.

40 BLG 3, S. 413.

41 Carus 1843, S. 162.

42 Ebd., S. 382. Zur weiteren Geschichte dieser Schematisierung siehe Schiller 1985; Hagner 1996.

43 Zur Bedeutung der Links-rechts-Asymmetrie für die Hirnforschung in der zweiten Hälfte des 19. Jahrhunderts siehe Harrington 1987, die allerdings Burdach nicht erwähnt.

44 BLG 3, S. 358f.

45 Fonct. 2, S. 248–252.

46 Autenrieth 1802, S. 291.

47 BLG 3, S. 359.

48 Ebd., S. 362.

49 Ebd., S. 374.

50 Ebd., S. 350.

51 Ebd., S. 363.

52 Vgl. Harrington 1987, S. 100.

53 BLG 3, S. 364.

54 Bibliographien zu Carus bieten Zaunick 1930, v. Engelhardt 1978; Grosche 1993. Carus ist mit der Psychoanalyse, der Anthroposophie, der Konstitutionslehre Ernst Kretschmers, der Charakterologie und der Biosophie von Ludwig Klages und mit der Verknüpfung von Rassismus und Nationalismus in Zusammenhang gebracht worden, zählte aber auch in der DDR zum anerkannten geistig-kulturellen Erbe.

55 Mosse 1990, S. 57. Vgl. auch Müller-Tamm 1995, S. 115–137.

56 Carus 1865, S. 24. Über die theoretischen Beziehungen zwischen Burdach und Carus siehe Poggi 1988; Hagner 1992a. Zur Carusschen Neuroanatomie siehe Feremutsch 1951.

57 Carus 1814, S. 6.

58 Ebd., S. 14.

59 Ebd., S. 20.

60 Ebd., S. 50.

61 Ebd., S. 301.

62 Ebd., S. 310.

63 Carus 1938, S. 74.

64 Carus 1814, S. 311. Vgl. auch Carus 1931, S. 260ff.

65 Carus 1938, S. 71.

66 Carus 1814, S. 120f.

67 Ebd., S. 266; vgl. auch S. 232.

68 Ebd., S. 287.

69 Carus 1841, S. 7.

70 Ebd., S. 9.

71 Ebd., S. 11f. Vgl. auch Carus 1843; 1925, S. 170–175.

72 Carus 1843, S. 156.

73 Carus 1925, S. 57.

74 Siehe z.B. den Briefwechsel zwischen Anders Retzius und Karl Ernst von Baer (Ottow 1963, S. 35, 38).

75 Carus 1925, S. 52f.

Von den Schwierigkeiten des Experiments zum anatomischen Nervenmann

1 Wagner 1997, S. 39.

2 Ebd., S. 28.

3 Ebd., S. 41.

4   Foucault 1977, S. 191.

5   Siehe hierzu Lenoir 1992a, S. 33–40, 63–70, 1992b; Gradmann 1996.

6   Für die französischen Physiologen siehe die ausführlichen Beschreibungen bei Magendie (1841, S. 174–209) und Longet (1842, S. 640–654; 1850, S. 20–75).

7   Longet 1850, S. 20f.

8   Magendie 1841, S. 172.

9   Siehe dazu Bachelard 1987, S. 46, der diesen Prozeß als »obstacle« definiert.

10   Longet 1850, S. 35.

11   Jacyna 1987.

12   Desmoulins 1825, Bd. 2, S. 606.

13   Longet 1842, S. 663f.

14   Zur kritischen Rezeption von Flourens unter Phrenologen siehe Clarke/Jacyna 1987, S. 262–266; Williams 1994, S. 185–188. Ähnlich positiv wurde Gall auch in den entstehenden Sozialwissenschaften rezipiert. Sowohl Auguste Comte als auch Adolphe Quetelet haben sich explizit auf die biologischen Grundlagen der Organologie bezogen (siehe Oehler-Klein 1990b, S. 366–374; Campe 1993). Neben dem Lokalisationsgedanken steht dabei vor allem der Aspekt der Heredität im Vordergrund, Kernstück der Rassentheorien in der zweiten Hälfte des 19. Jahrhunderts. Vor den Sozial-Darwinisten und Eugenikern hat niemand die Heredität so stark gemacht wie die Phrenologen. Die Phrenologen plädierten jedoch weder für Rassenreinheit noch für staatliche Interventionen. Indes zeigt sich auch hier, daß Galls Ideen weite Kreise zogen: Einflußreiche Theoretiker wie Herbert Spencer und Francis Galton begrüßten die Phrenologie ebenso wie Comte und Quetelet (siehe Hilts 1982, Smith 1982, Cooter 1984).

15   Harrington 1987, S. 39.

16   Siehe Benton 1964, 1984; Benton/Joynt 1960; Hunt 1868/1869; Marx 1966; Riese 1947, 1977.

17   Noch Burdach hat in seiner Sammlung keinen besonderen Wert auf Sprachstörungen gelegt und sie gemeinsam mit den Lähmungen der Zunge klassifiziert. BLG 3, S. 315.

18   Fonct. 5, S. 12f.

19   Ebd., S. 30–35.

20   Ebd., S. 28f., 37f.

21   Bouillaud 1825a, S. 42. Zur narrativen Struktur von Bouillauds Fallstudien, die eine neue Stufe in der Beschreibung der Aphasien bedeuten, siehe Jacyna 1994.

22 Bouillaud 1827.
23 Bouillaud 1825b, S. XXI–XXII.
24 Zur Rezeption Bouillauds siehe Hécaen/Lanteri-Laura 1977, S. 86ff.; Harrington 1987, S. 38ff.; Clarke/Jacyna 1987, S. 267f., 303–307.
25 Cruveilhier 1839/1840.
26 Andral 1840, S. 368; vgl. Benton 1984.
27 Magendie 1839, S. 146f.
28 Longet 1842, S. 660f.
29 Bouillaud 1830.
30 Longet 1842, S. 692–695.
31 Schweber 1996, S. 108; zu Broca siehe Schiller 1979.
32 Williams 1994, S. 207–212, 233–243.
33 Broca 1877, S. 323f. Zur Frühgeschichte der Societé d'Anthropologie siehe Harvey 1983; Williams 1985; 1994, S. 256–272.
34 Schweber 1996, S. 109; Williams 1994, S. 260.
35 Gould 1988, S. 84–112; Harrington 1987, S. 40ff.
36 Broca 1861.
37 Trousseau 1864.
38 Harrington 1987, S. 40–63; 1991, S. 208f.
39 Siehe Nye 1984; Pick 1989.
40 Dax 1865.
41 Broca 1865.
42 Vgl. Harrington 1987, S. 51–57, 100.
43 Ebd., S. 101–104. Für Details siehe vor allem Nye 1984.
44 Müller 1967, S. III.
45 Siehe dazu die Ausführungen von Doellinger in seiner offiziellen Rede über die Fortschritte der Physiologie vor der Münchener Akademie der Wissenschaften. Die Sinne seien ein schwieriges Arbeitsgebiet, doch werde der Wissenschaftler durch das »schöne Geschenk der Empfindung, womit der Schöpfer den Menschen und die höhern Thiere beglückte« (Doellinger 1824, S. 19), entschädigt.
46 Purkyně 1973, S. 48.
47 Purkyně 1987, S. 77.
48 Ebd., S. 78.
49 Siehe Müller 1827, S. 66f. Dazu paßt es, daß der ethische Gesichtspunkt des Verhältnisses von Sinnlichkeit und Sittlichkeit für Müller eine große Rolle spielt. Vgl. dazu Hagner 1992b.
50 Degen 1956, S. 337. Purkyně hielt seine Universitätsvorlesungen in Breslau zur physiologischen Psychologie erst einige Jahre später.
51 Hartmann 1820, S. 288.
52 Müller 1834–1840, Bd. 1, S. 836.

53 Ebd., Bd. 2, S. 516.

54 Ebd., S. 517.

55 Für einen allgemeinen Überblick siehe Clarke/Jacyna 1987, S. 60–87.

56 Ehrenberg 1836, S. 42.

57 Siehe Toellner 1971b; Clarke/Jacyna 1987, S. 69–84.

58 Purkyně 1937, S. 88.

59 In dem Artikel »Cranioskopie«, den er 1832 für das »Encyclopädische Wörterbuch der medicinischen Wissenschaften« verfaßt, fällt er ein vernichtendes Urteil über Gall. Siehe Purkyně 1941, S. 123.

60 Ehrenberg 1838, S. 1.

61 Mayer 1838, S. 73.

62 Ebd., S. 77.

63 Siehe dazu Bidder 1847, S. 3–6.

64 Müller 1834–1840, Bd. 2, S. 554. Müllers Hauptangriffspunkt bildet hier die Seelenatomistik Johann Friedrich Herbarts. Siehe dazu Wahrig-Schmidt 1988, S. 99 ff.

65 Siehe Canguilhem 1964.

66 Clarke/Jacyna 1987, S. 106.

67 Zu Hall siehe Clarke/Jacyna 1987, S. 116–124.

68 Hall 1836, S. 6.

69 Ebd., S. 13, 25. Vgl. auch Hall 1842, S. 31 f.

70 Müller 1834–1840, Bd. 1, S. 698 ff.

71 Volkmann 1837, S. 161 f.; 1842, S. 596.

72 Ich folge hier weitgehend Jacyna 1982.

73 Doellinger 1814, S. 27.

74 Müller 1827, S. IX.

75 Siehe dazu Rheinberger 1992.

76 Müller 1831, 1832.

77 Müller 1832, S. 375.

78 Mayer 1833, S. 682.

79 Hertwig 1826, S. 5 f.

80 Purkyně 1951, S. 9.

81 Krauss 1824.

82 Siehe Coleman 1988; Kremer 1992.

83 Helmholtz 1863, S. 195.

84 Magendie 1839, S. 6. Die Aufgabe der anatomisch begründeten Struktur-Funktions-Beziehung kann für die Entwicklung der Experimentalphysiologie gar nicht hoch genug eingeschätzt werden und findet in Frankreich ihren Höhepunkt mit Claude Bernard. Vgl. Clarke/Jacyna 1987, S. 14.

85 Schiff 1858/1859, S. 331.

86 Müller 1836, S. CLXXV–CLXXVI.

87 Beispiele für solche Symbiosen wären die Zusammenarbeit von Jakob Henle und Karl Pfeufer in Heidelberg (Tuchman 1988) oder von Carl Ludwig und Carl Wunderlich in Leipzig (Lenoir 1992c).

88 Schiff 1858/59, S. 329; vgl. auch S. 364f.

89 Vogel 1841, S. 178.

90 Ebd., S. 180.

91 Siehe dazu Neuburger 1913a&b; Kutzer 1991.

92 Dörner 1975, S. 289–295.

93 Friedrich 1836, S. 86.

94 Bergmann 1831, S. XVII–XVIII.

95 So Kutzer (1991) nach einer Analyse des Stellenwerts der Hirnpathologie bei Franz Ludwig Amelung, Gottlob Heinrich Bergmann, Friedrich Nasse, Ludwig Buzzorini und Maximilian Jacobi.

96 Nasse 1836, S. 331. Siehe auch Nasse 1818a&b.

97 Friedrich 1836, S. 261.

98 Ebd., S. 268–272.

99 Bergmann 1847, S. 367–371. Siehe auch Bergmann 1850.

100 Romberg 1840, S. 802.

101 Wahrig-Schmidt 1996. Zu Griesinger siehe auch Wahrig-Schmidt 1985, S. 108–151; Clarke/Jacyna 1987, S. 134–138.

102 Griesinger 1872a, S. 4.

103 Griesinger 1872a, S. 23.

104 Griesinger 1872b, S. 78.

105 Griesinger 1872c, S. 106.

106 Griesinger 1860, S. 51. Siehe auch Griesinger 1867, S. 416–441.

107 Ebd., S. 62.

108 Dafür nähert sich der späte Griesinger dem Degenerationsgedanken Morels an. Er geht von einer erblichen Disposition der psychischen Krankheiten aus und plädiert für eine genaue Untersuchung möglicher familiärer Häufungen dieser Krankheiten. Siehe Schmiedebach 1990, S. 88.

109 Nipperdey 1993, S. 390, 606.

110 Struve 1845c, S. 99.

111 Siehe z.B. Meyer 1844, S. 292; Burdach 1844, S. 72f.

112 Du Bois-Reymond 1918, S. 134.

113 Ludwig 1852, S. 452. Vgl. auch Spiess (1844, S. 499f.), der sogar meint, daß solcher »wissenschaftlicher Materialismus« keineswegs zur Irreligiosität führe.

114 Ludwig 1852, S. 454f.

115   Zu Brücke und Hyrtl siehe Rothschuh 1974.

116   Vogt 1847, S. 206. Vergleichbar hatte bereits Cabanis geschrieben,
       daß das Gehirn Gedanken produziere, so wie die Leber Gallenflüs-
       sigkeit filtriere und die Speicheldrüsen Speichel produzieren. Siehe
       Cabanis 1802, Bd. 1, S. 152 f.

117   Siehe Gregory 1977, S. 164–188.

118   Vogt 1847, S. 206 ff. Siehe auch Vogt (1863, S. 111–145), wo er sich
       moderater äußert, aber keinen Zweifel daran läßt, daß sich Mensch
       und Affe nur graduell unterscheiden.

119   Moleschott 1971, S. 299.

120   Ebd., S. 284.

121   Büchner 1971, S. 462.

122   Wagner 1854, S. 28 f. Siehe auch Degen 1954 sowie Wittich 1971,
       S. XLIII-L.

123   Brief von Helmholtz an du Bois-Reymond vom 23. 12. 1854. Kirsten
       1986, S. 152.

124   Siehe auch Huschke 1821, S. 23 f.; 1854, S. 171–186; Retzius 1848;
       Vogt 1863, S. 93–110; Welcker 1862, S. 36–41, 55–69.

125   Büchner 1971, S. 427–430; Huschke 1854, S. 152–158. Zu Huschke
       siehe Kutzer 1996.

126   Letztere Frage führte in England zum erbitterten Streit zwischen
       Richard Owen und T. H. Huxley. Siehe Rupke 1994, S. 259–286.

127   Wagner 1860, 1862.

128   Anonym 1840, S. 238.

129   Budge 1845, S. 242.

130   Leubuscher 1854, S. 40. Siehe auch Hasse 1855, S. 330, 398.

131   Eckhard 1867, S. 145.

132   Ebd., S. 146.

133   Ebd., S. 147.

134   Hermann 1867, S. 415.

135   Meissner 1868, S. 528.

136   Siehe z.B. Kisch 1869.

137   Heymann 1865, S. 209 f.

138   Leiden 1867.

139   Benedikt 1865, Sp. 898.

140   Wagner 1863, S. 23.

141   Ebd.

142   Leidesdorf 1865, S. 45–55. Zu Meynert siehe Lesky 1965, S. 373–378;
       Krauss 1989, S. 216–222.

143   Meynert 1866, S. 152.

144   Ebd., S. 154 f.

145 Was sich als Irrtum herausstellte: der Hörnerv zieht nur bis zum unteren Hirnstamm, von wo aus seine Faserverbindungen weiter zum Cortex führen. Solche Irrtümer brachten Meynert in argen Mißkredit, vor allem bei Benedikt (Benedikt 1871, Meynert 1871).

146 Whitaker/Etlinger 1993, S. 561.

147 Meynert 1867/1868.

148 Meynert 1892, S. 37.

Die experimentelle Topographie des Gehirns

1 Young 1990, S. VII.

2 Vgl. Ebd., S. 228, 240; Breathnach 1992. Hitzig und Fritsch selbst haben in der Einleitung ihres Artikels einige der genannten Autoren zitiert; außerdem war zumindest Hitzig bereits seit einigen Jahren mit den Lehren Jacksons vertraut. Siehe Hitzig 1865, S. 173.

3 Zu Details siehe Hagner 1993b.

4 Constantin von Monakow schreibt: »Als ich im Jahre 1877 in die Praxis trat, da gab es noch keine ›Nervenärzte‹; es gab [...] ›Elektrotherapeuten‹, aus deren Mitte später die Fachneurologen hervorgingen. Hitzig, Remak, Rosenthal, Möbius, Erb u.a. waren ursprünglich Elektrotherapeuten, und ihnen verdanken wir manche erfolgreiche elektrische Prozeduren, die bis heute ihre Bedeutung nicht verloren haben« (Monakow 1924, S. 53).

5 Hitzig 1867.

6 Hitzig 1869.

7 Hitzig 1866, S. 69.

8 Hitzig 1870.

9 Jahrzehnte später schreibt Hitzig: »In der Folge hat sich gezeigt, daß der Schluss, welcher mich zur Anregung dieser Versuche anregte, unrichtig war. Die fraglichen Augenbewegungen werden nicht durch direkte Reizung des Gehirns, sondern indirekt durch Elektrotonisirung der Nervi vestibulares hervorgebracht. Es ist nicht das erste oder einzige Mal, dass eine falsche Prämisse zur Aufdeckung richtiger Thatsachen führte« (Hitzig 1904, S. 34).

10 Fritsch/Hitzig 1870, im folgenden zit. n. Hitzig 1874a, S. 1–31, auf S. 10, 14 ff.

11 Ebd., S. 9.

12 Fritsch taucht hier nur am Rande auf, da die Genese des Reizexpe-

riments nur über die wissenschaftliche Biographie Hitzigs verständlich wird.

13 Hitzig 1874a, S. 13.

14 Ebd., S. 33.

15 Siehe dazu Hagner 1996.

16 Seeligmüller 1877, S. 552. Ähnlich argumentiert Jastrowitz 1888.

17 Siehe Star 1989, die auf Grund einer Analyse der Entwicklung der Neurologie in England im letzten Drittel des 19. Jahrhunderts zu ähnlichen Schlußfolgerungen gelangt.

18 Steinthal 1871, S. 43.

19 Ebd., S. 472f.

20 Ebd., S. 482.

21 Ebd., S. 473.

22 Schmiedebach 1986, 193–245.

23 Hitzig 1874b, S. 44.

24 Ebd., S. 45.

25 Brücke 1873, Bd. 2, S. 56. Der entsprechende Verweis bei Hitzig findet sich in Hitzig 1873, zit. n. Hitzig 1904, S. 36–62, auf S. 62.

26 Hitzig 1904, S. 54.

27 Steinthal 1874, S. 49.

28 Virchow 1874, S. 50.

29 Westphal 1874, S. 98.

30 Ebd., S. 101.

31 Lazarus 1874, S. 135.

32 Steinthal 1874, S. 140.

33 Virchow 1874, S. 140.

34 Wernicke 1874, S. 3f.

35 Ebd., S. 20.

36 Ebd., S. 19.

37 Gegen diesen Punkt hat sich Freud in seiner Wernicke-Kritik am entschiedendsten gewendet. Vgl. Freud 1992, S. 106–110.

38 Siehe Köhnke 1986, S. 233.

39 Lange 1906, Bd. 2, S. 439.

40 Ebd., S. 436.

41 Ebd., S. 461.

42 Zur kulturwissenschaftlichen Relevanz dieser Zusammenhänge siehe Kittler 1987, S. 218–227.

43 Zu Details siehe Hagner 1994c, 1996.

44 Nietzsche 1980, S. 66.

45 Benn 1977b, S. 87.

46 Lepenies 1976, S. 141.

Literaturverzeichnis

Abel, Jacob Friedrich (1995): Rede, über die Entstehung und die Kennzeichen grosser Geister (1776). In: Jacob Friedrich Abel. Eine Quellenedition zum Philosophieunterricht an der Stuttgarter Karlsschule (1773–1782). Mit Einleitung, Übersetzung, Kommentar und Bibliographie hrsg. v. W. Riedel. Würzburg, Königshausen & Neumann, S. 181–218.

Ackerknecht, Erwin H. (1950): Elisha Bartlett and the philosophy of the Paris Clinical School. Bulletin of the History of Medicine 24, S. 43–60.

Ackerknecht, Erwin H./Vallois, Henri V. (1956): Franz Joseph Gall, inventor of phrenology and his collection. Madison, University of Wisconsin Medical School.

Ackermann, Jakob Fidelis (1800): Versuch einer physischen Darstellung der Lebenskraft organischer Körper. Zweiter Band. Frankfurt a. M., Varrentrapp.

Ackermann, Jakob Fidelis (1806): Die Gall'sche Hirn-, Schedel- und Organenlehre vom Gesichtspunkte der Erfahrung aus beurtheilt und widerlegt. Heidelberg/Frankfurt, Mohr & Zimmer.

Ackermann, Jakob Fidelis (1813): De nervei systematis primordiis. Mannheim/Heidelberg, Schwann & Goetz.

Akert, Konrad/Hammond, Michael P. (1962): Emanuel Swedenborg (1688–1772) and his contributions to neurology. Medical History 6, S. 255–266.

Aldini, Jean (1804): Essai théoretique et expérimentale sur le Galvanisme, avec une série d'expériences. 2 Bde. Paris, Fournier fils.

d'Alembert, Jean/Diderot, Denis (Hrsg.) (1966–1995): Encyclopédie ou Dictionnaire raisonné des sciences, des arts et des métiers (1751–1780). 35 Bde. Stuttgart-Bad Cannstatt, frommann-holzboog.

Andral, Gabriel (1840): Clinique médicale. Bd. 5: Maladies de l'encéphale. 4. Aufl. Paris, Masson.

Anonym (1796): Ueber Sömmerrings Entdeckungen das Organ der Seele betreffend. Journal der Erfindungen, Theorien und Widersprüche in der Natur und Arzneiwissenschaft 5 (18), S. 3–55.

Anonym (1804): Galvanische und elektrische Versuche an Menschen- und Thierkörpern. Angestellt von der medizinischen Privatgesellschaft zu Mainz. Frankfurt a. M., Andreäische Buchhandlung.

Anonym (1840): Handbuch der speciellen Pathologie und Therapie der chronischen Krankheiten nach den Erfahrungen der bewährtesten Aerzte unserer Zeit systematisch dargestellt. 1. Abt., 2. umgearb. & verm. Ausg. Berlin, Veit & Wien, Gerold.

Arnemann, Justus (1787a): Versuche über die Regeneration an lebenden Thieren. Göttingen, Dieterich.

Arnemann, Justus (1787b): Versuche über das Gehirn und Rückenmark. Göttingen, Dieterich.

Artelt, Walter (1965): Der Mesmerismus in Berlin (= Abhandlungen der Geistes- und Sozialwissenschaftlichen Klasse, Jg. 1965, Nr. 6). Mainz, Verlag der Akademie der Wissenschaften und der Literatur.

Asendorf, Maria-Ingeborg (1981): Die gelehrten Ärzte Joseph und Karl Wenzel. Ihr Leben und Werk in Mainz und Frankfurt am Main. Med. Diss., Mainz.

Augustin, Friedrich Ludwig (1809): Lehrbuch der Physiologie des Menschen mit vorzüglicher Rücksicht auf neuere Naturphilosophie und comparative Physiologie. Bd. 1. Berlin, Schöne.

Autenrieth, Johann Heinrich Ferdinand (1802): Handbuch der empirischen menschlichen Physiologie. Bd. 3. Tübingen, Heerbrandt.

Autenrieth, Johann Heinrich Ferdinand (1825): Ueber den Menschen und seine Hoffnung einer Fortdauer vom Standpunkte eines Naturforschers aus. Tübingen, Laupp.

Autenrieth, Johann Heinrich Ferdinand (1836): Ansichten über Natur- und Seelenleben. Nach seinem Tode hrsg. von seinem Sohn Hermann Friedrich Autenrieth. Stuttgart, Cotta.

Azouvi, François (1985): Homo duplex. Gesnerus 42, S. 229–244.

Bachelard, Gaston (1987): Die Bildung des wissenschaftlichen Geistes. Frankfurt a. M., Suhrkamp.

Bartels, Ernst Daniel August (1808): Systematischer Entwurf einer allgemeinen Biologie. Ein Beitrag zur Vervollkommnung der Naturwissenschaft überhaupt und der Erregungstheorie insbesondere. Frankfurt, Wilmans.

Bartholinus, Thomas (1684): Anatomie. Leiden, Huguetan.

Baud, Patrick (1991): L' âme et les sensations selon Charles Bonnet. Gesnerus 48, S. 323–332.

Bell, Charles (1911): Idee einer neuen Hirnanatomie (1811). Originaltext und Übersetzung. Hrsg. v. E. Ebstein (Klassiker der Medizin Bd. 13). Leipzig, Barth. (Reprint: Leipzig 1968)

Benedikt, Moritz (1865): Ueber Aphasie, Agraphie und verwandte pathologische Zustände. Wiener Medizinische Presse 6, Sp. 897–899, 923–926, 946–948, 997–999, 1067–1070, 1094–1097, 1139–1142, 1167–1169, 1189–1190, 1264–1265.

Benedikt, Moritz (1871): Ueber die Lokalisationsgesetze im Centralnervensysteme. Wiener Medizinische Presse 12, Sp. 813–816, 841–846.

Beneke, Rudolf (1913): Johann Christian Reil. Gedächtnisrede bei der von der Friedrichs-Universität veranstalteten Erinnerungsfeier für den vor 100 Jahren Dahingeschiedenen. Halle, Niemeyer.

Beneke, Rudolf (1934): Johann Friedrich Meckel der Jüngere. Halle, Niemeyer.

Benn, Gottfried (1977a): Beitrag zur Geschichte der Psychiatrie (1910). In: ders.: Gesammelte Werke. Bd. 4. 4. Aufl. Wiesbaden, Limes, S. 415–422.

Benn, Gottfried (1977b): Genie und Gesundheit (1930). In: ders.: Gesammelte Werke. Bd. 1. 4. Aufl. Wiesbaden, Limes, S. 84–89.

Bentley, Madison (1916): The psychological antecedents of phrenology. The Psychological Monographs 21 (4), Nr. 92, S. 102–115.

Benton, Arthur L. (1964): Contributions to Aphasia before Broca. Cortex 1, S. 314–327.

Benton, Arthur L. (1984): Hemispheric dominance before Broca. Neuropsychologia 22, S. 807–811.

Benton, Arthur L./Joynt, R. J. (1960): Early descriptions of aphasia. Archive of Neurology 3, S. 205–221.

Bergmann, Gottlieb Heinrich (1831): Neue Untersuchungen über die innere Organisation des Gehirns; als Beiträge zu einer Grundlage der Physiologie und Pathologie desselben. Hannover, Helwing'sche Hof-Buchhandlung.

Bergmann, Gottlieb Heinrich (1847): Vorläufige Bemerkungen über die Verrücktheit nebst pathologisch-anatomischer Erläuterungen dabei leidender Functionen des Gehirns. Allgemeine Zeitschrift für Psychiatrie und psychisch-gerichtliche Medicin 4, S. 361–384.

Bergmann, Gottlieb Heinrich (1850): Pathologische Darstellungen zur Charakteristik der verschiedenen Hirnorgane und ihrer Functionen, nebst einer Einleitung anatomisch-physiologischen Inhalts. Allgemeine Zeitschrift für Psychiatrie und psychisch-gerichtliche Medicin 7, S. 1–34, 173–217.

Bidder, Friedrich (1847): Zur Lehre von dem Verhältniss der Ganglienkörper zu den Nervenfasern. Leipzig, Breitkopf und Haertel.

Bischoff, Christian Heinrich Ernst (1805): Darstellung der Gallschen Hirn- und Schädel-Lehre, nebst Bemerkungen über diese Lehre von C. W. Hufeland. Berlin, Wittich.

Bitterli, Urs (1982): Die »Wilden« und die »Zivilisierten«. Grundzüge einer Geistes- und Kulturgeschichte der europäisch-überseeischen Begegnung. München, Beck.

Blankenburg, Martin (1986): Der »thierische Magnetismus« in Deutschland. In: Robert Darnton (Hrsg.): Der Mesmerismus und das Ende der Aufklärung in Frankreich. Frankfurt a. M./Berlin/Wien, Ullstein, S. 191–228.

Blankenburg, Martin (1988): Seelengespenster. Zur deutschen Rezeption von Physiognomik und Phrenologie im 19. Jahrhundert. Versuch einer historischen Sondierung. In: G. Mann/F. Dumont (Hrsg.): Gehirn, Nerven, Seele. Stuttgart/New York, Gustav Fischer, S. 211–237.

Blumenbach, Johann Friedrich (1787a): Institutiones physiologicae. Göttingen, Dieterich.

Blumenbach, Johann Friedrich (1787b): Von den Negern. Magazin für das Neueste aus der Physik und Naturgeschichte 4, 3. Stück, S. 1–12.

Blumenbach, Johann Friedrich (1790): Beyträge zur Naturgeschichte. 1. Theil. Göttingen, Dieterich.

Bonnet, Charles (1760): Essai analytique sur les Facultés de l'âme. Kopenhagen, Philibert. (Reprint: Hildesheim, Olms 1973)

Bonnet, Charles (1769): La palingénésie philosophique, ou idées sur l'état passé et sur l'état futur des êtres vivans. 2 Bde. Genf, Philibert & Chirol.

Bouillaud, Jean-Baptiste (1825a): Recherches cliniques propres à démontrer que la perte de la parole correspond à la lésion des lobules antérieurs du cerveau, et à confirmer l'opinion de M. Gall, sur le siège de l'organe du langage articulé. Archives générales de médecine 8, S. 25–45.

Bouillaud, Jean-Baptiste (1825b): Traité clinique et physiologique de l'encéphalité, ou inflammation du cerveau, et de ses suites, telles que ramollissement, la suppuration, les abcès, les tubercules, le squirrhe, le cancer, etc. Paris, Baillière.

Bouillaud, Jean-Baptiste (1827): Recherches cliniques tendant à réfuter l'opinion de M. Gall sur les fonctions du cervelet, et à prouver que cet organe préside aux actes de l'équilibration, de la station et de la progression. Archives générales de médecine 15, S. 225–247.

Bouillaud, Jean-Baptiste (1830): Recherches expérimentales sur les fonctions du cerveau (lobes cérébraux) en général, et sur celles de sa portion antérieure en particulier. Journal de physiologie expérimentale et pathologique 10, S. 36–98.

Brazier, Mary A. (1984): A history of Neurophysiology in the 17th and 18th centuries. From concept to experiment. New York, Raven Press.

Brazier, Mary A. (1988): A history of Neurophysiology in the 19th century. New York, Raven Press.

Breathnach, Caoimhghin S. (1992): Eduard Hitzig, neurophysiologist and psychiatrist. History of Psychiatry 3, S. 329–338.

Broberg, Gunnar (1983): Homo Sapiens. Linnaeus's Classification of Man. In: T. Frängsmyr (Hrsg.): Linnaeus. The Man and his Work. Berkeley, University of California Press, S. 156–194.

Broca, Paul (1861): Perte de la parole, ramollissement chronique et destruction partielle du lobe antérieur gauche du cerveau. Bulletins de la Société d'Anthropologie 2, S. 235–238.

Broca, Paul (1865): Du siège de la faculté du langage articulé dans l'hemisphère gauche du cerveau. Bulletins de la Société d'Anthropologie 6, S. 377–393.

Broca, Paul (1877): Mémoires sur L' Hybridité. In: ders.: Mémoires d'Anthropologie. Bd. 3. Paris, Reinwald, S. 321–623.

Broman, Thomas H. (1989): University Reform in Medical Thought at the End of the Eighteenth Century. Osiris, second series, 5: Science in Germany. The Intersection of the Institutional and Intellectual Issues, S. 36–53.

Broman, Thomas H. (1996): The Transformation of German Academic Medicine, 1750–1820. Cambridge University Press.

Brücke, Ernst (1873): Vorlesungen über Physiologie. 2 Bde. Wien, Braumüller.

Bruyn, G. W. (1982): The Seat of the Soul. In: F. C. Rose/W. F. Bynum (Hrsg.): Historical Aspects of the Neurosciences. New York, Raven Press, S. 55–81.

Budge, Julius (1845): Allgemeine Pathologie als Erfahrungswissenschaft, basirt auf Physiologie. Bonn, Weber.

Büchner, Ludwig (1971): Kraft und Stoff. Empirisch-naturphilosophische Studien (1855). In: D. Wittich (Hrsg.): Vogt, Moleschott, Büchner. Schriften zum kleinbürgerlichen Materialismus in Deutschland. Bd. 2. Berlin, Akademie Verlag.

Buffon, Georges (1749): Histoire naturelle, générale et particulière. Bd. 2. Paris, L' Imprimerie Royale.

Buffon, Georges (1753): Histoire naturelle, générale et particulière. Bd. 4. Paris, L' Imprimerie Royale.

Buffon, Georges (1766): Histoire naturelle, générale et particulière. Bd. 14. Paris, L' Imprimerie Royale.

Burdach, Ernst (1844): Ueber die Gall'sche Schädellehre und die physiologische Cranioscopie nach Carus. Königsberger naturwissenschaftliche Unterhaltungen, 1. Heft. Königsberg, Bornträger, S. 49–74.

Burdach, Karl Friedrich (1806): Beyträge zur näheren Kenntniss des Gehirns in Hinsicht auf Physiologie, Medicin und Chirurgie. 2 Bde. Leipzig, Breitkopf & Haertel.

Burdach, Karl Friedrich (1810): Die Physiologie. Leipzig, Weidmann.

Burdach, Karl Friedrich (1819–1826): Vom Baue und Leben des Gehirns. 3 Bde. Leipzig, Dyk'sche Buchhandlung.

Burdach, Karl Friedrich (1848): Rückblick auf mein Leben. Leipzig, Voss.

Bynum, William F. (1973): The Anatomical Method, Natural Theology, and the Functions of the Brain. Isis 64, S. 445–468.

Bynum, William F. (1975): Varieties of Cartesian Experience in early Nineteenth Century Neurophysiology. In: S. F. Spicker/H. T. Engelhardt Jr. (Hrsg.): Philosophical Dimensions of the Neuro-Medical Sciences. Dordrecht-Boston, Reidel, S. 15–33.

Cabanis, Pierre-Jean-Georges (1799): Ueber den möglichen Grad der Gewissheit in der Arzneiwissenschaft. Göttingen, Dieterich.

Cabanis, Pierre-Jean-Georges (1802): Rapports du physique et du moral de l'homme. 2 Bde. Paris, Crapart, Caille et Ravier.

Campe, Rüdiger (1994): Bezeichnen, Lokalisieren, Berechnen. In: H.-J. Schings (Hrsg.): Der ganze Mensch. Literatur und Anthropologie im 18. Jahrhundert. Stuttgart, Metzler, S. 162–186.

Campe, Rüdiger/Schneider, Manfred (Hrsg.) (1996): Geschichten der Physiognomik. Text, Bild, Wissen. Freiburg, Rombach.

Canguilhem, Georges (1964): Le Concept du Réflexe au XIXe Siècle. In: K. E. Rothschuh (Hrsg.): Von Boerhaave bis Berger. Die Entwicklung der kontinentalen Physiologie im 18. und 19. Jahrhundert (= Medizin in Geschichte und Kultur Bd. 5). Stuttgart, Gustav Fischer, S. 157–167.

Canguilhem, Georges (1989): Gehirn und Denken. In: ders.: Grenzen medizinischer Rationalität. Historisch-epistemologische Untersuchungen. Tübingen, Edition Diskord, S. 7–40.

Carus, Carl Gustav (1814): Versuch einer Darstellung des Nervensystems und insbesondere des Gehirns nach ihrer Bedeutung, Entwicklung und Vollendung im thierischen Organismus. Leipzig, Breitkopf & Haertel.

Carus, Carl Gustav (1841): Grundzüge einer neuen und wissenschaftlich begründeten Cranioscopie (Schädellehre). Stuttgart, Balz'sche Buchhandlung.

Carus, Carl Gustav (1843): Ueber wissenschaftliche Cranioscopie. Archiv für Anatomie, Physiologie und Wissenschaftliche Medicin, S. 149–173.

Carus, Carl Gustav (1865): Lebenserinnerungen und Denkwürdigkeiten. 1. Teil. Leipzig, Brockhaus.

Carus, Carl Gustav (1925): Symbolik der menschlichen Gestalt. Ein Handbuch zur Menschenkenntnis (1853). Neu bearbeitet u. erweitert v. Th. Lessing. 3. vielf. verm. Aufl. Celle, Kampmann.

Carus, Carl Gustav (1931): Vorlesungen über Psychologie gehalten im Winter 1829/30 zu Dresden (1831). Erlenbach-Zürich, Rotapfel.

Carus, Carl Gustav (1938): Von den Naturreichen (1818). In: ders: Gesammelte Schriften. Hrsg. v. W. Keiper. Bd. 2. Berlin, Keiper, S. 5–78.

Carus, Friedrich August (1808a): Geschichte der Psychologie. Leipzig, Barth und Kummer. (Reprint: Berlin, Springer 1990)

Carus, Friedrich August (1808b): Psychologie. 2 Bde. Leipzig, Barth und Kummer.

Clair, Jean (Hrsg.): L' âme au corps. Arts et sciences 1793–1993. Paris, Gallimard.

Clair, Jean/Pichler, Cathrin/Pircher, Wolfgang (Hrsg.) (1989): Wunderblock. Eine Geschichte der modernen Seele. Wien, Löcker.

Clarke, Edwin/Dewhurst, Kenneth (1973): Die Funktionen des Gehirns. Lokalisationstheorien von der Antike bis zur Gegenwart. München, Moos.

Clarke, Edwin/Jacyna, L. Stephen (1987): Nineteenth century origins of neuroscientific concepts. Berkeley, University of California Press.

Clossius, Carl Fridrich (1797): Über die Enthauptung. Tübingen, Heerbrandt.

Coleman, William (1988): Prussian Pedagogy. Purkyně at Breslau, 1823–1839. In: W. Coleman/F. L. Holmes (Hrsg.): The Investigative Enterprise. Experimental Physiology in Nineteenth Century Medicine. Berkeley, University of California Press, S. 15–64.

Coleman, William/Holmes, Frederic L. (Hrsg.) (1988): The Investigative Enterprise. Experimental Physiology in Nineteenth Century Medicine. Berkeley, University of California Press.

Condillac, Étienne B. de (1754): Traité des sensations. 2 Bde. London.

Cooter, Roger (1984): The cultural meaning of popular science. Phrenology and the organisation of consent in nineteenth century Britain. Cambridge University Press.

Corbey, Raymond/Theunissen, Bert (Hrsg.) (1995): Ape, Man, Apeman. Changing Views since 1600. Leiden University, Department of Prehistory.

Corsi, Pietro (Hrsg.) (1991): The Enchanted Loom. Chapters in the History of Neuroscience. Oxford University Press.

Cruveilhier, Jean (1839/40): La faculté du langage a-t-elle un siège dans le cerveau, et ce siège est-il dans les lobes antérieurs de cet organe? Bulletin de l'Académie de Médecine 4, S. 334–342.

Cunningham, Andrew/Jardine, Nicholas (Hrsg.) (1990): Romanticism and the Sciences. Cambridge University Press.

Cuvier, Georges (1817): Le règne animal distribué d'après son organisation, pour servir de base à l'histoire naturelle des animaux et d'introduction à l'anatomie comparée. Bd. 1. Paris, Deterville.

Cuvier, Georges et al. (1913): Rapport sur un mémoire de MM. Gall et Spurzheim sur l'anatomie du cerveau (1808). Procès-verbaux des Séances de l'Académie (Paris), Bd. 4, 1808–1811. Paris, Hendaye, S. 48–63.

Daston, Lorraine (1992): The Naturalized Female Intellect. Science in Context 5, S. 209–235.

Dax, Marc (1865): Lésions de la moitié gauche de l'encéphale coincident avec l'oubli des signes de la pensée. Gazette Hebdomadaire de Médecine et Chirurgie 11 (Sér. 2), S. 259f.

Degen, Heinz (1954): Vor hundert Jahren. Die Naturforscherversammlung in Göttingen und der Materialismusstreit. Naturwissenschaftliche Rundschau 7, S. 271–277.

Degen, Heinz (1956): Die Naturforscherversammlung zu Berlin im Jahre 1828 und ihre Bedeutung für die deutsche Geistesgeschichte. Naturwissenschaftliche Rundschau 9, S. 333–340.

Descartes, René (1984): Abhandlung über die Methode des richtigen Vernunftgebrauchs. K. Fischer. Stuttgart, Reclam. (Original erschienen 1637: Discours de la méthode)

Descartes, René (1986a): Traité de l'homme (1664). In: Œuvres de Descartes. Hrsg. v. Ch. Adam/P. Tannery. Bd. 11. Paris, Vrin.

Descartes, René (1986b): Des Passions de l'âme (1649). In: Œuvres de Descartes. Hrsg. v. Ch. Adam/P. Tannery. Bd. 11. Paris, Vrin.

Desmoulins, Louis Antoine (1825): Anatomie des systèmes nerveux des animaux à vertèbres, appliquée à la physiologie et à la zoologie. 2 Bde. Paris, Méquignon-Marvis.

Diderot, Denis (1989a): Gedanken zur Interpretation der Natur (1753). In: ders.: Über die Natur. Hrsg. v. J. Köhler. Frankfurt a. M., S. Fischer, S. 7–65.

Diderot, Denis (1989b): D'Alemberts Traum (1769/1770). In: ders.: Über die Natur. Hrsg. v. J. Köhler. Frankfurt a. M., S. Fischer, S. 84–143.

Diderot, Denis (1989c): Elemente der Physiologie (1774–1780). In: ders.: Über die Natur. Hrsg. v. J. Köhler. Frankfurt a. M., S. Fischer, S. 155–208.

Dittrich, Mauritz (1967): Die Bedeutung von K. A. Rudolphi für die Entwicklung der Medizin und Naturwissenschaften im 19. Jahrhundert. Wissenschaftliche Zeitschrift der Universität Greifswald, mathematisch-naturwissenschaftliche Reihe 16, S. 249–277.

Doellinger, Ignaz (1805): Grundriss der Naturlehre des menschlichen Organismus. Zum Gebrauche bey seinen Vorlesungen entworfen. Bamberg/Würzburg, Goebhardt.

Doellinger, Ignaz (1813): Beyträge zur Entwicklungsgeschichte des menschlichen Gehirns. Frankfurt a. M., Brönner.

Doellinger, Ignaz (1814): Ueber den Werth und die Bedeutung der vergleichenden Anatomie. Würzburg, Nitribitt.

Doellinger, Ignaz (1824): Von den Fortschritten, welche die Physiologie seit Haller gemacht hat. München, Lindauer.

Döllken, August (1911): Die großen Probleme in der Geschichte der Hirnlehre. Leipzig.

Doemling, Johann Joseph (1802): Lehrbuch der Physiologie des Menschen. Bd. 1. Göttingen, Dieterich.

Dörner, Klaus (1975): Bürger und Irre. Zur Sozialgeschichte und Wissenschaftssoziologie der Psychiatrie. Frankfurt a. M., S. Fischer.

D'Orazio, Ugo (1993): Gall e la prima diffusione della frenologia in Italia. In: »Sanità scienza e storia«. Rivista del Centro italiano di storia sanitaria e ospitaliera. Mailand, Franco Angeli, S. 79–124.

Dougherty, Frank W. P. (1985): Johann Friedrich Blumenbach und Samuel Thomas Soemmerring. Eine Auseinandersetzung in anthropologischer Hinsicht? In: G. Mann/F. Dumont (Hrsg.): Samuel Thomas Soemmerring und die Gelehrten der Goethe-Zeit. Stuttgart/New York, Gustav Fischer, S. 35–56.

Dougherty, Frank W. P. (1988): Nervenmorphologie und -physiologie in den 80er Jahren des 18. Jahrhunderts. Göttinger Beiträge zur Forschung und Theorie der Neurologie in der vorgalvanischen Ära. In: G. Mann/F. Dumont (Hrsg.), Gehirn, Nerven, Seele. Stuttgart/New York, Gustav Fischer, S. 55–91.

Dougherty, Frank W. P. (1990a): Christoph Meiners und Johann Friedrich Blumenbach im Streit um den Begriff der Menschenrasse. In: G. Mann/F. Dumont (Hrsg.): Die Natur des Menschen: Probleme der Physischen Anthropologie und Rassenkunde (1750–1850). Stuttgart/New York, Gustav Fischer, S. 89–112.

Dougherty, Frank W. P. (1990b): Buffons Bedeutung für die Entwicklung des anthropologischen Denkens in Deutschland in der zweiten Hälfte des 18. Jahrhunderts. In: G. Mann/F. Dumont (Hrsg.): Die Natur des Menschen: Probleme der Physischen Anthropologie und Rassenkunde (1750–1850). Stuttgart/New York, Gustav Fischer, S. 221–279.

Du Bois-Reymond, Emil (1918): Jugendbriefe an Eduard Hallmann. Hrsg. v. Estelle du Bois-Reymond. Berlin, Reimer.

Durner, Manfred (1985): Die Rezeption der zeitgenössischen Chemie in Schellings früher Naturphilosophie. In: R. Heckmann/H. Krings/R. W. Meyer (Hrsg.): Natur und Subjektivität. Zur Auseinandersetzung mit der Naturphilosophie des jungen Schelling. Stuttgart-Bad Cannstatt, frommann-holzboog, S. 15–38.

Durner, Manfred (1990): Schellings Begegnung mit den Naturwissenschaften in Leipzig. Archiv für Geschichte der Philosophie 72, S. 220–236.

Durner, Manfred (1991): Die Naturphilosophie im 18. Jahrhundert und der naturwissenschaftliche Unterricht in Tübingen. Archiv für Geschichte der Philosophie 73, S. 71–103.

Eble, Burkard (1836): Versuch einer pragmatischen Geschichte der Anatomie und Physiologie vom Jahre 1800–1825. Wien, Gerold.

Ebstein, Erich (1924): Franz Joseph Gall im Kampf um seine Lehre auf Grund unbekannter Briefe an Bertuch usw. sowie im Urteil seiner Zeitgenossen. In: Ch. Singer/H. E. Sigerist (Hrsg.): Essays on the History of Medicine presented to Karl Sudhoff on the occasion of his seventieth birthday. London, Oxford University Press und Zürich, Seldwyla, S. 269–322.

Eckhard, Conrad (1867): Experimentalphysiologie des Nervensystems. Giessen, Roth.

Ehrenberg, Christian Gottfried (1836): Beobachtung einer auffallenden bisher unbekannten Structur des Seelenorgans bei Menschen und Thieren. Berlin, Druckerei der Königlichen Akademie der Wissenschaften.

Ehrenberg, Christian Gottfried (1838): Die Infusionsthierchen als vollkommene Organismen. Leipzig, Voss.

Elliott, Paul N. (1987): Vivisection and the Emergence of Experimental Physiology in Nineteenth-Century France. In: N. A. Rupke (Hrsg.): Vivisection in Historical Perspective. London, Croom Helm, S. 48–77.

Engelhardt, Dietrich von (1975): Naturphilosophie im Urteil der »Heidelberger Jahrbücher der Literatur« 1808–1832. Heidelberger Jahrbücher 19, S. 53–82.

Engelhardt, Dietrich von (1978): Bibliographie der Sekundärliteratur zur romantischen Naturforschung und Medizin 1950–1975. In: R. Brinkmann (Hrsg.): Romantik in Deutschland. Stuttgart, Metzler, S. 307–330.

Engelhardt, Dietrich von (1979): Historisches Bewußtsein in der Naturwissenschaft von der Aufklärung bis zum Positivismus. Freiburg/München, Alber.

Engelhardt, Dietrich von (1981): Spiritualisierung der Natur und Naturalisierung des Menschen. Perspektiven der romantischen Naturforschung. In: F. Rapp (Hrsg.): Naturverständnis und Naturbeherrschung. München, Fink, S. 96–110.

Engelhardt, Dietrich von (1984): Schellings philosophische Grundlegung der Medizin. In: H. J. Sandkühler (Hrsg.): Natur und geschichtlicher Prozeß: Studien zur Naturphilosophie F. W. J. Schellings. Frankfurt a. M., Suhrkamp, S. 305–325.

Erman, Wilhelm (1925): Der tierische Magnetismus in Preußen vor und nach den Freiheitskriegen (= Beiheft 4 der Historischen Zeitschrift). München/Berlin, Oldenbourg.

Eschenmayer, Carl August (1982): Psychologie (1817). Hrsg. v. P. Krumme. Frankfurt a. M./Berlin/Wien, Ullstein.

Evans, Richard J. (1984): Öffentlichkeit und Autorität. Zur Geschichte der Hinrichtungen in Deutschland vom Allgemeinen Landrecht bis zum Dritten Reich. In: H. Reif (Hrsg.): Räuber, Volk und Obrigkeit. Studien zur Geschichte der Kriminalität in Deutschland seit dem 18. Jahrhundert. Frankfurt a. M., Suhrkamp, S. 185–258.

Feremutsch, Kurt (1951): Die Grundzüge der Hirnanatomie bei Carl Gustav Carus (1789–1869). Centaurus 2, S. 52–85.

Feremutsch, Kurt (1953): Organ der Seele. Beitrag zur Geschichte der romantischen Medizin nach dem Werke Karl Friedrich Burdachs. Monatsschrift für Psychiatrie und Neurologie 125, S. 371–385.

Feremutsch, Kurt (1978): Anthropologisch-ontologische Aspekte in Karl Friedrich Burdachs Werk »Vom Baue und Leben des Gehirns«. Schweizer medizinische Wochenschrift 108, S. 418–422.

Figlio, Karl (1975): Theories of perception and the physiology of mind in the late eighteenth century. History of Science 13, S. 177–212.

Figlio, Karl (1976): The metaphor of organisation. An historical perspective on the bio-medical sciences of the early nineteenth century. History of Science 14, S. 17–53.

Flourens, Pierre (1824): Recherches expérimentales sur les propriétés et les fonctions du système nerveux dans les animaux vertébrés. Paris, Crevot.

Flourens, Pierre (1842): Examen de la phrénologie. Paris, Paulin.

Forster, Georg (1974): Leitfaden zu einer künftigen Geschichte der Menschheit (1789). In: ders.: Werke. Bd. 8: Kleine Schriften zu Philosophie und Zeitgeschichte. Hrsg. v. S. Scheibe. Berlin, Akademie Verlag, S. 185–193.

Foucault, Michel (1973a): Wahnsinn und Gesellschaft. Eine Geschichte des Wahns im Zeitalter der Vernunft. Frankfurt a. M., Suhrkamp.

Foucault, Michel (1973b): Die Geburt der Klinik. Eine Archäologie des ärztlichen Blicks. München, Hanser.

Foucault, Michel (1974): Die Ordnung der Dinge. Eine Archäologie der Humanwissenschaften. Frankfurt a. M., Suhrkamp.

Foucault, Michel (1977): Überwachen und Strafen. Die Geburt des Gefängnisses. Frankfurt a. M., Suhrkamp.

Freud, Sigmund (1992): Zur Auffassung der Aphasien (1891). Frankfurt a. M., S. Fischer.

Friedreich, Johann Baptist (1836): Wesen und Sitz der psychischen Krankheiten. Leipzig, Wiegand. (Reprint: Amsterdam, Bonset 1964)

Fritsch, Gustav/Hitzig, Eduard (1870): Über die elektrische Erregbarkeit des Großhirns. Archiv für Anatomie, Physiologie und Wissenschaftliche Medicin, S. 300–332.

Froriep, Ludwig Friedrich (1801): Darstellung der neuen, auf Untersuchungen der Verrichtungen des Gehirns gegründeten Theorie der Physiognomik des Hn. Dr. Gall in Wien. Zweyte sehr vermehrte Auflage. Weimar, Verlag des Industrie-Comptoirs.

Froriep, Ludwig Friedrich (1803): Versuche an dem Körper eines Guillotinirten kurz nach dem Tode, angestellt zu Paris. Magazin für den neuesten Zustand der Naturkunde 6, S. 333–337.

Gall, Franz Joseph (1791): Philosophisch-Medicinische Untersuchungen über Natur und Kunst im kranken und gesunden Zustande des Menschen. Bd. 1. Wien, Grässer und Comp.

Gall, Franz Joseph (1806): Beantwortung der Ackermannschen Beurtheilung und Widerlegung der Gall'schen Hirn-, Schedel- und Organen-Lehre vom Gesichtspuncte der Erfahrung. Herausgegeben von einigen Schülern des Hrn. Dr. Gall und von ihm selbst berichtigt. Halle, Verlag der Neuen Societäts-, Buch- und Kunsthandlung.

Gall, Franz Joseph (1807): Doktor Gall über Irrenanstalten. Allgemeine Zeitung 10, S. 81–83.

Gall, Franz Joseph (1822–1825): Sur les fonctions du cerveau et sur celles de chacune de ses parties. 6 Bde. Paris, Boucher et al.

Gall, Franz Joseph (1979): Des Herrn Dr. F. J. Gall Schreiben über seinen geendigten Prodromus über die Verrichtungen des Gehirns der Menschen und der Thiere, an Herrn Jos. Fr. von Retzer (1798). In: Erna Lesky (Hrsg.): Franz Joseph Gall. Naturforscher und Anthropologe. Bern, Huber, S. 47–59.

Gall, Franz Joseph/Spurzheim, Johann Caspar (1809): Recherche sur le système nerveux en général et sur celui du cerveau en particulier; Mémoire présenté à L'Institut de France, le 14 Mars 1808; suivi d'observations sur le rapport qui en a été fait a cette compagnie par ses commissaires. Paris, Schoell & Nicolle.

Gall, Franz Joseph/Spurzheim, Johann Caspar (1810–1819): Anatomie et physiologie du système nerveux en général, avec des observations sur la possibilité de reconnaître plusieurs dispositions intellectuelles et morales de l'homme et des animaux, par la configuration de leurs têtes. 4 Bde. Paris, Schoell & Nicolle. (Bd. 3 und 4 wurden von Gall allein verfaßt.)

Ginzburg, Carlo (1988): Spurensicherung. In: ders.: Spurensicherungen. Über verborgene Geschichte, Kunst und soziales Gedächtnis. München, Deutscher Taschenbuch Verlag, S. 78–125.

Görres, Joseph (1805): Exposition der Physiologie. Organologie. Koblenz, Lassaulx'sche Buchhandlung.

Görres, Joseph (1932): Aphorismen über die Organonomie (1803). In: ders.: Gesammelte Schriften. Bd. 2, 1. Hälfte. Köln, Bachem.

Goldstein, Jan (1987): Console and Classify. The French Psychiatric Profession in the Nineteenth Century. Cambridge, Cambridge University Press.

Gould, Stephen Jay (1988): Der falsch vermessene Mensch. Frankfurt a. M., Suhrkamp.

Gradmann, Christoph (1996): Hermann von Helmholtz und die organische Physik von 1847 – eine biographische Interpretation. In: W. Eckart/K. Volkert (Hrsg.): Hermann von Helmholtz. Vorträge eines Heidelberger Symposiums anläßlich des einhundertsten Todestages. Pfaffenweiler, Centaurus, S. 39–61.

Gregory, Frederick (1977): Scientific Materialism in Nineteenth Century Germany. Dordrecht/Boston, Reidel.

Gregory, Frederick (1989a): Kant's influence on natural scientists in the German Romantic period. In: R. P. W. Visser et al. (Hrsg.): New Trends in the History of Science. Proceedings of a conference held at the University of Utrecht. Amsterdam, Rodopi, S. 53–66.

Gregory, Frederick (1989b): Kant, Schelling, and the Administration of Science in the Romantic Era. Osiris, second series, 5: Science in Germany. The Intersection of the Institutional and Intellectual Issues, S. 17–35.

Griesinger, Wilhelm (1860): Diagnostische Bemerkungen über Hirnkrankheiten. Archiv für Heilkunde 1, S. 51–85.

Griesinger, Wilhelm (1867): Die Pathologie und Therapie der psychischen Krankheiten für Aerzte und Studirende. 3. Aufl. Stuttgart, Krabbe. (Reprint: Amsterdam, Bonset 1964)

Griesinger, Wilhelm (1872a): Ueber psychische Reflexactionen (1843). In: ders.: Gesammelte Abhandlungen. Bd. 1: Psychiatrische und nervenpathologische Abhandlungen. Berlin, Hirschwald, S. 3–45.

Griesinger, Wilhelm (1872b): Neue Beiträge zur Physiologie und Pathologie des Gehirns (1844). In: ders.: Gesammelte Abhandlungen. Bd. 1: Psychiatrische und nervenpathologische Abhandlungen. Berlin, Hirschwald, S. 46–79.

Griesinger, Wilhelm (1872c): Recension über: M. Jakobi, die Hauptformen der Seelenstörungen, in ihren Beziehungen zur Heilkunde, nach der Beobachtung geschildert (1844). In: ders.: Gesammelte Abhandlungen. Bd. 1: Psychiatrische und nervenpathologische Abhandlungen. Berlin, Hirschwald, S. 80–106.

Grosche, Stefan (1993): Lebenskunst und Heilkunde bei Carl Gustav Carus (1789–1869). Med. Diss., Göttingen.

Gross, Michael (1979): The lessened locus of feelings. A transformation in French physiology in the early nineteenth century. Journal of the History of Biology 12, S. 231–271.

Grüsser, Otto-Joachim (1987): Justinus Kerner 1786–1862. Arzt – Poet – Geisterseher. Berlin, Springer.

Gruithuisen, Franz von Paula (1812): Beyträge zur Physiognosie und Eautognosie, für Freunde der Naturforschung auf dem Erfahrungswege. München, Lentner.

Häfner, Ralph (1994a): »L' âme est une neurologie en miniature«. Herder und die Neurophysiologie Charles Bonnets. In: H.-J Schings (Hrsg.): Der ganze Mensch. Anthropologie und Literatur im 18. Jahrhundert. Stuttgart, Metzler, S. 390–409.

Hagner, Michael (1990a): Die Entfaltung der cartesischen »Mechanik des Sehens« und ihre Grenzen. Sudhoffs Archiv 74, S. 148–171.

Hagner, Michael (1990b): Soemmerring, Rudolphi und die Anatomie des Seelenorgans. »Empirischer Skeptizismus« um 1800. Medizinhistorisches Journal 25, S. 211–233.

Hagner, Michael (1992a): The soul and the brain between anatomy and Naturphilosophie in the early nineteenth century. Medical History 36, S. 1–33.

Hagner, Michael (1992b): Sinnlichkeit und Sittlichkeit. Spinozas »grenzenlose Uneigennützigkeit« und Johannes Müllers Entwurf einer Sinnesphysiologie. In: M. Hagner/B. Wahrig-Schmidt (Hrsg.): Johannes Müller und die Philosophie. Berlin, Akademie Verlag, S. 29–44.

Hagner, Michael (1993a): Das Ende vom Seelenorgan. Über einige Beziehungen von Philosophie und Anatomie im frühen 19. Jahrhundert. In: E. Florey/O. Breidbach (Hrsg.): Zur Ideengeschichte der Neurobiologie. Berlin, Akademie Verlag, S. 3–21.

Hagner, Michael (1993b): Die elektrische Erregbarkeit des Gehirns. Zur Konjunktur eines Experiments. In: H.-J. Rheinberger/M. Hagner (Hrsg.): Die Experimentalisierung des Lebens. Experimentalsysteme in den biologischen Wissenschaften 1850/1950. Berlin, Akademie Verlag, S. 97–115.

Hagner, Michael (1994a): Aufklärung über das Menschenhirn. Neue Wege der Neuroanatomie im späten 18. Jahrhundert. In: H.-J. Schings (Hrsg.): Der ganze Mensch. Anthropologie und Literatur im 18. Jahrhundert. Stuttgart, Metzler, S. 145–161.

Hagner, Michael (1994b): Vom Stottern des Menschen zum Stocken der Maschine. In: N. Haas/R. Nägele/H.-J. Rheinberger (Hrsg.): Im Zug der Schrift. München, Fink, S. 15–35.

Hagner, Michael (1994c): Lokalisation, Funktion, Cytoarchitektonik. Wege zur Modellierung des Gehirns. In: M. Hagner/H.-J. Rheinberger/B. Wahrig-Schmidt (Hrsg.): Objekte, Differenzen und Konjunkturen. Experimentalsysteme im historischen Kontext. Berlin, Akademie Verlag, S. 121–150.

Hagner, Michael (1996): Zur Geschichte und Vorgeschichte der Neuropsychologie. In: H. Markowitsch (Hrsg.): Grundlagen der Neuropsychologie (= Enzyklopädie der Psychologie, Themenbereich C: Theorie und Forschung. Serie I: Biologische Psychologie, Bd. 1). Göttingen, Hogrefe, S. 1–101.

Hall, Marshall (1836): Das Nervensystem und dessen Krankheiten. Berlin, Plahn'sche Buchhandlung.

Hall, Marshall (1842): Ueber die Krankheiten und Störungen des Nervensystems in ihren primären, so wie in ihren nach Alter, Geschlecht, Konstitution, erblicher Anlage und andern Umständen modifizirten Formen. Leipzig, Kollmann.

Haller, Albrecht von (1762): Elementa physiologiae corporis humani. Bd. 4: Cerebrum, Nervi, Musculi. Lausanne, Bousquet.

Haller, Albrecht von (1765): Primae Lineae Physiologiae in usum Praelectionum Academicarum. Tertio Auctae et Emendatae. Göttingen, Vandenhoeck und Leiden, Luchtmanns.

Haller, Albrecht von (1768): Anfangsgründe der Physiologie des menschlichen Körpers. Band 4: Das Gehirn, die Nerven, und Muskeln. Berlin, Voß.

Haller, Albrecht von (1772): Vorrede zum 1. Theile der allgemeinen Historie der Natur. In: Sammlung kleiner Hallerischer Schriften. Erster Theil. Bern, S. 47–77.

Hansen, Leeann (1985): J. C. Reil and Naturphilosophie in physiology. Diss. Abstr. Int. 1985, 46: 1722 – A. Univ. Microfilms 85 – 16823 (University of California).

Hansen, Leeann (1993): From Enlightenment to Naturphilosophie: Marcus Herz, Johann Christian Reil, and the Problem of Border Crossings. Journal of the History of Biology 26, S. 39–64.

Harrington, Anne (1987): Medicine, Mind and the Double Brain. Princeton University Press.

Harrington, Anne (1991): Beyond Phrenology. Localization Theory in the Modern Era. In: P. Corsi (Hrsg.): The Enchanted Loom. Chapters in the history of neuroscience. Oxford University Press, S. 207–215.

Hartmann, Philipp Carl (1820): Der Geist des Menschen in seinen Verhältnissen zum physischen Leben. Wien, Gerold.

Harvey, Joy (1983): Évolutionism transformed. Positivists and Materialists in the Société d'Anthropologie de Paris from Second Empire to Third Republic. In: D. Oldroyd/I. Langham (Hrsg.): The Wider Domain of Evolutionary Thought. Dordrecht, Reidel, S. 289–310.

Hasse, Karl Ewald (1855): Krankheiten des Nervenapparates (= Virchow's Handbuch der speciellen Pathologie und Therapie, Bd. IV/1). Erlangen, Enke.

Hécaen, Henri/Lanteri-Laura, Georges (1977): Evolution des connaissances et des doctrines sur les localisations cérébrales. Paris, Desclée de Brouwer.

Hegel, Georg Wilhelm Friedrich (1982): Phänomenologie des Geistes (1807). In: ders.: Werke in 20 Bänden. Hrsg. v. E. Moldenhauer/K. M. Michel. Bd. 3. Frankfurt a. M., Suhrkamp.

Heine, Heinrich (1966): Zur Geschichte der Religion und Philosophie in Deutschland (1835). Hrsg. v. W. Harich. Frankfurt a. M., Insel.

Heinroth, Johann Christian August (1818): Lehrbuch der Störungen des Seelenlebens oder der Seelenstörungen und ihrer Behandlung. 2 Bde. Leipzig, Vogel.

Heinroth, Johann Christian August (1827): Psychologie als Selbsterkenntnislehre. Leipzig, Vogel.

Heintel, Helmut (1986): Leben und Werk von Franz Joseph Gall. Eine Chronik. Würzburg, Selbstverlag.

Helmholtz, Hermann von (1863): Ueber die normalen Bewegungen des menschlichen Auges. Archiv für Ophthalmologie 9/2, S. 153–214.

Herder, Johann Gottfried (1887): Ideen zur Philosophie der Geschichte der Menschheit. 1. und 2. Theil (1784–1785). In: ders.: Sämmtliche Werke. Hrsg. v. Bernhard Suphan. Bd. 13. Berlin, Weidmannsche Buchhandlung.

Herder, Johann Gottfried (1892): Vom Erkennen und Empfinden der menschlichen Seele (1778). In: ders.: Sämmtliche Werke. Hrsg. v. Bernhard Suphan. Bd. 8. Berlin, Weidmannsche Buchhandlung, S. 165–235.

Hermann, Ludimar (1867): Grundriss der Physiologie des Menschen. 2. Aufl. Berlin, Hirschwald.

Hertwig, Karl Heinrich (1826): Experimenta quaedam de effectibus laesionum in partibus encephali singularibus et de verosimili harum partium functione. Dissertatio Inauguralis Medica. Berlin, Feister & Kisersdorff.

Heymann, Carl (1865): Ein Fall von Aphasia saturnina, nebst kritischen Bemerkungen. Berliner klinische Wochenschrift 2, S. 195–198, 208–210, 223–225.

Hildebrandt, Georg Friedrich (1803): Lehrbuch der Physiologie. 3. Aufl. Erlangen, Palm.

Hilts, Victor L. (1982): Obeying the Laws of Hereditary Descent. Phrenological Views on Inheritance and Eugenics. Journal of the History of Behavioral Sciences 18, S. 62–77.

Hirschfeld, Ernst (1930): Romantische Medizin. Zu einer künftigen Geschichte der naturphilosophischen Ära. Kyklos 3, S. 1–89.

Hitzig, Eduard (1865): Rezension des Bandes »Clinical Lectures and Reports by the medical and surgical staff of the London Hospital«. London 1864. Berliner klinische Wochenschrift 2, S. 173–174.

Hitzig, Eduard (1866): Ueber reflexerregende Druckpunkte. Berliner klinische Wochenschrift 3, S. 69–71.

Hitzig, Eduard (1867): Ueber die Anwendung unpolarisirbarer Electroden in der Electrotherapie. Berliner klinische Wochenschrift 4, S. 404–406.

Hitzig, Eduard (1869): Beiträge zur Kenntniss der peripheren Lähmung des Facialis. Berliner klinische Wochenschrift 6, S. 18–20.

Hitzig, Eduard (1870): Physiologisches und Therapeutisches über einige electrische Reizmethoden. Berliner klinische Wochenschrift 7, S. 137–138.

Hitzig, Eduard (1873): Untersuchungen zur Physiologie des Grosshirns. Archiv für Anatomie, Physiologie und Wissenschaftliche Medicin, S. 397–435.

Hitzig, Eduard (1874a): Untersuchungen über das Gehirn. Abhandlungen physiologischen und pathologischen Inhalts. Berlin, Hirschwald.

Hitzig, Eduard (1874b): Über Localisation psychischer Centren in der Hirnrinde. Verhandlungen der Berliner Gesellschaft für Anthropologie, Ethnologie und Urgeschichte, S. 42–47.

Hitzig, Eduard (1904): Physiologische und klinische Untersuchungen über das Gehirn. Gesammelte Abhandlungen. Theil 1: Untersuchungen über das Gehirn. Berlin, Hirschwald.

Holbach, Paul Thiry d' (1960): System der Natur oder von den Gesetzen der physischen und der moralischen Welt (1770). Berlin, Akademie Verlag.

Home, Edward (1817): Betrachtungen über die Verrichtungen des Gehirns. Deutsches Archiv für die Physiologie 3, S. 105–119.

Honegger, Claudia (1991): Die Ordnung der Geschlechter. Die Wissenschaften vom Menschen und das Weib 1750–1850. Frankfurt a. M./ New York, Campus.

Humboldt, Alexander von (1797): Versuche über die gereizte Muskel- und Nervenfaser nebst Vermuthungen über den chemischen Process des Lebens in der Thier- und Pflanzenwelt. 2 Bde. Posen, Dekker und Berlin, Rottmann.

Hunt, James (1868/1869): On the localisation of functions of the brain with special reference to the faculty of language. Anthropological Review 6, S. 329–345; 7, S. 100–116, 201–214.

Huschke, Emil (1821): Mimices et Physiognomices Fragmentum Physiologicum. Jena, Schreiber.

Huschke, Emil (1854): Schaedel, Hirn und Seele des Menschen und der Thiere nach Alter, Geschlecht und Rasse. Dargestellt nach neuen Methoden und Untersuchungen. Jena, Mauke.

Isler, Hansruedi (1965): Thomas Willis, ein Wegbereiter der modernen Medizin 1621–1675. Stuttgart, Wissenschaftliche Verlagsgesellschaft.

Ith, Johann (1794–1795): Versuch einer Anthropologie oder Philosophie des Menschen nach seinen körperlichen Anlagen. 2 Bde. Bern, Haller.

Jackson, Stanley W. (1970): Force and kindred notions in eighteenth-century neurophysiology and medical psychology. Bulletin of the History of Medicine 44, S. 397–410, 539–554.

Jacyna, L. Stephen (1982): Somatic theories of mind and the interests of medicine in Britain, 1850–1879. Medical History 26, S. 233–258.

Jacyna, L. Stephen (1987): Medical science and moral science. The cultural relations of physiology in Restoration France. History of Science 25, S. 111–146.

Jacyna, L. Stephen (1994): Construing Silence. Narratives of Language Loss in Early Nineteenth-Century France. Journal of the History of Medicine 49, S. 333–361.

Jahnke, Jürgen (1990): Psychologie im 18. Jahrhundert. Literaturbericht 1980–1989. Das achtzehnte Jahrhundert 14, S. 253–278.

Jastrowitz, Moritz (1888): Beiträge zur Localisation im Grosshirn und über deren praktische Verwerthung. Deutsche medizinische Wochenschrift 14, S. 81–83, 108–112, 125–128, 151–153, 172–175, 188–192, 209–211.

Jordanova, Ludmilla (1989): Medical Mediations. Mind, Body and the Guillotine. History Workshop Journal 28, S. 39–52.

Kaiser, Wolfram/Mocek, Reinhard (1979): Johann Christian Reil (= Biographien hervorragender Naturwissenschaftler, Techniker und Mediziner Bd. 41). Leipzig, Teubner.

Kallweit, Hilmar (1994): Zur »anthropologischen« Wende in der zweiten Hälfte des 18. Jahrhunderts – aus der Sicht des »Archäologen« Michel Foucault. In: W. Küttler/J. Rüsen/E. Schulin (Hrsg.): Geschichtsdiskurs, Bd. 2: Anfänge modernen historischen Denkens. Frankfurt a. M., Fischer, S. 17–47.

Kant, Immanuel (1922): Gesammelte Schriften. Bd. X. Zweite Abteilung: Briefwechsel, Erster Band, 1747–1788. 2. Aufl. Berlin/Leipzig, de Gruyter.

Kant, Immanuel (1975): Werke in 10 Bänden. Hrsg. von W. Weischedel. 4. Aufl. Darmstadt, Wissenschaftliche Buchgesellschaft.

Kanz, Kai Torsten (1991): Kielmeyer-Bibliographie. Verzeichnis der Literatur von und über den Naturforscher Carl Friedrich Kielmeyer (1765–1844). Stuttgart, Verlag für Geschichte der Naturwissenschaften und der Technik.

Kanz, Kai Torsten (Hrsg.) (1994): Philosophie des Organischen in der Goethezeit. Studien zu Werk und Wirkung des Naturforschers Carl Friedrich Kielmeyer (1765–1844) (= Boethius, 35). Stuttgart, Steiner.

Kaufmann, Doris (1995a): Aufklärung, bürgerliche Selbsterfahrung und die »Erfindung« der Psychiatrie in Deutschland, 1770–1850 (= Veröffentlichungen des Max-Planck-Instituts für Geschichte, 122). Göttingen, Vandenhoeck & Ruprecht.

Kaufmann, Doris (1995b): Die »Wilden« in Geschichtsschreibung und Anthropologie der »Zivilisierten«. Historische und aktuelle Kontroversen um Cooks Südseereisen und seinen Tod auf Hawaii 1779. Historische Zeitschrift 260, S. 49–73.

Keele, Kenneth D. (1963): Leonardo da Vinci's research on the central nervous system. In: L. Belloni (Hrsg.): Per la storia della neurologia Italiana. Mailand, Istituto di Storia della Medicina Università degli Studi, S. 15–30.

Kielmeyer, Carl Friedrich (1993): Ueber die Verhältniße der organischen Kräfte unter einander in der Reihe der verschiedenen Organisationen, die Geseze und Folgen dieser Verhältniße (1793). Marburg, Basilisken-Presse.

Kirsten, Christa (Hrsg.) (1986): Dokumente einer Freundschaft. Briefwechsel zwischen Hermann von Helmholtz und Emil du Bois-Reymond 1846–1894. Berlin, Akademie Verlag.

Kittler, Friedrich A. (1987): Aufschreibesysteme 1800/1900. 2. Aufl. München, Fink.

Kisch, Enoch (1869): Drei Fälle von Aphasie. Berliner klinische Wochenschrift 6, S. 433–435.

Koch, Tankred (1990): Lebendig begraben. Geschichte und Geschichten vom Scheintod. Leipzig, Edition Leipzig.

Köhnke, Klaus Christian (1986): Entstehung und Aufstieg des Neukantianismus. Die deutsche Universitätsphilosophie zwischen Idealismus und Positivismus. Frankfurt a. M., Suhrkamp.

Kohl, Karl-Heinz (1981): Entzauberter Blick. Das Bild vom Guten Wilden und die Erfahrung der Zivilisation. Berlin, Medusa.

Košenina, Alexander (1989): Ernst Platners Anthropologie und Philosophie. Der philosophische Arzt und seine Wirkung auf Johann Karl Wezel und Jean Paul. Würzburg, Königshausen & Neumann.

Krauss, Heinrich Karl Wilhelm (1824): De cerebri laesi ad motum voluntarium relatione, certaque vertiginis directione ex certis cerebri regionibus laesis pendente. Diss. inaug. med. Vratislaviae, Kupfer.

Krauss, Werner (1987): Zur Anthropologie des 18. Jahrhunderts. Die Frühgeschichte der Menschheit im Blickpunkt der Aufklärung. Frankfurt a. M./Berlin/Wien, Ullstein.

Krauss, Wolfgang (1989): Das Organ der Seele. In: J. Clair/C. Pichler/W. Pircher (Hrsg.): Wunderblock. Eine Geschichte der modernen Seele. Wien, Löcker, S. 209–225.

Kremer, Richard L. (1992): Building institutes for physiology in Prussia, 1836–1846. Contexts, interests and rhetoric. In: A. Cunningham/ P. Williams (Hrsg.): The laboratory revolution in medicine. Cambridge University Press, S. 72–109.

Kümmel, Werner Friedrich (1985): Alexander von Humboldt und Soemmerring. Das galvanische Phänomen und das Problem des Lebendigen. In: G. Mann/F. Dumont (Hrsg.): Samuel Thomas Soemmerring und die Gelehrten der Goethe-Zeit. Stuttgart/New York, Gustav Fischer, S. 73–87.

Kutzer, Michael (1988): Hirnforschung in der Nachfolge Soemmerrings. Das neuroanatomische Werk von Josef und Karl Wenzel. In: G. Mann/ F. Dumont (Hrsg.): Gehirn, Nerven, Seele. Stuttgart/New York, Gustav Fischer, S. 331–355.

Kutzer, Michael (1991): Der pathologisch-anatomische Befund und seine Auswertung in der deutschen Psychiatrie in der ersten Hälfte des 19. Jahrhunderts. Medizinhistorisches Journal 26, S. 214–235.

Kutzer, Michael (1993): Tradition, Anatomie und Psychiatrie: Die mentalen Vermögen und ihre Gehirnlokalisation in der frühen Neuzeit. Medizinhistorisches Journal 28, S. 199–227.

Kutzer, Michael (1996): Gehirnanatomie und »ein Ausflug in das geistige Land«. Anthropologie der Geschlechter im Werk Emil Huschkes. In: Ch. Meinel/M. Renneberg (Hrsg.): Geschlechterverhältnisse in Medizin, Naturwissenschaft und Technik. Stuttgart, GNT, S. 133–141.

La Mettrie, Julien Offray de (1774): L' Homme Machine (1748). In: ders.: Œuvres philosophiques. Bd. 1. 2. Aufl. Berlin, o. V., S. 273–356. (Reprint: Hildesheim, Olms 1988)

Lammel, Hans-Uwe (1990): Nosologische und therapeutische Konzeptionen in der romantischen Medizin (= Abhandlungen zur Geschichte der Medizin und der Naturwissenschaften, Heft 59). Husum, Matthiesen.

Lange, Friedrich Albert (1906): Geschichte des Materialismus und Kritik seiner Bedeutung in der Gegenwart (1866). 2 Bde. Leipzig, Reclam.

Lanteri-Laura, Georges (1970): Histoire de la phrénologie. L' homme et son cerveau selon F. J. Gall. Paris, Presses Universitaires de France.

Lazarus, Moritz (1874): Diskussionsbeitrag. Verhandlungen der Berliner Gesellschaft für Anthropologie, Ethnologie und Urgeschichte, S. 135.

Leibbrand, Werner (1956): Die spekulative Medizin der Romantik. Hamburg, Claassen.

Leiden, Ernst (1867): Beiträge zur Lehre von den centralen Sprachstörungen. Berliner klinische Wochenschrift 4, S. 65–68, 77–81, 89–93.

Leidesdorf, Max (1865): Lehrbuch der psychischen Krankheiten. 2. Aufl. Erlangen, Enke.

Lenoir, Timothy (1980): Kant, Blumenbach, and Vital Materialism in German Biology. Isis 71, S. 77–108.

Lenoir, Timothy (1981): The Göttingen School and the development of Transcendental Naturphilosophie in the Romantic era. In: Studies in History of Biology 5, S. 111–205.

Lenoir, Timothy (1989): The Strategy of Life. Teleology and mechanics in Nineteenth Century German Biology. 2. Aufl. Chicago University Press.

Lenoir, Timothy (1992a): Laboratories, medicine, and public life in Germany, 1830–1849. Ideological roots of the institutional revolution. In: A. Cunningham/P. Williams (Hrsg.): The laboratory revolution in medicine. Cambridge University Press, S. 14–71.

Lenoir, Timothy (1992b): Soziale Interessen und die organische Physik von 1847. In: ders.: Politik im Tempel der Wissenschaft. Forschung und Machtausübung im deutschen Kaiserreich. Frankfurt a. M., Campus, S. 18–52.

Lenoir, Timothy (1992c): Naturwissenschaft für die Klinik. Die Vorgeschichte von Carl Ludwigs physiologischem Institut in Leipzig. In: ders.: Politik im Tempel der Wissenschaft. Forschung und Machtausübung im deutschen Kaiserreich. Frankfurt a. M., Campus, S. 53–106.

Lenz, Max (1910–1918): Geschichte der Königlichen Friedrich-Wilhelms-Universität zu Berlin. 4 Bde. Halle, Verlag der Buchhandlung des Waisenhauses.

Lepenies, Wolf (1976): Das Ende der Naturgeschichte. München, Hanser.

Lepenies, Wolf (1977a): Soziologische Anthropologie. Frankfurt a. M./Berlin/Wien, Ullstein.

Lepenies, Wolf (1977b): Das Ende der Naturgeschichte und der Beginn der Moderne. Verzeitlichung und Enthistorisierung in der Wissenschaftsgeschichte des 18. und 19. Jahrhunderts. In: R. Koselleck (Hrsg.): Studien zum Beginn der modernen Welt (= Industrielle Welt. Schriftenreihe des Arbeitskreises für moderne Sozialgeschichte, Bd. 20). Stuttgart, Klett-Cotta, S. 317–351.

Lepenies, Wolf (1980): Naturgeschichte und Anthropologie im 18. Jahrhundert. In: B. Fabian/W. Schmidt-Biggemann/R. Vierhaus (Hrsg.): Deutschlands kulturelle Entfaltung. Die Neubestimmung des Menschen (= Studien zum 18. Jahrhundert, Bd. 2/3). München, Kraus, S. 211–226.

Lepenies, Wolf (1983): Eine Moral aus irdischer Ordnungsliebe. Linnés »Nemesis Divina«. In: C. v. Linné: Nemesis Divina. Hrsg. v. W. Lepenies/L. Gustafsson. Frankfurt a. M./Berlin/Wien, Ullstein, S. 321–372.

Lesch, John E. (1984): Science and Medicine in France. The Emergence of Experimental Physiology, 1790–1855. Cambridge/Mass./London, Harvard University Press.

Lesky, Erna (1954): Cabanis und die Gewißheit in der Heilkunde. Gesnerus 11, S. 152–182.

Lesky, Erna (1965): Die Wiener medizinische Schule im 19. Jahrhundert. Graz, Köln, Böhlau.

Lesky, Erna (1967): Gall und Herder. Clio Medica 2, S. 85–96.

Lesky, Erna (1970): Structure and function in Gall. Bulletin of the History of Medicine 44, S. 297–314.

Lesky, Erna (Hrsg.) (1979): Franz Joseph Gall. Naturforscher und Anthropologe (= Hubers Klassiker der Medizin und der Naturwissenschaften Bd. 15). Bern, Huber.

Lesky, Erna (1981): Der angeklagte Gall. Gesnerus 38, S. 301–311.

Leubuscher, Rudolf (1854): Die Pathologie und Therapie der Gehirn-Krankheiten. Berlin, Hirschwald.

Leune, Johann Carl Friedrich (1803): Entwicklung der Gallschen Theorie über das Gehirn, vorzüglich betrachtet als ein Inbegriff der Organe unserer intellektuellen und moralischen Eigenschaften. Leipzig, Hinrichs.

Lewis, Aubrey. C. (1958): J. C. Reil's concepts of brain function. In: F. N. C. Poynter (Hrsg.): History and philosophy of knowledge of the brain and its functions. Oxford, Blackwell, S. 154–166.

Leyacker, Josef (1927): Zur Lehre der Entstehung von den Hirnventrikeln als Sitz psychischer Vermögen. Archiv für Geschichte der Medizin 19, S. 253–286.

Lichtenberg, Georg Christoph (1972a): Über Physiognomik (1778). In: ders.: Schriften und Briefe. Hrsg. v. W. Promies. Band 3. München, Hanser, S. 256–295.

Lichtenberg, Georg Christoph (1972b): Verzeichnis einer Sammlung von Gerätschaften, welche in dem Hause des Sir H. S. künftige Woche öffentlich verauktioniert werden soll (1798). In: ders.: Schriften und Briefe. Hrsg. v. W. Promies. Band 3. München, Hanser, S. 451-457.

Lichtenberg, Georg Christoph (1973): Schriften und Briefe. Hrsg. v. W. Promies. Band 1: Sudelbücher. 3. Aufl. München, Hanser.

Lichtenberg, Georg Christoph (1992): Noctes. Ein Notizbuch. Hrsg. v. U. Joost. Göttingen, Wallstein.

Lilienthal, Georg (1990): Samuel Thomas Soemmerring und seine Vorstellungen über Rassenunterschiede. In: G. Mann/F. Dumont
(Hrsg.): Die Natur des Menschen. Probleme der Physischen Anthropologie und Rassenkunde (1750–1850). Stuttgart/New York,
Gustav Fischer, S. 31–55.

Linné, Carl von (1955): Menniskans Cousiner (Anthropomorpha) (1760).
Valda Avhandlingar av Carl von Linné, utgivna av Svenska Linné-
Sällskapet, Nr. 21.

Linné, Carl von (1991): Die Meerkatze Diana (1754). In: ders.: Lappländi-
sche Reise und andere Schriften. Leipzig, Reclam, S. 272–278.

Lohff, Brigitte (1990): Die Suche nach der Wissenschaftlichkeit der Physiologie in der Zeit der Romantik (= Medizin in Geschichte und
Kultur Bd. 17). Stuttgart/New York, Gustav Fischer.

Longet, François-Achille (1842): Traité d'anatomie et de physiologie du
système nerveux de l'homme et des animaux vertébrés. Bd. 1. Paris,
Masson.

Longet, François-Achille (1850): Traité de physiologie. Bd. 2. Paris, Masson.

Lovejoy, Arthur O. (1985): Die große Kette der Wesen. Geschichte eines
Gedankens. Frankfurt a. M., Suhrkamp.

Ludwig, Carl (1852): Lehrbuch der Physiologie des Menschen. Bd. 1. Heidelberg, Winter.

Maehle, Andreas-Holger (1992): Kritik und Verteidigung des Tierver-
suchs. Die Anfänge der Diskussion im 17. und 18. Jahrhundert.
Stuttgart, Steiner.

Magendie, François (1823): Notes sur le siège du mouvement et du sen-
timent dans la moelle épinière. Journal de Physiologie Expérimentale et Pathologique 3, 153–161.

Magendie, François (1839): Leçons sur les fonctions et les maladies du système nerveux. Bd. 2. Paris, Ebrard.

Magendie, François (1841): Leçons sur les fonctions et les maladies du système nerveux. Bd. 1. Paris, Lecaplain.

Malpighi, Marcello (1666): De viscerum structura exercitatio anatomica.
Bologna, Montij.

Mann, Gunter (1977): Schinderhannes, Galvanismus und die experimentelle Medizin in Mainz um 1800. Medizinhistorisches Journal 12,
S. 21–80.

Mann, Gunter (1984): Franz Joseph Galls kranioskopische Reise durch
Europa (1805–1807). Fundierung und Rechtfertigung neuer Wissenschaft. Nachrichtenblatt der deutschen Gesellschaft für Geschichte der Medizin, Naturwissenschaft und Technik 34, S. 86–114.

Mann, Gunter (1985): Franz Joseph Gall (1758–1828) und Samuel Thomas Soemmerring: Kranioskopie und Gehirnforschung zur Goethezeit. In: G. Mann/F. Dumont (Hrsg.): Samuel Thomas Soemmerring und die Gelehrten der Goethe-Zeit. Stuttgart/New York, Gustav Fischer, S. 149–189.

Mann, Gunter (1988): Organ der Seele – Seelenorgane: Kranioskopie, Gehirnanatomie und Geisteskrankheiten in der Goethezeit. In: G. Mann/F. Dumont (Hrsg.): Gehirn, Nerven, Seele. Stuttgart/New York, Gustav Fischer, S. 133–157.

Mann, Gunter (1990): Soemmerring, Lichtenberg und die Ärzte im Streit um die Guillotine. Lichtenberg-Jahrbuch 1989, S. 7–29.

Mann, Gunter/Dumont, Franz (Hrsg.) (1985): Samuel Thomas Soemmerring und die Gelehrten der Goethe-Zeit (= Soemmerring-Forschungen Bd. 1). Stuttgart/New York, Gustav Fischer.

Mann, Gunter/Dumont, Franz (Hrsg.) (1988): Gehirn – Nerven – Seele. Anatomie und Physiologie im Umfeld S. Th. Soemmerrings (= Soemmerring-Forschungen Bd. 3). Stuttgart/New York, Gustav Fischer.

Mann, Gunter/Dumont, Franz (Hrsg.) (1990): Die Natur des Menschen. Probleme der Physischen Anthropologie und Rassenkunde (1750–1850) (= Soemmerring-Forschungen Bd. 6), Stuttgart/New York, Gustav Fischer.

Marino, Luigi (1995): Praeceptores Germaniae. Göttingen 1770–1820. Göttingen, Vandenhoeck & Ruprecht.

Marquard, Odo (1982): Über einige Beziehungen zwischen Ästhetik und Therapeutik in der Philosophie des 19. Jahrhunderts. In: ders.: Schwierigkeiten mit der Geschichtsphilosophie. Frankfurt a. M., Suhrkamp, S. 85–106, 185–208.

Marx, Otto M. (1966): Aphasia studies and language theory in the 19th century. Bulletin of the History of Medicine 40, S. 328–349.

Marx, Otto M. (1990/1991): German romantic psychiatry. History of Psychiatry 1, S. 351–381; 2, S. 1–25.

Mayer, August Franz Joseph Carl (1833): Über das Gehirn, das Rückenmark und die Nerven. Eine anatomisch-physiologische Untersuchung. Nova Acta Leopoldina 16, 2, S. 681–770.

Mayer, August Franz Joseph Carl (1838): Die Elementar-Organisation des Seelenorgans. Bonn, Weber.

Mayer, Johann Christoph Andreas (1794): Beschreibung des Nervensystems des menschlichen Körpers. 3 Bde. Berlin, Rottmann.

Mazzolini, Renato (1991): Schemes and Models of the Thinking Machine (1662–1762). In: P. Corsi (Hrsg.): The Enchanted Loom. Chapters in the History of Neuroscience. Oxford University Press, S. 68–83.

McLaughlin, Peter (1985): Soemmerring und Kant. Über das Organ der Seele und den Streit der Fakultäten. In: G. Mann/F. Dumont (Hrsg.): Samuel Thomas Soemmerring und die Gelehrten der Goethe-Zeit. Stuttgart/New York, Gustav Fischer, S. 191–201.

Meckel, Johann Friedrich (1815a): Vorrede. Deutsches Archiv für die Physiologie 1, S. III–VIII.

Meckel, Johann Friedrich (1815b): Versuch einer Entwicklungsgeschichte der Centraltheile des Nervensystems in den Säugethieren. Deutsches Archiv für die Physiologie 1, S. 1–108; 334–422; 589–639.

Meckel, Johann Friedrich (1815–1820): Handbuch der menschlichen Anatomie. 4 Bde. Halle, Buchhandlung des Hallischen Waisenhauses.

Meckel, Johann Friedrich (1823): Ueber die seitliche Asymmetrie im thierischen Körper. In: ders.: Anatomisch-physiologische Beobachtungen und Untersuchungen. Halle, Buchhandlung des Hallischen Waisenhauses, S. 147–334.

Mehlis, Carl Friedrich Eduard (1818): Commentatio de morbis hominis dextri et sinistri. Göttingen, Herbst.

Meissner, Georg (1868): Bericht über die Fortschritte der Physiologie im Jahre 1867. Leipzig/Heidelberg, Winter.

Mendelssohn, Moses (1783): Psychologische Betrachtungen auf Veranlassung einer von dem Herrn Oberkonsistorialrath Spalding an sich selbst gemachten Erfahrung. In: Gnothi seauton oder Magazin zur Erfahrungsseelenkunde 1, S. 211–232.

Metzger, Johann Daniel (1778): Grundriß der Physiologie. Königsberg/Leipzig, Hartung.

Metzger, Johann Daniel (1803): Über den menschlichen Kopf in anthropologischer Hinsicht. Nebst einigen Bemerkungen über Dr. Galls Hirn- und Schädeltheorie. Königsberg, Goebbels und Unzer.

Meyer, Alfred (1970): Karl Friedrich Burdach and his place in the history of neuroanatomy. Journal of Neurology, Neurosurgery and Psychiatry 33, S. 553–561.

Meyer, Alfred/Hierons, Raymond (1965): On Thomas Willis's Concepts of Neurophysiology. Medical History 9, S. 1–15; 142–155.

Meyer, Hermann (1844): Einige Worte über die wissenschaftliche Stellung der Phrenologie zur Physiologie. Zeitschrift für Philosophie und spekulative Theologie 12, S. 279–294.

Meynert, Theodor (1866): Ein Fall von Sprachstörung, anatomisch begründet. Medizinische Jahrbücher 12, S. 152–189.

Meynert, Theodor (1867/1868): Der Bau der Gross-Hirnrinde und seine örtlichen Verschiedenheiten, nebst einem pathologisch-anatomischen Corollarium. Vierteljahrsschrift für Psychiatrie 1, S. 77–93, 198–217; 2, S. 88–113.

Meynert, Theodor (1871): Offener Brief an die Redaktion betreffend Benedikt's Artikel »Ueber die Lokalisationsgesetze im Centralnervensysteme«. Wiener Medizinische Presse 12, Sp. 875–877.

Meynert, Theodor (1892): Zur Mechanik des Gehirnbaues (1872). In: ders.: Sammlung von populärwissenschaftlichen Vorträgen über den Bau und die Leistungen des Gehirns. Wien, Braumüller, S. 17–40.

Mocek, Reinhard (1995): Johann Christian Reil (1759–1813). Das Problem des Übergangs von der Spätaufklärung zur Romantik in Biologie und Medizin in Deutschland (= Philosophie und Geschichte der Wissenschaften Bd. 28). Frankfurt a. M., Lang.

Möbius, Paul Julius (1905): Franz Joseph Gall. In: ders.: Ausgewählte Werke, Bd. 7. Leipzig, Barth.

Moleschott, Jakob (1971): Der Kreislauf des Lebens. Physiologische Antworten auf Liebig's Chemische Briefe (1852). In: D. Wittich (Hrsg.): Vogt, Moleschott, Büchner. Schriften zum kleinbürgerlichen Materialismus in Deutschland. Bd. 1. Berlin, Akademie Verlag.

Monakow, Constantin von (1924): Fünfzig Jahre Neurologie. Zwei Vorträge. Zürich, Orell-Füssli.

Monro, Alexander (1787): Bemerkungen über die Struktur und Verrichtungen des Nervensystems. Leipzig, Schwickert.

Moravia, Sergio (1977): Beobachtende Vernunft. Philosophie und Anthropologie in der Aufklärung. Frankfurt a. M./Berlin/Wien, Ullstein.

Moravia, Sergio (1978): From Homme Machine to Homme Sensible. Changing Eighteenth-Century Models of Man's Image. Journal of the History of Ideas 39, S. 45–60.

Moravia, Sergio (1980): The Enlightenment and the Sciences of Man. History of Science 18, S. 247–268.

Moreau de la Sarthe, Jacques-Louis (1804): Exposition et critique du système du Dr. Gall, sur la cause et l'expression des principales différences de l'esprit et des passions, lues à l'Athénée de Paris. Décade 12–14, S. 129–137, 194–202, 257–265.

Moscati, Peter (1771): Von dem körperlichen wesentlichen Unterschiede zwischen der Structur der Thiere und der Menschen. Göttingen, Vandenhoeck.

Mosse, George (1990): Die Geschichte des Rassismus in Europa. Frankfurt a. M., Fischer.

Mühlmann, Wilhelm E. (1986): Geschichte der Anthropologie. 4. Aufl. Wiesbaden, Aula.

Müller, Johannes (1827): Grundriss der Vorlesungen über die Physiologie. Bonn, Habicht.

Müller, Johannes (1831): Bestätigung des Bell'schen Lehrsatzes, daß die doppelten Wurzeln der Rückenmarksnerven verschiedene Functionen haben, durch neue und entscheidende Experimente. Froriep's Notizen auf dem Gebiete der Natur- und Heilkunde 30/8, S. 113–117.

Müller, Johannes (1832): Bestätigung des Bell'schen Lehrsatzes, daß die doppelten Wurzeln der Rückenmarksnerven verschiedene Functionen haben, durch neue und entscheidende Experimente. In: Karl Bell's physiologische und pathologische Untersuchungen des Nervensystems. Übersetzt v. M. H. Romberg. Berlin, Stuhrsche Buchhandlung, S. 375–388.

Müller, Johannes (1834–1840): Handbuch der Physiologie des Menschen für Vorlesungen. 2 Bde. Koblenz, Hölscher.

Müller, Johannes (1836): Jahresbericht über die Fortschritte der anatomisch-physiologischen Wissenschaften im Jahre 1835. Archiv für Anatomie, Physiologie und wissenschaftliche Medicin, S. I-CCXXXVI.

Müller, Johannes (1837): Gedächtnisrede auf Carl Asmund Rudolphi. Abhandlungen der Königlichen Akademie der Wissenschaften. Aus dem Jahre 1835, Berlin, S. XVIII–XXXVIII.

Müller, Johannes (1967): Ueber die phantastischen Gesichtserscheinungen. Eine physiologische Untersuchung mit einer physiologischen Urkunde des Aristoteles über den Traum (1826). München, Fritsch.

Müller, Lothar (1987): Die kranke Seele und das Licht der Erkenntnis. Karl Philipp Moritz' Anton Reiser. Frankfurt a. M., Athenäum.

Müller-Tamm, Jutta (1995): Kunst als Gipfel der Wissenschaft. Ästhetische und wissenschaftliche Weltaneignung bei Carl Gustav Carus. Berlin/New York, de Gruyter.

Nasse, Friedrich (1818a): Ueber das Verhältnis des Gehirns und Rückenmarks zur Belebung des übrigen Körpers. Halle, Curtsche Buchhandlung.

Nasse, Friedrich (1818b): Ueber die Abhängigkeit oder Unabhängigkeit des Irreseyns von einem vorausgegangenen, körperlichen Krankheitszustande. Zeitschrift für psychische Aerzte 1, S. 128–140, 409–456.

Nasse, Friedrich (1836): Ueber die bloß in Funktionsstörungen bestehenden Krankheiten des Gehirns, besonders in Beziehung auf Diagnosis. In: F. Nasse/H. Nasse: Untersuchungen zur Physiologie und Pathologie. Bd. 1. Bonn, Habicht, S. 317–436.

Neuburger, Max (1897): Die historische Entwicklung der experimentellen Gehirn- und Rückenmarksphysiologie vor Flourens. Stuttgart, Enke. (Reprint: Amsterdam, Bonset 1967)

Neuburger, Max (1901): Swedenborg's Beziehungen zur Gehirnphysiologie. Wiener medizinische Wochenschrift 51, S. 2077–2081.

Neuburger, Max (1913a): Studien zur Geschichte der deutschen Gehirnpathologie. I. Aus der Frühgeschichte der Encephalomalacie. Jahrbücher für Psychiatrie und Neurologie 34 (1), 1–73.

Neuburger, Max (1913b): Studien zur Geschichte der deutschen Gehirnpathologie. II. Aus den ersten vier Dezennien der Tumorforschung. Jahrbücher für Psychiatrie und Neurologie 34 (2), 1–58.

Neuburger, Max (1913c): Johann Christian Reil. In: Verhandlungen der Gesellschaft deutscher Naturforscher und Ärzte. 85. Versammlung zu Wien. 1. Teil. Leipzig, Vogel, S. 86–115.

Neuburger, Max (1916/1917): Briefe Galls an Andreas und Nannette Streicher. Sudhoffs Archiv 10, S. 3–70.

Nietzsche, Friedrich (1980): Menschliches, Allzumenschliches. In: ders.: Sämtliche Werke. Hrsg. v. G. Colli u. M. Montinari. Bd. 2. München, Deutscher Taschenbuch Verlag.

Nipperdey, Thomas (1993): Deutsche Geschichte 1800–1866. Bürgerwelt und starker Staat. 6. Aufl. München, Beck.

Nisbet, Hugh Barr (1970): Herder and the philosophy and history of science. Cambridge, Modern Humanities Association.

Novalis (1968): Schriften. Dritter Band: Das philosophische Werk II. Hrsg. v. R. Samuel et al. 2. Aufl. Stuttgart, Kohlhammer.

Novalis (1981): Schriften. Zweiter Band: Das philosophische Werk I. Hrsg. v. R. Samuel et al. 3. Aufl. Stuttgart, Kohlhammer.

Nye, Robert A. (1984): Crime, Madness, and Politics in Modern France: The Medical Concept of National Decline. Princeton University Press.

Obermeit, Werner (1980): Das unsichtbare Ding, das Seele heißt. Die Entdeckung der Psyche im bürgerlichen Zeitalter. Frankfurt a. M., Syndikat.

Oehler-Klein, Sigrid (1988): Franz Joseph Gall, der Scharlatan – Samuel Thomas Soemmerring, der Wissenschaftler? Neuroanatomische Methoden, Erkenntnisse und Konsequenzen im Vergleich. In: G. Mann/F. Dumont (Hrsg.): Gehirn, Nerven, Seele. Stuttgart/New York, Gustav Fischer, S. 93–131.

Oehler-Klein, Sigrid (1990a): Samuel Thomas Soemmerrings Neuroanatomie als Bindeglied zwischen Physiognomik und Anthropologie. In: G. Mann/F. Dumont (Hrsg.): Die Natur des Menschen: Probleme der Physischen Anthropologie und Rassenkunde (1750–1850). Stuttgart/New York, Gustav Fischer, S. 57–87.

Oehler-Klein, Sigrid (1990b): Die Schädellehre Franz Joseph Galls in Literatur und Kritik des 19. Jahrhunderts. (= Soemmerring-Forschungen Bd. 8). Stuttgart/New York, Gustav Fischer.

Oehler-Klein, Sigrid (1994): Anatomie und Kunstgeschichte. Soemmerrings Rede »Über die Schönheit der antiken Kinderköpfe« vor der Société des Antiquités in Kassel (1779). In: M. Wenzel (Hrsg.): Samuel Thomas Soemmerring in Kassel (1779–1784) (= Soemmerring-Forschungen Bd. 9). Stuttgart/New York, Gustav Fischer, S. 189–225.

Oppeln-Bronikowski, Friedrich von (1928): David Ferdinand Koreff. Serapionsbruder, Magnetiseur, Geheimrat und Dichter. 4. Aufl. Berlin/Leipzig, Gebr. Paetel.

Ottow, Benno (1963): Ein Briefwechsel zwischen Anders Adolf Retzius und Karl Ernst von Baer. Bidrag till Kungl. Svenska Vetenskaps-Akademiens Historia, III. Stockholm, Regia Academia Scientiarum Suecica.

Outram, Dorinda (1984): Georges Cuvier. Vocation, science and authority in post-revolutionary France. Manchester University Press.

Outram, Dorinda (1989): The Body and the French Revolution. Sex, Class and Political Culture. New Haven, Yale University Press.

Pagel, Walter (1958): Medieval and Renaissance contributions to knowledge of the brain and its functions. In: F. N. C. Poynter (Hrsg.): The history and philosophy of the brain and its functions. Oxford, Blackwell, S. 95–114.

Park, Katharine (1988): The organic soul. In: C. B. Schmitt/Q. Skinner (Hrsg.): The Cambridge History of Renaissance Philosophy. Cambridge University Press, S. 464–484.

Peacock, Andrew (1982): The Relationship between the Soul and the Brain. In: F. C. Rose/W. F. Bynum (Hrsg.): Historical Aspects of the Neurosciences. New York, Raven Press, S. 83–98.

Pera, Marcello (1992): The Ambigious Frog. The Galvani-Volta Controversy on Animal Electricity. Princeton University Press.

Pick, Daniel (1989): Faces of Degeneration. A European Disorder, c. 1848-c.1918. Cambridge University Press.

Pircher, Wolfgang (1989): Seelenapparate. In: J. Clair/C. Pichler/W. Pircher (Hrsg.): Wunderblock. Eine Geschichte der modernen Seele. Wien, Löcker, S. 25–31.

Platner, Ernst (1772): Anthropologie für Aerzte und Weltweise. Erster Theil. Leipzig, Dyckische Buchhandlung.

Platner, Ernst (1790): Neue Anthropologie für Aerzte und Weltweise. Mit besonderer Rücksicht auf Physiologie, Pathologie, Moralphilosophie und Aesthetik. Erster Band. Leipzig, Crusius.

Ploucquet, Wilhelm Gottfried (1782): Skizze der Lehre von der menschlichen Natur. Zum Gebrauch akademischer Vorlesungen. Tübingen, Heerbrandt.

Poggi, Stefano (1988): Mind and Brain in Medical Thought During the Romantic Period. History and Philosophy of the Life Sciences 10, Suppl., S. 41–53.

Pogliano, Claudio (1991): Between Form and Function. A New Science of Man. In P. Corsi (Hrsg.): The Enchanted Loom. Chapters in the History of Neuroscience. Oxford University Press, S. 144–157.

Poynter, Frederick N. C. (Hrsg.) (1958): History and philosophy of knowledge of the brain and its functions. Oxford, Blackwell. (Reprint: Amsterdam, Rodopi 1973)

Prochaska, Georg (1820): Physiologie oder Lehre von der Natur des Menschen. Wien, Beck.

Purkyně, Jan Evangelista (1937): Ueber die Struktur des Seelenorgans (1837). In: ders.: Opera Omnia. Bd. 2. Prag, Purkyñova Společnost, S. 87–88.

Purkyně, Jan Evangelista (1941): Art. Cranioskopie (1832). In: ders.: Opera Omnia. Bd. 4. Prag, Purkyñova Společnost, S. 111–126.

Purkyně, Jan Evangelista (1951): Rez. von Flourens' ›Recherches expérimentales sur les propriétés et les fonctions du système nerveux dans les animaux vertébrés‹ (1826). In: ders.: Opera Omnia. Bd. 5. Prag, Academia, S. 9–18.

Purkyně, Jan Evangelista (1973): Beiträge zur Physiologie der menschlichen Sprache (1832/1856). In: ders.: Opera Omnia. Bd. 12. Prag, Academia, S. 47–86.

Purkyně, Jan Evangelista (1987): J. E. Purkyně and Psychology; with a Focus on Unpublished Manuscripts. Hrsg. v. J. Brožek & J. Hoskovec. Prag, Academia.

Ramström, Martin (1910): Emanuel Swedenborg's investigations in natural science and the basis for his statements concerning the functions of the brain. Uppsala, University of Uppsala.

Reil, Johann Christian (1788/89): Von den Ursachen der Abnahme unsrer physischen Stärke in Vergleichung mit unsern Vorfahren. Wöchentliche Hallische Anzeigen Jg. 1788, S. 349–353, 365–367, 373–375,

277–279, 385–387, 393–394; Jg. 1789, S. 53–56, 57–59, 65–67, 69–70.

Reil, Johann Christian (1795): An die Professoren Herrn Gren und Herrn Jakob in Halle. Archiv für die Physiologie 1, S. 3–7.

Reil, Johann Christian (1803): Rhapsodieen über die Anwendung der psychischen Curmethode auf Geisteszerrüttungen. Halle, Curt.

Reil, Johann Christian (1804): Pepinièren zum Unterricht ärztlicher Routiniers als Bedürfnisse des Staats nach seiner Lage wie sie ist. Halle, Curt.

Reil, Johann Christian (1806): Neueste Schriften über Galls Schädellehre. Jenaische Allgemeine Literaturzeitung 71, 25. 3. 1806, Sp. 561–568; 72, 26. 3. 1806, Sp. 569–571.

Reil, Johann Christian (1807): Ueber die Eigenschaften des Ganglien-Systems und sein Verhältnis zum Cerebralsystem. Archiv für die Physiologie 7, S. 189–254.

Reil, Johann Christian (1807/1808): Fragmente über die Bildung des kleinen Gehirns im Menschen. Archiv für die Physiologie 8, S. 1–58, 273–304, 385–426.

Reil, Johann Christian (1808): Das Zerfallen unsers Körpers im Selbstbewußtseyn. Beyträge zur Beförderung einer Kurmethode auf psychischem Wege 1, S. 530–585.

Reil, Johann Christian (1811): Über die eigenthümlichen Verrichtungen des Seelenorgans (1795). In: ders.: Gesammelte kleine physiologische Schriften. Bd. 2. Wien, Doll, S. 1–158.

Reil, Johann Christian (1812a): Ueber das Unvermögen der Seele, die Richtung zu halten, durch ein paar Beyspiele erläutert. Beyträge zur Beförderung einer Kurmethode auf psychischem Wege 2, S. 70–77.

Reil, Johann Christian (1812b): Ueber die Centricität der Organismen. Beyträge zur Beförderung einer Kurmethode auf psychischem Wege 2, S. 186–248.

Reil, Johann Christian (1816): Entwurf einer allgemeinen Therapie. Halle, Curt.

Reil, Johann Christian (1817a): Über das Gemeingefühl (1794). In: ders.: Kleine Schriften wissenschaftlichen und gemeinnützigen Inhalts. Halle, Curt, S. 34–112.

Reil, Johann Christian (1817b): Ueber den Bau des Gehirns und der Nerven (1795). In: ders.: Kleine Schriften wissenschaftlichen und gemeinnützigen Inhalts. Halle, Curt, S. 113–132.

Reil, Johann Christian (1910): Von der Lebenskraft (1795). Hrsg. v. K. Sudhoff (= Klassiker der Medizin Bd. 2). Leipzig, Barth.

Reil, Johann Christian (1913): Materialien zum Entwurf eines künftigen

Studienplans für angehende Ärzte (1803). In: R. Beneke: Johann Christian Reil. Halle, Niemeyer, S. 56–68.

Retzius, Andreas (1848): Beurtheilung der Phrenologie vom Standpuncte der Anatomie aus. Archiv für Anatomie, Physiologie und Wissenschaftliche Medicin, S. 233–262.

Révész, Bela (1917): Geschichte des Seelenbegriffs und der Seelenlokalisation. Stuttgart, Enke.

Rheinberger, Hans-Jörg (1992): Vom Urphänomen zum System der pelagischen Fischerei. Über das Verhältnis von Physiologie und Philosophie bei Johannes Müller. In: M. Hagner/B. Wahrig-Schmidt (Hrsg.): Johannes Müller und die Philosophie. Berlin, Akademie Verlag, S. 125–141.

Richardson, Ruth (1989): Death, Dissection and the Destitute. London, Penguin Books.

Riedel, Wolfgang (1994): Anthropologie und Literatur in der deutschen Spätaufklärung. Skizze einer Forschungslandschaft. Internationales Archiv für Sozialgeschichte der deutschen Literatur, 6. Sonderheft, S. 93–157.

Riedel, Wolfgang (1995): Weltweisheit als Menschheitslehre. Das philosophische Profil von Schillers Lehrer Abel. In: Jacob Friedrich Abel. Eine Quellenedition zum Philosophieunterricht an der Stuttgarter Karlsschule (1773–1782). Mit Einleitung, Übersetzung, Kommentar und Bibliographie hrsg. v. W. Riedel. Würzburg, Königshausen & Neumann, S. 377–450.

Rieppel, Olivier (1986): Der Artbegriff im Werk des Genfer Naturphilosophen Charles Bonnet (1720–1793). Gesnerus 43, S. 205–212.

Riese, Walther (1936a): Franz Joseph Gall et le problème des localisations cérébrales. L' Hygiène Mentale 31, S. 105–136.

Riese, Walther (1936b): Les discussions des problèmes des localisations cérébrales dans les sociétés savantes du XIXe siècle et leurs rapports avec des vues contemporaines. L' Hygiène Mentale 31, S. 137–158.

Riese, Walther (1946): The 150th anniversary of S. T. Soemmerring's Organ of the Soul. The Reaction of his Contemporaries and its Significance Today. Bulletin of the History of Medicine 20, S. 310–321.

Riese, Walther (1947): The early history of aphasia. Bulletin of the History of Medicine 21, S. 322–334.

Riese, Walther (1949): An outline of a history of ideas in neurology. Bulletin of the History of Medicine 23, S. 111–136.

Riese, Walther (1959): A History of neurology. New York, MD Publications.

Riese, Walther (1962): The Impact of Romanticism on the Experimental Method. Studies in Romanticism 2, S. 12–22.

Riese, Walther (1967): Changing concepts of cerebral localization. Clio Medica 2, S. 189–230.

Riese, Walther (1977): Selected papers in the history of aphasia. In: K. Hoops et al. (Hrsg.): Neurolinguistics. Amsterdam, Swets & Zeitling.

Riese, Walther/Hoff, Ebbe C. (1950/1951): A history of the doctrine of cerebral localization. Sources, anticipations, and basic reasoning. Journal of the History of Medicine 5, S. 51–71; 6, S. 439–470.

Risse, Gunther (1972): Kant, Schelling and the early search for a philosophical »Science« of medicine in Germany. Journal of the History of Medicine and allied sciences 27, S. 145–158.

Ritter, Johann Wilhelm (1806): Ueber den Galvanismus; einige Resultate aus den bisherigen Untersuchungen darüber, und als endliches: die Entdeckung eines in der ganzen lebenden und todten Natur sehr thätigen Princips (1797). In: ders.: Physisch-Chemische Abhandlungen in chronologischer Folge. Bd. 1. Leipzig, Reclam, S. 1–42.

Ritter, Johann Wilhelm (1810): Fragmente aus dem Nachlasse eines jungen Physikers. 2 Bde. Heidelberg, Mohr und Zimme. (Reprint: Heidelberg, L. Schneider 1969)

Roe, Shirley A. (1984): Anatomia animata. The Newtonian Physiology of Albrecht von Haller. In: E. Mendelsohn (Hrsg.): Transformation and Tradition in the Sciences. Essays in Honor of I. Bernard Cohen. Cambridge University Press, S. 275–300.

Roelcke, Volker (1996): »Wir rücken Schritt vor Schritt dem Tollhaus näher …«. Das moderne Leben und die Nervenkrankheiten bei Johann Christian Reil (1759–1813). Sudhoffs Archiv 80, S. 56–67.

Röttgers, Kurt (1991): Romantische Psychologie. Psychologie und Geschichte 3, S. 24–64.

Rolando, Luigi (1809). Saggio sopra la vera struttura del cervello dell'uomo e degl'animali e sopra le funzioni del sistema nervoso. Sassari, o. V.

Romberg, Moritz Heinrich (1840): Lehrbuch der Nervenkrankheiten des Menschen. 1. Bd. Berlin, Duncker.

Rosen, George (1946): The philosophy of Ideology and the emergence of modern medicine in France. Bulletin of the History of Medicine 20, S. 328–339.

Rosen, George (1951): Romantic medicine. A problem in historical periodization. Bulletin of the History of Medicine 25, S. 149–158.

Rosenfield, Leonora Cohen (1940): From Beast-Machine to Man-Machine. The Theme of Animal Soul in French Letters from Descartes to La Mettrie. New York, Oxford University Press.

Rothschuh, Karl Eduard (1958): Vom spiritus animalis zum Nerven-aktionsstrom. Ciba-Zeitschrift 8, Nr. 89, S. 2950–2978.

Rothschuh, Karl Eduard (1959a): Aus der Frühzeit der Elektrobiologie. Elektromedizin 4, S. 201–217.

Rothschuh, Karl Eduard (1959b): Alexander von Humboldt und die Physiologie seiner Zeit. Sudhoffs Archiv 43, S. 97- 113.

Rothschuh, Karl Eduard (1960): Von der Idee bis zum Nachweis der tierischen Elektrizität. Sudhoffs Archiv 44, S. 25–44.

Rothschuh, Karl Eduard (1974): Hyrtl contra Brücke. Ein Gelehrtenstreit im 19. Jahrhundert und seine Hintergründe. Clio Medica 9, S. 81–92.

Rousseau, Jean-Jacques (1981): Abhandlung über den Ursprung und die Grundlagen der Ungleichheit (1755). In: ders.: Schriften. Hrsg. v. H. Ritter. Bd. 1. Frankfurt a. M./Berlin/Wien, Ullstein, S. 165–302.

Rudolph, Gerhard (1967): Diderots Elemente der Physiologie. Gesnerus 24, S. 24–45.

Rudolphi, Karl Asmund (1798): Gedichte. Berlin, Reimer.

Rudolphi, Karl Asmund (1802): Anatomisch-Physiologische Abhandlungen. Berlin, Verlag der Realschulbuchhandlung.

Rudolphi, Karl Asmund (1805): Bemerkungen aus dem Gebiet der Naturgeschichte, Medicin und Thierarzneykunde, auf einer Reise durch einen Theil von Deutschland, Holland und Frankreich gesammelt. Bd. 2. Berlin, Verlag der Realschulbuchhandlung.

Rudolphi, Karl Asmund (1812a): Peter Simon Pallas. In: ders.: Beyträge zur Anthropologie und allgemeinen Naturgeschichte. Berlin, Haude & Spener, S. 1–64.

Rudolphi, Karl Asmund (1812b): Über die Verbreitung der organischen Körper. In: ders.: Beyträge zur Anthropologie und allgemeinen Naturgeschichte. Berlin, Haude & Spener, S. 113–172.

Rudolphi, Karl Asmund (1812c): Über das Schönheitsverhältniss zwischen beyden Geschlechtern bey Menschen und Thieren. Vorgelesen in der öffentlichen Sitzung der Humanitäts-Gesellschaft, den 25ten Januar 1812. In: ders.: Beyträge zur Anthropologie und allgemeinen Naturgeschichte. Berlin, Haude & Spener, S. 173–188.

Rudolphi, Karl Asmund (1821–1828): Grundriß der Physiologie. 3 Bde. Berlin, Dümmler.

Rupke, Nicolaas A. (Hrsg.) (1987): Vivisection in Historical Perspective. London, Croom Helm.

Rupke, Nicolaas A. (1994): Richard Owen. Victorian Naturalist. New Haven, Yale University Press.

Sachs-Hombach, Klaus (1993): Philosophische Psychologie im 19. Jahrhundert. Entstehung und Problemgeschichte. Freiburg/München, Alber.

Schäfer, Wolfram (1988): Von »Kammermohren«, »Mohren«-Tambouren und »Ost-Indianern«. Anmerkungen zu Existenzbedingungen und Lebensformen einer Minderheit im 18. Jahrhundert unter besonderer Berücksichtigung der Residenzstadt Kassel. Hessische Blätter für Volks- und Kulturforschung N. F. 23, S. 35–79.

Schaffer, Simon (1990): Genius in Romantic natural philosophy. In: A. Cunningham/N. Jardine (Hrsg.): Romanticism and the Sciences. Cambridge University Press, S. 82–98.

Scheerer, Eckart (1989): Artikel »Psychologie«. In: J. Ritter/K. Gründer (Hrsg.): Historisches Wörterbuch der Philosophie. Band 7. Darmstadt, Wissenschaftliche Buchgesellschaft, Sp. 1599–1653.

Schelling, Friedrich Wilhelm Joseph (1805): Vorrede. Jahrbücher der Medicin als Wissenschaft 1, 1. Heft, S. V-XX.

Schelling, Friedrich Wilhelm Joseph (1857a): Ideen zu einer Philosophie der Natur als Einleitung in das Studium dieser Wissenschaft (^{2}1803). In: ders.: Sämmtliche Werke, 1. Abtheilung, Bd. 2. Stuttgart/Augsburg, Cotta.

Schelling, Friedrich Wilhelm Joseph (1857b): Von der Weltseele, eine Hypothese der höheren Physik zur Erklärung des allgemeinen Organismus (1798). In: ders.: Sämmtliche Werke, 1. Abt., Bd. 2. Stuttgart/Augsburg, Cotta.

Schelling, Friedrich Wilhelm Joseph (1959): Einiges über die Schädellehre (1807). In: Schellings Werke. Dritter Ergänzungsband. München, Beck, S. 488–489.

Schelling, Friedrich Wilhelm Joseph (1985): Erster Entwurf eines Systems der Naturphilosophie. Für Vorlesungen (1799). In: ders.: Ausgewählte Schriften. Bd. 1: 1794–1800. Frankfurt a. M., Suhrkamp, S. 317–336.

Schelling, Friedrich Wilhelm Joseph (1994): Historisch-kritische Ausgabe. Reihe I: Werke. Ergänzungsband zu Bd. 5 bis 9: Wissenschaftshistorischer Bericht zu Schellings naturphilosophischen Schriften 1797–1800. Theorien der Chemie, von Manfred Durner; Magnetismus, Elektrizität, Galvanismus, von Francesco Moiso; Physiologische Theorien, von Jörg Jantzen. Stuttgart-Bad Cannstatt, frommann-holzboog.

Schelsky, Helmut (1963): Einsamkeit und Freiheit. Idee und Gestaltung der deutschen Universität und ihrer Reformen. Reinbek, Rowohlt.

Schiebinger, Londa (1995): Am Busen der Natur. Erkenntnis und Geschlecht in den Anfängen der Wissenschaft. Stuttgart, Klett-Cotta.

Schiff, Moriz (1858/1859): Lehrbuch der Physiologie des Menschen. Bd. 1. Muskel- und Nervenphysiologie. Lahr, Schauenburg.

Schiller, Francis (1979): Paul Broca. Founder of French Anthropology, Explorer of the Brain. Berkeley, University of California Press.

Schiller, Francis (1985): The mystique of the frontal lobes. Gesnerus 42, S. 415–424.

Schiller, Friedrich (1964): Werke. Nationalausgabe. Bd. 35. Briefwechsel. Briefe an Schiller. 25.5. 1794 bis 31.10. 1795. Hrsg. v. G. Schulz/ L. Blumenthal. Weimar, Böhlaus Nachfolger.

Schings, Hans-Jürgen (Hrsg.) (1994): Der ganze Mensch. Anthropologie und Literatur im 18. Jahrhundert (= Germanistische Symposien, Bd. 15). Stuttgart, Metzler.

Schlechta, Karl (1951): Hirnforschung und philosophische Spekulation im griechischen Altertum. Centaurus 1, S. 334–355.

Schmiedebach, Heinz-Peter (1986): Psychiatrie und Psychologie im Widerstreit. Die Auseinandersetzungen in der Berliner medicinisch-psychologischen Gesellschaft (1867–1899) (= Abhandlungen zur Geschichte der Medizin und der Naturwissenschaften, Heft 51). Husum, Matthiesen.

Schmiedebach, Heinz-Peter (1990): Mensch, Gehirn und wissenschaftliche Psychiatrie. Zur therapeutischen Vielfalt bei Wilhelm Griesinger. In: J. Glatzel/S. Haas/H. Schott (Hrsg.): Vom Umgang mit Irren. Regensburg, S. 83–105.

Schmölders, Claudia (1995): Das Vorurteil im Leibe. Eine Einführung in die Physiognomik. Berlin, Akademie Verlag.

Schmölders, Claudia (Hrsg.) (1996): Der exzentrische Blick. Gespräch über Physiognomik. Berlin, Akademie Verlag.

Schott, Heinz (Hrsg.) (1985): Franz Anton Mesmer und die Geschichte des Mesmerismus. Stuttgart, Steiner.

Schott, Heinz (1986): Über den »thierischen Magnetismus« und sein Legitimationsproblem. Medizinhistorisches Journal 32, S. 104–112.

Schott, Heinz (1988): Zum Begriff des Seelenorgans bei Johann Christian Reil (1759–1813). In: G. Mann/F. Dumont (Hrsg.), Gehirn, Nerven, Seele. Stuttgart/New York, Gustav Fischer, S. 183–210.

Schweber, Libby (1996): The Assertion of Disciplinary Claims in Demography and Vital Statistics. Ph. D. Diss., Princeton University.

Seeligmüller, Adolph (1877): Ueber die Lehre von den motorischen Functionen der Hirnrinde und ihre Verwerthung in der ärztlichen

Praxis. Deutsche medizinische Wochenschrift 3, S. 551 ff., 563 f., 578 f.

Shapin, Steven (1975): Phrenological Knowledge and the Social Structure of Early Nineteenth-Century Edinburgh. Annals of Science 32, S. 219–243.

Shapin, Steven (1979a): Homo Phrenologicus. Anthropological Perspectives on an Historical Problem. In: B. Barnes/S. Shapin (Hrsg.): Natural Order. Historical Studies of Scientific Culture. Beverly Hills/London, Sage, S. 41–71.

Shapin, Steven (1979b): The Politics of Observation. Cerebral Anatomy and Social Interests in the Edinburgh Phrenology Disputes. In: R. Wallis (Hrsg.): On the Margins of Science. The Social Construction of Rejected Knowledge (= Sociological Review, Monograph 27). University of Keele, S. 139–178.

Shelley, Mary W. (1988): Frankenstein oder Der neue Prometheus (1816). Frankfurt a. M., Insel.

Sloan, Philip (1995): The Gaze of Natural History. In: C. Fox/R. Porter/R. Wokler (Hrsg.): Inventing Human Science. Eighteenth-Century Domains. Berkeley, University of California Press, S. 112–151.

Smith, C. U. M. (1982): Evolution and the Problem of the Mind. Part 1: Herbert Spencer. Journal of the History of Biology 15, S. 55–88.

Smith, Roger (1992): Inhibition. History and Meaning in the Sciences of Mind and Brain. Berkeley, University of California Press.

Soemmerring, Samuel Thomas (1784): Über die körperliche Verschiedenheit des Mohren vom Europäer. Mainz, o. V.

Soemmerring, Samuel Thomas (1785): Ueber die körperliche Verschiedenheit des Negers vom Europäer. Frankfurt a. M. und Mainz, Varrentrapp Sohn und Wenner.

Soemmerring, Samuel Thomas (1791): Vom Baue des menschlichen Körpers. Th. 5, Abth. 1: Hirn- und Nervenlehre. Frankfurt a. M., Varrentrapp und Wenner.

Soemmerring, Samuel Thomas (1796): Ueber das Organ der Seele. Königsberg, Nicolovius. (Reprint: Amsterdam, Bonset 1966)

Soemmerring, Samuel Thomas (1800): Vom Baue des menschlichen Körpers. 5. Theil, 1. Abtheilung. Hirn- und Nervenlehre. 2. Aufl. Frankfurt a. M., Varrentrapp und Wenner.

Soemmerring, Samuel Thomas (1829): Meine Ansicht einiger Gallschen Lehrsätze. Göttingische gelehrte Anzeigen, 6. 7. Stück, S. 49–64.

Soemmerring, Samuel Thomas (1990): Einfluß der Bestimmung der Zoolithen auf die Geschichte der Menschheit [1790], in ders.: Werke, Band 14. Hrsg. v. M. Wenzel. Stuttgart/New York, Gustav Fischer, S. 84–88.

Soemmerring, Samuel Thomas (1993): Über einen elektrischen Telegraphen [1809/12], in ders.: Werke, Band 13. Hrsg. v. M. Wenzel. Stuttgart/New York, Gustav Fischer, S. 125–140.

Soemmerring, Samuel Thomas (1995): Rezensionen für die Göttingischen gelehrten Anzeigen. Band 1, in ders.: Werke, Band 16. Hrsg. v. U. Enke. Stuttgart/New York, Gustav Fischer.

Soemmerring, Samuel Thomas (1996a): Rezensionen für die Göttingischen gelehrten Anzeigen. Band 2, in ders.: Werke, Band 17. Hrsg. v. U. Enke. Stuttgart/New York, Gustav Fischer.

Soemmerring, Samuel Thomas (1996b): Briefwechsel 1761/65 bis Oktober 1784, in ders.: Werke, Band 18. Hrsg. v. F. Dumont. Stuttgart/New York, Gustav Fischer.

Sommer, Antje (1984): Entstehung und Entfaltung des Rassebegriffs. In: O. Brunner/W. Conze/R. Koselleck (Hrsg.): Geschichtliche Grundbegriffe. Historisches Lexikon zur politisch-sozialen Sprache in Deutschland. Bd. 5. Stuttgart, Klett-Cotta, S. 137–146.

Soury, Jules (1899): Le système nerveux central, structure et fonctions. Histoire critique des théories et des doctrines. 2 Bde. Paris, Carré & Naud.

Spalding, Johann Joachim (1783): Spalding an Sulzer. In: Gnothi seauton oder Magazin zur Erfahrungsseelenkunde 1, S. 117–121.

Spiess, Gustav Adolf (1844): Physiologie des Nervensystems, vom ärztlichen Standpunkte dargestellt. Braunschweig, Vieweg.

Star, Susan Leigh (1989): Regions of the mind. Brain Research and the Quest for Scientific Certainty. Stanford University Press.

Starobinski, Jean (1991): Kleine Geschichte des Körpergefühls. Frankfurt a. M., S. Fischer.

Staum, Martin S. (1978): Medical components in Cabanis's science of man. Studies in History of Biology 2, S. 1–31.

Staum, Martin S. (1980): Cabanis. Enlightenment and Medical Philosophy in the French Revolution. Princeton University Press.

Staum, Martin S. (1995): Physiology and Phrenology at the Paris Athénée. Journal of the History of Ideas 56, S. 443–462.

Steffens, Henrik (1805): Drei Vorlesungen über Hrn. D. Gall's Organenlehre. Halle, Verlag der N. Soc. Buch- und Kunsthandlung.

Steffens, Henrik (1822): Anthropologie. 2 Bde. Breslau, Max.

Steinthal, Heymann (1871): Einleitung in die Psychologie und Sprachwissenschaft. Berlin, Dümmler.

Steinthal, Heymann (1874): Diskussionsbeiträge. Verhandlungen der Berliner Gesellschaft für Anthropologie, Ethnologie und Urgeschichte, S. 47–50, 131–134, 140.

Stern, Joseph Peter (1974): Lichtenbergs Sprachspiele. In: Aufklärung über Lichtenberg. Göttingen, Vandenhoeck & Ruprecht, S. 60–75.

Stichweh, Rudolf (1984): Zur Entstehung des modernen Systems wissenschaftlicher Disziplinen – Physik in Deutschland 1740–1890. Frankfurt a. M., Suhrkamp.

Strack, Friedrich (1983): Sömmerrings Seelenorgan und die deutschen Dichter. In: C. Jamme/O. Pöggeler (Hrsg.): »Frankfurt aber ist der Nabel dieser Erde«. Das Schicksal einer Generation der Goethe-Zeit. Stuttgart, Klett-Cotta, S. 185–205.

Strasser, Peter (1984): Verbrechermenschen. Zur kriminalwissenschaftlichen Erzeugung des Bösen. Frankfurt/New York, Campus.

Strickland, Stuart (1995): Galvanic Disciplines. The Boundaries, Objects, and Identities of Experimental Science in the Era of Romanticism. History of Science 33, S. 449–468.

Struve, Gustav von (1843): Die Geschichte der Phrenologie. Heidelberg, Groos.

Struve, Gustav von (1845a): Briefe von Gall und über Gall. Zeitschrift für Phrenologie 3, S. 37–47.

Struve, Gustav von (1845b): Zwei Briefe Gall's an Hrn. Dr. Müller zu Pforzheim. Zeitschrift für Phrenologie 3, S. 154–158.

Struve, Gustav von (1845c): Ueber Materialismus, Spiritualismus und Phrenologie. Zeitschrift für Phrenologie 3, S. 97–105.

Stübler, Eberhard (1948): Johann Heinrich Ferdinand von Autenrieth 1772–1835. Professor der Medizin und Kanzler der Universität Tübingen. Stuttgart, Schröder.

Sudhoff, Walther (1913): Die Lehre von den Hirnventrikeln in textlicher und graphischer Tradition des Altertums und Mittelalters. Archiv für Geschichte der Medizin 7, S. 149–205.

Sutter, Alex (1988): Göttliche Maschinen. Die Automaten für Lebendiges. Frankfurt a. M., Athenäum.

Swazey, Judith P. (1970): Action Propre and Action Commune. The Localization of Cerebral Function. Journal of the History of Biology 3, S. 213–234.

Swedenborg, Emanuel (1847): Oeconomia Regni Animalis. Bd. 3: De fibra, de tunica arachnoidea, et de morbis fibrarum. Hrsg. v. J. J. G. Wilkinson. London, Newbery.

Temkin, Owsei (1946a): The philosophical background of Magendies physiology. Bulletin of the History of Medicine 20, S. 10–35.

Temkin, Owsei (1946b): Materialism in French and German Physiology of the early nineteenth century. Bulletin of the History of Medicine 20, S. 322–327.

Temkin, Owsei (1947): Gall and the phrenological movement. Bulletin of the History of Medicine 21, S. 275–321.

Temkin, Owsei (1950): German concepts of ontogeny and history around 1800. Bulletin of the History of Medicine 24, S. 227–246.

Temkin, Owsei (1953): Remarks on the neurology of Gall and Spurzheim. In: E. A. Underwood (Hrsg.): Science, Medicine and History. Essays in Honor of Charles Singer. Oxford University Press. Bd. 2., S. 282–289.

Temkin, Owsei (1963): Basic Science, Medicine, and the Romantic Era. Bulletin of the History of Medicine 37, S. 97–129.

Tiedemann, Dietrich (1777): Untersuchungen über den Menschen. Anderer Theil. Leipzig, Weidmann Erben und Reich.

Tiedemann, Friedrich (1813): Anatomie der kopflosen Missgeburten. Landshut, Thomann.

Tiedemann, Friedrich (1816): Anatomie und Bildungsgeschichte des Gehirns im Foetus des Menschen nebst einer vergleichenden Darstellung des Hirnbaues in den Thieren. Nürnberg, Stein'sche Buchhandlung.

Tiedemann, Friedrich (1837): Das Hirn des Negers mit dem des Europäers und Orang-Outangs verglichen. Heidelberg, Winter.

Toellner, Richard (1967): Anima et Irritabilitas. Hallers Abwehr von Animismus und Materialismus. Sudhoffs Archiv 51, S. 130–144.

Toellner, Richard (1971a): Albrecht von Haller. Über die Einheit im Denken des letzten Universalgelehrten (= Sudhoffs Archiv Beihefte Bd. 10). Wiesbaden, Steiner.

Toellner, Richard (1971b): Naturphilosophische Elemente im Denken Purkyněs. In: V. Kruta (Hrsg.): J. E. Purkyně, 1787–1869. Centenary Symposium. Brno, S. 35–41.

Trousseau, Armand (1864): De l'aphasie, maladie décrite récemment sous le nom impropre d'aphémie. Gazette des Hôpitaux 37, S. 13 f., 25 f., 37 ff., 49 f.

Troxler, Ignaz (1804): Versuche in der organischen Physik. Jena, Akademische Buchhandlung.

Tsouyopoulos, Nelly (1981): Schellings Konzeption der Medizin und die »Wissenschaftlichkeit« der modernen Medizin. In: L. Hasler (Hrsg.): Schelling. Seine Bedeutung für eine Philosophie der Natur und der Geschichte (= problemata 91). Stuttgart-Bad Cannstatt, frommann-holzboog, S. 107–116.

Tsouyopoulos, Nelly (1982): Andreas Röschlaub und die romantische Medizin. (= Medizin in Geschichte und Kultur Bd. 17). Stuttgart/ New York, Gustav Fischer.

Tsouyopoulos, Nelly (1992): Schellings Naturphilosophie. Sünde oder Inspiration für den Reformer der Physiologie Johannes Müller? In:

M. Hagner/B. Wahrig-Schmidt (Hrsg.): Johannes Müller und die Philosophie. Berlin, Akademie Verlag, S. 65–83.

Tuchman, Arleen (1988): From the Lecture to the Laboratory: The Institutionalization of Scientific Medicine at the University of Heidelberg. In: W. Coleman/F. L. Holmes (Hrsg.): The Investigative Enterprise. Experimental Physiology in Nineteenth Century Medicine. Berkeley, University of California Press, S. 65–99.

Tyson, Edward (1751): The Anatomy of a Pygmy. Compared with that of a Monkey, an Ape, and a Man (1699). 2. Aufl. London, Osborne.

Villers, Charles de (1803): Dr. Galls Darstellung des Gehirns als Organ der Seelenfähigkeiten und Gemüthseigenschaften. Ein Schreiben von Villers an Cuvier. Wien/Leipzig, Schiegg.

Virchow, Rudolf (1874): Diskussionsbeiträge. Verhandlungen der Berliner Gesellschaft für Anthropologie, Ethnologie und Urgeschichte, S. 50f., 136f., 139f.

Visser, R. P. W. (1990): Die Rezeption der Anthropologie Petrus Campers (1770–1850). In: G. Mann/F. Dumont (Hrsg.): Die Natur des Menschen. Probleme der Physischen Anthropologie und Rassenkunde (1750–1850). Stuttgart/New York, Gustav Fischer, S. 325–335.

Vogel, Julius (1841): Ueber den gegenwärtigen Standpunkt der Physiologie und den Einfluss dieser Disciplin, sowie ihrer Hülfswissenschaften, namentlich der mikroskopischen und chemischen Untersuchung, auf die Medicin. Archiv für die gesammte Medicin 1, S. 161–188.

Vogt, Carl (1847): Physiologische Briefe für Gebildete aller Stände. Stuttgart/Tübingen, Cotta.

Vogt, Carl (1863): Vorlesungen über den Menschen, seine Stellung in der Schöpfung und in der Geschichte der Erde. Bd. 1. Gießen, Ricker.

Voigt, Johann Heinrich (1803): Nachricht von einigen Galvanischen Versuchen, welche am Kopf und Rumpf dreyer Menschen ganz kurz nach ihrer Enthauptung angestellt worden sind. Magazin für den neuesten Zustand der Naturkunde 5, S. 161–168.

Voigt, Johann Heinrich (1804): Uebersicht der Aldinischen Untersuchungen in der Galvanisch-animalischen Electricitätslehre. Magazin für den neuesten Zustand der Naturkunde 7, S. 60–68.

Volkmann, Alfred Wilhelm (1837): Die Lehre vom leiblichen Leben des Menschen. Ein anatomisch-physiologisches Handbuch zum Selbstunterricht für Gebildete. Leipzig, Breitkopf & Härtel.

Volkmann, Alfred Wilhelm (1842): Artikel: Gehirn. In: Handwörterbuch der Physiologie mit Rücksicht auf die physiologische Pathologie. Band 1. Hrsg. v. R. Wagner. Braunschweig, Vieweg, S. 563–597.

Wagner, Johann Jacob (1803): Von der Natur der Dinge. Leipzig, Breitkopf und Härtel.

Wagner, Rudolph (1854): Menschenschöpfung und Seelensubstanz. Ein anthropologischer Vortrag, gehalten in der ersten öffentlichen Sitzung der 31. Versammlung deutscher Naturforscher und Aerzte zu Göttingen am 18. September 1854. Göttingen, Wigand.

Wagner, Rudolph (1860): Vorstudien zu einer wissenschaftlichen Morphologie und Physiologie des menschlichen Gehirns als Seelenorgan. 1. Abhandlung: Ueber die typischen Verschiedenheiten der Windungen der Hemisphären und über die Lehre vom Hirngewicht, mit besonderer Rücksicht auf die Hirnbildung intelligenter Männer. Göttingen, Dieterich.

Wagner, Rudolph (1862): Vorstudien zu einer wissenschaftlichen Morphologie und Physiologie des menschlichen Gehirns als Seelenorgan. 2. Abhandlung: Ueber den Hirnbau der Mikrocephalen mit vergleichender Rücksicht auf den Bau des Gehirns der normalen Menschen und der Quadrumanen. Göttingen, Dieterich.

Wagner, Rudolph (1863): Studien zur Physiologie und Pathologie des Gehirns als Seelen-Organ. Zeitschrift für Rationelle Medicin, 3. Reihe, 18, S. 15–43.

Wagner, Rudolph (1986): Samuel Thomas Soemmerring's Leben und Verkehr mit seinen Zeitgenossen. 2 Abteilungen. Reprint der Ausgabe von 1844. Hrsg. v. F. Dumont (= Soemmerring-Forschungen Bd. 2). Stuttgart/New York, Gustav Fischer.

Wagner, Rudolph (1997): Physiologische Briefe (1851–1852). Göttingen, Klatt.

Wahrig-Schmidt, Bettina (1985): Der junge Griesinger im Spannungsfeld zwischen Philosophie und Physiologie. Tübingen, Narr.

Wahrig-Schmidt, Bettina (1988): Johannes Müller, die Monadenlehre und die Folgen. In: D. Losurdo/H. J. Sandkühler (Hrsg.): Philosophie als Verteidigung des Ganzen der Vernunft. Köln, Pahl-Rugenstein, S. 96–104.

Wahrig-Schmidt, Bettina (1992): Müller und Kant. Aspekte ihrer Begegnung im »Handbuch der Physiologie«. In: M. Hagner/B. Wahrig-Schmidt (Hrsg.): Johannes Müller und die Philosophie. Berlin, Akademie Verlag, S. 45–63.

Wahrig-Schmidt, Bettina (1996): »Physiologie im weitesten Sinn, pathologische Anatomie und Kritik des Bestehenden«. Vier Tübinger Zeitschriften am Vorabend von 1848. In: Die Anstrengung des Begriffs. Hegel, Marx und die kritische Analyse der Gesellschaft (= Annalen der internationalen Gesellschaft für dialektische Philosophie Societas Hegeliana IX). Bonn, Pahl-Rugenstein, S. 273–281.

Walker, A. Earl (1957a): The development of the concept of cerebral localisation in the nineteenth century. Bulletin of the History of Medicine 31, S. 99–121.

Walker, A. Earl (1957b): Stimulation and ablation. Their role in the history of cerebral physiology. Journal of Neurophysiology 20, S. 435–449.

Walter, Johann Gottlieb (1805): Etwas über Herrn Doctor Gall's Hirnschädel-Lehre. Berlin, Reimer.

Walther, Philipp Franz (1802): Critische Darstellung der Gallschen anatomisch-physiologischen Untersuchungen des Gehirn- und Schädelbaues. Zürich, Ziegler.

Walther, Philipp Franz (1804): Neue Darstellungen der Gall'schen Gehirn- und Schädellehre, als Erläuterungen zu der vorgedruckten Vertheidigungsschrift des Dr. Gall eingegeben bei der Niederösterreichischen Regierung. Mit einer Abhandlung über den Wahnsinn, die Pädagogik und die Physiologie des Gehirns nach der Gall'schen Theorie. München, Scherrer.

Walther, Philipp Franz (1807/1808): Physiologie des Menschen, mit durchgängiger Rücksicht auf die comparative Physiologie der Thiere. Zu akademischen Vorlesungen bearbeitet. 2 Bde. Landshut, Krüll.

Warda, Arthur (1903): Zwei Entwürfe Kants zu einem Nachwort für Soemmerrings Werk »Ueber das Organ der Seele«. Altpreußische Monatsschrift 40, S. 84–120.

Wegner, Peter-Christian (1988): Materialismus in der Kranioskopie? Die Berichterstattung über Franz Joseph Gall in der französischen regierungsamtlichen Zeitung »Gazette National ou Le Moniteur Universel«. In: G. Mann/F. Dumont (Hrsg.), Gehirn, Nerven, Seele. Stuttgart/New York, Gustav Fischer, S. 159–174.

Wegner, Peter-Christian (1990): Das Ringen um Anerkennung. Drei Briefe Galls an Cuvier. Medizinhistorisches Journal 25, S. 40–89.

Wegner, Peter-Christian (1991): Franz Joseph Gall (1758–1828): Studien zu Leben, Werk und Wirkung. Hildesheim, Olms.

Weinhold, Carl August (1817): Versuche über das Leben und seine Grundkräfte, auf dem Wege der Experimental-Physiologie. Magdeburg, Crentz'sche Buchhandlung.

Welcker, Hermann (1862): Untersuchungen über Wachsthum und Bau des menschlichen Schädels. Erster Theil. Leipzig, Engelmann.

Wendt, Johann (1803): Ueber Enthauptung im Allgemeinen und über die Hinrichtung Troer's insbesondere. Ein Beytrag zur Physiologie und Psychologie. Breslau, Universität.

Wenzel, Joseph/Wenzel, Karl (1806): Prodromus eines Werkes über das Hirn des Menschen und der Thiere. Tübingen, Cotta.

Wenzel, Joseph/Wenzel, Karl (1812): De penitiori structura cerebri hominis et brutorum. Tübingen, Cotta.

Wenzel, Manfred (1990): Die Anthropologie Johann Gottfried Herders und das klassische Humanitätsideal. In: G. Mann/F. Dumont (Hrsg.): Die Natur des Menschen. Probleme der Physischen Anthropologie und Rassenkunde (1750–1850). Stuttgart/New York, Gustav Fischer, S. 137–167.

Wenzel, Manfred (Hrsg.) (1994): Samuel Thomas Soemmerring in Kassel (1779–1784). Beiträge zur Wissenschaftsgeschichte der Goethezeit (= Soemmerring-Forschungen Bd. 9). Stuttgart/New York, Gustav Fischer.

Wernicke, Carl (1874) Der aphasische Symptomencomplex. Eine psychologische Studie auf anatomischer Basis. Breslau, Cohn & Weigert.

Westphal, Carl (1874): Aphasie. Verhandlungen der Berliner Gesellschaft für Anthropologie, Ethnologie und Urgeschichte, S. 94–102.

Whitaker, Harry A./Etlinger, Susan C. (1993): Theodor Meynert's Contribution to Classical 19th Century Aphasia Studies. Brain and Language 45, S. 560–571.

Wiesing, Urban (1995): Kunst oder Wissenschaft? Konzeptionen der Medizin in der deutschen Romantik. Stuttgart-Bad Cannstatt, frommann-holzboog.

Wilbrand, Johann Bernhard (1815): Physiologie des Menschen. Giessen, Tasche.

Williams, Elizabeth A. (1985): Anthropological Institutions in Nineteenth-Century France. Isis 76, S. 331–348.

Williams, Elizabeth A. (1994): The Physical and the Moral. Anthropology, Physiology, and Philosophical Medicine in France, 1750–1850. Cambridge University Press.

Willis, Thomas (1664): Cerebri Anatome. Cui accessit nervorum descriptio et usus. London, Martin & Allestry.

Winkelmann, Stephan August (1806): Beobachtungen über den Wahnsinn nebst Prüfung der Gallschen Schädellehre. Berlin, Oehmigke.

Wittich, Dieter (1971): Einleitung. In: Vogt, Moleschott, Büchner. Schriften zum kleinbürgerlichen Materialismus in Deutschland. D. Wittich (Hrsg.). Bd. 1. Berlin, Akademie Verlag, S. V-LXXXII.

Wokler, Robert (1976): Tyson and Buffon on the orang-utan. Studies on Voltaire and the Enlightenment 155, S. 2301–2319.

Wokler, Robert (1980): The ape debates in enlightenment anthropology. Studies on Voltaire and the Enlightenment 192, S. 1164–1175.

Wokler, Robert (1995): Anthropology and Conjectural History in the Enlightenment. In: C. Fox/R. Porter/R. Wokler (Hrsg.): Inventing Human Science. Eighteenth-Century Domains. Berkeley, University of California Press, S. 31–52.

Young, Robert M. (1990): Mind, brain, and adaptation in the nineteenth century. Oxford University Press.

Zaunick, Rudolph (1930): Carl Gustav Carus. Eine historisch-kritische Literaturschau mit zwei Bibliographien. Dresden, Privatdruck.

Zaunick, Rudolph (Hrsg.) (1960): Johann Christian Reil 1759–1813. Nova Acta Leopoldina. Neue Folge 22 (144).

Zimmermann, Johann Georg (1751): Dissertatio physiologica de irritabilitate. Diss. Med., Göttingen.

Zinn, Johann Georg (1749): Experimenta quaedam circa corpus callosum, cerebellum, duram meningem, in vivis animalibus instituta. Diss. Med., Göttingen.

Personenregister

Abel, Jacob Friedrich 56, 300, 301
Ackermann, Jakob Fidelis 125–129, 134ff., 143, 165, 176, 198, 312
Aldini, Giovanni 187, 189
Amelung, Franz Ludwig 326
Andral, Gabriel 234, 245, 265
Arnemann, Justus 37f., 71
Augustin, Friedrich Ludwig 318
Autenrieth, Johann Heinrich Ferdinand 171ff., 212

Bachelard, Gaston 323
Baer, Karl Ernst von 248, 322
Bartels, Ernst Daniel August 320
Bartholinus, Thomas 30, 33, 39
Bell, Charles 131ff., 229, 244, 248, 273, 313
Benedikt, Moritz 267, 269, 328
Benn, Gottfried 9, 288, 293
Bergmann, Gottlieb Heinrich 253, 255, 326
Bernard, Claude 325
Bichat, Xavier 147, 197, 213, 305
Bidder, Friedrich 325
Bischoff, Christian Heinrich Ernst 128
Blumenbach, Johann Friedrich 67f., 76f., 84, 301, 303
Bonnet, Charles 46f., 51f., 54f., 93, 111, 300

Bordeu, Théophile de 45, 50
Bouillaud, Jean-Baptiste 231, 233–237, 251, 265, 267
Brentano, Clemens 184, 318
Broca, Paul 226, 233, 235ff., 257, 265–270, 272f., 280ff.
Broussais, François Joseph Victor 115, 231
Brücke, Ernst 228, 260f., 282
Büchner, Ludwig 262ff.
Budge, Julius 250, 265
Buffon, Georges-Louis Leclerc de 19, 40ff., 293, 303
Burdach, Ernst 326
Burdach, Karl Friedrich 152, 180, 182, 201–215, 217, 221, 240, 248, 250, 253f., 323
Buzzorini, Ludwig 326
Byron, Lord 189

Cabanis, Pierre-Jean-Georges 111f., 115, 138, 305, 314, 327
Camper, Pieter 64, 91, 123, 302
Canguilhem, Georges 12, 332
Carus, Carl Gustav 152, 176, 199ff., 206, 211, 214–220, 222f., 226f., 253, 259, 263f., 290
Carus, Friedrich August 180, 182
Cavendish, Henry 306
Clossius, Carl Fridrich 319
Comte, Auguste 323

Inhalt

Zu dieser Ausgabe

insel taschenbuch 2664: Der Text des vorliegenden Bandes folgt der 1997 im Berlin Verlag, Berlin, erschienenen gebundenen Ausgabe: Michael Hagner, Homo cerebralis. Der Wandel vom Seelenorgan zum Gehirn. Umschlagabbildung: © Photonica/Les Jorgensen